4.27과 金大中

국민을 살리는 마지막 선택

엮은이 류 재 복

노벨평화상을 수상하는 김대중 대통령

(주) 한 빛 교 육
후원 : 일간스포츠한국

대통령 후보시절의 金大中 선생

1971년 4월 18일, 4.27 대통령 선거를 불과 9일 앞두고 장충단 공원 일대는 사상초유로 100만의 대 인파가 구름처럼 모였다. 金大中 후보의 서울 연설을 듣기 위해 모인 100만 청춘의 환성은 남산이 울부짖는 듯 했고 전국의 민주 국민은 장충단에서 울리는 김후보의 [illegible]에 귀기울이고 있었다. 이 자리에서 金大中 [illegible] 4.27 선거에서 민의가 승리하지 못하[illegible]라 민주주의는 弔鐘이 울린다고 소리[illegible] 2년 후 선생의 예언처럼 민주주의[illegible]나고 유신독재가 이땅을 지배하게 되

▲ 1980년 3월 1일, 암울했던 70년대를 보내고 7년만에 復權이 되어 자택에서 記者會見을 하고 있다. 이 자리에서 선생은 80년대는 국민을 위한, 국민에 의한, 국민의 위대한 민주시대가 오리라 確信한다며 모두 함께 民主大業을 실현하자고 呼訴한다.

▲ 復權이 되던 날 國立墓地에 참배하는 金大中 선생

▲ 명동 3.1 구국민주선언 사건 제1회 공판정인 대법정 밖에서 연좌데모를 하고 있는 부인 李姬鎬 여사와 동지들, 十字표시는 민주주의의 고난과 언론의 自由가 없음을 나타낸다. (1976. 5. 4)

▲ 명동 3.1사건 복역을 마치고 석방된 후 기독교 회관에서 석방환영예배를 가졌다. 윤보선 전대통령(우) 이희호 여사(좌)

▲ 영등포 유세장을 꽉 메운 시민들의 열광적인 환영에 답하고 있다. (1971.4.26.)

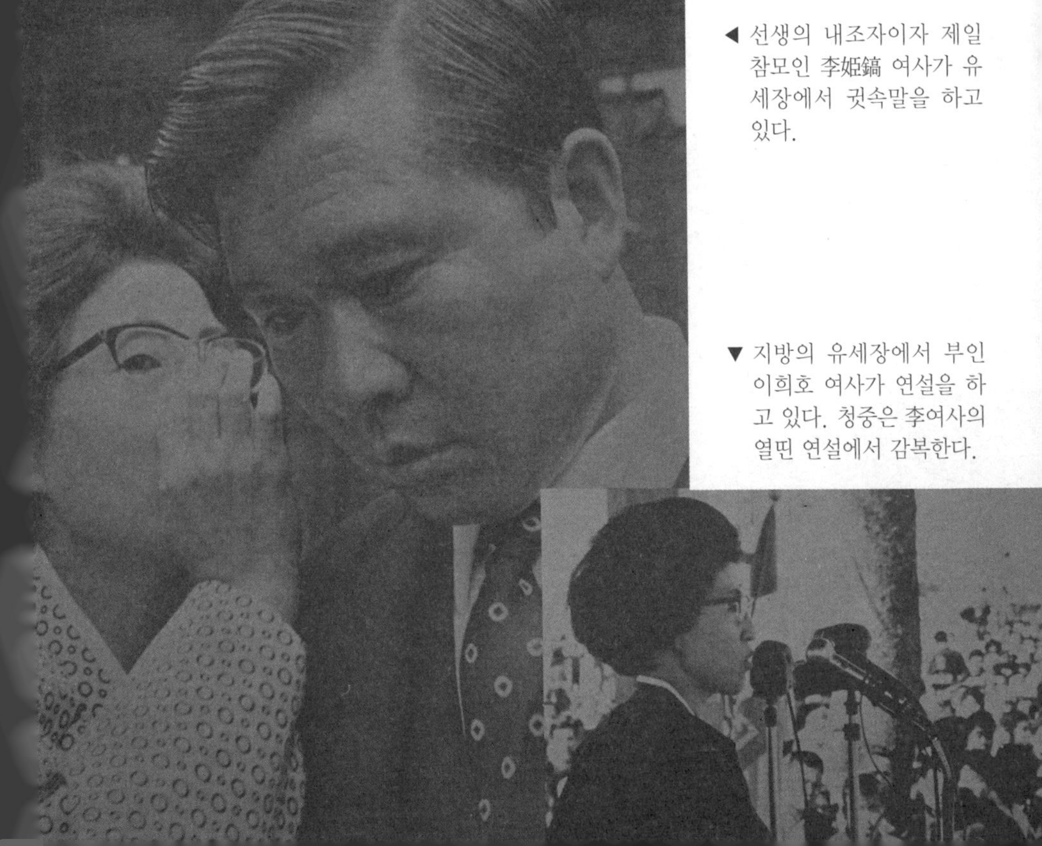

◀ 선생의 내조자이자 제일 참모인 李姬鎬 여사가 유세장에서 귓속말을 하고 있다.

▼ 지방의 유세장에서 부인 이희호 여사가 연설을 하고 있다. 청중은 李여사의 열띤 연설에서 감복한다.

▲ 전국방방곡곡, 金大中 후보가 가는곳마다 줄을 잇는 지지자들과 환영인파가 거리를 메운다.

▶ 기독교 회관을 나서는 선생부부의 다정한 모습. 선생 부부의 금슬은 모든 가정의 귀감이 된다.

◀ 옥내 강연에 초빙되어 정책과 소신을 피력하고 있는 金大中 선생

▲ 71년 국회의원 선거당시 자동차 사고를 빙자한 살해음모에서 기적적으로 살아나 부상당한 모습으로 상경열차에 앉아 있다. 우울하고 착잡한 심정을 엿 볼수 있다.

▲ 자동차 사고로 인한 큰 부상을 입고 기브스를 한채 국회의원 지원 연설을 하고 있다.(1971년 5월)

▲ 金大中 선생은 철인같은 강인한 체질과 정신력으로 전국 농어촌, 산간벽지에 이르기까지 발길이 닿는 곳이면 어디에도 간다. 아이를 업고 강연장에 나온 부녀자들, 그들의 표정에서 민의를 읽는다.

▲ 3년만에 석방되어 동교동 자택에 돌아오는 김대 선생, 아직도 눈빛은 민주의지로 불타고 있다.

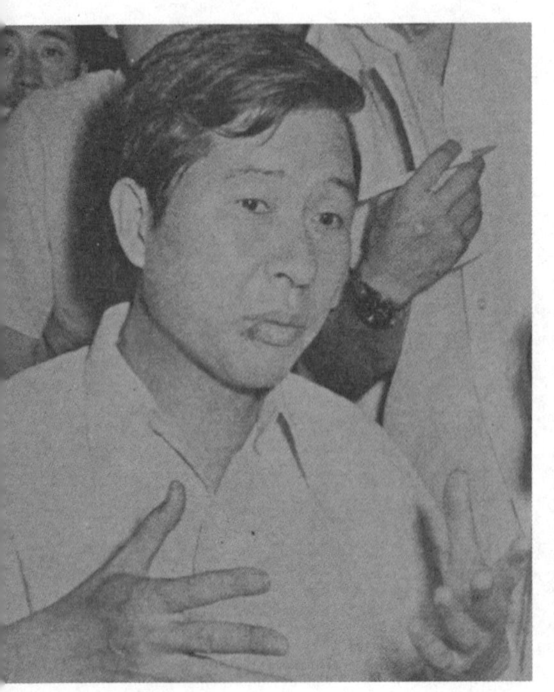

▲ 1973년 동경 납치 당시, 현해탄 한 가운데서 水中孤魂이 될 순간에서 劇的으로 생환된 후 기자들의 질문에 답하고 있다.

▲ 자동차 사고 당시의 상황을 묻는 기자들의 질문 답하고 있다.

▲ 1970년 9월 29일 신민당 대통령 후보지명대회에서 일반의 예상을 깨고 40대 대통령 후보로 지명되었다.

▲ 사상초유의 100만 인파가 운집한 장충단 대 유세장으로 몰려가는 시민들

▲ 유세장 연단에 앉은 金大中 후보와 부인 李姬鎬 여사

▲ 강연장에서 열광적으로 환호하는 청중을 향해 답례하는 金大中 선생

▶ 평의원 시절에도 공부하는 정치인으로 더 알려진 金大中 선생은 그 수많은 책을 거의 완독했다. 선생의 취미는 무엇보다 독서라고 자신도 가끔 말하지만 높은 학식에는 대학자들도 탄복한다.

▲ 1979년 5월30일 신민당 전당대회 前夜, 서울 중구 "아서원"에 모인 대의원 및 당원 단합대회에서 金永三 총재 후보 지지를 호소하는 金大中 선생, 당시의 강연이 국가의 운명을 바꾸어 놓은 명강연이었다고 사람들은 말한다.

▲ 파이프 담배를 즐기고 그 연기속에서 사색을 즐기는 金大中 선생은 그 해박한 지식 말고도 문학, 미술, 음악, 심지어 팝송등 대중예술에도 곤잘 심취한다.

▲ "드디어 김대중 선생 귀국" 2.12총선을 불과 4일 앞두고 조국의 품에 돌아왔다. 시장에서, 거리에서, 유세장에서 선생의 귀국을 알리는 신문을 보고 있는 시민들

▲ 정치해금 이후 동교동 선생의 거실에 모인 야당의 지도자들, 그러나 金大中 선생은 아직도 未復權으로 정치활동을 할 수 없다.

▲ 金永三선생과 民主化운동을 위한 결속과 의지를 대외에 천명하고 있다. (1985년 3월 15일, 서울 창천동 金相賢씨 댁에서)

국민이 있는 곳에, 여러분이 있는 곳에 김대중이가 있습니다. 국민이 필요로 하는 데 김대중이 있습니다. 김대중은 천번 죽어도 국민을 떠나지 않습니다.

만일, 여러분이 필요로 하면, 우리 민족의 혼이 내게 명령하면, 나는 다시 열 번 납치당하는 한이 있더라도, 백번 감옥에 가는 한이 있더라도, 천번 연금당하는 한이 있더라도 나는 여러분에게 봉사할 것을 다짐합니다.!

– 본문 중에서 –

차 례

제3부 大衆은 알고 있다

제4부 行動하는 良心

김대중! 그의 이름은 국가와 국민의 소중한 자산으로 역사에 남아있다.

2000년 6월 평양에서 탄생된 6.15선언, 남북 최초정상회담이란 역사적 사실을 보면서 당시 워싱턴포스트는 "김대중 대통령의 인생역정이 이번 남북정상 회담을 통해 '절정'에 올랐다"며 "김 대통령의 '햇볕정책'이 한반도는 물론 주변열강으로 파급될 가능성이 크다"고 보도를 한 바 있다. 당시 빌 클린턴 美대통령을 위시해 미 행정부와 의회 그리고 전문가 집단에 이르기까지 6.15선언을 보면서 "김대중 대통령을 빼놓고는 상상조차 어려웠다"는 칭송을 아끼지 않은 역사적 사실을 지금도 국민 모두는 기억하고 있다.당시 김대중 대통령의 이름이 갖는 '위력'은 어쩌면 국내보다도 워싱턴을 비롯 전 세계가 더 했는지도 모른다. 미셸 깡드시 前 IMF총재는 "한국은 김대중 씨를 대통령으로 두고 있다는 자체를 행운(luck)으로 받아들여야 할 것입니다. 경제위기를 맞아 몇 가지 고비가 있었지만 IMF와 미국 그리고 국제사회 전반은 김 대통령을 믿고 한국을 밀어준 측면이 적지 않은 게 사실입니다."라고 말했다. 또한 제임스 울펀슨 세계은행 총재도 "엄청난 탄압에도 좌절하지 않고 마침내 자신의 뜻을 이뤄낸 김 대통령은 만델라의 삶을 연상시킵니다. 민주화뿐 아니라 경제의 재구축에 성공하고 있는 김 대통령은 세계를 감동시키는 지도자 입니다"라고 김대중 대통령을 평한바 있다.

〈4.27과 金大中, 국민을 살리는 마지막 선택〉이란 이 책은 김대중 대통령께서 최초로 신민당 이라는 야당의 대통령 후보로서 1971년 제7대 대통령선거에 출마, 전국 곳곳을 누비며 국민을 상대로, 국민을 위한, 민주주의를 위한 연설과 강연을 정리한 책이다. 이 책 속에는 암울했던 유신독재시절에도 불구하고 국민의 인권, 자유, 정의를 위해서, 그리고 10.26후 참된 민주정부 수립을 갈망했던 인간 김대중의 사자후(獅子吼)가 빼곡이 들어있다.

2009년 8월 18일은 김 대통령께서 서거를 하신 날이다. 그로부터 10년이 지났다. 김대중 대통령께서는 고인(故人)이 되셨지만 그의 이름값은 개인 뿐 아니라 국가와 국민의 소중한 자산으로 분명히 역사에 남아있으며 그 이름값을 확인할 수 있는 내용들이 바로 이 책에 가득히 담겨있다. 김대중 대통령께서 태어나신 신안이 바로 내 고향이라는 동질감, 그리고 그 분을 존경했던 민초로서 이 책을 발간하게 되었다. 끝으로 이 책이 나오기까지 김대중 대통령의 연설문과 강연집을 수록, 정리한 코리아데일리 류재복 대기자님께 깊은 감사를 드린다.

2019년 6월

박 태 웅

"사춘기의 너에게 준 충격에 대해 아버지는 항상 죄책감을 느끼고 있다"

"사랑하는 홍걸아! 너의 11월 25일자 편지를 어제 받아 보았다. 아버지는 얼마나 기뻤고 위안을 받았는지 모른다. 우리 가족과 친척들이 아버지로 인하여 지금까지 겪은 여러 가지 어려움을 생각하면 아버지는 언제나 가슴 아픈 심정을 금치 못한다. 그러나 그 중에서도 네가 겪은 시련은 특별한 것이었다. 초등학교 때는 아버지의 납치사건을 겪었고 중학교때는 아버지가 감옥에 있는 것을 보아야 했고 고등학교 때는 아버지의 연금생활과 이번 사건을 겪어야 했다.

이런 일들이 어린 시절과 사춘기의 너에게 준 충격이 얼마나 컸을까 생각을 할 때 아버지는 언제나 너에게 본의 아닌 못할 일을 한 것 같은 죄책감을 느끼어 왔다. 그러나 너는 하느님에 대한 믿음 속에 그분의 도움으로 이러한 정신적 시련을 잘 극복해 오고 있는 것을 생각하니 기쁘고 감사한 심정을 무어라 표현할 수가 없구나.

사랑하는 홍걸아! 아버지는 하느님이 나를 무한히 사랑하시며 언제나 나와 같이 계심을 믿는다. 아버지는 하느님이 사랑하시기 때문에 나를 지금의 자리에 서게 하신 것을 믿는다. 아버지는 하느님이 나를 위한 완전한 계획을 가지고 계심을 믿는다. 아버지는 하느님이 쉬지 않고 나를 위해 역사하심을 믿는다. 그리고 아버지는 모든 것이 하느님의 뜻대로 되어 질 것이며 나의 일생이 오직 하느님의 영광과 우리 국민의 행복을 위해 쓰여 질 것을 믿는다. 중략....."

위 글은 1980년 12월 7일 감옥에서 저에게 보내주신 아버지의 편지였습니다. 그토록 바라시던 희망과 민주화의 새봄 80년을 기대하셨던 아버지는 옥중에서 고통과 고난의 세월을 보내셨지만 국민을 위한 정의와 민주주의를 위한 신념과 갈망은 태산과 같으셨습니다. 이 책 속에는 아버지의 민주화를 위한 강인한 집념과 남북통일을 염원하셨던 정신들이 가득히 담겨져 있습니다.

민주주의를 위해 투쟁을 해 오신 아버지의 연설문을 잘 정리해서 아버지 서거 10주년에 맞춰 책으로 나올 수 있도록 노력 하신 코리아데일리 류재복 대기자님께 특별히 감사를 드립니다.

2019년 5월 27일

김 홍 걸

4.27과 金大中, 국민을 살리는 마지막 선택

국회의장 문희상 입니다. 서거 10주년을 맞아 김대중 대통령님의 말씀들을 충실히 엮은 〈4.27과 金大中, 국민을 살리는 마지막 선택〉의 출간을 기쁜 마음으로 축하합니다.

김대중 대통령님은 제 정치인생의 전부라고 해도 과언이 아닙니다. 저는 1979년 동교동 지하서재에서 처음 김대중 대통령님을 만나 뵙고, 정치의 길을 걷기로 결심하였습니다. 그 이후 지난 40년간 “자유가 들꽃처럼 만발하고, 정의가 강물처럼 흐르며, 통일에의 희망이 무지개처럼 피어나는 나라”를 만들겠다는 대통령님의 길을 따랐기에 여기까지 올 수 있었습니다. 김대중 대통령님은 저의 대통령(君)이셨고, 저의 스승(師)이셨으며, 저의 정치적 아버지(父)이셨습니다.

물론 이 같은 개인적 이유만으로 일독을 권하는 것은 아닙니다. 이 책은 김대중 대통령님이 처음 야당의 대선후보로 나서며, 민주진영의 대표적 지도자로 자리매김하는 동시에 그로 인해 군사정권이 가하는 절체절명의 역경을 겪었던 1971년부터 1980년까지 중요 고비마다 직접 쓰고 말했던 대표적 연설과 강연, 서신들의 내용을 원형 그대로 담고 있습니다.

군사정권에 의해 수십 차례 장기간 연금(軟禁)생활은 물론 정보기관에 의해 해외에서 납치되어 수장 당할 위기를 겪는 등 수차례의 죽을 고비를 겪은 시기를 전후해 세상과 국민을 향해 사자후(獅子吼)를 토하신 내용들입니다.

가장 치열하고 엄혹한 시대, 한 사람의 실존이자 정치가로서 어떤 가치와 언어로 시대의 과제를 국민과 함께 나누려했는지, 그 노력의 자세가 세월을 초월하여 전달됩니다. 4~50년 전 시대적 상황을 감안하지 않더라도, 김대중 대통령님의 글과 말은 ‘위민(爲民)’이란 정치의 본질적 가치에 충실한 정치 지도자의 자세와 언어가 어떠해야 하는지 느끼게 해 줄 것입니다. 읽어보시기를 권하는 이유는 바로 이 때문입니다.

정치란 행위의 처음과 끝은 주로 언어의 행위로 이루어집니다. 정치의 주 무대인 국회에서 이뤄지는 일들을 보시면 알 것입니다. 정치인의 언어는 그저 언어의 나열이 아닙니다. 정치인의 언어는 가치의 총화이고 사상이어야 합니다. 요즘 욕설과 같은 배설의 언어들이 정치언어로 행세하는 경우가 잦습니다. 정치인의 언어에 대한 국민들의 실망이 커지고 있습니다.

무고한 죽음이 횡행하던 군사정권시절 그 분통 터지는 정치상황 에서도 김대중 대통령님의 말과 글에는 끓어오르는 분노와 증오의 언어가 아니라 민주의 가치와 보편의 사상을 바탕으로 한 이성(理性)과 품격(品格)의 언어들로 충만했다는 사실을 이 책에서 발견하는 것도 큰 배움이 될 것입니다.

김 대통령님의 언어는 그 자체로 대통령님의 왕성하고 부단한 知的 노력의 결과임을 알게 합니다. 논리와 말이 武器인 정치인에게 知的 게으름은 경쟁력의 상실이며 유권자에 대한 배임 행위입니다. 대통령님의 말과 글들은 오늘날 정치인들 에게도 정진(精進)의 죽비가 될 것입니다.

"정치인은 서생(書生)적 문제의식과 상인(商人)적 현실감각을 함께 갖춰야 한다." 원칙의 유연한 현실적 적용을 강조한 김대중 대통령님의 명언이 스스로의 정치행위에 어떻게 적용했는지를 염두에 두며 읽어 보시길 권합니다. 언제나 원칙과 현실의 갈등 속에서 해법을 찾아야 하는 정치인 이라면 이 책을 곁에 두어야 하는 이유가 아닌가 생각합니다.

마지막으로 정치인과 정치학도들에게 좋은 공부가 될 김대중 대통령님의 치열한 말과 글들을 보기 좋게 책으로 엮어주신 코리아데일리 류재복 대기자님과 출판사 관계자분들의 노고에 깊이 감사드립니다.

2019년 5월 1일

문 희 상

〈序 文〉

擴聲器 있는 廣場에서 만납시다

이른바 유신(維新) 7년은 독재권력이 민중(民衆)의 확성기(擴聲器)를 빼앗아 간 「확성기 없는 시대」였으며, 민중의 광장(廣場)을 폐쇄해버린 「광장 없는 시대」였다고 규정할 수 있습니다. 확성기와 광장이 없는 곳에 민주주의란 있을 수 없습니다. 10 · 26사태는 빼앗긴 확성기와 광장을 되찾기 위한 민중의 끈질긴 투쟁(鬪爭)의 결과입니다.

제가 지난 3월 1일 법률적으로 복권(復權)이 된 후 YWCA, 한국신학대학, 동국대학 등지에서 오랫만에 녹슨 확성기를 보고 저는 눈시울이 뜨거워졌습니다. 그동안 서로 얼마나 기다리고 기다렸던 감격적인 해후(邂逅)였습니까. 그러나 모처럼 되찾은 확성기를 망가뜨리고, 모처럼 마련된 광장에 철조망을 둘러치려는 반민주 잔존세력도 아직 남아 있는 듯 합니다. 아직도 민주주의의 소생(蘇生)을 원치 않는 자들도 없지 않습니다.

저는 법률적으로 복권이 되었다고 하지만 정치적으로는 아직 복권이 안된 상태입니다. 아직도 많은 제약(制約)과 방해(妨害)가 그림자처럼 따라다니고 있습니다. 그토록 보고싶은 민중을 마음대로 만날 수 조차 없는 것이 저의 현실입니다.

이 나라의 주인은 국민 여러분입니다. 국민이 마땅히 나라의 주인이 되어야 합니다. 그러나 지금까지 우리 국민은 주인의 자리를 지키지 못한 채 억압받고, 고통받고, 설움만 받아 왔습니다. 특히나 지난 7년간의 유신독재(維新獨裁)의 참담한 시대에 우리 국민들이 당한 억압과 고통과 설움은 형언할 수 없는 것이었습니다.

이 나라에 민주주의 봄이 오려고 하는 이 순간에도 지난날의 잘못을 깨닫지 못하고 국민에게 주인의 자리를 넘겨주지 않으려는 반민주적(反民主的), 반민중적(反民衆的) 세력이 일부 남아 있으며 이들이 우리의 확성기와 광장을 넘겨주지 않으려고 하는 음모(陰謀)가 있는 것 같습니다.

그러나 이제 80년대는 어떠한 일이 있더라도 국민이 나라의 주인이되는 민주주의의 시대를 만들어야 할 것입니다. 이 나라의 민주대업(民主大業)은 저절로 성취되는 것이 아니며 그 누가 가져다 주는 것이 아닙니다. 오직 국민 여러분의 힘에 의해서만 성취될 수 있습니다. 국민 여러분의 뜨거운 동참(同參) 없이는 불가능한 것입니다. 민주주의의 소생을 원치 않는 반민주, 반민족적인 유신잔재 세력의 음모를 분쇄하지않고는 불가능 한 것입니다.

저는 이 나라의 만주대업(民主大業)을 성취하기 위해 여러분의 선두에서서 생명을 돌보지 않고 헌신(獻身) 할 각오를 하고 있습니다. 국민 여러분을 받들고 국가와 민족을 위하는 일이라면 생명을 돌보지 않겠습니다. 6 · 25당시 공산주의자(共産主義者)들에 의한 처형(處刑) 직전에, 71년 국회의원 선거 당시 자동차 사고를 위장한 살해음모(殺害陰謀)에서, 그리고 73년 납치(拉致) 당시 현해탄 한 가운데 서 세번씩이나 기적적으로 생환(生還)한 것이야말로 국민 여러분을 받들고 국가와 민족을 위해 헌신하라는 하나님의 뜻이라고 굳게 믿기 때문입니다.

제가 국민 여러분을 위해서 어떠한 생각과 정책(政策)을 갖고 있는가 하는 것은 71년 대통령선거 때 행한 각종 성명(聲明)과 유세(遊說)에서 그리고 그 뒤에 최근에 이르기까지 몇 차례의 강연에서 말씀드린 바 있습니다. 저의 생각은 10년 전이나 지금이나 아무런 변함이 없습니다. 그리고 대통령선거 당시 국민 여러분으로부터 받은 뜨거운 성원(聲援)과 지지를 아직도 생생하게 기억하고 있습니다.

그러나 저의 이러한 모든 것들은 지금까지 박정권(朴政權)의 가혹한 탄압과 민주회복(民主回復)을 원치 않는 반민주적, 반민중적 세력의 음모 때문에 정리(整理)되고 기록(記錄)되지 못했습니다.

듣는 말과 읽는 글 사이에는 엄청난 차이가 있습니다. 그럼에도 불구하고 대부분 「말」을 「글」로 바꾼 이 책을 펴내는데 제가 동의(同意) 한것은 지난 18년 동안 박정권 치하(治下)의 극심한 언론통제(言論統制) 속에서

활자와 활자 사이에 숨겨져 있는 진실(眞實)을 캐내어 읽을 수 있는 기술을 익힌 우리 국민의 높은 의식수준(意識水準)을 믿기 때문입니다.

또한 저의 우리 국민에 대한 한없는 존경심(尊敬心)이 저로 하여금 이런 책으로나마 주저없이 국민 여러 분과의 만남을 계속해야 한다고 강요하기 때문입니다. 뿐만 아니라 역사(歷史)와 국가의 주인된 국민이 마침내 자유(自由)를 되찾아 명실상부한 주인노릇을 하게 될 민주시대(民主時代)를 맞이함에 있어 스스로 종노릇하기를 원하는 저의 입장에서 저의 생각과 소망을 어떤 방식으로든 분명히 밝혀드리는 것이 당연한 도리(道理)라고 믿기 때문에 감히 이 책을 펴 내자는 동지(同志) 들과 뜻을 같이 하게 된 것입니다.

머지않아 확성기가 있는 광장에서 또다시 여러분을 만날 수 있다고 확신하면서 저에게 모자라는 점이나 깨닫지 못한 점을 이제라도 가꾸어 보탤 수 있도록 서슴없이 지적해 주시기 바랍니다.

1980년 봄

여러분의 건강(健康)과 승리(勝利)를 기도하면서

제 1 부

民主回復의 渴望 속에서

1. 7년만에 國民 여러분을 대하면서
2. 緊急措置 9호 解除에 즈음하여
3. 民族魂과 더 불어
4. 道德政治의 具現
5. 4 · 19 革命과 民族統一
6. 國民을 살리는 마지막 選擇

7년만에 國民 여러분을 대하면서

이 글은 독재권력에 의해 국민으로부터 오랜 세월을 강제격리 당했던 金大中 선생이 1980년 3월 1일 복권(復權)되어 7년만에 다시 국민을 대하면서 평소 간직하고 있던 자신의 소견을 피력한 것이다. 그는 자신의 거취에 대해서 "국민을 받들고 나라와 민족을 위해 목숨을 바치는 길이 있을 뿐"이라고 분명하게 밝혔다. 그는 1976년 「3.1 민주구국 선언」 사건으로 기소되어 7년 형을 선고 받고 3년을 복역한 뒤 형집행정지로 출감하여 정치활동이 금지되어 있었다.

친애하는 국민 여러분!

암울했던 70년대를 보내고 밝아야 할 80년대의 새 역사를 맞으면서, 보고 싶고 만나고 싶었던 국민 여러분들을 7년에 걸친 쓰라린 단절 끝에 이렇게 건강한 모습으로 만나게 되니, 안에서 솟아오르는 감격을 가눌 길이 없습니다. 오늘 이렇게 여러분을 뵐 수 있게 된 것은 오로지 하나님의 오묘한 사랑과 조상님 들의 음덕(陰德), 그리고 국민 여러분의 끊일줄 모르는 뜨거운 성원의 덕으로 믿어 감사하지 않을 수 없습니다.

어두웠던 70년대의 문턱에서 벌어진 71년 대통령 선거는 국민 여러분과 저에게는 아쉬움과 쓰라림을 안겨준 역사적 사건이었습니다. 그때 국민들은 나라의 민주화를 위해 열렬하게 저를 지지해 주셨음에도 불구하고 평화적 정권교체를 이룩하지 못한 것은 이 사람의 부덕과 당시 불행했던 정치상황의 결과였습니다. 그러나 이 순간 저는 국민을 7년간의 암흑

독재 속에 신음하게 한 책임을 절감하고 옷깃을 여미는 심정으로 사과하고 싶습니다. 특히 오늘날 경제좌절과 물가고 속에서 허덕이는 서민대중과 노동자 농민의 아픔을 생각하면 내 가슴은 터질 듯 괴롭습니다. 이 같은 여러분들의 아픔을 조금이나마 덜어드리기 위해 저는 이 기회를 통해 평소 간직해 왔던 소견을 여러분 앞에 피력하고자 합니다.

1. 過渡政府와 오늘의 政治現實

저는 지난해 10·26사태 이후 적어도 두 가지의 국민적 총의(總意)가 분명하게 나타났다고 봅니다. 하나는 국민 여러분이 그토록 열망해 온 민주주의의 수립이요, 다른 하나는 현 崔대통령 정부가 전 정권의 유산을 답습하는 변형된 유신정부가 아니라, 국민이 나라의 주인이 되는 새로운 민주정부의 탄생을 위해 과도기를 현명하게 관리하는, 이름 그대로의 과도정부가 되어야 한다는 것입니다. 이러한 국민적 합의의 빛 아래서 저는 지난 12월 8일 자 성명에서 현 과도정부가 국민 각계를 실질적으로 대표할 수 있는 거국협의체(擧國協議體)를 구성하여 명실공히 거국적인 중립내각의 사명을 다해 달라고 간곡히 권고했던 것입니다. 만일 저의 권고를 받아들였다면 사태는 안정과 희망 속에서 더욱 알차게 진전되었을 것으로 믿습니다.

그간 국민들은 새 민주질서의 기초가 되는 헌법개정에 비상한 관심을 보여 왔습니다. 그런데 정부는 헌법개정에 있어서 「과도기적 관리(過渡期的管理)」의 수준을 넘어서 「본질적 관여(本質的關與)」에 집착하려 하고 있습니다. 헌법개정에 보여 준 진실된 국민의 관심을 정부는 정치적 과열상태로 오판하고 있습니다. 하기야 영하 10도에 해당하는 정치 기류가 팽배했던 70년대를 기준으로 본다면, 아직도 영하 5도를 맴돌고 있는 오늘의 정치 기류를 「과열」로 착각할 수가 있겠습니다만, 국민의 참다운 민주열망을 과열로 규정하는 현 정부의 정치발전관에는 많은 문제점들이 담겨져 있다고 생각됩니다. 또한 정부는 정치적 혼란을 우려합니다만, 과거 유신체제 하에서 혼란의 참 원인이 조그마한 사건에 대한 정부의 지나친 조치나 반응에 있었다는 사실을 감안할 때, 민주화를 바라는 국민의 뜨거운 관심이 결코 정치적 혼란의 원인이 될 수 없음을 저는 확신합니다. 현 정부가 복권을 부당하게 지연시켜 왔고, 또 복권의 폭도 국민 여러분의 기대에 어긋나고 있는 것도 사실입니다. 또한 명분이 뚜렷하지 않는 비상계엄을 지속시키면서 언론을 아직도 제약하고, 모든 민주인사의 완전석방을 지연시키는 것은 확실히 국민을 쓸데없이 초조하게 만들고 있습니다. 더구나 여러 차례의 여론 조사에서 밝혀졌듯이, 국민들은 가급적 짧은 과정기간(過政期間)을 원함에도 불구하고, 국민 여망을 거슬러가면서 그 기간을 길게 잡고 있습니다. 게다가 환율과 유가인상에 따른 부담을 오직 국민들에게만 전가시켰으며, 이러한 경제조치에 있어서도 여러가지 물의와 의혹을 정부 스스로가 자아내고 있습니다.

저는 분명하게 지적하고 싶습니다. 만일 현 정부가 국민 전체가 원하지 않는 일을 성급하게 그리고 의혹을 사가면서 추진하거나, 국민 전체가 원하는 바를 짐짓 늦추려 한다면, 이것 자체가 정국을 불안케 하는 가장 큰 요인이 될 것입니다. 이 점을 현 과도정부는 분명히 깨달아야 합니다.

저는 모든 국민과 더불어 우리 정치의 오늘과 내일에 대해서 국민이 지지하고 있는 공동목표를 다음과 같이 제시하고 싶습니다.

첫째, 반공안보자세의 강화

둘째, 자유민주주의의 실현

셋째, 자유경제제도의 발전

넷째, 사회정의의 구현

다섯째, 미일(美日) 등 우방과의 친선강화

여섯째, 남북간 평화적 대화의 추진을 통한 조국의 민주적 통일 등이 바로 그것입니다.

우리는 이상의 목표 아래 국민적 합의를 이룩하고 있습니다. 이러한 국론의 통일은 우리 나라의 가장 큰 강점입니다.

그런데 과도정부가 위의 목표들을 달성할 수 있는 내일의 민주정부 탄생을 위한 산파적 임무에만 충실하는 한, 국론이 분열될 까닭이 없으며, 혼란을 막고 민주정부의 원활한 실현을 성취하고자 하는 국민적 여망과 저의 충정에서 崔圭夏 대통령을 언제든지 만날 용의가 있습니다. 그리하여 중립적인 과도정부의 사명 완수, 국민 합의에 바탕을 둔 민주제도의 확립, 안보와 민생의 안정 등 국정 전반에 걸쳐 진지하고 솔직한 의견교환을 갖고자 합니다.

이러한 때 국민 여러분과 제가 가장 유감스럽게 생각하는 것은 유신체제의 주역들이 국민과 역사 앞에 자성하고 자숙하는 겸허한 태도를 조금도 보이지 않는다는 사실입니다. 그들은 오히려 과거를 합리화하면서 그들의 기득이권(旣得利權)을 계속 유지시키는 일에 총력을 기울이고 있습니다. 심지어 그들이 계속 집권하지 않으면 중대사태가 발생할것이라고 국민 여러분들을 협박하기에 이르렀습니다. 이러한 자세는 지난 역사적 사건에서 교훈을 깨닫지 못했기 때문에 생기는 것입니다. 역사에서 배우지 못하는 자는 불행한 역사를 되풀이 할 수밖에 없다는 역사의 진리를 생각할 때, 그들의 태도는 나라와 겨레의 앞날에 암영을 드리우고 있습니다.

저는 과오를 범한 자들에게 보복을 주장하지 않습니다. 그들이 새로운 민주정치에 참여하기를 진정으로 원한다면 모든 국민들이 납득할 수 있는 자성(自省)과 시정(是正)의 뜻을 명백히 국민들 앞에 보여주어야 할 것입니다. 우리 국민들은 참회하는 자에게 침을 뱉는 미숙한 국민들이 결코 아님을 깨달아야 합니다. 저는 국민과 더불어 앞으로는 변절과 변신의 천재들이 나라의 지도자가 되어 민족과 국가의 기강을 흐트리게하는 비극을 막기 위해서도, 그들의 겸허하고 정직한 자성을 촉구하는 바입니다.

2. 世界 속의 韓國의 위치

전후 5년 간, 세계는 미소(美蘇)대결을 기본 패턴으로 하여 냉전과 화해(데땅뜨)의 상태를 되 풀이해 왔습니다. 최근 아프가니스탄 사태를 계기로 냉전의 불길한 기운은 다시 세계를 불안케 하고 있습니다. 한반도는 언제나 이러한 소용돌이 속에서 양대세력의 각축장으로 이용되어 왔습니다. 또 앞으로도 그렇게 될 가능성이 있습니다.

우리가 위치한 아시아의 사태 변화는 최근 더욱 눈에 띄게 미묘해 지고 있습니다. 중소(中蘇)대결은 북방에만 한하지 않고, 월남을 중심으로 한 동남아까지 확대되고 있습니다. 소련의 해군력은 이제 동해와 서태평양의 제해권을 위협하기에 이르렀습니다. 이러한 변화 속에서 미국과 중공은 준동맹국이 되었고, 일본이 이에 동조하고 있습니다. 따라서 우리의 적대세력이자 친중공적 경향이 짙어가는 북한정권과 미국정부의 관계는 「친구의 친구 관계」로 진입할 가능성마저 엿보입니다. 이러한 추세는 미묘합니다. 이것은 우리에게 심각한 도전이자 또한 중요한 기회가 될 수도 있습니다.

이러한 때, 안으로 국민의 자발적이고 확고한 지지에 기초한 민주정부를 성공적으로 수립하고, 밖으로 미국을 위시한 자유우방 국민들의 신뢰와 찬양을 획득한다면, 우리는 남북관계의 평화적 해결에 결정적으로 유리한 기회를 잡을 수 있을 것입니다. 그러나 만의 하나라도 우리가 민주정부 재건에 실패하여 내란이 생기고, 그것을 빙자한 또 한번의 강권정치(強權政治)에 휘말려 들어간다면 우리의 국가운명은 끔찍한 불행 속으로 떨어져버릴 위험이 있음을 우리 모두 중시하고 경계해야 할 것입니다.

3. 共産勢力의 警戒와 國家安保

북한 공산세력은 단순히 우리의 자유와 인권을 보호하기 위해서뿐만 아니라, 우리 국가의 존립을 위해서도 항상 경계하고 배격해야 할 경쟁적 존재입니다. 특히 북한 공산집단이 그들의 이른바 「해방전략(解放戰略)」을 명백히 포기하고 평화공존을 존중하지 않는다면, 우리는 안보적 차원에서 경계를 게을리 할 수 없습니다. 우리는 앞으로도 국민의 자발적 합의에 기초한 튼튼한 국력과 방위자세를 근간으로 해서 어떠한 침략 가능성도 봉쇄하고, 참다운 국력을 바탕으로 한 남북간의 평화적 공존, 평화적 교류 그리고 평화적 통일의 3단계 통일정책을 강력히 밀고 나가야 할 것입니다. 이러한 정책은 지난 71년 선거 이래 저의 일관된 주장이었습니다.

제가 여기서 다시 한번 강조하고 싶은 것은, 참으로 강한 안보란 국민의 자발적이고 열성적인 참여에 기초한 민주정부 아래서만 가능하다는 사실입니다. 국민이 나라의 주인이라는 자각과 그 자각에 바탕을 둔 민주체계의 운영보다 더 강한 안보는 없다고 확신합니다. 그러기에 안보는 어떤 경우에라도 특정 정치세력과 정권의 목적에 악용되어서는 안됩니다. 악용되는 경우, 그 정치세력도, 그 정권도, 그리고 온 국민도 모두 불행한 사태에 빠지고 말 것입니다. 그렇기 때문에 반공, 안보 및 통일 문제는 거국민적(擧國民的) 참여와 초당적 합의를 바탕으로 해서 추진될 수 있도록 확고하게 제도화(制度化)해야 합니다.

4. 政治報復의 종식

저는 그간 우리 국군이 보여 준 헌식적 안보협력에 감사하며, 국민과 더불어 더욱 이러한 노력을 지원코자 합니다. 아울러 10 · 26사태 후 미국이 보여 준 우정어린 안보협력에 대해서도 깊은 사의를 표하고 싶습니다.

오늘 우리의 정치현실에서 가장 긴급하게 요청되는 정신이 있다면 그것은 한편으로 화해와 단결의 정신이며, 다른 한편은 반성과 자기갱신(自己更新)의 정신입니다. 과거에 부당하게 고통을 당했던 피해자들은 반성하는 어제의 가해자들을 용서하고 포용해야 합니다. 저는 유신체제하에서 약간의 고난을 당했으나, 보다 밝은 미래사회를 창조하기 위하여 어떠한 보복이나 협량(狹量)을 절대 배격하겠습니다. 특히 저의 납치사건에 관한 한, 오늘을 기해서 그 사건에 관련되었던 모든 사람들을 용서할 것이며, 더 이상 문제를 거론치 않을 작정입니다. 오직 당사자들이 누구든지 간에, 스스로 겸손하게 뉘우치기를 바랍니다. 그리고 한일 양국 정부는 이 문제를 현명하게 처리해 주도록 희망할 뿐입니다.

이 사건 이외에 지난 71년 국회의원 선거 당시에 자동차 사고를 위장한 나에 대한 살해미수사건을 포함한 모든 박해에 대해서도 이것을 불문에 붙이고자 합니다. 나도 인간인지라 심중에 한이 없는 것은 아닙니다. 그러나 용서와 사랑을 최고의 덕으로 가르쳐 주신 하나님의 뜻에 순종하기 위해서, 그리고 새로운 민주역사를 선도적으로 엮어 나가기 위해서 저는 이 모든 사건을 불문에 붙이기로 결심했습니다. 지난날 많은 민주인사와 저를 괴롭혔던 정치보복은 종지부를 찍어야 합니다. 이제부터는 그러한 보복의 악순환이 우리 정치풍토에서 말끔히 사라져야 할 것입니다.

저의 유일한 정적(政敵)은 이미 세상에서 사라졌습니다.

그의 지시를 따라 움직였던 사람들은 정치보복의 대상이 될 수 없습니다. 저는 새로운 민주정부 아래서도 현재의 군과 공무원들이 상하를 막론하고 안심하고 더욱 국민과 국가에 봉사하게 된다는 것을 확신합니다. 오직 그들에게 엄격히, 정치적 중립을 지키면서 국민의 뜻에 따라 자율적으로 헌신할 것을 당부하는 바입니다.

5. 80년대의 展望

오늘의 정국전망은 아직은 매우 불투명한 것 같습니다. 이 한 해에 우리는 산을 넘고 강을 건너는 시련을 이겨내야 할 것입니다. 저는 10년 전, 70년대의 정국을 내다 보면서 「총통제(總統制)의 도래」를 예견한 바 있습니다. 그러나 80년대는 우울했던 70년대와 달리 장기적인 안목에서 보면 우리가 성실하게 노력하는 한, 희망의 새 시대가 전개될 것 입니다. 이 땅에도 젖과 꿀이 흐르는 「가나안」의 이상향이 우리 눈 앞에 펼쳐질 수 있습니다. 이렇게 낙관하는 까닭은 무엇보다 우리 국민들이 여러모로 성숙했기 때문입니다. 10 · 26사태를 전후해서 우리 국민은 계속 놀라운 저력과 위력을 나라 안팎으로 보여 주었습니다.

권리보호 의식에서뿐만 아니라 책임의식에서도 선진국 국민의 성숙도를 넘어서는 저력을 보여 주었습니다. 바로 이러한 저력이 오늘의 우리 정국 이면에 힘차게 흐르고 있습니다. 그리고 이 저력이 정국을 눈에 보이지 않게 주도하고 있습니다. “모든 국민은 자기능력 이상의 헌법을 가질 수 없다”는 금언이 말해 주듯이, 국민의 민주주의에 대한 각성과 헌신 없이는 아무리 좋은 헌법이라도 실제적 의미가 없습니다. 그런데 오늘의 우리 국민들은 지난 7년 간의 유신체제의 쓰라린 경험을 통해 역설적으로 민주주의를 키워서 자기자신의 것으로 향유할 수 있는 자격을 갖추게 되었습니다. 이 점에 있어서 우리 국민들은 이미 정치적 선진국의 수준에 이르렀다고 저는 확신합니다.

이렇게 자랑스러운 국민 여러분이 참으로 주인 노릇하게 되는 민주정부가 세워지면, 반공과 안보태세는 철통같이 굳혀질 것이며, 남북대화도 알차게 착실히 진전될 것입니다. 저는 이렇게 성숙한 국민을 모시고 그 국민의 협력을 얻어 위대한 민주대한의 형성과 조국통일의 위업을 달성시키도록 전진하고 싶습니다.

6. 나의 使命과 앞으로의 去就

저는 6·25 당시 공산주의자들의 처형 직전에 탈옥하여 살아났고, 71년 선거 당시 자동차 사고를 빙자한 살해음모에서 살아났으며, 73년의 납치 당시 현해탄 한가운데서 수중고혼이 될 뻔한 순간에서 극적으로 살아났습니다. 세 번이나 되풀이 된 기적적 생환이야말로, 하나님께서 저를 나라와 겨레를 위해 당신의 한 도구로 쓰시려는 사랑의 섭리라고 믿습니다. 따라서 저는 저의 삶을 덤으로 믿어 앞으로의 전생애를 오직 하나님의 뜻에 따라 국민 여러분을 받들고 나라와 민족을 위해 헌신하고자 합니다. 저의 이같은 결심을 국민 여러분께서는 깊게 이해해 주실 것이며, 저와 함께 여러분들이 주인이 되는 새 역사를 창조하는 일에 앞장서 주실 것도 믿습니다. 저는 여러분과 내가 하나라는 것을 믿었기에 옥중 독방에서도 외롭지 않았으며, 죽음의 직전에서도 태연할 수 있었습니다. 이제 저는 복권(復權)이 되었다 해서 새삼 새 길을 찾을 필요가 없습니다. 오직 국민을 위해서, 국민의 여망에 따라 제 삶을 던질뿐입니다.

국민이 없는 곳에 金大中은 없습니다. 그러나 자유와 정의를 갈망하는 국민이 있는 곳에 金大中은 항상 있을 것입니다. 민주발전을 저해할 일부 세력이 아직도 있다고 볼 때, 우리들은 힘을 합쳐 그들의 기도를 봉쇄하여야 합니다. 신민당은 이러한 목표를 향해서 보다 주도적인 역할을 다해 주기를 바랍니다. 저의 정치적 거취는 재야인사 여러분과 더불어 협의할 것이며, 무엇보다 국민의 뜻을 받들어 결정하겠습니다.

이 순간에 있어서 저의 제 1차적 관심은 민주제도의 차질없는 재확립이지, 대통령 후보가 되는 것이 아닙니다. 대통령 후보 경쟁에 열중한 나머지 민주주의의 소생을 속으로 원치 않는 자들에게 어부지리를 안겨줄 것을 저는 우려하고 있습니다. 저는 민주주의 파수병의 한 사람으로서, 국민 여러분과 더불어 이러한 불행한 사태가 오지 않도록 감시하고 노력하고자합니다. 다시 한번 80년대가 위대한 우리 국민을 위한, 국민에 의한, 국민의 민주시대가 될 것을 확신하면서, 민주대업을 위한 국민 여러분의 뜨거운 동참을 호소하는 바입니다. 지난 70년대는 여러분들이 주인의 자리에서 나그네의 자리로, 주체의 자리에서 객체의 자리로 밀려났던 비극의 시대였음에 반하여 80년대는 국민여러분이 참으로 나라의 주인이 될 수 있게 하기 위해 저는 저의 모든 것을 기꺼이 바칠 것을 다시 한번 다짐하는 바입니다. 마지막으로, 오늘 3.1절 61주년에 즈음해서 국민 여러분과 더불어 선열들을 추모하며 민주와 자유와 평화의 그 높은 정신을 차질없이 계승 발전시킬 것을 다짐하는 바입니다.

1980년 3월 1일

緊急措置 9호 解除에 즈음하여

이 글은 10 · 26사태 이후 긴급조치가 해제되고 상당수의 민주인사들이 석방된 데 대해 1979년 12월 8일 金大中 선생이 발표한 성명 내용을 전재한 것이다. 그는 "「조속한 민주정부 수립」의 합의 위에 국민적 화해와 단결을 성취하자"고 호소했다.

1. 머 릿 말

오늘로서 긴급조치(緊急措置)가 해제되고 상당수의 민주인사들이 석방된 것을 만시지탄(晩時之歎)은 있지만 환영한다. 그러나 아직도 그들의 복권이 이루어지지 않았으며 기타 죄명으로 옥중에 있는 인사들의 석방조치가 병행되지 않는 데 대해서 유감된 심정을 금할 수 없다.

10. 26사태 이후 우리 국민은 자제와 협력으로 민주시민으로서의 위대한 자질을 국내외에 과시했다. 우려했던 안보도 미국의 신속적절한 조치와 국민과 국군의 일체협력으로 자신있게 위기를 극복해 왔다고 본다.

나는 4 · 19 이후 許政 과도수반이 3개월 안에 개헌과 선거를 차질없이 실시했던 사실에 비추어, 지난 6일에 있었던 대통령 보선(補選)이 불가피했다고는 보지 않는다. 뿐만 아니라 나는 정부가 11월 10일 성명 당시, 첫째, 유신체제의 희생자들에 대한 석방과 복권을 단행하고, 둘째, 민주정부 수립까지의 분명한 절차를 발표하고, 셋째, 거국적인 중립내각(中立內閣)과 범국민적 협의체 구성의 조치를 취했던들 그후 일어난 불행한 사태는 방지되었을 것이며, 오늘의 정국은 국민적 화해와 단결 속에 안정되어 있을 것이라고 생각할 때, 유감된 심정을 금할 수가 없다.

그러나 이제부터라도 우리는 잘못을 고치고 미비했던 점을 보완해서, 불행의 재발을 막고 건설적 방향으로 새출발하자는 충정에서 약간의 견해를 피력하고자 하는 바이다.

2. 우리의 갈길

10 · 26사태를 통하여 우리가 역사의 법칙과 민의의 소재, 그리고 내외 정세에 대한 올바른 인식을 가졌다면, 우리의 나갈 길은 아주 명백한 것이라고 믿는다.

첫째, 우리는 조속한 민주정부 수립에 관민일치(官民一致)해서 협력해야 한다. 이는 지금 국민의 절대적 요망이다. 모든 것은 민의에 따라 해결되어야 한다. 누구도 국민의 뜻 위에 군림할 수는 없다. 국민을 두려워하고 민의에 복종한다는 것이야말로 현 정국을 타개할 관건으로서 우리 모두가 갖추어야 할 자세다.

둘째, 국가안보와 사회질서 유지는 이 시점에서 가장 중시해야 한다. 안정 없이는 아무것도 이루어질 수 없기 때문이다. 그러나 진정한 안정은 국민의 자발적 협력을 얻을 수 있는 민주정부에로 나갈 때만 가능하다는 사실을 명심해야 한다.

셋째, 국가의 안전과 재건을 위해서 국민적 화해와 단결이 이시간 같이 요청된 때도 없다. 정부는 고통받은 인사들에 대한 상처회복을 위해서 충분하고 신속한 조치를 먼저 취해야 하며, 과오를 범한 사람은 겸허한 반성과 자숙이 있어야 할 것이다. 일반국민은 관용과 화해의 정신으로 이를 맞이해야 한다. 우리는 정치보복이나 소급법의 제정을 절대로 배격해야 한다. 이를 반대하는 것이 민주주의의 정신이요, 하나님의 가르침이기 때문이다.

넷째, 인권문제는 유신 7년 동안 국내외에 걸친 최대의 쟁점이었다. 정부는 질서를 강조하기 전에 국민 불만의 요인인 인권의 보장에 먼저 할 일을 다해야 한다. 인권은 우리가 지켜야 할 최상의 가치이기 때문이다.

다섯째, 지금 가장 시급하고 절실한 것은 언론과 정치활동의 자유 보장이다. 비록 계엄령하라 하더라도 안보와 질서에 직접 관계가 없는 한 민의의 창달과 정치의 발전을 위해 언론과 정치활동의 자유가 최대한으로 보장되어야 한다.

여섯째, 이 시점에 있어서 우리 경제의 방향은 자유경제 체제 외에 있을 수 없다. 지금까지 관권주도의 경제로부터 민간주도의 진정한 자유경제체제로 과감하게 발전되어 나가야 한다.이제 누적된 경제적 제반 불균형도 시정되어야 한다. 성장일변도에서 성장과 안정과 분배의 삼자 간의 조화 있는 「발전」을 이룩하여 경제발전이 대중의 수혜도(受惠度)와 일치해야 한다. 이것이 바로 국민단결과 국가안보의 물질적 기반이 되는 것이다.

우방제국과의 기존 경제협력 관계는 전적으로 존중되어야 하며, 앞으로 건전하고 명랑한 경제협력을 한층 강화해 나가야 할 것이다.

일곱째, 미국 등 민주우방과의 공고한 우호관계의 지속은 우리의 국가안보를 위해 불가결하다. 진정한 우호는 정부 차원에서의 친선만이 아닌 국민적 차원의 견해와 협력이 기본이 되어야 한다. 그러한 우호관계는 서로 이념과 체제를 같이하는 민주정부 아래서만 가능하다.

이리하여 안으로 국민의 자발적 협력과 밖으로 우방과 세계여론의 지지를 얻을 수 있는 민주정부가 서면, 우리는 자신을 가지고 남북간의 평화정착과 착실한 과정을 거친 조국통일에의 길을 밀고 나갈 수 있는 것이다.

3. 나의 개인적 입장

나는 자유민주주의와 자유경제를 신봉하며, 복지사회 건설을 열망한다. 나는 「조속한 민주정부 수립」이라는 신념과 목표에는 확고부동하다. 그러나 이를 추진하는 방법은 평화적이어야 하며, 대화와 인내와 질서 속에 행해져야 한다고 믿는다.

내가 지지하는 것은 간디의 길이지, 호메이니의 그것이 아니다. 나는 세종대왕이 유교를 국교로 하면서도 불교를 수용했던 아량과 한글 창제의 찬성자도 반대자도 다같이 그 휘하에 거느렸던 관대함을 존경한다.

나는 링컨이 남북전쟁을 마무리 지으면서, 남부에 대한 그의 태도에 대하여 북부, 특히 자기 당내에서까지 있었던 반대에도 불구하고 "누구에게도 악의를 품지 않고 모든 사람에게 자비를 베풀어야 한다(Malice toward none, Charity for all)"고 주장한 위대한 화해와 관용의 정신을 우리가 본받아야 한다고 믿는다.

이러한 링컨의 정신이 분열되었던 남북의 재단결에 결정적 접착제(接着劑)가 되었던 것이다.우리는 지금 전례없이 위험하고 중대한 시점에 처해 있다. 과오를 범한 사람은 반성하고, 고통을 받은 사람은 관용하는 정신으로 이를 극복하는 민족의 슬기와 역량을 보여야 할 시점이다. 나도 朴정권 아래서 약간의 고통을 겪은 사람이지만, 나는 내가 겪은 쓰라림이 앞으로는 이 나라에서 다시 되풀이 되지 않기를 나의 신앙과 양심에 비추어 바라는 바이다.

4. 政府에 대한 要望

나는 지금까지의 불충분했던 점을 시정하고 이제부터라도 사태를 개선의 방향으로 발전시키기 위해서 崔圭夏 대통령이 다음의 조치를 시급히 취하도록 요망한다.

첫째, 긴급조치 이외의 이름으로 묶여 있는 모든 정치범의 석방과 석방된 일체 정치범의 복권 등을 시급히 단행해서, 우리가 지닌 묵은 상처를 하루 속히 아물도록 해주기 바란다. 늦어도 연내에 이를 완결해서 80년의 명랑한 새출발을 바라는 것이 국민적 요망이라고 나는 확실히 믿는다.

둘째, 정부는 연내에 개헌과 선거실시 등 조속한 민주정부의 수립의 절차를 국민 앞에 명확히 해야 할 것이다. 이 문제에 대한 국민의 의심과 우려를 불식하는 것이 정국안정을 위해서 무엇보다 필요하다.

셋째, 崔圭夏 대통령은 이제 전 대통령 및 그의 정당과 완전히 단절되고 독립된 자격이 되었다. 또한 그 임무는 과도정권의 성격을 띠고 있다. 당소속(黨所屬)이 없고 과도적 임무를 띤 대통령의 내각은 마땅히 중립적이고 거국적 구성이어야 할 것이다.

새로 형성된 내각의 구성 내용이야 말로 앞날을 점칠 열쇠가 될 것이라고 믿으면서, 국민의 기대에 부응하는 결과 있기를 희망하는 바이다.

넷째, 정부는 국민과 군의 협력을 얻어 계엄령을 조속히 종식시키는 데 주력해야 할 것이다. 계엄령의 장기화는 누구를 위해서도 이롭지 않다. 우리는 상호협력으로 국민은 군을 사랑하고, 군은 국민을 존중해온 전통을 훼손하는 일이 없도록 해야 할 것이다.

다섯째, 과도정부는 전국민적 합의를 집약할 수 있는 협의체(協議體)를 구성하여 이를 통해서 민의를 흡수, 실천하는것이 아주 필요할 것으로 믿는다. 우리는 있을 수 있는 오해나 마찰을 미리 피하며, 거국적인 예지와 협력을 얻기 위해서도 이러한 기구에 정부가 진정한 열의를 보이도록 권면하는 바아다.

이 성명을 마무리지음에 있어서 우리는, 역사는 도전과 응전의 관계속에서 각 민족의 운명이 결정되어 온 사실을 상기한다. 인간은 불가항력적인 원인에 의한 실패보다도 이기심과 안일과 사려부족으로 일을 그르친 경우가 훨 씬 많았다는 것을 볼 수 있다.

우리는 오늘의 중대한 도전(桃戰)에 대하여 애국심과 정성과 지혜를 다해서 응전(應戰) 함으로써, 역사와 후손에 부끄럽지 않은 성취 있기를 기약하고자 하는 바이다.

1979년 12월 8일

金大中

民族魂과 더불어

이 글은 1980년 3월 26일 명동 YWCA강당에서 열린 수요강좌(水曜講座)의 초청연사로 초빙된 金大中 선생의 강연 전문이다. 이날 강연은 金大中 선생이 복권(復權)된 후 처음 가진 대중연설(大衆演說)이라는 점에서 의의가 있다고 보겠다.

여러분!

여기 YWCA강당에 모이신 여러분! 그리고 4층과 2층, 복도와 밖에 모여 계신 여러분! 여러분께 진심으로 반갑고 감사하다는 인사를 드리면서, 오늘 제가 유신(維新) 이후 1975년 이래 처음으로, 이와 같은 공개장소에서 여러분께 말씀하게 된 이날이, 바로 제가 얻은「민족혼(民族魂)」이라는 제목에 알맞은, 우리 민족의 위대한 혼(魂)인 安重根 의사(義士)께서 지금부터 70년 전에, 여순(旅順) 감옥에서 이 민족을 위해서 순절(殉節)한 그날이라는 것을 생각할 때,여러분과 같이 우리의 이 위대한 민족혼에 대해서 그 명복(冥福)을 비는 묵념(默念)을 잠시 올리고자 합니다. (잠시 묵념)

위대한 勝利의 증거

지금 이 시간, 1980년 3월 26일, 세계 도처에서는 많은 민족들이, 많은 민족의 혼(魂)이 자기들을 엄습한 시련과 대결하고 있습니다. 아프가니스탄 민족은 소련 침략의 시련에 대결하고 있고, 중동(中東)에서는 아랍과 이스라엘의 민족들이 평화와 해방을 위해서 혼백을 다 바쳐 노력하고 있습니다. 중남미(中南美)에서는 자유와 빈곤의 타파를 위해서, 아프리카에서는 후진(後進)의 굴레를 벗기면서, 유고슬라비아에서는 티토가 죽은 이후의 소련의 침략(侵略)의 위험에 대결하기 위해서, 지금 모든 민족이 몸부림 치고 있습니다. 또한 우리는 10 · 26사태 이 후 우리 국민이 처음으로 얻은, 국민의 힘에 의한 민주주의의 확립을 위해서 여러분과 우리가 몸부림치고 있습니다.

나는 그동안 유신체제(維新體制) 7년 동안에, 혹은 망명생활에서, 혹은 납치를 당하면서, 혹은 3년의 감옥생활에서, 혹온 병중에서, 연금 생활에서, 공민권을 박탈당하면서, 여러분과 함께 아픔을 같이하여 왔고, 여러분의 고난에 동참할 수 있었습니다. 그러나 이제, 10 · 26사태 이후 오늘, 이 사람이 독재자의 칼날에서 죽지 않고 살아서, "병신이 되었다" "식물인간이 되었다" "머리가 돌았다" 하던 그 金大中이가 건강한 모습으로 여러분의 힘에 의해서 공민권을 부활해서 오늘 이 자리에, 여러분 앞에 나오게 된 것을 감사하게 생각합니다. (환호, 박수, 「만세!)

이것은 오직 내가 믿는 하나님의 덕이요, 우리 조상들의 덕이요, 국민 여러분의 덕이어서. 김대중이가 오늘 여기서 건강하게 여러분 앞에 다시 나타날 수 있었다는 것은, 김대중 자신의 승리나 기쁨이 아니라 독재와 싸운 우리 모든 국민의 위대한 투쟁과 승리의 하나의 증거로서 내가 여기 나왔다고 생각하는 것입니다. (「옳소!」, 박수)

그러나 우리가 가슴 아픈 것은, 아직도 우리 민족 시인 金芝河 동지를 위시해서 「크리스찬 아카데미 사건」의 피고들과 양순직 · 박종태 · 白基琓 등 여러 동지들이 옥중에서 아직 못 나오고 있습니다. 많은 사람들이 아직도 복권(復權)이 못되고 있습니다. 많은 언론인과 직장인들이 아직도 복직(復職)이 안되고 있습니다. 우리는 이런 분들이 하루속히 석방되고, 복권되고, 복직되도록 여러분과 같이 당국에 대해서 요구하고, 여러분과 같이 투쟁하면서, 마음으로부터 그분들에게 미안하다는 말씀과 함께, 건투와 건강을 빌어마지 않는 것입니다. (박수, 환호)

죽지 않는 民族魂

여러분! 오늘 YWCA에서 저에게 「민족혼(民族魂)」이란 제목으로 말을 하라고 하였는데, 나같이 본시 정치생활을 하는 사람들에게는 이와 같은 형이상학적(形而上學的)인 말은 대단히 어려운 제목으로서, 아닌게 아니라 고심을 했습니다. 그래서 제가 여러분께 요약해서 문장으로 몇 마디 말씀을 드리고 그것에 근거해서 강연을 진행시키는 것이 좋겠다고 생각해서, 여러분이 받으신 그 문장의 전문(全文)을 여기에서 내가 먼저 낭독을 하고 말씀을 시작하겠습니다.

民 族 魂

1. 민족혼은 그 민족의 역사(歷史)를 통해서 연단(鍊鍛)되고 발전된 가운데 형성된 민중(民衆)의 마음이다. 우리 민족은 수난의 민족이다. 대륙으로부터, 바다로부터, 안에서의 지배자로부터 시달리고, 찢기고, 짓밟히는 가운데 용케도 견디어 내면서 다져지고 발전되어 온 우리 민족이다. 그들의 「다친 혼」「억눌린 혼」「신음한 혼」「견디어낸 혼」「일어선 혼」「싸운 혼」이 한데 어울려 응결된 것이 우리 한민족의 혼이요, 그것이 바로 지금 우리의 가슴속에서 고동치고 있다.
2. 민족혼의 개념은 고정(固定)개념, 권위(權威)개념이 아니다. 운동의 개념이다. 민족혼은 민족의 역사와 삶의 변천을 통해서 이루어진다. 민족혼은 이미 만들어진 신성불가침(神聖不可侵)의 절대의 상수(常數)가 아니라, 시대를 따라 발전하는 변수(變數)이다. 그러나 민족혼은 결코 일시적인 것이 아니다. 그것은 민족의 존엄성, 정당성을 옹호하는 역사적 원천으로서 민족의지(民族意志)의 일관성을 가진다. 말하자면 민족의 주체적 선율(旋律)이다.
3. 민족혼은 우리 민족의 낙관적 보장에도 작용해 왔지만, 그러나 민족의 위기에 가장 강력하게 발휘되어 만족의 실체로 육화(肉化)되어 왔다. 고려의 항몽(抗蒙)운동, 조선의 임진왜란, 한말(韓末)의 동학농민혁명, 의병 운동, 그리고 독립협회운동, 일제하의 3·1운동, 해

방 후의 6 · 25 공산침략의 극복, 4 · 19학생혁명, 그리고 유신체제 아래서의 반독재(反獨裁) 민권투쟁과 부마(釜馬)사태 등이 민족혼의 역사적 소재를 밝히고 있다. 민중의 비극, 위기, 고통을 통해서 민족혼은 기왕의 민족정신의 관성을 넘어서 혁신한다. 역사적 발전법칙에 의해서 새로운 민족혼으로 승화하는 것이다.

4. 민족혼의 형성에 있어서 원시 시대의 샤마니즘, 고대 중세의 불교, 근세의 유교들이 상층구조의 환경이었음은 사실이다. 그러나, 민족혼 자체는 아니다. 민족혼은 지배사상이나 지배논리에 있지 않고 그것들과 대응하는 민족 내부의 대다수의 민중에 의한 총화적(總和的) 염원이 형상화된 것이다. 따라서 민족혼은 민족의 실체인 민중의 소리다. 민족혼은 반봉건(反封建), 반외세(反外勢), 반독재(反獨裁)의 절규다. 따라서 민족혼은 우리의 근대 민족주의의 바탕이다.
5. 민족혼은 투혼(鬪魂)이다. 민족의 전투적, 적극적 의지의 경험에서 민족혼은 과시된다. 침략자와 싸워야 하고, 억압자와 싸워야 한다. 모순과 싸워야 하고, 깊은 잠과도 싸워야 한다. 악(惡) 앞에서 용기 없는 민족혼은 또 하나의 악이다. 그러나 민족혼이 투혼(鬪魂) 이라해서 무조건 타자(他者)를 적대시하는 것이 아니다. 싸운 혼(魂)만이 전우(戰友)를 안다. 투혼은 동시에 전우애, 동지애, 형제애, 선린애(善隣愛)의 혼이다.
6. 민족혼은 다른 민족의 혼에 대한 적대개념이 아니다. 배타주의(排他主義)는 민족혼을 타락 멸망시키는 아편이다. 발전하는 민족혼은 인류는 하나라는 개념을 수용한다. 모든 민족과의 연대화, 형제화를 실현코자 한다. 민족혼은 스스로의 독창적 발전을 고집하면서 동시에 각 민족과의 공동체적 상호존립을 추구한다. 한국 민족의 위대성이 전세계의 위대성의 바탕이며, 전세계의 위대성이 한국민족의 위대성과 밀접히 관련되기 때문이다. 세계를 향하여 발전하는 민족혼은 영원한 생명이요, 평화의 원천이요, 친교(親交)의 바탕이다.

이상(以上) 입니다.

여러분! 우리 민족은 참으로 세계 각국의 역사에 없을 정도로 위대한 저력(底力)과 독자성(獨自性)을 보였습니다. (박수)

나는 내 민족이라고 하여 덮어놓고 과찬(過讚)하는 것이 아닙니다. 지금부터 4천년전 중국 황하(黃河)의 중류에 한족(漢族)이 일어났습니다. 이래서 동서남북을 모두 동화(同化) 시켜가면서 중화사상(中華思想)으로 지배해 갈 때, 마침내는 1230년대에 정복해 온 몽고족에게 1백 년간이나 지배받으면서 오히려 몽고족을 모조리 동화시키고, 1630년에 침략한 청족(淸族)에게 3백 년간이나 지배받으면서도 결국은 만주(滿洲)를 모조리 삼켜버렸습니다. 그러나 우리 한국에서만은 기원전(紀元前) 1세기에 한무제(漢武帝)가 한사군(漢四郡)을 설치한 이래 4백만 한사군 지역에 계속적으로 한민족(韓民族)을 종속시켰지만, 우리 민족은 결코 중국화(中國化)되지 않고, 우리의 독자적인 언어와, 의복과, 음식과, 생활습관이 분명히 중국화되지 않은 한민족(韓民族)의 본질을 이어왔습니다. (박수)

화교(華橋)들이 인도차이나의 3국, 타이, 말레이지아, 싱가포르, 인도네시아, 필리핀까지 상권(商權)을 완전히 경제권을 장악했습니다. 그러나 한국에서만은 실패했습니다. 이와같이 우리 조상들은 아까 말한바와 같이 항몽투쟁, 임진왜란, 동학혁명, 의병투쟁, 독립협회운동, 3 · 1운동, 6 · 25, 4 · 19, 반유신(反維新)투쟁, 부마사태(釜馬事態) 등 이러한 일련의 민족주체성과 민족혼을 수호하는 가운데, 중국에도 일본에도 동화되지 않고, 우리민족 독자성을 유지해온, 이 위대한 민족에 태어난 것을 우리는 다행스럽게 생각하면서 우리는 우리의 조상들에 대해서, 우리들의 할아버지와 우리들의 먼 조상들에 대해서, 그리고 그 혼백을 이어받은 우리 국민에 대해서 자랑과 감사의 뜻을 표시하지 않을 수 없는 것입니다. (박수, 「옳소!」)

여러분! 어떤 사람은 말하기를 "민주주의는 한국 민족에게는 적합지 않다"고 그럽니다. 과연 민주주의가 우리 민족에게 적합치 않은가? 우리 민주주의가 이 땅에서 뿌리박을 수 없는가? 양자강(揚子江)의 유자(柚子)가 북방으로 가면 탱자가 되듯이 민주주의는 여기에 자리잡을 수없는가? 나는 여러분에게, 우리의 역사에 나타나는 사실을 통해서 우리가 민주주의를 할 수 있는 민족이고, 우리 민족의 내부에 민주주의의 씨가 깊이 박혀 있다는 것을 밝히고자 하는 것입니다. 서구 민주주의는 예수 그리스도의 자유의지(自由意志) —— 예수가 예루살렘의 십자가에 못박히러 올라가면서……

(청중들의 열띤 환호로 강연이 일시 중단되었음)

여러분! 질서를 지켜주십시요. ……말씀을 계속하겠습니다.

우리 역사에 단군은, 하늘의 환인(桓因)이 그 아들인 환웅(桓雄)을 이 땅에 내려보낼 때 홍익인간(弘益人間)을 하라고 내려보냈습니다. 민본주의(民本主義), 「백성이 주(主)」라는 이 사상이 그때 이미 싹터 있었던 것입니다. 가락국(駕洛國) 수로왕(首露王)은 자기 왕비에 대해서 자식을 하나 그쪽으로 점지해 주면서 왕비 성으로 허(許)씨를 주었습니다. —— 여권사상과 통하는 것입니다. 신라시대의 6부 부족들이 모여서 하던 직접 민주주의 형태인 화백(和白)은 그리이스의 직접민주주의와 상통하는 양상(樣相)을 가지고 있습니다. 백제와 신라에서 하던 임금 중심으로 한 회합의 남방제도, 백제와 고구려의 도당제도, 여기에도 민주주의의 흔적을 찾아보고 해석할 수 있습니다. 이조의 유교통치의 기초를 세운 鄭道傳은 「민심(民心)이 곧 천심(天心)」이라는 원리를 주장하고 있습니다. 李栗谷 선생과 趙光祖 선생은 언로대계(言路大計)로서 언론(言論)의 자유를 열어주어야 한다는 것을 주장하고 있습니다. (「옳-소!」, 박수)

반계(磻溪) 柳馨遠, 성호(星湖) 李瀷, 실학(實學)의 대가들과, 朴趾源, 朴齊家 등의 북학(北學)의 대가(大家)들은 국민을 위한 실천적인 학문의 중요성을 주장하고 있습니다. 「홍길동전」을 쓴 許筠은 계급타파와 부패된 정치에 대한 민중의 반항을 주장하고 있습니다. 「춘향전」에서는 춘향이는 "정조를 지키는데 양반과 상놈의 차이가 있느냐?"고 하면서 인권과 계급타파를 주장하고 있으며, 「춘향전」에 나온 민중들은 그 당시의 무도한 지배계급에 대한 규탄과 반부패 투쟁의 장면을 우리에게 보여주고 있습니다. (「옳소!」, 박수)

동학(東學)의 창시자인 崔水雲 선생은 마침내 「사람이 즉 하늘」이란 인내천(人乃天)이라는 위대한 민주주의를, 의심없는 민중의 이념을 주장하고 있으며, 2대 교주인 崔海月 선생은, 「사인여천(事人如天) —— 사람 섬기기를 하늘 섬기듯 해야 한다」는, 하늘과 사람을 똑같이 보는 민주주의 기본원리를 주장하고 있다는 것을 우리는 자랑스럽게 주장할 수 가 있습니다. (박수, 「옳소!」)

그뿐만 아니라 우리의 근대화의 길을 연 위대한 동학혁명! 독일사람이 자랑하는 1530년 의「뮌쩌」의 농민혁명보다는 몇 배나 위대한 이 동학혁명! 全琫準장군은 이 혁명을 통해서 노비해방과, 과부의 해방과 토지개혁과, 탐관오리의 징치(懲治)와, 민중의 직접통치와, 반제국주의 투쟁과 이러한 위대한 근대화와 반외세(反外勢)의, 민족주의의 문을 열었다는 것을 우리는 알아야 합니다. (박수)

기독교와 서구 민주주의가 들어 온 이후에 이것은 더욱 발전해서 독립협회의 반외세 근대화 운동, 3·1운동의 반제국주의 민주화 운동, 이것은 4·19의 민주주의와 연결이 되고 朴正熙 치하의 반유신 투쟁과도 연결이 되고, 부마사태(釜馬事態)와도 연결이 되는, 이러한 민주주의 사상이요, 민본사상(民本思想)인 것입니다. (박수)

여러분! 민주주의가 우리 풍토에 적합지 않다고 하는 사람은, 수천년 전 단군 때부터 싹튼 이 민주주의의 싹, 적어도 동학혁명 이래, 이 나라의 근대화와 민족자주독립 정신이 백 년간 우리 민족에 뿌리박아 온 이 사실을 무시한 것으로서, 이러한 사람이야말로 우리 민족과 조상에 대한 모독이요, 역사에 대한 무식이요, 자기들의 이기적인 목적을 달성하기 위한 민족 현혹의 궤변이라는 것을 나는 여러분에게 지적하고 싶습니다. (「옳소!」, 박수)

10·26 사태 이후 나는 한국에 와 있는 거의 모든 외국 대사들을 만났고, 지금도 만나고 있습니다. 누구도 이제는 우리 민족이 민주주의를 할 수 있는 민족이고, 민주주의를 하진 않고서는 이 나라의 국민은 결코 성공할 수 없다는 것을 인정하고 있습니다. 이제는 우리 민족은 민주주의를 할 수 있는 민족으로 세계의 공인을 받고 있습니다. (박수)

여러분! 오늘 YWCA 강연은 비정치적(非政治的)인 성격의 것이기 때문에 내가 현 정부나 특정 정당(政黨)에 대해서 직접 언급은 하지 않겠습니다. 그러나 우리는 우리 민족혼의 지금 최대의 부르짖음은 무엇이냐? 그것은 자유와 평등이 구현된 민주주의라는 것을 부인할 수 없기 때문에 이런 말을 여러분에게 하는 것입니다. 민주주의는 국민의 성장없이는 이루어지지 않습니다.

우리는 민주주의를 두 번 실패했습니다. 8·15 이후의 민주주의는 미국이 주었지만 우리 힘으로 하지 않았기 때문에 李承晩 박사가 이것을 짓밟았습니다. 4 · 19 후의 민주주의는 국민 전체가 아닌 학생이 중심이 되었다가 혁명 후에 학원(學院)으로 돌아갔기 때문에, 혁명주체 없는 민주주의였기 때문에 朴正熙 장군이 이것을 쉽사리 박탈해 버렸습니다. 우리 국민은 유신치하(維新治下)에서 마침내 반성하고 깨달았습니다. "내 힘으로 하지 않는 민주주의는 진짜가 아니다. 내가 피와 땀과 눈물을 바치지 않은 민주주의는 진짜가 아니다"라고.

이렇게 해서 수많은 사람들이 목사, 신부님들을 앞세우고 감옥에 가고, 밖에서 기도회(祈禱會)로써 싸우고, 직접 참여하지 못한 국민들은 마음으로부터 이것을 성원했습니다. 그리하여 이것이 응결해서 폭발한 것이 부산 · 마산 사태요, 따라서 10 · 26 사태는 누가 무슨 소리를 해도 어떤 분이 말한 바와같이 「사고(事故)」가 아니라, 10 · 26 사태는 7년간의 우리 민족의 끈질긴 반유신(反維新) 반독재 투쟁의 연장 선상에서 일어났다는 것을 나는 말할 수 있습니다. (「옳소!」, 환호, 박수)

그런데 아직도 우리 국민의 민주주의 의욕과 역량을 무시하고 이것을 우습게 보는 사람들이 있습니다. 전시하(戰時下)에서도, 국민소득이 50불밖에 안될 때도, 공산당과 싸우면서도 직접선거를 하고 지방선거를 해낸 우리 국민을, 30년 전에도 그것을 해낸 국민을, 지금 우리에게 직접선거가, 지방자치가, 민주주의가, 안보를 위해서, 경제 건설을 위해서 부적당한 양 데마고기(demagogie)를 퍼뜨린 지도자들이 있습니다.

여러분! 내가 말하고 싶은 것은 우리 국민은 민주주의를 위해서 용기와 결심만 보인게 아니라, 10 · 26 사태 이후로 여러분이 보신 바와 같이, 우리 국민은 자제(自制)를 해서 질서를 지키고, 어떤 혼란을 구실로 해서 새로운 독재를 하려는 자들에게 구실을 주지 않기 위해서 현명하게도 자제한, 그러한 책임감도 가지고 있는 국민입니다. 우리 국민은 용기와 책임감, 이 양면에서 민주국민으로 성숙을 보였습니다.

나는 그러기 때문에, 내가 1971년 대통령 선거에 나왔을 때 여러분들에게 "이번에 정권교체가 안되면 총통제도(總統制度)의 시대가 온다"고 말했지만, 또 그것이 불행히도 적중했지만,(박수) 이제 80년대의 문턱에 서서 여러분이 내게 다시 한번 "80년대를 네가 어떻게 보느냐?"고 말하라고 한다면, 나는 여러분에게 이렇게 말하겠습니다. “우리 민족의 이 위대한 지금의 성숙도로 봐서 우리가 목전에 여러 가지 난관이 있고 파란곡절이 예상되지만, 80년대에는 국민이 주체가 되고, 주인이 되어서 국민이 나라의 주인대접받는, 자유와 정의가 실현되는 민주주의가 반드시 성공할 수 있다”고, 나는 여러분에게 단언해서 말합니다. (「옳소!」, 환호, 박수)

그러나 여러분! 민주주의에는 댓가가 필요합니다. 옛날에 기하학(幾何學)의 선생인 유클리트는 이집트의 왕 구타레 마이로스가 기하학을 배우다가 너무 어려우니까 “좀 쉽게 하는 방법이 없느냐?”고 물었을 때 “기하학에는 왕도(王道)가 없다”고 그랬습니다. 왕이라고 해서 특별히 봐주는 방법이 없다고 그랬습니다. 민주주의에는 왕도(王道)가 없습니다. 쉽게 얻는 방법이 없습니다. 헌법의 금언(金言)에 “모든 국민은 자기 능력 이상의 헌법은 가질 수 없다”고 그랬습니다. 아무리 헌법이 민주적이고 훌륭해도 국민이 이것을 필요로 하지 않고, 국민이 이것을 지키려고 결심을 하지 않고, 국민이 이것을 가지기 위해서 싸우지 않고, 국민이 여기에 희생과 땀을 바치지 않으면 그런 국민은 좋은 헌법을 가질 수 없다고 그랬습니다. 민주주의는 우리들의 계속적인 희생과 노력과 투쟁을 요구한다는 것을 나는 여러분에게 말씀하면서, 여러분이 진정으로 민주주의를 원한다면, 여러분이 독재에 진정으로 몸서리친다면 앞으로 여러분이 한 사람도 빠짐없이 민주주의의 대열에 참가해야 한다는 것을 나는 여러분에게 여기에서 호소하는 것 입니다. (「옳소!」)

國民의 편에 서서

존경하는, 그리고 사랑하는 국민 여러분! 나는 내 조상으로부터 물려받은 자랑스런 민족혼을, 여러분과 똑같이 간직하는 한 사람으로서 살고 있는 내가 나아가는 나의 길을 여러분께 몇 가지 말씀드리고자 합니다.

먼저 나는 내 일생의 교훈으로써, “어떤 경우에도 국민을 배반하지말고, 어떠한 고난이 있더라도 국민의 편에 서라”는 것, 이것이 내 인생과 정치의 신조입니다. 우리집 가훈(家訓)이 세 가지 있는데 그중 첫째가

"하나님과 국민에게 충실하라"입니다. 참고로 말씀하면, 둘째는 "자기 운명은 자기가 개척해야 된다"이며, 셋째는, "절대로 부자가 되지말라"는 것입니다. (박수, 「옳소!」, 환호)

나는 내 자식들에게 말하기를 "돈과 하나님은 같이 섬길 수가 없고, 돈과 양심은 같이 섬길 수가 없다. 돈은 먹고 사는 데 부족하지 않으면 되는 것이다. 그 이상의 부(富)를 가지게 되면 부의 노예가 되고, 친구들로부터 멀어지고, 국민으로부터 격리되고, 그리고 교만해지고 타락한다. 따라서 만일 너희들이 경제계에 나가서 사장이 되고 회장이 되는 등의 경영자가 되는 것은 좋지만, 만일 부자가 되면 아버지와 너희들과는 관계가 끊어진다"는 것을 나는 얘기하고 있습니다.

여러분! 나는 국민에게 충성을 다하는 것을 정치인으로서의 최대의 기본으로 생각하기 때문에 나는, 지금 신문에 대통령후보 운운하지만, 무엇이 되기 위해서 사는 사람이 아닙니다. 대통령은 둘째 셋째입니다. 나는 무엇이 되기 위해서 사는 것이 아니라 국민과 내 양심에 충실하기위해서 사는 사람입니다. (「옳소!」, 박수)

국민과 하나님이 주신 내 양심에 충실하다가 기회가 있어서 대통령을 맡게 되면 봉사할 것입니다. (박수, 환호)

그러나 국민도 양심도 버리고 "무슨 수단을 쓰든지 대통령이 되겠다"는 것, 이것은 내가 죽으면 죽어도 추구할 수 없는 길입니다. (「옳소!」, 박수)

여러분! 무엇이 된다는 것이 대단하지 않습니다. 李完用이는 영의정(領議政)이 되었습니다. 총리대신이 되었습니다. 나라도 팔아먹을 권세를 가진 사람이 되었습니다. 安重根 의사는 불과 서른에 목숨을 바쳤습니다. 그러나 누구도 최고로 된 이완용이가 위대하고 현명했고, 청춘에 목숨을 버린 안중근 선생이 실패했고 어리석은 사람이었다고 말할 사람은 없습니다. 나는 솔직히 여러분에게 얘기한다면, 다음 정권, 그렇게 대단한 매력이 없습니다. 왜? 첫째, 경제만 보더라도 박정희씨가 아주 온통 망쳐 놓았습니다. (박수, 「옳소!」, 환호)

이것을 맡아놓고 수습한다는 것은 마치 다 파먹은 김칫독에다 머리를 집어넣는 것과 마찬가지입니다. (「옳소!」, 박수)

4년 동안에 겨우 뒤치다꺼리나 하느라면, 그것도 내가 좋아하지 않은

사람의 뒤치다꺼리를 하고 나면 4년은 끝나는 것입니다. (웃음, 박수)

남북문제, 노동문제, 청년 · 학생문제, 군대를 통솔하는 문제 등등 다음 대통령의 짐이 여간 무겁지가 않습니다. 따라서 내 개인적인 생각을 하면, "누가 한 4년쯤 해서 실컷 고생하고 난 뒤로 그때쯤 내가 맡는게 차라리 좋겠다"는 생각도 듭니다. (박수, 환호)

뿐만 아니라 나는 여러분에게 말씀했듯이 국민을 위해서 내가 싸워오다가, 바다에서 수중고혼(水中孤魂)이 되려다 살아 났습니다. (박수)

나는 지금 살아 있는 것만도 감사합니다. 이 나라에 민주주의만 될 수 있다면, 우리 국민에게 자유와 정의가 회복되어서, 또다시 눈물과 한숨과 비통의 생활을 하지 않게 된다면, 우리 나라에 민주주의가 확고히 뿌리박아서 국가의 안보가 튼튼히 되고 통일의 문이 열려서 나의 사랑하는 젊은 자식들이 동족상잔의 총탄 앞에 서지 않을 수가 있다면. 나는 金九 선생이 말한대로 총리는 커녕, 국회의원은 커녕, 중앙청 정문의 문지기가 되더라도 한이 없다는 것을 나는 여러분에게 말하고자 합니다. (박수, 「옳소!」, 환호)

가장 작은 사람들을 위하여

나는 지난 2월 29일자로 복권이 됐지만, 법적으로만 복권이 되었지, 정치적으로는 아직 제대로 복권이 되지않았습니다. (「옳소!」)

텔레비전 회사, 신문사 등에서 나한테 인터뷰니 수기(手記)를 요청했다가 전부 캔슬당했습니다. 어떻게 남하고 같이 어울려서야 조금씩 기사가 나가지 단독으로 얘기하면, 제대로 나가지도 않습니다. (박수)

김대중 납치사건은 쓰지도 못하게 하고, 김대중이 찬양하는 것을 쓰지도 못하게 하고, 심지어 1970년, 지금부터 10년 전에 낸 책을 출판사에서 인쇄해 놓고 팔려고 해도, 세 사람 중에서 내 책만 못 팔게 합니다. (박수)

여러분! 나는 아직도 이와같이 여러 가지, 여기서 공개할 수 없는 그동안 많은 치욕과 고통과 괴로움을 당했지만, 그러나 나는 믿습니다. 나는, 바닷속에서 상어밥이 되게 던지려고 할 때도, "내가 여기서 죽더라도 국민은 나를 잊지 않을 것이다"라고 생각하였으며, 내가 법정에섰을 때도 판사를 향해서, 검사를 향해서, "당신들이 나를 지금 재판하지만 역사와 국민은 내 편"이라는 것을 얘기했습니다. (「옳소!」, 박수)

나는 누구에게 천대를 받건, 누구에게 멸시를 받건, 누구에게 박해를 받건, 아니, 오늘 생명을 잃건, 내 국민만 나를 버리지 않고 내 국민만 나와 같이 있고, 내가 내 국민을 위해서 봉사할 수 있는 한은, 김대중에게는 불행이 없고, 김대중에게는 슬픔이 없다는 것을 여러분에게 말씀합니다. (박수, 「옳소」!)

따라서, 나는 지금 게딱지 같은 국민주택에 살고 있지만,(웃음) 국민을 배반하면서 부(富)를 얻는 것보다는 하나님과 국민을 택하겠습니다. 국민을 배반하면서 안전을 택하라고 한다면, 차라리 죽음을 택하겠습니다. 이 신념은 내가 죽는 그날까지 변하지 않을 것입니다. (박수)

나에게 이와 같은 신념을 준 근원이 무엇이냐 하면, 그것은 물론 위대한 우리 국민의 성원입니다. 그러나 한 발자국 더 들어갈 때, 그것은 내가 믿는 하나님의 덕택입니다. 여기에는 기독교 신자도 있고, 아닌 분도 계시겠지만, 신자든 아니든 간에 내 말씀을 들어주시는 것이, 혹은 여러분에게 참고가 될 것입니다. 그렇다고 나는 절대 다른 종교에 대해서 어떠한 배타적인 의견을 가지고 있는 것은 아닙니다.

여러분! 나는 기독교 신자이기 때문에, 예수의 제자입니다. 예수는 내 스승입니다. 나는 하나님의 아들이기 때문에 예수는 나의 형님*입니다.

나는 그의 제자이기 때문에 스승의 말씀을 따라야 합니다. 예수님이 세상에 오실 때, 유태나라 중에서도 제일 천대받는 갈릴리 지방에 태어났습니다. 그래서 그당시의 지배계급인 사두가이 파(派), 그당시이 엘리트인 바리사이 파를 다 버리고, 저 소작인, 날품팔이, 창녀, 문둥병환자, 세

* "나의 모친과 나의 동생들을 보라. 누구든지 하늘에 계신 내 아버지의 뜻대로 하는 자가 내 형제요, 자매요, 모친이라 하시더라"(마태복음 12장 49-50절). "이에 예수께서 가라사대, 무서워 말라. 가서 내 형제들에게 갈릴리로 가라고 하라. 거기서 나를 보리라 하시니라"(마태 복음 28장 10절) "하나님이 미리 아신 자들로 또한 그 아들의 형상을 본받게 하기 위하여 미리 정하셨으니, 이는 그로 많은 형제 중에서 맏아들이 되게 하려 하심이라"(로마서 8장 29절) 등 참조

리(稅吏), 이런 인간취급 받지 못한, 소위 히브리 말로 「암할레스(땅의 백성들)」을 찾아가서, 일생을 그 사람들을 위해서 봉사하다가 그 사람들의 인간적 자각, 권리의식을 고취했기 때문에 마침내 로마 제국으로부터 「민중선동죄」의 정치범에 몰려서 십자가에 못박혀 죽으신 것입니다. 예수는 돌아가시면서 말씀(마태복음 25장 31절부터 46절까지)하시기를 「내가 죽어서 다시 부활해 가지고 이 세상을 심판하러 오겠다. 그때 산 자와 죽은 자를 모두 앞에 놓고 심판하되, 너희들 중에서 의로운 자는 바른편에 앉히고, 죄있는 자는 왼쪽으로 앉히겠다.…그러나 왼쪽의 염소들에 대해서는, 나쁜 무리들에 대해서는 "너희들은 나에게 그러지 않았기 때문에 지옥에 가서 영겁의 유황불 속에서 고통을 받아라." 그러면 너희들은 말할 것이다. "주여! 내가 언제 그렇게 당신께 도와준 일이 있습니까? ……" 그러면 내가 말할 것이다. "너희 옆에 가장 작은, 가장 못나고, 어리석고 약한, 그 작은 자에게 밥 주고 물 주고, 재워 주고 도와준 것이 바로 나에게 해준 일이고, 그 사람들에게 해주지 않은 것이 바로 나에게 해주지 않은 것이다" 이렇게 대답할 것이다.」

어러분! 나의 스승 예수는 우리에게 이와같이 우리들의 도움을 필요로 하는 이웃을 위해서 모든 것을 헌신하도록 요구하고 있습니다. 따라서 내가 국민의 편에 서서 국민의 자유와, 국민의 권리와, 국민의 행복을 위해서 싸운 것은, 예수를 믿는 사람으로서 나의 당연한 의무라는 것을 여러분에게 말씀드립니다. (박수)

나는 망명생활(亡命生活) 속에서도 매일 기도를 하고, 주님이 나와 같이 계시기를 바라고, 나를 지켜주기를 바라고, 밤마다 일기장에다 우리 조국과, 가족과, 내 자신을 위해서 기도를 했습니다.

나는 1973년 8월 8일 그랜드 파레스 호텔에서 납치됐습니다. 그 사람들은 복도에서 나를 끌고 옆방으로 가서, 목욕탕에서 나를 토막살해 해가지고 륙색에 담아서 지고 나가려고 했습니다. 그러나 환경이 여의치 않아서 나를 마취시켜 가지고, 끌고 엘리베이터로 해서 지하 차고까지 가서, 차에 태워 대여섯 시간 달린 후에, 어느 항구 가까운 도시와 건물 3층으로 데리고 갔습니다. 거기서 또 나를 다시 묶고, 전 얼굴에 코만 빼놓고, 포장용 테이프를 붙이고, 이렇게 해가지고 나를 다시 끌고 바다로

가서 란취(Launch)에 태워서 큰 배에 실었습니다. 그래서 그다음 날 새벽에 나를 마침내 물에 던지기 위해서 내 팔을 이와같이 해서 뒤로 묶고, 입에다가 나무토막을 물리고, 붕대로 감고, 양눈에 다섯 개씩 붕대를, 아니 스카치 테이프를 붙이고, 다시 붕대를 감고 양 발을 묶고, 뒤에다가 판자를 붙여서, 목을 세 군데나 묶고, 바른 팔과 왼쪽 발목에다가 약 30~40kg의 물체를 달고, 그렇게 해서도 부족해서 솜이불을 다시 붙이려고 했습니다. 그때 나는 “이제 내가 죽는구나.……! 그까짓 거 한 1 · 2분 물속에서 허우적대면 죽겠지”하고 생각했습니다. 그런데 다음 순간, 인간은 천박한 것이어서 “상어에게 반 토막을 물리더라도 반 토막만이라도 살았으면 좋겠다!” 하는 생각이 들었습니다. (웃음)

그런데 갑자기 그때 예수님이 옆에 섰습니다. 내가 예수님을 생각한게 아닙니다. 그래서 내가 예수님의 그 옷소매를 붙잡고, 두 손으로 이와 같이 붙잡고 “나를 살려주시오! 내가 우리 민족을 위해서 아직도 할 일이 있는데 내가 여기서 죽으면 어떻게 합니까? 나를 살려주시오! ” 이와같이 예수에게 매달린 그 순간에 “펑!” 소리가 나면서 눈에 빛이 들어왔습니다. 그러니까 옆에 섰던 사람들이 “비행기다! ”하고 뛰어나갔습니다. 나중에 보니까 그것이 나의 생사(生死)의 갈림길이었습니다.

나는 분명히 믿습니다. 옥중에서 내가 몸에 병이 걸려가지고 몸을 제대로 움직이지 못했습니다. 치료도 못 받았습니다. 나는 마지막에 우리 주님께 매달려서 내 몸을 건강하게 해달라고 기원을 했습니다. 마침내 1년 후에 나는 몸이 회복되었고, 3년 전에 들어갈 때는 지팡이를 들고 절뚝거리며 들어갔는데 3년 후에는 지팡이를 던지고 건강한 몸으로 나왔다는 것을 여러분에게 말씀드립니다. (박수, 환호, 「옳소!」)

하나님이 나와 같이 계신 것을 나는 말할 수 있습니다. 내가 그동안 연금생활에 있을 때 도처에서 말하기를, “김대중이가 폐인이 되었다더라” “반신불수가 되었다더라” “머리가 좀 이상해졌다더라”고 했습니다. 아마 여러분들도 다 들었을 것입니다. 요새도 내가 신문에 가끔 “정말로 건강해졌느냐?”하는 사람들이 있습니다. 그래서 오늘 내가 여기 나온 것은 이 강연이 첫째 목적이지만 또 하나 부대적인 목적은 내 「현품」을 여러분에게 보이고,(웃음, 박수) 정말로 내가 건강한지, 건강하지 않은지 여러

분이 확인해 주십사 하고 온 것입니다. (웃음, 박수)

하늘의 큰 뜻에 따라

여러분! 기독교에는 두 가지 주장이 있습니다. 하나「개인구원」이고 하나는「사회구원」을 말합니다. 영국의 존 버년이란 사람이 쓴「천로역정(天路歷程)」이란 소설을 보면, 거기 주인공이 가족도 무엇도 다 버리고 자기 혼자만 천국에서 살아가려고 막 도망쳐 가는 장면이 나옵니다. 아직도 우리 교계(教界)에는 "개인만 구원되면 이웃이야 어떻건, 사회야 어떻건 그것은 크게 관심할 바 아니다"고 하는 사람들이 있습니다. 또 반면에 "기독교는, 예수의 뜻은 가난한 억눌린 이웃을 위해서 봉사하는 것이기 때문에 적극적으로 사회에 참여를 해야 한다"는 주장도 있습니다. 내 부족한 지식으로는 이 두가지가 다 옳고, 다 필요한 것입니다. 개인구원과 사회구원은 마치 손뼉의 앞과 뒤와 마찬가지로 하나님의 아들로서 바르게 살지 않는 사람이, 훌륭한 기독교 신자가 아닌 사람이 이웃을 위해서 훌륭한 봉사를 할 수가 없습니다. 이웃을 위해서 훌륭한 봉사를 하는 사람은 반드시 하나님의 아들로서 올바르게 살게 됩니다. 이 두 가지는 떼어놓을 수 없는 앞과 뒤라고 나는 믿고 있습니다.

내가 기독교 문제에 대해서 한마디 더 여러분께 말씀드리고 싶은 것은, 혹시 여러분 중에는 종교를 믿는다는 것을 마치 미신(迷信)같이 생각하는 사람이 있을는지 모르겠습니다. 그것은 큰 잘못입니다. 20세기의 최대의 과학자인 아인쉬타인도, "과학을 무시하는 종교는 미신이지만 종교를 무시한 과학도 교만이라"고 했습니다. 프랑스의 실존주의 철학자 사르트르는 —— 여러분이 아시다시피 실존주의에는 유신론(有神論)과 무신론(無神論)의 계통이 있습니다. 사르트르는 무신론 계통입니다 —— 말하기를 "인간은 아무 목적과 이유없이 아버지와 어머니의 생활 가운데서 이 세상에 던져졌다. 낳아놓고 보니까 이 세상은 모순과 부조리투성이다. 그러나 이왕 나왔으니 살지 않을 수 없으니까, 살아 있는 동안만은 힘차게 자기 생에 대해서 자기가 책임을 지고 열심히 살아야 한다, 그러나 죽으면 그대로 그만이다"고 했는데 이것이 그 사람의 실존주의 철학의 줄거리로 알고 있습니다. 그런데 또 하나 재미있는 것은 1956년 뉴욕에서 돌아가신 불란서 출신 신부 떼이야르드 샤르뎅이라는 사람이 있습니다. 이 분은 자기의 신학에 대해서 이름을 붙이진 않았지만 만일 굳이 붙인다면 「진화론적 신학(進化論的 神學)」을 말했습니다.

그분의 얘기를 내가 아는 고고학이라든가 인류학 같은 분야에서 얻은 지식과 합쳐서 추리해서 얘기하면, 이 지구는 지금부터 약 40억 년 전에 생겨났다고 합니다. 이 지구에 생물이 나오기 시작한 것은 약 20억 년 전이라고 합니다. 인간의 원조인 먼 옛날의 인간과 비슷한 원숭이 같은 존재가 나온 것은 약 3백만 년 전이라고 합니다. 그것이 그후로 쭉 계속 되어서 50만 년 전에는 북경원인(北京猿人)혹은 네안델타르인, 이런것이 나온 것입니다. 그리고 오늘날 우리와 같은 호모 사피엔스, 지성을 가진 인간이 나온 것은 지금부터 3만 년 내지 5만 년 전밖에 안됩니다. 아주 최근입니다. 인간은 호모 사피엔스 이전까지 해서 지금부터 1만 년 내지 50만 년 전까지 구석기시대 였습니다. 돌을 있는 그대로 가지고 썼습니다. 약 1만 년 전부터 신석기시대, 돌을 여러가지로 갈고 모양을 닦아서 쓴 신석기시대로 들어왔습니다. 7~8천 년 전부터 청동기시대로 들어왔습니다. 약 5천 년 전부터 철기시대로 들어왔습니다. 오늘이 아직도 철기문명입니다. 이 지구상의 인간뿐만 아니라 모든 동물, 식물은 다 진화되고 발전되어 옵니다. 지금도 진화되고 있고 내일도 진화되어 갑니다. 이것은 과학입니다. 떼이야르드 샤르뎅 신부의 말은 창세기를 보면, 하나님이 이 세상을 만들 때 완전한 것만 만든 게 아니고, 이 세상을 만들어서 인간에게 맡기면서 이것을 다스리고 "개량 · 발전시키라고 우리에게 맡겼다"는 것입니다. 따라서 인간은 이 세상에 나올 때 하나님이, 예수께서 재림하시는 그때까지, 그때를 촉진시키기 위해서, 이 세상을 더욱 진화시키고 발전시키는 그 임무를 띠고 이 세상에 나왔다는 것입니다. 그러기 때문에 이 세상에 나온 이상은 열심히 하라는 것입니다. 돈 열심히 벌고, 그림 열심히 그리고, 운동 열심히 하고, 정치도 열심히 하라는 것입니다. 다만, 그것을 자기 이기적 목적을 위해서 하지 말고 이 사회의 올바른 발전을 위해서 돈을 벌고, 운동을 하고, 정치를 하라는 것입니다. 그러면 하나님이 이 세상을 진화시키는 그 일에 동참하게 된다는 것입니다. 그리고 죽으면 예수의 재림의 날을 기다리는 희망을 가지고 죽는다는 것입니다.

사르트르의 말과 같이 "목적 없이 나왔고. 희망 없이 죽는 것"이 아니라 "목적이 있어 나왔고, 의의있게 살고, 희망있게 죽는다"는 것입니다. 과학은 하나도 하나님의 길과 모순되지 않습니다. 중세에 지동설(地動說)을 탄압하는 등의 여러가지 잘못을 저지른 것, 그것은 교회(敎會)의 과오지 하나님의 과오가 아닙니다. 이런 의미에서 나는 여러분께 내가 믿는 이 기독교에 대해서 그것이 바로 오늘, 내가 이렇게 지금까지 약간의 고난 속에서도 굴하지 않고 싸울 수 있었다는 근거가 되었다는 것을 말씀드립니다. 그리고 나는 지난번에도 어떤 성직자 여러분하고 말씀을 나눌 때 이런 말을 들었습니다. 그분들은 나를 좋아하시고 있기 때문에 그렇게 말씀했겠지만. "당신이 아무래도 대통령이 돼야 할텐데……"라고 하였습니다. 그런 말을 듣고, 내가 말했습니다. "그런 걱정하지 마시오. 하나님은, 내가 6 · 25때 공산당 감옥에서 학살 직전에 나를 살려주셨고, 1971년 선거 때 자동차로 나를 치어 죽이려고 할 때 살려주셨으며, 1973년 바닷 속에서 살려 주셨는데 그분이, 김대중이가 뭔가 자기의 도구로 필요하니까 살려 주셨지, 그렇지 않으면 살렸겠습니까?(박수)

따라서 하나님의 뜻이 나를 대통령으로, 심부름꾼으로 써먹을 생각이면 만인이 반대 하더라도 나를 대통령을 시킬 것이고, 하나님의 생각이 나를 다른 일에 써 먹을 생각이면, 만인이 찬성하더라도 나를 안 시킬 것이니까 나는 모든 것을 그분에게 맡기고 하나님과 국민에게 오직 충성할 뿐입니다." 이렇게 말했습니다. (박수, 옳소)

行動하지 않는 良心은 惡의 편이다

다음에는, 나는 이 나라의 진정한 반공(反共)과 안보(安保)를 위해서, 그리고 조국의 통일을 위해서 제 자신을 몸바치겠다는 것을 말씀드립니다.

공산주의는 그 이념이 전체주의고 집합주의입니다. 전체를 위해서는 개인을 희생시키는 것입니다. 그러나 괴테도 갈파했다시피 휴머니티는 국가를 위해 있는 것이며, 전체를 위해 있는 것입니다. 민주주의는 한 사람 한 사람의 인권과 자유와, 그 창조적 권리가 중요한 것이지 개개인을 희생시키면서 전체란 있을 수가 없는 것입니다. 이렇게 이념적으로만 우리와 반대되 는 것이 아니라, 북한 공산당이 주도하고 있는 「남조선해방노선」, 요새도 저렇게 남북대화를 하면서도 간첩선을 내려보낸 저와 같은 짓들, 평화적인 방법으로 자기들의 이념을 주장하겠 다는 것이 아니라 폭력과 무력을 통해서 남한을 뒤집어 엎겠다는, 소위 「남조선 해방전략」을 공산당이 포기하지 않는 한, 우리는 국가의 안보와 반공의 태세를 조금도 늦출 수가 없다는 것을 나는 여러분에게 강조합니다. (박수, 「옳소!」)

그러나 우리의, 이 공산당과의 싸움은 임진왜란 때 일본 사람과의 싸움 같은 민족간의 싸움이 아니라 민족 내부의 내전(內戰)입니다. 2차대전 후에 아시아에서 중국과 월남과 캄보디아와 라오스에서의 전쟁, 그리고 한국의 6·25전쟁, 이 모든 것의 공통된 성격이 민족 내부의 내전이란 것입니다. 같은 민족끼리 어느 쪽의 체제가 더 좋은 정치를 하느냐 하는 경쟁이라는 것입니다. 그러므로 아무리 총칼을 가지고 대치하고 싸워도, 우리의, 이 공산당과의 전쟁은 정치 전쟁입니다. 무력전쟁이 아닙니다. 그러기 때문에 어느 쪽이 더 많이 국민에게 자유와 정의를 주어서 이것을 내 편으로 만드느냐 하는 경쟁입니다. 월남에서 독재자들이 입으로는 자유를 부르짖으면서 국민을 짓밟고, 착취하고, 부패했기 때문에 마침내 월남이 망할 때 3대 1의 군대수와 7대 1의 화력을 가지고도 한 달만에 마치 태산(泰山)이 무너지듯 무너져 버린 것입니다. '국민이 생각하기를 "이 싸움은 우리를 위한 싸움이 아니라 저 위에 있는 독재자 몇 놈들의 자기 영화(榮華)와 이익을 위한 싸움이라고 생각하기 때문에 싸우지 않겠다"고 자빠져 있으니까, 싸움이 안되었던 것 입니다.

지난 18년 동안 박정희 대통령은 반공과 안보를 금과옥조(金科玉條)로 주장했습니다. 나도 그 원칙에는 동조하지만 그분이 했던 방법은 대단히 많은 과오를 범했습니다. "유신체제가 안보와 반공을 위해서 필요하다"는 것은 터무니없는 거짓말입니다. (환호, 박수, 「옳소!」)

처음에는 통일을 위해서 필요하다고 하더니 어느새 180도 다른 소리를 하고 있습니다. 뿐만 아니라 "공산당이 독재를 하니까 우리도 좀 독재를

해야만 된다" —— 이게 무슨 소리입니까?(웃음)

공산당은 독재의 대선수입 니다. (웃음) 공산당은 독재의 프로 이상가는 선수이며, 우리가 아무리 독재를 잘한다고 해도 아마추어밖에 안됩니다. (웃음)

우리가 유도시합을 할 때도 업어치기를 잘하는 사람은 자기의 업어치기 가지고 이기려고 해야지, 상대방이 발걸이를 잘한다고 발걸이를 흉내내면 어떻게 이기느냐, 이 말입니다. (박수) 「프로 독재」에 대해서, 독재의 왕초인 「프로 독재」에 대해서 얼치기 유신독재(維新獨裁) 가지고, 「아마추어 독재」 가지고는 이길 수가 없다, 이것입니다. (「옳소!」. 박수)

뿐만 아니라 안보의 목적이고 반공의 목적인 자유를 짓밟고, 몇 사람을 위한 부익부 · 빈익빈(富益富 · 貧益貧)이 사회정의를 짓밟고, 장관, 총리, 대통령을 하는 사람들이 몇 백억, 몇 천억의 부정축재를 하고, 반공법을 악용해서 엉뚱한 사람들을 공산당으로 몰고, 심지어 어떤 목사가 "월남의 胡志明이가 비록 공산당이지만, 청렴결백했다고 하니, 공산주의한테 이기려면 우리는 더 청렴결백해야 되지 않느냐?"고 했더니 그를 "월남 공산당을 찬양했다"고 몰아서 반공법에 걸어 징역살렸다, 이 말입니다. (박수)

이러한, 자유를 짓밟고, 정의를 짓밟고, 반공법을 악용하고, 안보를 악용하고, 부정부패를 조장한 그러한 정치는 반공이 아니라, 공산당을 기르는 양공(養共) 이란 것을 나는 여러분에게 말씀드리고 싶습니다. (박수, 「옳소!」)

나는 반공주의자입니다. 그러나 국민에게 넘치는 자유와 정의와 안정을 줌으로써 국민들이 이 땅에 정을 붙이고, 대한민국에 사는 것을 기쁨으르 생각하고, 자발적으로 이 나라를 지키려 하는 그러한 —— 공산당의 침투의 여지가 없는, 반공과 안보를 주장하는 것이 나의 정책이고 朴正照씨와 다른 점인 것입니다. (박수)

軍은 政治的 中立을

나는 10 · 26사태 이후 우리 국군과 미군(美軍)이 보여 준 국가안보에 대한 노력에 대해서 여러 분과 더불어 심심한 감사를 표시하고자 합니다. 나는 우리 국군을 존경하고 사랑하고 또한 전폭적으로 지지합니다. 그러나 군은 절대적으로 정치에도 중립해야 합니다. (박수, 「옳소!」)

만일 군대가 정치에 개입하면 군대도 망치고, 나라도 안보도 망치고, 반공(反共)도 망친다는 것을 우리는 분명히 알아야 한다, 이것입니다. (환호, 박수)

그러나, 우리가 냉정히 생각할 때, 군대의 정치개입을 운운하기 전에 먼저, 과거 정치인들이 군대를 정치에 악용한 사실을 반성해야 합니다. 李承晩씨가 군대를 자기 정치목적을 위해서 두 파 세 파 갈라놓고, 조종하고, 군대를 정치적으로 괴롭혔다는 것은 우리가 다 아는 일입니다. 朴正熙씨가 마치 군대를 국가보다도 자기 정권에 대해서 더 충성을 하도록 끌고 왔다는 것도 우리가 알고 있는 사실입니다. 이런 가운데, 이러한 집권자들의 정치에 대한 군대의 악용 때문에, 우리의 선량한 국군들이 얼마나 많은 괴로움과 피해를 입었다는 것을 우리가 생각하지 않으면 안됩니다. (박수) 그래서, 내가 여러분에게 호소하는 것은, 앞으로 우리는 군대의 정치개입도 반대하지만, 어떤 정치인도 또다시 군대를 정치에 악용하려고 하는, 그와 같은 일은 우리 민주주의의 대적(大敵)으로서, 우리가 단호히 규탄해야 한다는 것을 여러분에게 말씀드립니다. (환호, 「옳소!」, 박수)

民主主義의 파수병으로서

다음에 말씀드리고자 하는 것은, 나는 국민 여러분과 함께 끝까지 이 나라 민주주의의 화신이 되어 이것을 지켜 나가겠다는 것입니다. 토마스 제퍼슨이 말한 "민주주의의 나무는 국민의 피를 먹고 자란다" "민주주의는 국민의 피와 땀과 눈물을 통해서 이루어진다"는 이 말은 결코 하나의 슬로건이 아니라 진실인 것입니다. 과장없는 사실인 것입니다. 2차 대전 후, 불란서에서 국장(國葬)까지 받은 폴 발레리란 상징주의의 세계적 대시인은 이런 말을 했습니다."독일 국민은 아주 미덕이 많다. 용감하고 규칙적이고, 애국심이 강하고 과학적이고, 여러가지 우수한 장점을 가지고 있다. 그러기 때문에 독일이 전쟁을 도발했을 때는 그 많은 도시를 파괴하고, 그 많은 사람을 죽이고, 그 많은 죄악을 저질렀던 것이다. 따라서 우리는 자기가 어떤 미덕을 가지고 있는 것을 자랑으로 생각하기 전에 내 미덕이, 내가 속한 사회에 있어서 어떻게 사용되고 있는가 하는 그 행방을 확인할 의무가 있다." —— 이런 말을 했습니다.

여러분! 우리는 흔히 말하기를 "나는 정치에 관심이 없다" "나는 정치를 하지 않는다"고 말하며, 이것을 마치 자랑같이 애기하는 사람이 있습니다. 그러나 경제도, 교육도, 법률도, 종교도, 그 어떤 분야도 정치가 바로 되지 않고는 결코 바로 될 수 없습니다. 정치에 관계없다지만 정치의 밀접한 영향하에 있는 것입니다. 따라서 내가 정치를 외면할때, 나쁜 정치는 그것을 악용해서, 프리패스로 진행하는 것입니다. 내가 외면하기 때문에 외면하지 않고 싸운 사람까지도 희생되는 것입니다. 열 사람 국민 중에 열 사람이 다 반대하면, 집권자는 태도를 바꿔 야 합니다. 그러나 두 사람만 반대하고 나머지 여덟 사람이 모른 척하면 집권자는 그 둘만 차버리면 되기 때문에 탄압하는 것입니다. 그렇기 때문에 내가 항상 여러분께 말합니다. 우리는 이 사회의 일원으로서 "이 사회가 어떻게 되어 가느냐?" "정부가 무엇을 하느냐?" "정부가 어떠한 계획을 가지고 어떠한 정책을 가지고, 어떠한 음모를 가지고 우리에게 임하고 있느냐?" —— 이것을 항상 감시하고, 옳지 않을 때는 과감하게 반항하고 싸우는 「행동하는 양심」이 되어야 한다는 것입니다. (박수)

그러기 때문에 내가 여러분에게 「행동하지 않는 양심은 악(惡)의 편」이라는 것을 되풀이 되풀이 강조하는 이유가 거기에 있는 것입니다. (박수)

요새 10 · 26 사태로 우리 국민은 많은 충격을 받았고 교훈을 받았습니다. 무엇보다도 과거에 유신체제를 지지한 분들이 교훈을 받았고, 그 충격은 더 컸을 것으로 기대되었습니다. 그러나, 요새 하는 소리를 보면 무슨 "朴正熙 대통령의 유업계승(遺業繼承)"이니,(웃음) "유신체제가 나쁜 것이 아니었다"느니 —— 이런 소리가 박정희 대통령이 죽고나서 불과 5개월이 못되어서 귀신같이 다시 나오기 시작하고 있습니다. (웃음)

그렇게 나쁜 것이 아니었으면 유신헌법 그대로 가야 될 것 아닙니까? 유신헌법을 바꾸지 않을 수 없는 것은 그것이 잘못되었기 때문에 바꾸자

는 것이 아니냐, 그 말입니다. (「옳소!, 옳소!」, 박수)

이 사람들은 18년 동안 호의호식(好衣好食)하고 부귀영화를 누리고도 우리 국민들이, 관대한 대한민국 국민들이, "반성만 하면 용서 하겠다"는 너그러운 태도를 보임에도 불구하고 국민 앞에 반성하고 회개하기는 커녕, 다시 자기들이 가졌던 그 기득권을 놓지 않기 위해서 온갖 궤변을 다 동원하면서 10 · 26사태로 겨우 열린 이 바람 구멍을, 민주주의를 위한 돌파구를 다시 막으려고 하고 있으니, 이것이야말로 역사를 두려워하지 않고, 국민을 무서워하지 않고, 10 · 26사태로부터 아무 교훈을 배우지 않는 일이라고 나는 말하지 않을 수 없는 것입니다. (「옳소!」, 박수)

이 땅에는 아직도 유신과 반유신의 싸움이 계속되고 있습니다. 독재와 민주주의의 싸움이 계속되고 있습니다. 나는 유신체제에 참가했던 분들에게 경고하고 충고합니다. 박정희씨는 이미 죽었습니다. (웃음, 박수, 환호, 「옳소!」, 박수)

박정희씨에 대한 평가는 역사가 할 것입니다. 당신들이 지금 찬양하고 나서보았자, 아무 소용이 없습니다, 과거에 네로를 찬양(讚揚)하고 秦始皇을 찬양하고 燕山君을 찬양했지만, 역사는 제대로 평가했다, 이 말입니다. 또한 만일 박정희씨가 위대했다면, 옛날에 영국에서 토마스 모어가, 중국에서는 文天祥이, 우리나라에서는 成三問이 역적으로 돌렸지만 역사는 그 사람들을 충신으로서 평가했다. 그 말입니다. 당신들이 진실로 박정희씨에 대한 옳고 그른 평가는 역사에 맡겨라! 다시 박정희씨를 찬양하고, 유업 계승 운운해서 국민을 자극시키는 것은, 모처럼 관용을 베풀려는 이 국민을 자극해서, 박정희씨에 대해서 또 한번 큰 불명예와 지장을 가져온다는 것을 나는 그 사람들에게 경고하고 싶습니다. (환호, 박수, 「옳소!」)

여러분! 나는 질서와 안정을 존중합니다. 혼란을 원치 않습니다. 과도기(過渡期)가 할 수 있는대로 무사히 넘어가기를 바랍니다. 崔圭夏 대통령이 제 2 의 「許政내각」을 계획한다면, 그래서 과도정부로서의 사명(使命)을 충실히 한다면 최규하 대통령을 위해서가 아니라, 이 나라 민주주의의 순조로운 발전을 위해서 나는 그를 도와줄 용의도 있다고 말해왔습니다. 그러나 요즘의 되어가고 있는 일이 너무 걱정스러워서 국민 여러분과 나는 계속 주시하고, 감시하고, 파수병으로서의 자세를 게을리해서는 안될 것이라고 여기서 여러분께 당부하고 싶습니다. (환호)

일곱 번의 일흔 번까지 용서하며

이 자리를 빌어서 내가 여러분께 말씀하고 싶은 것은, 나는 우리 민족혼의 위대한 전통과 오늘의 존재를 말했지만 우리에게 고칠 점도 있습니다. 나는 우리 민족의 세 가지 결함을 고쳐야 한다고 생각합니다. 하나는 우리 민족이 힘만 가지면 남용한 것입니다. 권력만 쥐게 되면, 쥐뿔만한 권력이라고 하더라도 이것을 태산같이 여깁니다. 이조시대의 저 말단관리들도 얼마나 백성들을 괴롭혔습니까? 5급 공무원도 그렇습니다. (웃음)

무슨 회사에서도 조금 높은 자리에만 앉으면 권력을 남용합니다. 권력은 봉사를 위해서 주어진 것이지 자기의 권세의 남용을 위해서 주어진 것이 아닙니다. 더구나 권력을 잡은 사람이 보복을 한다는 것, 그중에도 정치보복을 한다는 것은 최대의 악입니다. 나도 朴正熙 대통령으로부터 어지간히 정치보복을 당해본 사람입니다. (웃음)

참으로 이 보복을 당한다는 것은 못할 일입니다.

자기만 당하면 또 좋습니다. (웃음)

가족 전체가 견딜 수가 없습니다. 자식들의 취직 길이 막히고 심지어 혼인길까지 막힙니다. (웃음, 박수)

집안사정이니까 내가 그 이상 말은 안하지만, 사실 있었던 일입니다. 일가친척들은 직장에서 모조리 쫓겨나고 우리 집을 연금해서 약 2, 3백명의 경찰이 포위하고 있을 때, 그 인근 일대의 사람들이 살 수가 없었습니다. (웃음)

누구도 찾아오려고 하지도 않고, 집 값이 다 폭락해도 누가 보러 오지도 않습니다. (웃음)

이러한 정치보복으로 인하여, 우리 집에 한번 찾아왔다가 경찰이나 정보부에 끌려가서 경을 친 사람이 수없이 많습니다. (웃음)

어떤 사람들이 말하기를 "김대중이가 여당이 되면 정치보복을 할 것이다! "(웃음)

"왜? 제가 워낙 당했기 때문에 정치보복을(웃음) 하지 않고 가만두겠느냐? "—— 일리가 있는 말입니다. (웃음)

그런데 여러분! 요새는 시어머니의 며느리 구박이 좀 적지만, 옛날에는 시집살이가 여간 고되지 않았습니다. 그런데 시집살이를 고되게 하던 며느리가 나중에 시어머니가 되었을 때 자기가 당한 만큼 자기 며느리한테 시어머니 노릇을 했습니다.

그러나, 자기가 당해보니까 천하에 시집살이 고되게 하는 걸 못당하겠더라 해서, 오히려 자기 경험 때문에 며느리에게 잘한 시어머니가 있습니다. (「옳소!」, 웃음, 박수)

김대중이가 반드시 전자(前者)만 되고 후자(後者)가 되지 말란 법이 어디에 있습니까?(웃음, 박수)

나는 기독교 신도입니다. 예수는 자기 제자가 "자기에게 잘못한 자를 일곱 번까지 용서할 것입니까?"하고 물으니까, "일곱 번의 일흔 번까지도 하라"고 했습니다. 뿐만 아니라 나도 지금 이렇게 쉽게 말이 술술 나오지만 감옥에 있을 때 이 여러가지 당한 일을 생각하면, 이놈도 밉고, 저놈도 밉고, 이놈도 한 번 해보고, 저놈도 한 번 해보고……그런 생각이 굉장히 있었습니다. (웃음)

그런데 앉아서 보복할 사람들을 세어보니까 수십 명, 수백 명 되었습니다. (웃음)

그래서 제가 옥중에서 생각했습니다. 내 믿음을 기초로 해서 내가 결심했습니다. 나를 납치하여 죽이려고 했던 사람들, 나를 자동차로 깔아뭉개서 죽이려고 했던 사람들, 무모하게 법정으로 끌고 갔던 사람들, 내 가족과 내 친척과, 내 친구들을 괴롭힌 사람들, 이 모든, 우리 민족의 이조(李朝)이래 내려온 이 보복, 이것을 만일 김대중이가 용서한다면 이것은 김대중이의 대(代)로서 정치보복을 끊는 단호한 계기가 되지 않겠느냐 하고 나는 생각했습니다. (박수)

그래서 이미 나는 지난 3월 1일 기자회견을 통해서, 납치사건을 중심으로 나에게 가해한 자들을 모두 전적으로 용서하고 불문에 부치겠다고 전세계와 국민에게 선포했습니다. (박수)

그다음에 나는, 우리가 이 나라에서 기회주의를 뿌리뽑아야 한다고 생각합니다. 이 간신 같은 기회주의자들,(웃음) 간(肝)에 붙고 쓸개에 붙는 변신(變身)의 천재들, 일제 시대에는 일본사람에게 붙고, 해방 후에는 미군에게 붙고, 그다음에는 李박사한테 붙고, 그다음에는 朴정권에게 붙었습니다. 이 기회주의자들이 우리 민족의 정신을 얼마나 더럽혔습니까? 우리 정신사(精神史)에서, 해방 이후의 정신사에서 가장 불행한 것 중의 하나가 이 기회주의입니다. 李박사는 항일독립 운동을 자기의 일생의 철학으로써 입국(入國)을 했습니다. 대통령이 되었습니다. 그러나 항일독립운동을 한 이박사는, 항일독립 운동을 함께 한 애국자들을, 모조리 판자촌에서, 추위와 굶주림 속에서 죽어가게 만들고, 친일파들만 모조리 끌어다가 자기의 주변을 쌌기 때문에, 그때부터 이 나라 민족정기는 훼손되고 말았습니다. 따라서 이박사의 최대의 과오를 지적하라면 바로 이것이 과오라고 나는 생각합니다. (박수)

朴正熙씨는 5 · 16혁명의 공약을 그럴듯하게 꾸며서 구악일소(舊惡一掃)라고 떠들어 놓고 구악(舊惡)중의 구악인 자유당 사람들을 전부 끌어다가, 그중에도 「과오를 범한 자들」을 끌어 다가 자기 주위를 쌌습니다. 부정부패를 일소한다고 하더니 자기들은 그 몇 백 배, 몇 천 배의 부정부패를 저질렀습니다. 민생(民生)문제를 쉽게 해결한다고 하더니 자기들 민생문제만 해결하는 짓을 했습니다. (웃음)

다음에 들어서는 민주정부는 절대로 정치보복을 해서는 안될 것입니다. 또한 과오를 반성하고, 시정한 사람은 다 포용을 해야 할 것입니다. 공무원은 장관과 차관을 남겨 놓고는, 아니, 필요하다면 차관까지도 등용을 해야 할 것입니다. (박수, 「옳소!」)

직업공무원에 대해서 정치적으로 이것을 좌우해서는 안될 것입니다. 그러나 아무리 관용을 하고, 아무리 포용을 하더라도 다음 민주정부는 민주주의를 위해 헌신하고, 민주주의를 위해 싸우고, 민주주의를 지지해 온 민주세력이 중심된 민주정통성(民主正統性)만은 보증해야 한다고 나는 생각하고 있습니다. (「옳소!」, 박수)

힘의 남용과 기회주의의 배격과 더불어 우리는 지방색(地方色)을 배제해야 합니다. 도대체, 이 지방색이란 이 귀신은, (웃음) 신라통일 이래 1천 3백 년 동안 우리 조상들이 말짱히 없애버렸습니다. 그런데, 朴정권

18년 동안에 이 죽었던 귀신이 다시 나와가지고(웃음) 우리들 마음속에 살아난 것입니다. 세계에서 가장 작은 나라 중의 하나, "내 나라가 여기 있다"고 아니까 찾지, (웃음) 그렇지 않으면 아프리카의 챠드를 찾아라, 봉고를 찾아라 하는 것같이 한참 찾아야 할 나라, (웃음)

그것이 두쪽으로 갈라진 것도 서러운 데, 이제 동(東)으로 갈라지고 서(西)로 갈라진 이 지방색 —— 이런 일을 꿈꾸는 사람들이 있습니다. 여러분, 우리 조상들이 천 3백년 걸려서 아물게 만든 이 지방색, 우리 머리에서 까마득하게 사라진 지방색, 이것을 朴정권이 다시 불러 일으켰는데 —— 대한민국 사람은 피가 다릅니까? 말이 다릅니까? 여기서 있는 金大中이도 동서남북 관계가 안된 데가 없습니다. 낳기는 전라도에서 낳고, 살기는 서울에서 살았고, 국회의원은 강원도에서 했고, 처가는 충청도고, 며느리는 이북서 얻고, 경상도? 내가 김해김씨(金海金氏)니까 진짜 경상도 사람입니다. (웃음, 박수)

왜 우리에게 지방색이 필요합니까? 나는 작년 5월 신민당 전당대회 때, 지방으로 말하면 경상도 출신인 金泳三 총재를, 같은 전라도 출신인 李哲承 대표를 반대하면서, 여러분도 아다시피 적극 지지해서 당선 시켰습니다. (「옳소!」, 박수)

그 결과 金泳三 총재는 10 · 26까지 5개월 동안에 여러분이 보다시피 위대한 민주투사로서 혁혁한 공로를 세웠습니다. (박수)

나는 내가 지방색을 초월해서 그분을 도운 것을 지금도 자부하고 있습니다. (박수) 나는 여러 분에게 말합니다. 여기에는 경상도 분도 있고, 전라도 분도 있고, 여러분이 있겠지요. 나는 대통령이 못되고, 국회의원이 못되도 지방색 때문에 지지하고, 지방색 때문에 반대한, 그러한 저열하고 망국적(亡國的)인 동족애에 절대로 동조할 수 없고, 절대로 반대 한다는 것을 여러분께 말씀드리는 것입니다. (「옳소!」, 박수)

正義가 강물처첨 흐르는 나라를

앞으로 1년. 우리는 산을 넘고 강을 건너는 고비를 넘겨야 할 것입니다. 지금 민주헌정(民主憲政)을 시켜줄지도 확실치 않습니다. 내년 봄의 선거가 과연 있을지도 단언할 수 없습니다. 그러나 나는 국민이 민주주의의 감시병으로서 지금처럼 철통같이 단결해서 나간다면, 모두가 우리의 의사를 숨기지 않고 주장해서 국정(國政)에 반영시킨다면, 그 누구도 도도히 흐르는 역사의 물결을, 우렁찬 민중의 전진을, 하늘도 땅도 바다도 울부짖는 민주주의의 함성을 누구도 막지 못할 것이라는 것을 나는 여러분에게 단언할 수 있습니다. (박수, 「옳소!」)

여러분! 우리는 우리 속에 있는 이 자랑스러운 민족혼을 깨우치고 앞세워서, 이 80년대에는 반드시 민주주의를 이룩하여, 이 나라에 자유가 들꽃처럼 만발하고 정의가 강물같이 흐르는 그러한 민주주의의 선진 국가를 여러분과 우리가 합심해서 만들어야 한다는 것을, 여러분에게 당부하고 싶습니다. (박수)

여러분! 우리 조상들로부터 물려받은 우리들의 자랑스런 「민족혼」을 지킵시다. (박수)

우리들의 자랑스런 「민족혼」을 키웁시다. 우리들의 이 자랑스러운 민족혼에 영광을 바칩시다. 그래서 발전하는 민족혼과 더블어, 세계에 대한민국 국민의 위대한 발전을 과시할 것을 여러분에게 호소합니다. (「옳소!」, 박수)

국민이 있는 곳에, 여러분이 있는 곳에 金大中이가 있습니다. 국민이 필요로 하는 데 金大中이는 있습니다. 金大中이는 천 번 죽어도 국민을 떠나지 않습니다.

만일, 여러분이 필요로 하면, 우리 민족의 혼이 내게 명령하면, 나는 다시 열 번 납치당하는 한이 있더라도, 백 번 감옥에 가는 한이 있더라도, 천 번 연금당하는 한이 있더라도 나는 여 러분에게 봉사할 것을 다짐합니다! (「옳소!」, 환호, 박수)

내가 이 강연을 마치면서 다시 한번 우리에게 이와같이 거룩하고 위대한 민족혼을 남겨주신 우리 조상들에게 감사하면서, 또한 나를 그동안 지켜주시고 격려하고, 도와주신 국민 여러분에게 감사하면서, 우리가 오늘같이 이런 좁은 장소에서, 더구나 4층에서는 제 얼굴도 못 보고, 밖에서는 들어오지도 못한 이런 장소가 아닌, 저 여의도 광장이나, 장충단공원이나, 이런 데서 1971년같이 다시 한번 백만, 2백만이 모여서 여러분과 같이 나라일을 상의할 날이 오기를 기대하면서, 여러분께 작별의 말씀을 드립니다. 감사합니다. (환호, 박수)

그리고 여러분께 특별한 부탁은, 질서를 지키고, 혼란을 일으키지 말고 돌아가 주십시오. 여러분은, 여러분의 혼란을 노리는 사람이 있다는 것을 알고 그 함정에 빠지지 않도록 질서를 지켜주시기 바랍니다. 여러분, 여러분, 안녕히 돌아가십시요. (「만세! 만-세!」· 박수)

道德政治의 具現

이 글은 1980년 4월 16일 한국신한대학에서 행한 金大中선생의 연설 전문이다. 이 연설에서 그는 "민주민권(民主民權) 세력의 구심(求心)은 유신 7년 동안 온갖 박해를 받고도 굴하지 않고 싸워온 재야인사(在野人士)가 되어야 한다"고 주장하고 앞으로 "자유와 정의를 위해서, 국민과 젊은 학생들을 위해서. 조국의 통일을 위해서 몸바쳐 싸울 것을 맹세한다."고 약속했다.

걱정스런 이 나라의 장래

존경하는 여러분! 그리고 특히 밖에 계신 국민 여러분!

우리가 오늘 강연을 통해서 서로 이 나라의 장래를 걱정하는 이 마당에, 여러분이 보시다시피 전기를 끊고, 마이크 줄을 끊는 이와 같은 일을 하고 있습니다. 이것을 무엇 때문에 하느냐, 무슨 목적으로 하느냐, 여러분은 너무도 잘 압니다. (「옳소!」· 박수 · 함성)

그러나 내가 단언할 수 있는 것은 이 사람들이 이와 같이 방해를 하고, 이와 같이 심술을 부리면 부릴수록 우리 국민들은 이 사람들이 왜 이런짓을 하는지 알기 때문에 (「옳소!」· 함성 · 박수) 이 사람들이 기도(企圖)하는 정반대 방향으로, 동으로 가라고 하면 서로 가서 이러한 악랄한 음모를 분쇄한다는 것을 여러분들에게 말씀드릴 수 있습니다. (함성 · 박수)

오늘, 4 · 19 영웅들이 잠든 이 수유리, 여기 한국신학대학에 와서, 4 · 19 정신의 계승자요, 몸소 고난을 무릅쓰고 실천해온 이 한국신학대학에서 강연하는 것을 나는 어느 대학의 강연보다도 영광스럽게 생각을 합니다.

한국신학대학은 내가 알기에 학생의 수로서는 가장 작은 대학 중의 하나입니다. 그러나 그 정신과 업적에 있어서는 가장 큰 대학입니다. 한국신학대학은 유신체제(維新體制)를 반대하고, 인권과 민주주의를 회복하기 위해서, 학원의 자유를 보장하기 이해서 수많은 사람들이 체포되고, 감옥을 가고, 학원에서 쫓겨나고 했습니다. 학생만이 아니라 이 신학대학의 위대한 정신적 지주(支柱)요, 우리 민족의 지도자인 金在俊 박사를 위시해서 이 학교에서 쫓겨나서 다시 돌아오신 安炳茂 박사, 文東煥 박사, 기타 수많은 스승들, 수많은 선배들이, 스승과 선배와 학생이 삼위일체(三位一體)가 되어서 국민을 위해서, 자유를 위해서, 정의를 이해서 싸운 보기드문 대학입니다. 이 한국신학대학은 학생 비율로 볼 때 가장 큰 희생을 한 대학입니다. 한국신학대학생들이 들어간 감옥의 감방마다 「본회퍼를 기억하라」는 문구가 씌어 있습니다. 이로 봐서 나는 여러분들에게 말씀드리는 것은 우리 자유국민(自由國民)의 귀감이요, 이 나라 꽃다운 청년들의 모범이요, 민주학원의 표본이요, 살아 계시는 예수의 증인으로써, 우리 민족의 자랑으로서 영원히 남을 것을 나는 말씀 드릴 수 있습니다. (박수)

32년간 非道德 · 沒道德 政治의 연속

나는 오늘 강연은 「하나로 되게 하소서」, 부제(副題)로 「도덕정치(道德政治)의 구현」이 되겠습니다.

이 나라는 과거 32년 동안 비도덕(非道德), 몰도덕(沒道德)의 연속이었습니다. 그러한 사태는 지금도 계속되고 있습니다. 그렇기 때문에 이것은 유신체제의 비판인 동시에 현실에 대한 우리들의 인식이요, 경고인것입니다.

먼저 李박사는 조국 독립을 위해서 일생을 바쳤다고 하면서 돌아와 우리가 대통령으로 추대했습니다. 그러나 이분은 정권을 잡자 주위에 친일파(親日派)들만 모두 끌어 모으고, 민족독립을 위해서 일생을 바친 애국

지사(愛國志士)들은 저 판자집에서 추위와 굶주림에 떨게 만들었습니다. 시작부터 민족정기(民族精氣)가 파괴되고 말았습니다. 연이어서 사사오입(四捨五入) 정치파동, 3·15 부정선거 등으로 이 나라의 민주정기(民主精氣)도 짓밟아 버렸습니다. 그러나 박정권의 도덕정치의 파괴, 반민족적 반민주적 부도덕(不道德)에 비하면 이것은 아주 약소합니다. 박정권은 5·16 쿠데타를 민주당 정권이 수립되자 13일만에, 이 정부를 뒤집어 엎을 음모를 했습니다. 쿠데타는 국민이 합법적으로 세워놓은 정부에 대한 부도덕한 도전이었습니다. (박수)

거짓말로 일관해온 朴政權

박정권하에서 부도덕을 몇 가지로 나누어 말씀드리면, 먼저 박정권은 거짓말로 일관된 부도덕을 저질렀습니다. (「옳소!」· 박수 · 함성)

혁명공약(革命公約), "부정부패를 일소하겠다. 민생고를 시급히 해결하겠다. 군대로 원대복귀 하겠다." 이런 혁명공약을 폐지(廢紙)같이 배반했습니다. 3선개헌(三選改憲) 절대로 않겠다더니 절대로 했습니다. (웃음 · 박수 ·「옳소!」· 함성) 71년 선거 때 이번 출마가 마지막이라고 눈물을 흘리더니 그 눈물도 마르기 전에 영구집권을 위해서 유신독재(維新獨裁)를 했습니다. (함성 ·「옳소!」· 박수)

60년대에 말하기를 70년대는 "소비가 미덕이다" 하더니, 70년대에 경제가 성장을 하니까 그 과실(果實)을 특권층인 자기들만이 가져가지고 민중은 그대로 생활고와 고난 속에 시달리게 하면서 자기들은 소비가 미덕이 아니라 사치가 미덕이요, 낭비가 미덕인 부도덕한 정치를 저질렀습니다. (「옳소!」· 박수 · 함성)

유신헌법을 만들면서 "이 헌법은 통일을 위한 것이다. 이 헌법을 지지하지 않는 자는 통일을 지지하지 않는 것으로 생각하고 재고(再考)를 하겠다."고 다짐하고 맹세하더니 유신헌법 7년은 통일과의 정반대의 독재와 영구집권의, 민족탄압의, 그와 같이 국민에 대한 배신으로 유신헌법을 악용했습니다. (「옳소!」· 함성 · 박수)

유신이 시작될 때, 그당시 국무총리가 말하기를 "지금 국민소득이 300

불 미만인데 1,000불이 되면 남이 말 안하더라도 우리가 먼저 서구식(西歐式) 민주주의를 하겠다. 100불도 안돼가지고 어떻게 서구식 민주주의를 하느냐." 이러더니 1,000불이 뛰어넘어도 내가 언제 그런 말을 했느냐고 입을 싹 다물고 국민 앞에 식언(食言)을 했습니다. (박수)

여러분!

1976년에 포항에서 석유가 터져 나온다고, 내가 그때 마침 잡혀가서 취조를 받는 데 나를 담당한 검사가 말하기를 "당신들이 하는 일에 대해서 국민들이 지지 안하오. 지금 우리 나라 경제가 얼마나 잘돼 가는지 아시오? 거기에다 지금 마침 포항에서 석유가 쏟아져 나오기를 —— 좀 점잖지 못한 표현을 합니다마는 —— 마치 미친 여자가 오줌을 싸듯이(웃음) 마구 쏟아져 나온다."했습니다. (웃음) 그러나 포항서 기름이 나오긴 커녕 참새 눈문 한 방울만큼도 안 나오는 것이었습니다. (「옳소!」· 박수 · 함성)

反共과 安保까지 政權연장에 惡用

그때는 이 사람들이 우리의 반공과 안보와 통일이라는 국민적 대의를 악용했습니다. 자기들의 반대파는 억지로 빨갱이로 몰고, 얼마나 많은 민주투사들이 대한민국을 사랑하고 자유를 사랑하는 데 어찌 공산당으로 몰리느냐, 말입니까!(「옳소!」박수 · 함성)

바로 여기 있는 수유리의 아카데미 —— 크리스찬 아카데미 하우스(Christian Academy House) —— 거기에서 노동자와 농민들을 하나님의 사랑으로 구원하겠다는 사람들이 공산당으로 몰렸고, 金芝河 민족시인이 공산당으로 몰렸고,(「옳소!」. 함성 · 박수) 하나님의 사랑으로 봉사하는 도시산업선교회(都市産業宣教會), 카톨릭 농민회(農民會)가 불순단체로 몰렸고, 심지어 어떤 목사님이 전라도에서 연설하면서 —— 강인한 목사인데 아마 한국신학대학 여러분의 선배일 겁니다 —— 이분이 연설하면서 말하기를 "월남에서 胡志明이는 비록 공산주의자이지만 청렴결백했다고 한다. 그러면 우리는 공산당한테 이기자면 더욱 청렴결백해야 할 것이 아니냐." 이 말 한 것이, 이북의 공산당도 아닌 월남 공산당을 찬양

했다고 반공법에 걸렸습니다. (함성) 언제부터 대한민국이 월남의 반공까지 걱정했읍니까. (함성 · 박수)

여러분!

이와 같은, 정권유지를 위해서 국민전체가 공동합의에 의해서 국내정치를 초월해서 해야 할 이 반공을 자기들의 정권유지에 악용한, 이 거짓에 찬 부도덕한 정치는 반공이 아니라 공산당을 만들어내는 양공(養共)이란 것을 나는 여러분들에게 말씀드립니다. (「옳소!」· 함성 · 박수)

그들은 입만 열면 안보(安保)를 말합니다. 요새도 그렇습니다. 안보가 중요한 것은 누구도 부인하지 않습니다. 金日成이가 남한의 적화야욕(赤化野慾)을 포기하지 않는 한 안보는 중요합니다. 그렇기 때문에 이것은 절대로 국내정치에 악용되어서는 안됩니다. 그러나 박정권 18년동안에 안보가 얼마나 국내정치에 악용되었습니까. 억압과 탄압과 이(利)를 위해서 약방의 감초같이 써먹는 것이 안보입니까. (「옳소!」· 박수)

72년에 공화당 사람들이 말하기를 "올해 4월달이 金日成이 환갑인데, 김일성이가 환갑을 서울에 와서 지낸다." 언제 金日成이한테 들었는지 모르겠습니다. 그때 제가 말했습니다. "그러면 4월달이 돌아오니까 환갑을 서울서 지내느냐, 안지내느냐 보자." 또 75년에 朴正熙씨가 말하기를 "금년 9월 9일이 9 · 9절, 인민군 창설 30주년인데 이 자들이 서울서 9 · 9절을 지내려 한다." 이렇게 말했습니다.

共産黨에 대한 最大의 무기는 自由

여러분!

6 · 25 때도, 여러분은 그당시를 기억 못하시는 분이 많겠지만, 우리는 부산까지 밀려가 있으면서도 자유롭게 말하고, 신문에 자유롭게 비판하고, 다방에서 정부 비판하면서 이쪽 보고 저쪽 본 일이 없었습니다. (웃음 · 함성 · 박수) 그 전시(戰時)하에서도 대통령을 직접선거(直接選擧)했습니다. 국회의원 선거를 했습니다. 국민소득이 50불도 안됐을 때입니다. 지금부터 28년 전 입니다. 그렇게 했어도 이 나라 안보는 꺼떡없을 뿐 아니라 우리 국군들이 싸울 때 어떤 무기를 가지고 싸웠느냐. "보아

라. 너희 이북에는 이런 자유가 없지만 대한민국에는 전시하(戰時下)에도 이런 자유가 있다."는 이런 긍지를 가지고 공산당과 싸울 이유를 가졌습니다. (「옳소!」· 함성 · 박수)

안보를 악용하면, 안보를 소수층의 영구집권의 영 달을 위해 악용하면, 국민은 안보를 외면하게 되고, 정부의 국가관에 대한 견해를 불신하게 되어 중대한 사태가 오는데 이러한 국민의 불신은 결국 이 나라를 제 2의 월남(越南), 제 2의 캄보디아가 되게 한다는 것을 나는 말씀드립니다. (「옳소!」· 함성 · 박수)

이 사람들이 통일을 악용한다는 것은 아까 말씀드렸습니다. 71년에 제가 대통령에 출마해 아주 조심스럽게 "金日成이가 남조선해방전략(南朝鮮解放戰略)을 포기한다면, 남북간에 문화교류 기자교류, 등 이런 교류를 하는 것이 좋겠다." 이 말을 했습니다. 그랬더니 공화당 사람들이 벌떼같이 달려들어 정부에서 말하기를, "보아라, 金大中이 용공분자(容共分子)다. 金日成이가 피리를 불면 金大中이가 춤을 추고, 김대중이가 북을 치면 김일성이가 장단을 맞춘다. 한패다." 이렇게 주장했습니다. 그러더니 선거 끝나고 몇 달 안돼서 "남북적십자회담(南北赤十字會談)하자, 7 · 4 공동성명이다."하면서 나보다 한 술 더 뜨면서 나에게 미안하다, 말 한마디 안합니다. (박수)

統代는 反統一客體 御用機關

유신체제가 통일을 위한 것이고, 통일주체국민회의(統一主體國民會議)는 이 나라 주권을 위해서 통일의 수임(受任) 기관으로 등장했습니다. 그러나 유신 7년에 통대(統代)가 한 일이 뭡니까? 대통령 두 번 만장일치로 뽑고, 유정회(維政會) 국회의원 서너 번 만장일치로 인준해 주고……어제 내가 어느 대학 교수를 만났더니, "당신이 내일 강연하면 꼭 이 말 좀 해주시오. 통일주체국민회의에 대해서 그것을 사실대로 이름을 한번 지어주시오."라고 했으니 지 어 보겠습니다. 「통일(統一)은 반통일(反統一), 「주체(主體)」는 주체가 아니라 객체(客體), 「국민(國民)」은 국민이 아니라 어용(御用), 「회의(會議)」는 회의하는 기관(機關)이라고 해서 「반통일객체

어용기관(反統一客體御用機關)」. (박수)

여러분!

우리는 민족통일이 우리의 지상과업(至上課業)입니다. 신라통일 이래 1,300년 동안 처음으로 이렇게 국토가 분단되었습니다. 서럽고 원통한 일입니다. 따라서 이 통일을 위해서는 전민족이 스스럼없이, 집권을 위한 악용(惡用)도 없이 합심해서 통일을 위해 나아가야 하는데 만일 자기들의 기득권(旣得權)을 지키기 위해서 통일을 외면하는 것은 국민에 대한 배반이요, 더구나 통일을 자기네들의 영구집권에 악용하는 것은 민족을 위해서는 중대한 죄악이라는 것을 나는 여러분들에게 말합니다. (「옳소!」· 함성 · 박수)

나는 기독교 신자로서 여러분과 같이 분명히 공산주의를 반대합니다. 그러나 진정한 반공과 안보와 통일을 위해서는 이 나라에서 자유가 마치 봄철에 들꽃같이 만발하고, 정의가 강물같이 흐를 때만 우리는 자신 있는, 흔들림 없는 반공과 안보가 이룩될 수 있다는 것을 나는 여러분에게 주장합니다. (「옳소!」· 함성 · 박수)

"나는 말한다. 고로 존재한다"

박정권은 인권유린을 서슴치 않았습니다. 두 번째 나의 박정권의 부도덕 정치에 대한 고발입니다.

서양의 유명한 문호(文豪)는, "휴머니즘(Humanism)은 국가에 있다"고 했습니다. 국가도, 종교도 개인의 인권을 보장하기 위해서 있는 것입니다. 그렇지 않으면 국가의 존재이유(存在理由)가 없습니다. 그런데 박정권하에서는 모든 기본권이, 심지어 사상(思想)과 신앙(信仰)까지 박탈당했습니다. 그동안 정치에 대해서는 체포, 고문, 투옥, 학원에서 직장에서 추방, 온갖 가혹한 행동을 했습니다. 인권을 여지없이 짓밟았습니다. 그런데 반면에 이 권력을 등에 업은 파렴치범들은, 아주 큰 고기는 아예 그물에도 안 걸립니다. 그물이 피해 가버립니다. (웃음) 어떻게 중고기들이 걸려드는지, 나도 감옥에 있어봤지만 권력층에서 걸려드는 사람들은 어떻게 병도 잘 나는지 몇 달만 있으면 병보석(病保釋)으로 나가버립니

다. (박수)

언론의 자유, 사람은 말하는 데서 동물과 구별됩니다. 데카르뜨가 "나는 생각한다, 고로 존재한다." 이런 말을 했는데 이 말을 따라서 내가 말하자면 "나는 말한다. 고로 존재한다." 이렇게 말할 수 있습니다. 옛날 춘추전국시대(春秋戰國時代), 지금부터 2,300년 전 중국의 정(鄭)나라에 子產이란 재상이 있었습니다. 이 사람은 훌륭한 명재상(名宰相)이었습니다. 그 나라에서는 농민들이 일터에서 돌아오면 저녁에 학교에 모여가지고 정치가 잘됐는지 못됐는지 비판을 합니다. 자기 부하가 와서 "이 자들이 시끄러우니 입을 막아버리고 못 모이게 합시다." 이랬더니 명재상 말이 "그건 그대로 두어라. 그렇게 와서 떠들므로해서 속의 불평이 다 나오니 더 이상의 심각한 사태가 오질 않는다. 그 사람들이 떠드는 말을 우리가 귀담아 들으면 국민들에 대해서 어떻게 해야 되는지 알게 된다. 그러니 그대로 놔두어라." 2,300년 전에도 이런 사람이 있었는데 2,300년 후의 박정권의 사람들은 이런 사람들의 발가락도 따라갈 수 없습니다.

世界가 다 아는 일, 우리만 몰라

국민들은 두려워서 쉬쉬하고 말을 못했습니다. 우리가 옛날에, 유신(維新)전에 판문점에서 만난 이북 기자(記者)들에게 우리가 다 알고 있는 이북 사실을 이야기하면, 그런 일이 없다고 펄펄 뛰어서 웃었습니다. 세계가 다 알고 있는데 저희만 모르고 있다고 말입니다. 그런데 그 바보 노릇을 유신 7년 동안에 했습니다. 세계가 한국에 있는 사실을 다 아는 데 우리만 몰랐습니다. 한국신학대학생들이 아무리 잡혀가고, 재판을 받아도 신문에 한 줄 안 나니까 한국신학대학생들이 잠을 잤는지, 감옥에 갔는지도 모릅니다. (박수)

미국의 걸프 회사의 도우시라는 회장이 자기가 "71년 선거 때 400만불을 공화당의 누구 누구가 협박해서, 사업하려니 할 수 없이 주었고, 과거 10년 동안 대통령 이하 관계요로에 총 1천만 불의 뇌물을 주었다."고 세계가 신문에 대서특필을 했지만 여러분은 아직도 그걸 모릅니다. 일본에서 서울 지하철이, 여러분이 요금내고 타는 그 지하철이 '국제 가격보다 배나 비싸게 주어서 정치자금으로 풀려 갔다"고 보도 되었지만 여러분은 그 사실조차 모릅니다. 이 나라의 권력 있는 사람들이 외화도피(外貨逃避)를 했다는 것이 미국 프레이저 위원회서 증언까지 나왔지만 우린 그것을 모릅니다. 이 나라의 대통령, 총리, 장관 지낸 사람들이 수백억, 수천억 치부했지만 우리는 그 치부를 어떻게 했는지 모릅니다. 또 박정권이 자기의 정적(政敵)을 살해하기 위해서 자동차 사고로 위장해서 충돌을 시키고, 납치도 하고 했지만 여러분들은 누가 그렇게 했는지 아직도 그 진상을 모릅니다. (박수)

이러한 사실은 지금도 보도가 금지되고 있습니다. 우리는 이 나라의 주인입니다. 주인은 자기 나라의 일을 알 권리가 있습니다. 그런데 우리는 귀가 있어도 귀머거리고, 눈이 있어도 장님입니다. 입이 있어도 말못하는 벙어리입니다. 이와 같은 국민 모욕과 국민 우롱과 반도덕(反道德)적인 정치가 어디 있으며 이러한 언론탄압(言論彈壓)은 민주주의에 대한, 아니 인류에 대한 최대의 공적(公敵)이라고 나는 여러분들에게 말씀드릴 수가 있습니다. (「옳소!」· 함성 · 박수」

國民의 희생으로 特權層만 살쪄

박정권에 대한 세 번째 고발은 농촌의 부도덕화(不道德化)입니다. 우리 서민들은 특히 노동자나 하급 근로층 사람들은 생계비에도 못 미치는 생활비에 허덕이고 있습니다. 농촌은 파멸되어서 병아리 새끼들을 구덩이에 묻어야 하고, 배추를 밭에서 그대로 썩혀야 하고, 농사를 지어도 수지가 안 맞습니다. 돼지 값은 아주 폭락했습니다. 중소기업은 날로 쇠퇴해 갑니다. 인플레이션은 천정부지(天井不知)로 올라갑니다. 1년에 5할 물가가 뛰면 10만원 월급받는 사람은 앉은 자리에서 7만원으로 감봉당하는 것입니다. 7만원 주고 하숙한 학생은 2만원을 더 주어 야 합니다. 그 돈은 어디로 갔느냐? 그 돈은 정부의 비호를 받은 일부 특권층이 은행 융자를 받아서 1천억의 물자를 비축하고 있지만 3할 인플레이션이 되면 그 돈은 1,300억이 되니까 따라서 1천억원 은행빚을 갚아도 300억이 남습니다. 이것이 인플레이션의 마술(魔術)입니다.

또한 권력을 가진 자들은, 소수 특권층들은 국민의 희생으로써, 저임금, 저곡가의 희생 위에서, 고물가의 희생 위에서 세계적인 재벌로 한없이 성장하고 무슨 그룹, 무슨 그룹 하면서 불과 10년 사이에 30개, 40개 대기업을 소유하고, 이 나라의 10대 재벌의 외형고(外形高)가 우리나라 GNP의 40%를 점유하고 있습니다. 이 추세는 날로 늘어나고 있습니다. 이와 같이 이 나라 박정권 하에서는 땀흘린 자와 거둔 자가 따로따로 다르고, 희생한 자와 재미를 본 자가 다른, 이와 같은 부도덕의 극치를 이루었으니 이러한 빈부격차(貧富隔差)의 속에서 누가 양심을 가지고 살 수 있으며, 누가 잘 살 수 있도록 노력할 수가 있는지, 여러분 생각해 보십시 오. (함성 · 박수)

特權層의 不正 · 사치 · 墜落 극치

박정권의 부도덕에 대한 네 번째 고발은 부정과 사치와 타락입니다. 그들은 아까 말한대로 엄청난 치부를 하고 있습니다. 부조리 일소니, 부패의 일소니 하는 것은 표면치레의 장난에 불과합니다. 감옥에를 가보면 간혹 공무원들이 부정을 해서 들어옵니다. 그 공무원 중에 단 한사람도 내가 정말 잘못해서 들어 왔다고 생각하는 사람이 없습니다. "나는 부정을 손톱만큼 했는데 재수없이 걸려 들었다."고, (웃음) "진짜로 먹은 놈은 꺼떡없이 있는 데 나만 대신 들어 왔다."고 이렇게 말합니다. 여기도 갔다온 사람이 있으니 내 말이 거짓말이 아니란 것을 알 겁니다. (박수)

이 나라 특권층들은 수억 혹은 10억 이상의 호화주택에 살고, 가구 하나가 몇 천만 원이고, 10만 원짜리 비단잉어가 열 마리, 스무 마리 가 집안에 있고, 심지어 식사하고 이쑤시개를 고래수염 가지고 한다는 말도 있습니다. (웃음 · 박수) 보석이요, 골동품이 산처럼 쌓여 있습니다. 날마다 주지육림(酒池肉林) 속에서 이 세상을 구가(謳歌)하고 있습니다. 그러고도 하는 말이 국민들보고 "경제건설 하기 위해서 내핍해라, 절약해라." 이런 소리를 조금도 부끄럽지 않게 하고 있습니다.

여러분!

청렴결백은 위에서부터 모범을 보여야 합니다. (「옳소!」 · 박수)

웃물이 맑아야 아랫물이 맑습니다. (박수)

내핍과 절약은 정부의 지도자로부터 보여야 합니다. (박수)

이럴 때만 진실로 건전한 경제발전과 내핍과 절약이 될 뿐만 아니라 국민의 단결이 있는 것인데 자기들은 정반대의 부도덕을 저지르면서 국민에게만 "내핍해라, 저축해라"하는 것은, 이것이야말로 국민을 우롱하는 부도덕의 극치라고 나는 여러분에게 말씀드릴 수 있습니다. (「옳소!」· 박수)

責任 외면한 不道德 政治

박정권에 대한 다섯 번째 고발은 박정권은 책임 안 지는 정치를 했다는 것입니다.

재미 볼 때는 머리가 터지라고 앞장 서서 재미보지만 책임질 때는 누구도 책임을 안 집니다. 포항에 석유가 그렇게 펑펑 쏟아져 나온다고 거짓말 발표를 해놓고 나중에는 누가 책임을 졌는지, 아직도 누구도 모릅니다. 농축산물(農畜産物)이 저렇게 망가져도 그만입니다. 돼지, 쇠고기, 마늘, 참깨 까지도 외국에서 수입을 해가지고 농촌을 파탄시켜도 아무도 책임 안 집니다. 물가가 천정부지(天井不知)로 뛰어도 누구도 책임지지 않습니다. 중화학공업에 무리한 투자를 해서 우리 나라의 인플레이션을 격화시켜서 졸속한 건설에 많은 하자(瑕疵)가 생겨도, 민생이 도탄에 빠져도, 농촌이 파멸되어도 책임을 안 지고 오직 공무원은 국민에게 잘 보이는 것이 아니라 한 사람에게 잘 보이는 것이 문제 입니다. 지난번에 신문을 보니까, 이번에 대통령이 연두 순시를 하는데 재무부직원들이 "아이구, 금년에는 살았다." 이렇게 말했다는 것입니다. 작년 같으면 브리핑 차트(briefing chart)를 따로 만들어 가지고 대통령에게 보이는 차트, 진짜 차트 둘을 만들었는데 이제는 그러지 않으니까 살았다고, 신문에 난 것을 가십에서 봤습니다.

여러분!

권력은 잘못 쓰면 위험한 것입니다. 권력은 국민을 위할 수도 있지만 해칠 수도 있습니다. 그러기 때문에 권력에는 반드시 책임이 수반합니다. (박수) 그러므로 민주정치는 책임정치라 하고, 책임없는 무책임한 정치는 부도덕한 정치라고 하는 것인데, 박정권 18년 동안에 수많은 시행착오가 있었고, 수많은 부정이 있었지만 제대로 대가리(머리) 큰 사람이 단 한번도, 우리가 책임진 것을 못봤다는 것을 여러분이 볼 때 이 정권이 얼마나 부도덕한 정권이었다는 것을, 여러분은 알 수 있을 것 입니다. (환호 · 박수)

全國民 汚染시킨 物質萬能主義

박정권에 대한 여섯 번째 고발은, 마지막 고발은 정신적 가치를 경시(輕視)한 것입니다. 이것이 마지막 고발이지만 사실은 가장 중요한 고발인 것입니다.

옛날 중국의 어떤 위대한 철학자가 말하기를 "나라에 의(義)가 행해지지 않으면 비록 나라가 부강하더라도 반드시 망한다." 이렇게 말했습니다.

제가 저희 집에서 고등학교 1학년에 다니는 막내의 일기를 매일 보고 거기에 대한 소감을 써줍니다.

한 사흘 전의 일기를 보고 깜짝 놀라서 충격을 받았습니다. 거기에 써 있기를, "신문을 보니 까 우리 나라 청소년 중에 돈이 최고라고 생각하는 청소년이 80%다. 이것은 참으로 충격적인 일이다. 이와 같은 청소년의 가치관은 누구의 책임 인가?" 이렇게 쓰여 있던 것 입니다. 놀라운 가치관의 전도(顚倒)입니다. 이 나라에는 물질만능주의(物質萬能主義), 돈만 있으면 된다, 무슨 수단이든 잘 살면 된다, 이런 물질만능주의가 지배층으로부터 흘러 내려와서 이제는 전국민을 오염시켰습니다. 우리 청소년들이, 심지어 하루 저녁의 데이트 자금 마련을 위해 살인강도도 서슴지 않는 상황까지 왔습니다. 뿐만 아니라 기회주의, 출세주의, 원칙은 포기하고 요령껏, 재주껏 놀아서 승진하고 올라가는, 그렇지 못한 사람을 바보 취급하는 이런 세상이 되었습니다. 이 나라에서는 지금 민주사회의 철칙(鐵則)인, 기본도덕(基本道德)인 정직하고, 부지런하고, 유능한 사람이 성공한다는 그런 말은 하나의 조소(嘲笑)거리고, 우스개거리 입니다.

여러분!

지금까지 우리는 양심이 설 자리를 갖지 못했습니다. 우리는 이 나라에서 정의가 기댈 언덕을 찾지 못했습니다. 이러한 양심이 마비되고 정의가 파괴된다면 아까 말한 바와 같이 비록 물질적으로 아무리 풍요해진다 하더라도 이러한 나라는 망하고야 만다고 우리가 생각할 때 박정권 치하에서 얼마나 몸서리쳐지는 세상을 살아왔다는 것을 생각할 수 있습니다. (「옳소!」· 함성 · 박수)

道德政治란 고통받는 民衆을 위한 政治

그러면 도덕정치라는 것은 무엇인가? 도덕정치는 한마디로 말하면, 인간의 양심이 수긍하고 지지하는 정치입니다. 우리의 양심은 하나님이 와 계신 지성(至誠)의 터입니다. 이 양심이 지지하고 수긍하는 정치, 납득하고 찬성하는 정치가 도덕정치라고 생각합니다. 좀더 구체적으로말하면 도덕적 국민의 합의에 의한 정치, 다시 바꾸어 말하면 고통받는 민중을 위한 정치입니다. 또한 그것은 권력이란 칼을, 이 칼은 사람을 살릴 수도 있고 죽일 수도 있습니다. 이 칼을 오직 민중을 위해서만 쓰는 정치, 폭력을 거부한 비폭력의 정치, 아까도 말한 정직하고 부지런하고 유능한 사람이 성공하는 정치, 불신이 없는 정치, 이러한 정치가 실현되었을 때만, 이러한 도덕정치가 실현되었을 때만, 우리의 양심이 수긍하고 지지하는 정치가 실현되었을 때만, 억압받고 고통받는 민중의 편에 선 정치가 실현되었을 때만, 이 나라에 정의와 자유가 있고, 우리가 목메이게 기대하는 통일의 기반이 우리 사회에 튼튼히 조성될 수 있다고 나는 말씀드릴 수가 있습니다. (「옳소!」· 함성 · 박수)

먼저 精神的 價値를 정립해야

도덕정치의 구현을 위해서는 우리는 먼저 정신적 가치를 정립해야 합니다. 오늘날 서구사회(西歐社會)가 자유와 물질의 풍요를 구가하면서도 저와 같이 타락하고, 절망하고, 수많은 자살자가 나오고, 범죄가 성행하는 것은, 왜 그러느냐 하면, 그것은 정신적 파탄에서 오는 것입니다. 어떤 사람은 "서구(西歐)의 비극은 하나님을 상실한 비극"이라 합니다.

우리는 이러한 서구의 시행착오를 되풀이해서는 안됩니다. 우리는 물질적 풍요와 더불어 도덕 위에 자유와 정의가 서는 전인적(全人的)인, 전인격적(全人格的)인 행복을 추구해야 합니다. 물질의 필요성과 정신적 가치가 똑같이 중시(重視)되는 사회를 만들어야 합니다.

학교 교육도 전인적 교육(全人的敎育)을 해야합니다. 인격의 교육 없이 전문적인 기능자만 만들기 때문에 얼마나 많은 지식인이 동지를 배반하고 타락했읍니까! 유신 전에 그렇게 박정권을 규탄하던 사람들이 진짜 독재가 되니까 어느새 붓대를 돌리고, 혓바닥을 돌려 가지고 유신을 찬양하고 지지하는 유신 전향자(轉向者)들, 지적(知的)인 파산자들을 우리는 얼마든지 볼 수가 있습니다. 우리는 그러므로 이 물질적인 충족과 더불어 정신의 부흥(復興), 도덕의 창조적 부흥이 있을 때에 우리는 정치를 타락으로부터 구하고. 우리들의 완전한 행복을 추구할 수 있다는 것을 단단히 명심하여 다짐하며 나가야겠다는 것입니다. (박수 · 「옳소!」 · 함성)

民族精氣와 民主精氣의 확립

둘째는 우리는 민족정기와 민주정기를 확립해 나가야 합니다.

해방 이후 우리 국민들의 상식은 일제와 싸운 분들이 이 나라를 영도(領導)하는 것으르 생각했습니다. 다만 李박사가 그것을 실천하지 않았습니다. 그렇게 뿌리를 내렸습니다. 우리 국민들은 독재하에서 감옥가고, 연금당하고, 공민권 박탈당하고, 학원이나 직장으로부터 추방당한사람들이 앞으로 이 나라 민주정부의 핵심(核心)이 되고, 주인이 되는것은 당연하다고 생각합니다. (「옳소!」 · 함성 · 박수)

이것은 우리가 결코 특권을 요구하고, 전리품(戰利品)을 요구하는 것도 아닙니다. 저희는 오직 그런 세력과 더불어 심지어 과거 잘못을 반성, 시정한 사람까지도 손잡고 나아가되 민주정통성(民主正統性)만은 분명히 세워 놓아야 합니다. (「옳소!」 · 박수)

10 · 26事態의 主役은 國民 전체

오늘 여러분에게 말하고 싶은 것은 10 · 26 사태는 무엇이냐? 10 · 26 사태는 결코 돌발적인 사고가 아닙니다. (「옳소!」· 함성 · 박수) 10 · 26 사태는 긴 역사에서 보면 필연적인 사태인데, 7년 동안에 걸친 우리 국민들의 적극적인 투쟁, 소극적인 저항이, 민심이 응결해서 폭발한 가운데서 일어난 사태이기 때문에 10 · 26 사태의 주역은 어느 단체도 아니고, 어느 개인도 아니고, 국민 전체가 10 · 26 사태의 주역이라고 나는 말씀드릴 수 있습니다. (「옳소!」· 함성 · 박수)

또한 이 나라 반유신(反維新) 민주세력의 구심점은 7년 동안 끈질긴 저항을 한 목사님, 신부님을 비롯해서 학자, 언론인, 문화인, 노동자, 농민 지도자들 그리고 수많은 학생들, 이런 사람들이 이 10 · 26 사태를 가져오는 선봉장으로 역할을 했으며 심지어 어용(御用) 야당으로 규탄받던 야당이 야당성(野黨性)을 회복시키려고 투쟁하는 가운데 YH사건과 같이, 수많은 여러분들의 선배들, 인권투쟁의 지도자들, 여기 文東煥 박사와 같은 분들이 줄을 지어 감옥으로 가고 이렇게 지원한 결과로, 이렇게 10 · 26 사태를 일어나게 했기 때문에 나는 민주민권(民主民權)세력의 구심(求心)은 유신 7년 동안 온갖 박해를 받고도 굴하지 않고 싸워온 재야인사(在野人士)들로, 한국 신학대학이나, 서울대학이나, 고려대학이나, 여러 대학에서 싸운 여러 동지들이라고 나는 여기서 단언할 수 있습니다. (「옳소!」· 함성 · 박수)

나는 7일에 내가 발표한, 야당단일화 작업(野黨單一化 作業)을 철회하게 된 근본적인 이유는 이러한 10 · 26의 주역과 민주민권투쟁(民主民權鬪爭)에 있어서의 구심점에 대한 신민당과 나와의 견해차이가 그 근본을 잃었으므로 나는 더 이상 대화를 할 여지가 없고, 대화를 하면 할수록 서로 갈등만 심해져서 오히려 당면한 민주회복에 지장이 있다고 생각했기 때문에, 내가 여러분 앞에 더 이상 주저할 수 없다는 판단하에서 신민당과의 관계를 단절했다는 것을 여기서 여러분들에게 보고 드립니다. (환호 · 박수)

自由는 道德政治의 必須要件

도덕정치의 구현을 위해서 셋째로는 무엇보다도 자유가 보장되어야 합니다. 어떤 서양의 위대한 철학자가 말하기를 "모든 기본적인 권리 중에 중요한 것은 자유"라고 했습니다. 정치적 자유없이 정신적 자유를 누릴 수 없다는 것을 우리는 체험을 통해서 압니다. 정신적 자유없이 도덕적 정치는 있을 수가 없습니다. 그런데 이 자유는, 국민에 의한 민주정부만이 이 자유를 보장할 수 있습니다. 그런데 요즈음 정치(政治)가 돌아가는 것을 보면 매우 심상치 않고 불길 합니다. 헌법에 대한 국민의 의견은 이미 분명합니다. 대통령 중심제, 국민의 직선, 그리고 선거구는 소선거구제로 국민의 의사가 분명함에도 불구하고 그간 듣도보도 못한 이원집정제(二元執政制)니, 무슨 중선거구제니 하는 이러한 민의에 역행하는 길을 가려고 하고 있습니다. 내가 판단하기는 그 이유는 자기들이 유신 치하에서 얻은 그 특권을 놓치지 않겠다는 생각, 어느 특정인이 정권을 잡자는 것을 막자는 그런 생각, 이러한 사심(私心)에서 이와 같은 반국민적(反國民的)인 계획이 획책되고 있다고 나는 생각하고 있습니다. (「옳소!」· 박수 · 함성)

社會正義 실현만이 勝共의 길

도덕정치의 구현을 위해서 넷째로 주장하는 것은 사회정의(社會正義)의 실현입니다.

서구(西歐)에서 19세기 중엽부터 사회주의 정당이 출현하는 것은 자본주의 사회에서 자유는 있고 정의는 없어서 그렇습니다. 그러나 서구사회는 재빨리 그런 점을 시정했기 때문에 지금은 서구의 대부분 나라에서 공산주의는 거의 맥을 못추고 있습니다. 우리는 앞으로 경제의 성장과 더불어 안정과 분배를 똑같이 추구해야 합니다. 그러지 않고는 아무리 경제건설을 해도, 그 건설은 국민을 위한 것이 되지 못합니다. 노사(勞使)가 동등한 대우를 받고, 동등한 권리를 행사해야 하고, 국민이 정당한 주인 대접을 받아야 하고, 서민을 위한 교육, 보건, 양로(養老) 등 사회보장제도가 발전되어야 합니다. 집권자는 청렴결백을 위한 모범을 위로부터 보여야 합니다. 나는 앞으로 정치인은 부(富)와 귀(貴) 중에, 둘 중 하나를 택하라고 하겠습니다. 부(富)가 필요한 사람은 정치 그만하고 사업을 하고, 귀(貴)가 필요한 사람은 남아서 박봉 월급받고 정치에 참여한다는 그 정신을 가지고, 장관이나 국회의원을 임명, 공천할 때는 그 부인까지 오라고 해서 정부에서 주는 월급이나 세비(歲費)로 살아간다는 각서를 받아야 합니 다. (함성 · 박수)

淸名 · 淸權 · 淸財의 「三淸主義」 실현

나는 앞으로, 정부는 삼청주의(三淸主義)를 실현해 나가야 한다고 생각합니다. 삼청주의는 석 삼(三)자, 맑을 청(淸)자로. 청명(淸名) —— 깨끗한 이름, 청권(淸權) —— 깨끗한 권력, 청재(淸財) —— 깨끗한 재산, 이 삼청주의(三淸主義)를 실현해서 정부의 관리나 국회의원들이 국민에게 봉사해야 한다고 주장합니다. (「옳소!」 · 함성 · 박수)

이렇게 해서 이 나라에 정의가 실현되고, 부정 부패가 일소되고, 국민을 위한 정치가 행해질 때, 국민들은 이 나라에서 희망 걸게 되고, 이 나라에서 기쁨을 느끼게 되고, 따라서 국민의 단결이 실현되고 국민이 단결됨으로써 우리는 넘치는 힘을 가지고 공산당과 대결할 수 있다고 나는 말씀드립니다. (「옳소!」 · 함성 · 박수)

道德政治의 목표는 統一

마지막으로 도덕정치는 이 나라에서 통일의 추구(追求)가 반드시 중요한 항목으로 삽입되어야 합니다. 우리는 아까도 말했지만 35년의 분단, 얼마나 우리가 비통한 생을 삽니까. 우리는 알프스 산을 가본 사람은 많지만 금강산을 가본 사람은 없습니다. 저 남 아메리카의 페루의 수도, 리마까지 가본 사람은 있지만 평양에 가본 사람은 없습니다. 이집트의 나일강을 본 사람은 있지만 압록강을 본 사람은 없습니다. 적어도 50세 이하는 거의 없습니다. 우리는 이북에 형제자매를 두고 온, 부모를 두고 온 수백만의 이산가족(離散家族)이 얼마나 슬픈 민족의 비극입니까! 우리 1,300년 통일역사(統一歷史)에 단 한번도 없었던 민족의 비극입니다. 우리가 너무도 만성이 되어서 이것을 느끼지 못하지만 역사의 큰 눈으로 볼 때는 슬픈 일이요, 우리가 조용히 마음속에 있는 우리 민족혼(民族魂)의 부르짖음을 들을 때는 슬픔을 가눌 수가 없습니다. 지금까지 통일이란 것은 남(南)이건 북(北)이건 구호뿐입니다. 남쪽 기차는 부산을 보고, 북쪽 기차는 압록강을 보고 있으면서 통일을 떠들 뿐입니다. 뿐만 아니라 박정권 치하에서는 통일을 위한 유신헌법까지 만들어 놓고 국민이 진정한 애국심에서, 민주주의를 위한 신념에서, 대한민국을 위한 충정(衷情)에서도 통일문제만 이야기하면 이것을 용공시(容共視)하고, 금기시(禁忌視)하고, 의심하고, 탄압한 것을 여러분들은 잘 알고 있습니다. (「옳소!」· 박수) 거기다가 아까 이야기한 것같이 통일을 악용하기까지 했습니다. 우리의 정치 발전, 경제건설이건, 외교의 노력이건 우리 국정의 모든 노력은 당면과제(當面課題)에서 대한민국 안에 있는 국민의 행복을 추구하는 것은 사실이지만 조국의 통일과 연결되지 않으면 반민족적(反民族的)이요, 반국민적(反國民的)이란 것이라고 나는 단언(斷言) 할 수 있습니다. (「옳소!」· 박수)

平和的 共存 · 交流 · 統一의 3단계 統一論

나는 72년 이래 평화적 공존(共存), 평화적 교류(交流), 평화적 통일(統一)의 3단계 통일론(統一論)을 제창해 왔습니다. 감옥 속에서도 다른 국내 정치문제와 더불어 이 문제에 대해서도 심사숙고했습니다. 솔직히 말하면 金日成이를 앉혀놓고 장기(將棋)를 몇 십 번 두어 봤습니다. 그쪽서 이러면 우리는 이리 가고, 그쪽서 외세로 이렇게 위협하면 우리는 우방(友邦) 국가와 합세해서 대항하고, 결론적으로 여러분들에게 말씀드리면 대한민국 국민같이 민주주의에 대한 신념이 투철한 이 국민 같으면, 국민의 자발적인 지지를 끌어올릴 수 있는 민주정부만 수립하면, 인구의 비례로 보아, 경제적으로 보아 우리가 통일을 추진하지 못할 이유가, 통일을 두려워할 이유가 없다는 것을 나는 확신할 수 있습니다. (「옳소!」·

함성 · 박수)

그리해서 우리들이 정치에 관여하는 동안은 서울 기차가 평양을 보게 만들고, 평양 기차가 서울을 보게 만들어서 출발점을 정하면 아마 그다음 일은 여러분들이 할 것입니다.

自主統一 · 平和統一 · 民主統一

3단계 통일은 세 가지 원칙에서 이루어져야 합니다.

자주통일(自主統一), 우리 민족끼리 하는 자주통일, 평화통일(平和統一), 절대로 우리가 북침해서는 안되고, 또 이북의 남침을 용서해서는 안됩니다. 두 번 다시 싸워서, 젊은 여러분들이 총을 들고 나가는 것을 막아야 합니다.

민주통일(民主統一), 우리가 자유를 상실하고 독재하에 들어갈 수 없는 것입니다.

따라서 통일의 제 1단계는 공존적 통일(共存的 統一)로부터 시작되어야 할 것입니다. 그러면 여러분, 통일은 너무도 민족의 염원이기 때문에 우리가 감상적으로 생각하기 쉽지만 그것은 일단 냉철히 이성적으로 봐야 합니다. 거기에는 많은 난관이 있습니다. 첫째 우리는 이북의 진의(眞意)를 모릅니다. 그들이 남조선 적화정책을 포기했다는 증거를 잡지 못했습니다. 한쪽서 대화하자고 하면서 한쪽으로 뒤집어 엎는 사람과는 평화적 대화가 있을 수 없습니다. 또한 그들이 과연 공존의 원칙, 착실하고 서로 납득할 수 있는 통일을 수락할지도 모릅니다. 그러나 내가 말하고자 하는 것은 우리가 민주정부를 수립해서 국민의 자발적인 지지를 대한민국 정부가 끌어 모이기만 하면 이북 무력으로 우리를 전복할 수 없기 때문에, 국제 여론과 국민의 압력에 의해서 통일의 길로 나오지 않을 수 없기 때문에, 이것은 나의 확고한 판단이기 때문에 우리가 통일을 원한다면 무엇보다도 이번에 온 국민에 의한 민주정부의 수립의 계획을 차질없이 이행해야 한다는 것을 나는 여러분에게 말씀드릴 수가 있습니다. (「옳소!」 · 함성 · 박수)

國民에게 忠誠 다하는 것이 나의 目標

여러분!

이상 도덕정치의 실현에 대한 이 사람의 부족한 이론을 말씀드리고, 제 개인의 국민에 대한 충정과 결의를 말한다면 나는 절대로 무엇이 되기 위해서 살지 않습니다. 나는 내가 믿는 하나님과 내가 내 생명보다도 사랑하고 존경하는 우리 국민에게 충성을 다하는 것을 내 인생의 삶의 전목표로 삼고 있습니다. (박수)

이래서 내게 단 하나의 야망이 있다면, 개인적인 욕심이 있다면 그것은 욕심을 위해서, 무엇이 되기 위해서 수단방법을 가리지 않는 것이 아니라 내가 죽은 후에 우리 후세의 사가(史家)들이 오늘의 이 시점(時點), "그 시대에 金大中이란 사람이 있었는데, 국민을 위해서 충실하게

살다가 죽었다."이 한마디 우리 역사에 기록되어서 우리 후손들이 참고하는 그러한 것이 내 목적 이요, 욕심이라는 것을 말씀드립니다. (박수)

나는 지금도 소위 3金씨 중에서 가장 차별받고, 박해를 받고 있습니다. (「옳소!」· 박수)그 증거를 여러분들이 지금 여기서 보고 있습니다. 이 마이크가 증인 입니다. (박수)

온갖 중상모략을 조직적으로 당하고 있습니다. 나는 돈 주는 사람도 없습니다. 그러나 나는 내 주위에 여러분들이 있는 이상, 내 주위에 나를 바라고 나에게 기대를 걸고 있는 국민이 있는 이상, 어떤 권력의 비호보다도, 어떤 금력(金力)의 비호보다도 나는 내 국민이 나를 지켜주는 것이 더욱 든든하다는 것을 여러분에게 말씀드리고 싶습니다. (옳소!」· 3분 간 함성 · 박수)

反歷史的 · 反民主的 흉계를 분쇄해야

작금(昨今)의 정국을 볼 때, 요새 정치가 돌아가는 것을 볼 때 우리가 많은 걱정스러움을 느끼게 됩니다.

여러분!

경각심을 가져야 합니다. 유신세력 은 10 · 26 사태로 독재의 장벽에

조그맣게 열린 그 돌파구를 다시 막으려고 온갖 계략을 꾸미고 있습니다. 우리는 파수병(把守兵)이 되어야 합니다. 우리는 전사(戰士)가 되어야 합니다. 그래서 이와 같은 유신세력들의 반역사적(反歷史的) 인, 반민중적(反民衆的)인, 반민주적(反民主的)인 그와 같은 흉계를 우리는 국민의 힘으로 단호히 분쇄해야 합니다. (「옳소!」· 박수)

그러나 내가 여러분께 말하고자 하는 것은 우리는 폭력은, 물리적(物理的) 힘은, 어쩔수 없는 부마사태(釜馬事態)와 같은 최악의 경우가 오지 말기를 바랍니다만, 자제해야 합니다. 내가 최근에 미국 캘리포니아 대학의 저명한 모 교수가 내방(來訪)해서 이야기했을 때, 그분이 한국의 학생들의 자제(自制)와 자중(自重)을 보고 놀라운 경탄과 경의를 표시 했습니다. 모국 대사를 만났을 때, 우리의 가까운 우방의 대사를 만났을 때, 명동 YWCA에서 내 강연 때 보여준 우리 젊은이들의 질서를 보고 찬양하였습니다. 여러분의, 우리 국민들의 이성적(理性的) 행동은 지금 전 세계로 부터 찬양을 받고 있습니다. 그것을 우습게 보는 사람은 이 나라의 권력을 가진 몇 사람뿐입니다. (「옳소!」· 함성 · 박수)

현명하게 행동하는 大學生들에게 찬사

지금까지 대학은 공적으로는 약간의 문제점도 있었지만 전반적으로는 현명하게 대처하고 있습니다. 대학은 시정해야 할 많은 부조리가 있습니다. 그런 부조리를 지금 학생들은 대화로써, 자제(自制)로써 밀고 나가고 있는 것이 전국적인 경향입니다. 나는 그러한 학생들의 행동을 찬양하고 지지합니다. (「옳소!」· 박수)

여러분!

내가 대단히 외람된 말을 한 것 같지만 나는 국민을 위해서, 여러분을 위해서 내가 목숨을 걸고 7년 동안 박정권과 유신하에서 싸웠습니다. 나는 유신의 어느 한 귀퉁이에도 발들여 놓은 적이 없습니다. (함성 · 박수)

살해 당할 뻔하고, 감옥에 처넣어지고, 연금당하고, 여러분과 더불어 고초를 같이 했습니다. 나는 그것이 이 불행한 시대에, 불행한 나라에 태어나서 이 불행한 국민을 위해서, 명색이 대통령 후보로 나왔던 사람의 당연히 감수해야 할, 감사히 감수해야 할 나의 책임이라고 생각했습니다. 나는 그렇기 때문에 내 목숨을 내놓는 한이 있더라도 여러분의 편 입니다. (박수)

따라서 내가, 여러분을 내 형제같이, 자식같이 생각하는 내가, 여러분을 위해서 모든것을 바친 내가, 여러분보고 이 시간에 "자제(自制)합시다." 할 때는 내가 그 이유가 있기 때문입니다. 모든 이유를 여러분에게 말 할 수 없지만 여러분이나 우리는 민주주의를 위한 신념, 이번 기회에 반드시 민주정치를 실현시키고 말겠다는 그 신념은 철석보다도 강하지만 이 시기에 우리가 성급한 행동을 해가지고 국가안보(國家安保)를 위태롭게 하고, 민주정치를 원치 않는 사람들의 함정에 빠져들어 가서 그들을 이롭게 하는 것을 막아야 하기 때문에 지금 이 시간에 자제해야 한다는 것을 나는 여러 분들에게 호소하는 바입니다. (「옳소!」· 함성 · 박수)

하루 속히 國會를 열어라

나는 이 자리를 빌어서 공화당과 신민당에 요구하는 것은 하루 속히 국회를 열어야 한다는 것입니다. (박수)

국회의원이 국회 안 열려면 무엇 때문에 세비(歲費) 타먹습니까!(「옳소!」· 박수)

국회를 열어서 요즈음 벌어진 일련의 사태에 대해서 국민의 불안을 해소시켜라!

정부가 추진하고 있는 그릇된 민주발전에 대해서 국민을 대표해서 이것을 따져서 정정시켜라!

실업, 도탄에 빠진 민생, 날로 치솟기만 하는 물가, 인플레이션에 대해서 해결책을 세워라!

각 대학과 기업체에서 벌어지고 있는 학원문제와 노사분규를 정부와 국회가 국민이 납득할 수 있는 대책을 세워라!

만일 이것을 안한다면 무슨 소용이 있읍니까!(「옳소!」· 함성 · 박수)

한국신학대학은 아까 말과 같이 한국에서 가장 작으면서 가장 큰 대학입니다. 그러나 이제 지금까지 인간의 정신적 내면(內面)의 가치와 그 발전에 치중하던 한국신학대학이 이제 일반 학과를 증설해서 한국신학대학이 아닌 한신대로 발전한다는 소식을 들었습니다.

나는 앞으로 한신대가 내면적 발전 뿐만 아니라 인간의 외면의 물질적 발전까지도 같이 관심을 가진 이 위대한 새 출발이, 그동안 한신대가 이 나라에 끼친 그 공로와 업적에 비추어 앞으로 반드시 성공하길 바라고 성공을 믿어 의심치 않습니다. (박수)

自由 · 正義 · 統一 위해 끝까지 鬪爭

여러분!

나의 말씀을 마침에 있어서 다시 다짐하는 것은 여러분이 있는 곳에 어디든지, 반드시 金大中이가 있습니다. 여러분이 민주주의를 갈구하는 현장에는 이 金大中이가 있습니다. (함성 · 박수)

여러분들이 자유와 정의를 위해서 싸우는 곳에서 金大中이는 언제나 여러분들의 광장에 서서, 여러분의 선두에서 이 국민과, 우리 젊은 학생들을 위해서, 조국의 통일을 위해서, 몸바쳐 싸울 것을 맹세하면서 저의 말씀을 마치겠습니다. (함성 · 박수 5분간 계속)

4 · 19 革命과 民族統一

이 글은 1980년 4 월 18일 동국대학교에서 4 · 19 기념 행사의 일환으로 행한 金大中 선생의 강연 전문(全文)이다. 이날 강연에서 그는 "유신체제에 협력하거나 참가 하지 않고 싸워온 재야세력(在野勢方)이 민주세력(民主勢方)의 구심점"이라고 전제하고,"이 민주세력을 중심으로 민주정부(民主政府)를 수립해야 한다"고말했다.

나라 걱정할 機會까지 박탈

오늘 이 마이크가 이렇게 자주 고장이 잘 나는 것은, 전번 한국신학대학에서도 그랬는데, 제가 생각해 보니까 마이크들이 유신치하에서 기(氣)가 죽고(박수) 움추렸던 것이 아직 제대로 안풀려서 그렇습니다. (박수, 함성)

제가 오늘 이 전통에 빛나는 동국대학교(박수), 부처님의 사파세계(娑婆世界), 중생제도(衆生濟道)의 위대한 정신에 입각한 동국대학교, 그리고 4 · 19혁명 당시 여러분의 선배인 노희두씨를 잃고 많은 사람이 부상당하며 4 · 19혁명의 선두에 섰던 이 동국대학교에 와서 여러분의 고마운 초청을 받고 강연을 할 수 있는 것을 나로서는 무한한 영광으로 생각하고 있습니다. (함성, 박수)

강연 전에 듣건대, 밖에 수만 명의 엄청난 청중들이 있다는 말을 듣고, 그분들과 같이 얼굴을 마주대고 연설하지 못하는 사실, 유신헌법을 철폐하고 민주헌법을 한다면서, 정치발전을 한다면서 우리가 조용히 나라의 장래에 대해서, 의견을 교환할 기회조차 주지 않는 이 현실에 대해서 우

리는 분노와 안타까움을 느끼지 않을 수 없습니다. (환성, 박수)

4 · 19 精神은 抵抗精神

첫째로 4 · 19정신은 무엇보다도 저항의 정신입니다. 억압과 불의(不義)에 대해서 참지 못한 이 민족정기(民族精氣)의 발로가 가장 감수성이 예민하고 순수한 우리 젊은 학생들을 통해서 나타났던 것입니다. 아까 高 銀선생께서도 말한 것과 같이 동학혁명(東學革命), 독립협회 운동, 3 · 1운동 등 우리 근대 민족주의, 민주주의, 이러한 위대한 정신을 계승한 것이 4 · 19요, 그 정신을 계승한 것이 유신체제 7년 동안에 우리 국민들에게 계승되고, 여러분들에 계승되어서 감옥으로 가고, 고문을 당하고, 체포, 투옥당하면서도 굽히지 않고 마침내 부산 · 마산 사태를 일으키고, 10 · 26사태를 가져온 위대한 4 · 19정신인 것입니다. (함성, 박수)

4 · 19는 不義에 抗拒한 義로운 行動

둘째로 4 · 19정 신은 위대한 정신인 것입니 다. 4 · 19를 의거(義擧)로 보느냐, 혁명(革命)으로 보느냐 하는 견해의 차이는 있지만 그 정신이 의로운 것, 고귀한 것인 것만은 틀림이 없습니다. 우리 젊은이들이 불의(不義)를 보고 일어선 의로운 행동이었고, 불의(不義)를 보고 꽃다운 청춘을, 그 하나밖에 없는 생명을 아낌없이 바친 살신성인(殺身成仁)의 위대한 행동이었습니다. 뿐만 아니라 더욱 고귀한 것은 다른 혁명과 달라서 4 · 19는 댓가를 바라지 않는 궐기였을 뿐만 아니라 4 · 19가 끝나자 그대로 정치를 정치인에 맡기고 학원으로 돌아가는, 다른 나라에서는 볼 수 없는 그러한 행동은 이 나라 민족역사를 통해서 가장 위대하고, 가장 아름답고, 숭고하다는 것을 나는 주장할 수 있습니다. (박수)

秩序와 寬容의 精神

셋째로 4 · 19는 질서와 관용의 정신을 발휘했습니다. 4월 26일 李박사가 하야(下野)하자, 우리도 목격했습니다만, 어제까지 어깨동무를 하고 데모하던 학생들이 오늘은 비를 들고 거리를 쓸고, 프랑카드를 들고 시민들에게 질서를 지키자고 호소하고, 이렇게 철저히 질서를 지켰으며 뿐만 아니라 어제까지 타도(打倒) 대상이었던 李박사가 그래도 그분이 마지막은 깨끗이 정리해서 "젊은이가 불의를 보고 일어서지 않으면 그 나라는 망한다. 그와 같은 부정선거가 있었으면 내가 물러서야지"하고 그래도 노혁명가(老革命家)다운 기백을 보이면서 물러나자 우리 국민과 학생들은 그 늙은 할아버지를 박수로 보내 주었습니다. 또 누구의 집도 찾아가서 방화(放火)하거나 보복을 하지 않았습니다. 이런 일은 최근의 이란 사태와 비교하면 우리가 얼마나 두드러진 차원(次元)을 가지고 있는지 알 수 있습니다. 어떤 심리학자가 말하기를 "한국 민족은 참을성이 많지만 일단 일어나기만 하면 무서운 민족이다. 그러나 한국민족은 아주 인내심이 강하고 평화적인 민족이다."라고 말했는데 저는 4. 19에서 정권을 몰아낸 그 자체도 잘한 일이지만 몰아낸 이후에 아무 혼란없이 수습하고 그리고 과오를 범한 자들을 법에 맡기 고 사적(私的)인 보복을 안한 이 학생들의 이상적이고 위대한 정신이야말로 우리 민족의 자제(自制)와 평화와 관용의 전통을 유감없이 발휘한 위대한 거사였다고 나는 믿고 있습니다. (박수)

反民主的 · 反民族的 · 反統一的 행위에 대한 快擧

넷째로 4 · 19 혁명은 부정선거 규탄을 위해서 일어섰으나 이것은 3 · 15 부정선거가 하나의 계기가 되었을 뿐입니다. 4 · 19 혁명은 자유당 정권의 반민주적(反民主的), 반민족적(反民族的) 작태에 대해서 우리 국민적 분노를 학생들이 대변해서 일어난 것인데 그 분노는 자유당 정권의 민권유린의 독재와, 국민 대중을 무시한 주권행사와, 국민의 여망에 역행한 반통일적(反統一的) 자세에 대해서 우리 국민의 분노와 주장을 대변해서 자유와 정의와 통일 정신에서 일어났다는 것이라고 나는 주장합니다. (박수)

4 · 19가 善 · 正義이면 5 · 16은 惡 · 不義

5 · 16은 무엇이냐?(웃음)

5 · 16은 4 · 19에 대해서 정반대의 안티테제입니다. (박수, 함성) 4 · 19가 선(善)이면, 5 · 16은 악(惡)이고,(박수) 4 · 19가 정의(正義)면, 5 · 16은 불의(不義)이고,(박수) 4 · 19가 민주(民主)이면, 5 · 16은 반민주(反民主)인 것입니다. (「옳소!」, 함성)

4 · 19 혁명 이후 일어난 5 · 16군사쿠데타는 그 시작부터 명분없는 일입니다. 이 사람들이 군사쿠데타 이후 발행한 「한국군사혁명사(韓國軍事革命史)」라는 책을, 이건 방대한 책인데, 이 제 1권 196페이지를 보면 "민주당 정권이 수립되어서 13일만에 충무로에 있는 충무장에서 정권을 뒤집을 모의를 했는데 누구누구가 이 자리에 참석했다"고 자랑스럽게 이름까지 나와 있습니다. 이 사람들은 민주당 정권이 부패했느니, 무능하니, 사회가 혼란이니 하지만 그것은 나중에 붙인 구실이고 정부가 수립되자마자 아직 총리가 국무위원(國務委員) 이름도 다 외우기 전에, 정권수립 13일만에 정권을 전복할 음모를 꾸몄으니 이 사람들이 무슨 대의명분(大義名分)이 있는 쿠데타가 아니라 정권욕(政權慾)에 사로잡힌, 민주주의를 증오한 작태에 불과하다는 것이라고 나는 여러분들에게 말씀드릴 수 있습니다. (「옳소!」, 함성, 박수)

4 · 19 精神인 自由를 유린

5 · 16은 첫째로 4 · 19정신인 자유(自由)를 유린했습니다. 박정권 치하에서, 특히 유신정권 7년에는 여러분의 자유는 여지없이 무시되었습니다. 언론의 자유, 신체의 자유, 학원의 자유, 종교의 자유, 사상의 자유, 통신의 자유 등 모든 자유가 여지없이 짓밟혔습니다. 심지어 다방에서 친구하고 차 한잔 마시면서, 별 대단치 않는 이야기를 하면서 고개를 이리 돌리고 저리 돌려야 하는(웃음, 박수, 함성) 그런 비참한 생활을 우리는 살아왔습니다. 항거(抗擧)의 자유에는 가차없이 체포하고, 투옥하고, 고문하고, 연금하고, 학원과 직장으로부터 추방하고, 이러한 보복과 탄

압을 강행했습니다. 부정선거, 박정권하에서 치른 선거치고 부정선거 아닌 선거 가 있었습니까?(「옳소!」, 함성, 박수) 아마 崔仁圭라는 사람이 부정선거를 했다고 해서 박정권에 의해서 처형당했지만, 그 사람은 지금도 박정권의 부정선거의 결과를 보고 지하에서 "내가 왜 죽어야 했는가"고 통곡할 겁니다. (박수) 1963년 尹潽善 선생이, 나는 그분이 부정선거 가 아니면 당선된 것으로 봅니다. 1971년에 이 사람이 패배했던 것으로 되어 있지만 그당시의 엄청난 부정선거를 제거했다면 박정권이 과연 이겼겠느냐 하는 생각을 많은 사람이 갖고 있습니다. (「옳소!」, 함성, 박수)

이 사람들은 반민주적(反民主的)인, 반국민적(反國民的)인 독재와 기만을 서슴지 않았습니다. 1967년 朴正熙씨는 목포에 가서 "3선개헌 절대로 안합니다." 그러더니 2년 후에 절대로 했습니다. (박수) 1971년 대통령선거 때 이 장충단 공원에서 국민 앞에 말하기를 이번 출마가 마지막 출마라고 하더니 1년 지나서 이것을 뒤집었는데 박정희씨의 그 공약이 거짓이란 것은 아마 이 동국대학교 건물이 최고의 증인일 것입니다. (「옳소!」, 박수)

가장 큰 反國民的 죄악은 言論自由의 탄압

언론의 자유를 탄압해서 우리가 얼마나 귀머거리, 장님, 눈뜬 봉사로 살아왔읍니까? 인간은 말을 하기 때문에 동물과 다릅니다. 데까르뜨는 "나는 생각한다. 고로 존재한다." 이렇게 말했지만 나는 이것을 모방해서 말하면 "나는 말한다. 고로 존재한다."(박수) 그런데 말은 아무것 이나 하는 것이 아니라 내가 하고 싶은 말, 내 양심에서 우러나오는 말, 내가 옳다고 하는 말을 해야 하는데 그 말은 도무지 못하고 양심에도 없는 헛소리만 7년 동안 했다는 것이 우리 국민들에게 슬픈 운명이었습니다. (함성, 박수)

여러분의 많은 동료들과 후배들이 유신체제를 반대하다가 잡혀 갔지만 그런 사실을 국민들은 까마득하게 몰랐습니다. 이 사람도 납치도 당해보고, 투옥도 당해보고, 연금도 당해보았지만, 전세계 사람들이 그것을 다 알지만, 우리 국민만 그것을 모릅니다. (「옳소!」, 박수)

또한 미국 국회 상원에서 "박정권이 위는 대통령으로부터 아래는 장관에 이르기까지 10년 동안에 1천만 불의 뇌물을 걸프 석유회사(石油會社)로부터 받아 먹었다."고 그 회사의 회장이 증언을 해서 전세계 신문이 대서특필(大書特筆)을 했지만 아직도 우리는 그것이 신문에 나지 않습니다. (박수)

서울 지하철이, 여러분이 조석 출근 할 때 돈내고 타는 지하철이, 일본에서 사들였는데 —— 1971년 선거 때 입니다. —— 국제가격보다 배나 비싸게 팔았다고 해서 일본에서는 심심치않게 몇 년 동안 공개가 되는데 여러분은 모릅니다.

이 사람들이 누구누구가 해외에 막대한 외화(外貨)를 도피했다는 것이 미국 하원「프레이져 위원회(委員會)」에서 그 관계 가족이 증언을 해서 전세계 신문에 나서 다 알고 있지만 우리는 아직도 모릅니다.

박정권하에서 소위 국민을 위해서 봉사한다던 국무총리, 장관들이 수십억, 수백억 치부했지만 우리는 그 진상을 모르고 있습니다. 이와 같이 언론이 없는 세상에 사는 것은 우리가 사람으로 사는 것이 아니라 말 못하고, 말 못듣고 사는, 동물같이 사는 것으로서 박정권의 많은 과오와 잘못 중에서 언론탄압이 가장 반민주적이요, 반국민적인 죄악이었다는 것을 나는 주장할 수 있습니다. (「옳소!」, 함성 , 박수 1분간 계속)

維新體制는 全國民을 노예로 만들어

도대체 유신헌법이란 것이 무엇입니까?(웃음)

나는 그당시 해외에 망명해 있었습니다만 국내 신문을 보니 "유신헌법은 통일을 위한 것이다. 유신헌법을 지지하지 않으면 통일을 원치 않는 자로 보겠다."라고 대통령이 으름짱을 놓은 것을 보았습니다. 많은 사람들이 해외에서도 "이제는 우리가 통일이 되어 가는가 보다. 저렇게까지 말하고도 설마 거짓말을 하겠느냐."고 이건 농담이 아니라 진심으로 받아들였습니다. 웬걸 나중에 보니까 유신헌법은 통일을 위한 것이 아니라 안보를 위하고, 반공을 위한 것이라고 엉뚱한 방향으로 주장하고 있습니다. 통일주체국민회의라는 것은 헌법이 정한, 통일에 대한 중대한 국책을 논의하는 국민주권의 심의기관(審議機關)이라 했는데 통일주체 국민회의가 7년 동안에 한 일은 두 번에 걸쳐 대통령을 뽑고, 세 번 유정회(維政會) 국회의원 인준한 것 외에 무슨 일을 했습니까! (함성, 박수)

여러분!

이와 같이 유신하에서 우리는 전례(前例)가 없는 억압과 부정과 탄압속에서 고초를 겪으면서 우리 국민들은 끈질기게 저항했습니다. 감옥에 가면서 싸운 사람, 후방에서 투쟁한 사람, 소극적이지만 유신에 협력하지 않은 사람, 이러한 사람들이 뭉쳐서 마침내 10·26사태가 왔는데 나는 10·26사태가 우리 국민들의 반유신(反維新) 민주회복 투쟁의, 염원의 필연적인 그 투쟁선상에서 일어난 것이라고 주장하면서 유신체제야말로 전국민을 노예화시키는 악독한 반(反) 4·19적 작태였다는것을 나는 여러분에게 고발하는 바입니다. (함성, 박수)

소수 特權層만 살찌운 經濟建設

둘째로 박정권은 4·19정신인 정의(正義)를 말살 했습니다.

이 사람들은 경제건설을 한다 합니다만, 경제는 성장(成長)과 분배(分配)와 안정(安定)의 이 세 가지를 균형 있게 이끌고 나가야 합니다. 이 것이 균형이 잡히지 않으면 경제는 발전이 없습니다. 또한 이것은 매우 어렵기 때문에 이것은 서로 상충되는 「마(魔)의 삼각파도(三角波濤)」같은 것입니다. 아무튼 안정도 무시하고, 분배도 무시하고 성장만 추구한 결과 박정권 휘하의 소수의 특권층만이 「부익부(富益富)」하고 대다수 선량한 국민은 「빈익빈(貧益貧)」해서, 국민의 상대적 비판의식은 날로 늘어가서, 이러한 양극(兩極)의 대립감정(對立感情)은 날로 늘었습니다. 노동자는 생계비도 못된 임금과 위험한 작업환경과 그리고 병들어도 보상을 못받는, 보장없는 사회 속에서 결국 수탈당해 왔습니다. 농민은 저곡가(低穀價)의 희생을 강요당하고 농촌은 지금 돼지, 소, 마늘, 고추, 참깨 온갖 것을 수입해서 농촌을 파탄시키고 말았습니다. (「옳소!」, 박수)

옛날에는 농촌에서 부농(富農)쯤 되면 도시에 대학을 보낼 수 있었습니다. 지금은 고등학교도 유학을 못 시킵니다. 농촌에서는 이 가장 중요한 중농(中農)이 살아나는 것이 아니라, 자기 논 한평 없어서 차라리 남의 집에 가서 품을 팔고, 자식을 많이 낳아서 도시에 보내 운전기사, 공장 직공이나 시키는 이런 사람이 훨씬 낫습니다. 중소기업은 대기업들의 횡포 속에서 몰락하고, 차별당하고, 흡수당해 왔습니다. 인플레어션은 엄청난 추세로 뛰어 올라서 우리 나라와 똑같은 동남아시아와 어떤 나라보다도 더 높습니다. 이 인플레이션이야말로 우리 경제에게 치명타를 가한 것입니다. 가령 1년에 30% 물가가 올라가면 10만 원 월급받던 사람은 앉은 자리에서 7만 원으로 감봉당하는 것입니다. 7만 원 주고 하숙하던 대학생은 2만천 원을 더 주어야 합니다. 그러나 1천억을 융자받은 사람은, 땅을 사고 공장을 짓고 한 사람들은(「옳소!」, 박수) 그 공장과 땅을 팔면 1천 300억 원으로 1천억 원 빚 갚고 300억 원을 앉아서 버는 것이 인플레이션의 마술(魔術)입니다. (함성, 박수)

그래서 경제학(經濟學)하고 특별한 관계가 없는 영국의 토인비 같은 분도 "인플레이션은 전쟁 보다도 더 무서운 죄악이다."라고 했습니다. 그런데 우리 나라에서는 어용(御用) 경제학자나 정부에 관계하는 이들이 "우리 나라, 경제성장하려 하면 인플레이션은 불가피하다. 어떤 의미에서는 필요악(必要惡)"이라고 이와 같은 데마고그를 해왔습니다. 앞으로는 이 서민 대중의 경제를 파탄시킨 인플레이션은 절대로 막아서 정부는 제 1 단계는 저성장(低成長)이 되더라도 저물가(低物價)를 조성 해야하고, 제 2단계를 위해 저믈가 위에 적정성장(適正成長)을 하고, 제 3 단계는 적정성장 위에 고성장(高成長)으로 나가야 하는데 현 과도정부는 인플레이션 억제정책을 쓰면, 일반 국민에 대한 일시적 이미지가 나빠지는 것을 두려워해서, 이 가야할 정도(正道)를 가지 않기 때문에 이런 체제의 경제정책을 가지고는 결단코 인플레이션을 막을 수 없다는 것을 자신 있게 말할 수 있습니다. (「옳소!」, 박수)

10대 企業이 GNP의 40%를 차지

최근에 어떤 신문을 보니까 우리 나라 10대 기업이 국민총생산(GNP)의 40% 해당하는 연간 매출고(賣出高)를 가지고 있다고 합니다. 10대 기업이 이 정도이니 만약 30대 기업을 합치면 어떻게 되겠느냐? 이 나라는 겨우 몇 사람의 나라입니다. 미국의 포드 자동차회사의 주주가 50만 명입니다. 국제전신전화회사(國際電信電話會社)는 주주가 100만 명이 넘습니다. 일본의 미쓰이(三井), 미쓰비시(三菱) 회사는 옛날 주인이 단 5%도 안되는 주식을 소유하고 있습니다. 철저히 대중화되었습니다. 영어에서 말하는 「피플스(peoples)」, 집단입니다. 그런데 우리 나라에는 엊그저께까지 빈털털이었던 사람이 정부와 손 한번 잘 잡으면(웃음) 불과 10년 이쪽저쪽에 세계적인 대부호(大富豪)로 성장하는 엄청난 충격이 연속해서 일어나고 있습니다. (박수)

이 사람들은 무슨 큰 자랑인양 국민들이 어떻게 생각하는지 모르고 무슨 그룹, 무슨 그룹 하면서 그 밑에 수십 개의 회사 이름을 쭉 나열하고 있습니다. 나는 경제의 발전을 반대하는 사람도 아니고 오히려 자유기업, 자유경제(自由經濟)를 적극 주장하는 사람입니다. 그러나 자유경제는 만민(萬民)을 착취하고, 만민을 득점하던 19세기의 자유경제가 아니라, 오늘날 미국, 영국, 구라파의 모든 자유경제 국가들과 같이 경제적 활동의 자유와 더불어 경제적, 사회적 정의(正義)가 실현되는 것이 자유경제의 기본이라는 것을 우리는 다 아는 바입니다. (「옳소!」, 함성 ,박수)

그러한 4 · 19 정신을 배반한 무리, 권력층에 있는 사람들이 그 월급 가지고 생활이 됨직하는데 어떻게 해서 수억 원의 집과 수천만 원의 가구 등 몇 십억, 몇 백억 원의 치부를 하느냐. 그 사람들 받은 월급은 마치 금 방망이입니까! (웃음)

不正腐敗는 위에서부터 단속해야

여러분!

앞으로 새 정부가 들어서면 이와 같은 부정부패는 밑에서부터, 저 송사리들만 단속할 것이 아니라 위에서부터, 대통령에서부터 국민 앞에 공공연하게 나서서 "내가 부정을 하면 공무원 여러분도 하시오. 그 대신 내가 안하면, 내가 무슨 소릴 할 건지 여러분은 잘 아니까 절대로 하질마시오. 내가 청렴결백의 모범을 보이겠소." 이런 대통령이 되어야 합니다.

(「옳소!」, 함성, 박수)

총리, 각료를 임명할 때는 국회의원을 공천할 때까지도 부(富)와 귀(貴)중에 한가지를 택해야 합니다. "부(富)가 필요하면 가서 장사하시오. 정부에 각료로 있는 한, 국회의원으로 있는 한, 반드시 월급과 세비(歲費) 가지고 생활하시오. 나도 모범을 보이겠소." 장관 사령장을 주고 국회의원 공천을 줄 때는 부인까지 불러가지고(박수) 부인이 현직에 있을 때는 무엇 사달라, 보석 사달라, 골동품 사달라고 남편을 조르지 않겠다는 각서를 받아야 합니다. (「옳소!」, 함성, 박수)

내가 여러분에게 말할 것은 박정권 18년, 특히 유신 7년 동안은 땀흘리는 자와 거두는 자가 다르고 희생한 자와 재미보는 자가 다른 이와 같은 부정과 불의와 반국민적인 부패가 지배하는 사회였다는 것을, 이것은 4 · 19가 추구한 정의의 정신에 정면으로 도전했다는 것으로 나는믿고 있습니다. (「옳소!」, 함성, 박수)

民族의 念願을 永久執權에 惡用

셋째로 4 · 19는 통일에 대해서 연결된 위대한 혁명인데 박정권하에서는 통일이 기피되고 심지어는 악용되었습니다. 71년 선거 때 이 사람이 대통령 후보로서 통일에 대한 정책을 말할 때 "이북의 공산주의자가 남한에 대한 적화통일 정책을 포기한다면 남북의 교류를 추진하겠다." 이렇게 말했더니 공화당 사람들이 전국 방방곡곡을 돌면서 사람을 모아 놓고 말하기를 "김대중이는 사상(思想)이 의심스럽다. (웃음) 이북에서 그 제안을 지지한다. 그러니 金大中이가 피리를 불면 金日成이가 춤을 추고, 김대중이가 북을 치면 김일성이가 장단을 맞춘다." 이렇게 공격했습니다. 아닌게 아니라 이것 때문에 사실 표를 좀 잃었습니다. (웃음, 박수) 그런데 선거 끝나고 반 년도 못되어서 이북과 "남북적십자회담(南北赤十字會談) 하자", 또 1년이 지나서 7 · 4공동성명(共同聲明)을 하며 나보다 몇 술 더 떴으나 나한테 미안하다는 말 한마디 못 들었습니다. (웃음, 함성, 박수)

나는 7 · 4 공동성명이 발표된 나흘 후에 서울 세종 호텔에서 외신기자

(外信記者) 구락부 회원들에게 연설하면서 말하기를 “7 · 4 공동성명을 나는 지지하지만 만일 박정권이 이것을 통일을 명분삼아서 총통제의 독재를 실현할 가능성이 있다”는 것을 경고하였습니다. (박수) 어떻게 됐는지 용하게 맞추었습니다. 이것은 나중에 미국 상원 외교위원회에 증거로 기록이 되었습니다. 내가 무슨 특별히 아는 예언자는 아니지만 “내가 통일문제를 말할 때 그렇게 나를 조롱하던 그런 사람들이 이 통일문제를 그렇게 거론하는 걸 보니 결국 민족염원(民族念願)을 자기네들 영구 집권에 악용할 것이다”하는 것이 마치 장사하는 사람이 장사할 때 뭔가 오는 예감이 나에게도 온 것입니다. (박수) 나는 여러분에게 말하기를 통일은 우리 민족의 가장 철저한 숙원이요, 우리 민족의 가장 기본적인 사명이요, 통일은 우리가 어떻게 하던지 성취해야 하는 책임인데 통일을 외면하고, 통일을 논의하는 사람들을 위협시할 뿐만 아니라 필요하면 자기네들은 통일을 얼마든지 악용했던 것은 반민족적 배신행위라고 나는 규탄합니다. (「옳소!」, 함성 , 박수)

統一問題 거론하면 容共視

여러분!

우리 많은 사람들이, 나를 포함해서 알프스 산은 가 본 사람은 있어도 금강산은 가 본 사람은 없습니다. 이집트의 나일 강은 본 사람은 있어도 압록강은 본 사람은 없습니다. 저 남미의 페루의 수도, 리마까지 가 본 사람은 있지만 평양에 가 본 사람은 없습니다. 우리는 이 메뚜기 이마보다도 작은 나라가(웃음) 35년 동안 분단되어서 내 조국땅을 가 보지 못하고, 세계가 이렇게 좁아진 마당에, 제트기 타고 가면 20~30분이면 가는데 미국은 가면서 가보지 못하고 수많은 이산가족(離散家族)이 서로의 생사조차 모르고 있습니다. 1,300년 역사에 단 한번도 없었던 비극 입니다. 우리가 너무도 만성이 되어서 느끼지 못하지만 역사의 큰 눈으로 볼 때는 슬픈 일이요, 우리 마음속에 있는 민족혼(民族魂)으로 볼 때는 슬픔을 가눌 수가 없는 일입니다. 지금까지 통일이란 것은 남(南)이건 북(北)이건 구호뿐입니다. 특히 박정권하에서는 통일 위한 유신헌법까지 만들어 놓고 국민이 충정한 애국심에서, 민주주의를 위한 충정에서, 대한민국을 위한 애국심에서 통일문제(統一問題)만 거론하면 이와 같은 것을 용공시(容共視)하고, 금기(禁忌)로 생각하고, 의심하고, 탄압하는 행위를 여러분들은 잘 알 것입니다. (「옳소!」, 함성, 박수)

民主主義 바탕 위에 統一돼야

여러분!

통일이라는 것은 민주주의의 바탕 위에 이루어져야 합니다. 그러므로 우리는 민주주의의 기본인 자유와 정의가 실현될 때만이 안보가 있고, 통일이 있는 것입니다(「옳소!」, 함성, 박수)

자유 없는 안보(安保)라는 것은 과거 월남이나 캄보디아와 같이 말은 "자유요, 안보다" 하면서 소수특권자의 부귀영화를 추구하기 위한 것이라고 국민이 믿기 때문에 그 나라에서는 안보가 되지 않는 것입니다. 그런데 여러분, 민주주의라는 것은 안보의 기본모체요, 민주주의가 되었을 때 국민들이 자발적으로 안보를 지지하기 때문에 우리는 자신있게 남북대화와 통일을 밀고 나갈 수 있습니다. 그러므로 내가 여러분에게 말하고자 하는 것은 우리가 좋은 세상을 바라고, 국민이 뜻하는 자유와 통일과 정의가 보장되는 그러한 사회를 원하면 만사를 제쳐놓고 이번 5천 년만에 처음으로 맞는 국민의 손에 의한 이 민주정부(民主政府)의 수립의 기회를 우리는 결단코 지켜 나가야 한다는 것을 여러분에게 호소합니다. (「옳소!」, 환호, 박수)

行動하지 않는 良心은 罪惡

여러분!

방관은 죄악입니다. 행동하지 않는 양심은 죄악입니다. 모든 운명이 달려 있는데 나만 아니다라는 것은 죄악입니다. 우리는 70년대에 중진국가(中進國家)가 되었다고 합니다만 70년대 중진국은 경제규모뿐이고 정치와 사회보장에 있어서는 세계 최저의 후진국입니다. (박수) 국민학교 콩

나물시루 교실은 아프리카 나라보다 못합니다. 저 우간다의 이디아민이, 그런 우스꽝스러운 독재자가 자기 국민에게 쓰는 사회보장 예산 비율의 반(半)도 우리는 못하고 있습니다. 부끄러운 일입니다. 따라서 나는 중진국가요, 선진국가요 하는 것은 경제뿐만 아니라 국민의 자유를 보장하는 정치와 국민의 생활을 보장하는, 정의를 실현하는 사회의 보장이 되어야 한다는 것을 나는 여러분들에게 똑똑히 밝혀둡니다. (박수)

여러분 중에는 내가 1971년 대통령 후보로 나왔을 때 나이가 매우 어렸던 분도 있을 것입니다. 그렇기 때문에 내가 연설하러 나오면 김대중이 얼굴이 어떻게 생겼는가 보려고 하는 사람들이 있습니다. (박수) 제가 71년에 대통령에 나왔을 때 좀 예언을 한 일이 있습니다. 그때 "정권 교체를 못하면 총통제(總統制)의 시대가 올 것이다. "하고 되풀이했습니다. 그랬더니 박정희 대통령이 말하기를 "나는 총통제도가 무엇인지도 모른다."(웃음) 정말로 모르는 줄 알았더니 1년 반 후에 그것을 제일 잘 알아가지고 나타났습니다. (박수) 나는 여러분에 말하고 싶은 것은 이번에 이 자랑스럽게 성장한 국민이, 자유를 위해서는 이제는 학생뿐만 아니라 국민까지도 목숨을 걸고 일어나는 부산 · 마산 사태와 같은 용감성과 10 · 26 사태 이후 보인 위대한 절제, 가장 격한 학생까지도 보여준 책임의식, 질서의식, 이 두 가지를 우리가 잘 이끌어 민주주의를 위한 역군으로서, 민주주의를 위한 감시병으로서, 파수군으로서 우리가 앞으로도 80년대를 끌고 나간다면 경제뿐만 아니라 정치와 사회 모든.분야에 있어서 세계의 선진국과 어깨를 나란히 하는 선진국가의 대열에 낄수 있다는 것을 나는 여러분께 자신있게 말씀드릴 수 있습니다. (함성, 박수)

軍은 政治的 中立지켜야

여러분!

우리는, 이렇게 있는 이 시간에도 우리가 60만 국군을 생각해야 합니다. 내가 이런 말을 한다고 여러분은 혹시나 오해 마십시요. 일선에는 여러분의 친구들이 나가 있습니다. 내가 어제 어느 친구를 만났더니 일선에 있는 모 사단장이 와서 말하기를 "도대체 우리는 일선에 있으면 그 넓은 전방에 적을 지키느라고 후방에서는 죽이 끓는지, 밥이 끓는지 관심을 둘 여지가 없다"고 말했습니다. 참으로 나는 많은 것을 느꼈습니다. 최근에도 서부전선(西部前線)에서 게릴라 침투사건이 있었습니다. 동해안에서 공산 간첩선을 격침시킨 일이 있었습니다. 이러한 분들의 노고가 있기 때문에 우리가 그나마 모여서 박수치고 웃을 수 있는 것은 사실입니다. 그러므로 나는 여러분에게 이야기하고자 하는 것은 우리가 우리 국군이 본연의 사명에 충실할 때 우리는 누구보다도 민주주의를 사랑하는 우리들이 국군에 대한 존경과 사랑과 지지를 보내주어야 한다고 생각합니다. (「옳소!」, 함성, 박수) 그러나 반면에 군은 반드시 중립을 지켜야 합니다. (「옳소!」, 박수) 반드시 정치에 개입해서는 안되고 군은 국민의 의사를 하늘같이 받들고 존경해야 합니다. (「옳소!」, 함성 ,박수) 그러한 의미에서 지금 이렇게 자제하고 슬기로운 이 국민 앞에서 나는 계엄령을 더 연장할 이유가 없다고 여러분 앞에 말합니다. (「옳소!」, 함성, 박수, 1분간 계속)

군의 중립을 주장하는 데 대해서는, 제가 YWCA에서도 말했지만, 과거 李박사나 박정희씨같이 군을 정치에 악용해서 군내부에 내 사람을, 네 사람을 만들고, 군인이 안심하고 군복무에 충실하지 못하고 자연히 정치의 눈치를 보지 않으면 안될 이런 일이 앞으로는, 두 번 다시는 어떤 정권에도 있어서는 안됩니다. 이런 짓이 되풀이 되면 결국 그것은 군의 정치간섭을 유도하기 때문에 앞으로, 여러분께 말하는 것은, 대통령 나오는 사람이 "나는 국민의 지지가 있기 때문에 자신이 있다"고 말하는 것이 아니고 "나는 군대의 지지가 있기 때문에 자신 있다"고 하는 사람은 민주정부의 대통령으로서는 자격이 없다고 나는 생각합니다. (함성, 박수)

反民主勢力에 구실 주지 말아야

여러분!

우리는, 이것이 내 나라 입니다. 민주주의가 우리 것입니다. 이를 키워도 우리 것입니다. 그렇기 때문에 우리는 최대로 앞으로도 잘해 나가야 합니다. 우리가 잘못 성급한 혼란을 일으키는 일에 말려들어가면 국가가 혼란할 뿐만 아니라 그런 일을 노리는, 그렇게 되기를 바라는 그러한 사람들에게 절호의 구실을 주는 우리들은 바보가 된다는 것을 여러분들은 알아야 합니다. (「옳소!」, 박수, 함성)

나는 여러분과 같은 나이의 혹은 그 위나 아래의 자식도 있고, 조카도 있는 사람으로서 내가 여러분에 조금도 듣기 좋게 하는 말이 아니라 내가 보아온 역대의 학생 중에 10 · 26 사태 이후 우리 학생들같이 슬기롭고, 책임감있고, 훌륭한 자랑스러운 그런 젊은이들을 나는 본 일이 없습니다.

여러분!

나는 여러분의 편입니다. 나는 일생을 내 국민과 양심의 편에서 살아왔습니다. 나는 유신 7년 동안에 망명하고, 살해의 대상이 되고, 납치되고, 투옥되고, 연금되면서 7년 동안을 이렇게 당하면서도 나는 단 한치도 유신의 어느 테두리 안에도 참가하지 않았다는 것을 여러분들에게 보고하겠습니다. (「옳소!」, 함성, 박수 1분간 계속)

나는 앞으로도 내가 민주주의를 배반할 바에는, 내가 국민을 배반할 바에는, 내가 여러분한테 손가락질 받을 바에는 차라리 내 목숨을 바치지 그러한 일을 안한다는 것을 여러분께 말씀드립니다. (함성, 박수)

따라서 내가 여러분께 말씀드리는 것은 나를 믿으시오! 내가 여러분에게 "자제하는 것이 필요합니다."하면 여러가지 자제할 이유가 있어서 그렇지만, 내가 이야기 할 수가 없어서 그렇습니다. 그러므로 여러분과 나는 하나 입니다. 내 이것이 헛되게 하는 것이 아닙니다. (두 손을 마주잡고 흔들어 보이며) 이것은 하나란 표시입니다. (「옳소!」, 함성, 박수)

平和市場 勞使合意에 찬사

나는 오늘 아침 신문을 보고 너무도 기뻤습니다. 평화시장에서, 그 위대한 우리의 노동자의 영웅인 全泰壹군을 낳은 평화시장에서 기업주와 노동자가 웃고 악수하는 사진을 보았습니다. 나는 노동자의 목적 달성에 대해서 축하를 합니다. 지하의 전태일 동지도 얼마다 기뻐하겠읍니까! 그러나 평화시장의 기업주란 대개 겨우 사람 열 명, 스무 명 쓰는 영세 기업주입니다. 그 영세 기업주가 그런 조건을 받아줄 때는 고통이 있는 것입니다. 그걸 무릅쓰고 받았습니다. 영세 기업주도 노동자와 문제를 이렇게 원만히 타협할 수 있는데 대기업주, 수백 수천억 원 돈을 가진 사람들이 못할 이유가 조금도 없는 것입니다. (「옳소!」, 함성, 박수) 그러한 의미에서 여러분도 지대한 관심을 가졌던 평화시장 쟁의가, 노동자와 기업주가 이성과 양심에 따라 훌륭한 결정을 지은 데 대해서 우리는 만강의 축의를 표하며 정부가 융자나 조세 감면 조치를 취하여 지원 해 줄 것을 요구하면서 여러분과 더불어 이러한 훌륭한 결정을 이룬 노동자와 기업주에게 격려의 박수를 보내도록 부탁합니다. (함성, 박수 1분간 계속)

死地에서 세 번씩이나 奇蹟的으로 生還

나는 일생의 세 번 죽음의 고비를 넘겼습니다.

1950년 목포 형무소에서 공산당에 의해 정치범으로 투옥되었다가 사형 집행 직전에 220명 중에 140명이 살해 당하고 80명이 탈옥(脫獄)하는 데 끼어서 살아나왔습니다.

71년 대통령 선거에 떨어지고 국회의원 지원유세(支援遊說)를 전국적으로 하는데, 목포에서 무안, 광주쪽으로 올라오는데 나를 살해하려는 13톤짜리 대형트럭 —— 당시 공화당 전국구 후보의원으로 전국적으로 상당히 이름이 있는 사람의 회사 차입니다. —— 이 차가 우리 차를 보더니 90도 각도로 우리 차에게 달려들었습니다. 운전수가 기민하게 속력을 내어서 뒷 트렁크쪽을 받아서 옆의 논 위에 떨어졌는데 혹시 누가 받아놓은 듯이 가만히 놓였습니다. (박수) 바로 50미터 앞에는 큰 저수지가 있었습니다. 바로 우리 차 뒤를 신나게 따르던 택시에 탄 승객이그 자리에서 앞차 앞줄의 셋이 즉사하고 셋이 중상을 입었습니다. 그 사건의 진상은 아직도 오리무중(五里霧中) 입니다. 그러나 나는 알고 있습니다.

또한 일본 동경에서 납치 사건, 나는 72년 10월유신 때 마침 교통사고 당시에 입었던 상처를 치료받기 위해서 일본에 가 있었습니다. 호텔에서 갑자기 「유신(維新)」 소식을 들었습니다. 그럴 가능성은 있었지만 막상 당하고 나니 충격이 컸습니다. 하룻밤을 곰곰히 생각하고 개인적, 공적 난점(難點)이 있었지만 그 다음날 아침에 유신반대(維新反對) 성명을 내고 즉시 망명 생활을 시작했습니다. 미국과 일본을 왔다갔다 했습니다. 저의 일의 성과는 차츰 올랐습니다. 정부는 나를 죽이려고 했습니다. 그래서 1973년 8월 8일 동경 그랜드 파레스 흐텔에서 전번에 돌아가신 통일당(統一黨) 梁一東 당수를 만나고 나오니까 22층에 건장한 청년 대여섯 사람이 나를 잡아다가 옆방으로 덜렁 들고 갔습니다. 처음에는 이 사람들이 나를 호텔 목욕탕에서 죽여가지고 토막살인 해서(웃음) 배낭에 담아서 —— 대형 배낭이 두 개 있고 휴지가 많이 있었습니다. 이것은 그때 그곳 신문에 다 나와 있습니다 —— 그러나 그때 형편이 나빠서 나를 끌고 차에 태워서 대여섯 시간을 달렸습니다. 그리고 어느 조그만한 항구 이층집에 데리고 가서 나를 코만 내놓고 전 얼굴을 테이프로 감았습니다. 손과 발을 묶었습니다. 그러다가 다시 한 시간 쯤 달려서 어느 해안에서 랜치에 태워서 큰 선박(船舶)에 올려서 배로 달리기 시작했습니다. 그 다음날 아침에 나를 죽이려고, 물에 던지려고 했습니다. 이와 같이 양팔을 뒤로 묶고, 입 에다가 나무토막을 물려서 묶고, 눈에다가 스카치 테이프를, 눈에 붙이고, 다시 붕대로 묶고, 양 발목을 묶고, 뒤로 나무 판자를 대고 죽은 시체를 칠성판에 묶듯이 묶고, 오른쪽 팔과 왼쪽 팔에다가 30~40kg짜리 물체를 달아서 던지려고 하는 그때였습니다. 바로 그때 나는 부끄러운 일이지만 기독교 신자이면서 하나님은 생각하지 못했습니다. 그저 속되게 "이렇게 물속에 던져저서 2~3분 허덕이다 죽겠지. 그러나 내가 이렇게 죽더라도 우리 국민은 나를 잊지 않고 기억 할거다. (「옳소!」, 박수, 함성) 내 죽음이 결코 개죽음은 아니다. 헛 된 죽음은 아니다. "그러나 그다음에는 살고 싶은 생각이 나서(웃음) 손을 이렇게 움직여 보았습니다. 심지어 "물속에 던져지면 상어떼가 뜯어 먹는데 아랫토막은 없어지고 윗토막이라도 살았으면 좋겠다"하는 야속한 생각도 들었습니다. 그때 갑자기 예수님이 내 옆에 섰습니다. 내가 생각하지 않았습니다. 그래 옷소매를 붙잡고 "내가 여기서 죽으면, 내가 아직도 국민을 위해서 아직도 할 일이 있는데 어떻게 합니까? 살려주시오"하고 매달렸습니다. 그때 펑하고 눈에 빨간 빛이, 내 눈에 들어왔습니다. 눈은 가렸지만 빨간 빛이 들어왔습니다. 그러더니 이 사람들이"비행기다" 소리치며 뛰어 나갔습니다. 배는 미친 듯이 달려나갑니다. 펑, 펑 소리를 내며 속력을 냅니다. "뭔가 일이 있는 모양이다"하고 있는데 30분쯤 후에 청년 한 사람이 뛰어 들어오더니 경상도 사투리로 "김대중선생이 아닙니까? 나 부산서 선생님한테 투표했는데요." 대통령선거 때 투표했다는 말입니다. (박수) 그러면서 나에게 하는 말이 "선생님, 이제 살으신 것 같습니다." 그것이 나에게 생사의 기로(岐路)였습니다.

여러분!

나는 하나님이 이렇게 세 번이나 나를 살려준 것은 "죽지 않고 살아난 나머지 인생을 거저 얻은 것으로 생각하고 우리 국민을 위해서 아무 댓가도 바라지 않고, 모든 것을 바치고 봉사하라"는 뜻이라고 믿기 때문에 나는 여러분을 위해서 봉사하는 것은 당연하다고 생각합니다. (함성, 박수 1분간 계속)

國民을 위해 바르게 살다가 죽겠다

나는 내가 무엇이 되기 위해서 살지 않습니다. 아까도 말했지만 국민과 양심에 의해서 살아갑니다. 나는 여기서 당장에 이 세상 사는 동안에 무엇이 되기 보다도, 내가 바라는 일생의 단 하나 욕망이 있다면, 그것도 아주 간절한 욕망이 있다면 내가 죽은 후에 후세의 역사가들이 이 시대를 기록할 때 "그때에 김대중이란 사람이 있었는데 그래도 국민을 위해 바르게 살다가죽었다." 이 한마디 씌여져서 우리 후손들에 참고가 되는 인간이 되는 것이 내 인생의 바램 전체라는 것을 말씀드립니다. (박수)

그러므로 나는 이 시대가, 국민이 내게 어떤 책임을 맡기면 국민의 명령을 거역할 생각은 없습니다만, 내 개인의 생각으로서는 이 나라에서 자유와 정의가 실현되고, 이 나라가 통일의 길을 간다면 나는 초야에 묻혀도 좋고 중앙청의 사환이 되어도 감사하게 생각합니다. (환호 박수)

惡 · 反民主 · 反統一分子에 대해서는 過激

어떤 사람은 나보고 과격하다고 신문에 났습니다. (웃음)

그렇습니다. 나는 과격합니다. 악(惡)에 대해서 과격합니다. (박수)

국민을 괴롭힌 자에 대해서 과격합니다. 자유를 짓밟고 정의를 유린한 자에 대해서 과격합니 다. 이 나라를 반통일(反統一)로 끌고가는 자에 대해서 철저히 과격합니다. (「옳소!」, 함성, 박수)

그러나 선(善)을 행하고, 국민을 위하고, 자유와 정의와 통일의 길로 가는 사람에게는 나는 그 앞에서는 양(羊)보다 더 순하고 온순하다는 것을 나는 여러분께 말씀드립니다. (박수)

어떤 사람은 나보고 보복을 할 것이라고 합니다. 왜? 자기가 워낙 당했으니까(웃음) 보복 안하고 두겠느냐. 일리가 있는 말입니다. (웃음) 그러나 시어머니가, 과거에 아주 심하게 시집 살이를 한 시어머니가 자기가 당했기 때문에 이번에 얻은 며느리에게 철저히 심하게 하는 시어머니가 있지만, 자기는 차마 못할 시집살이를 했기 때문에 며느리에게 아주 잘하는 시어머니도 있습니다. 김대중이가 전자만 되고 반드시 후자가 되지 말라는 법이 어디 있읍니까? (웃음, 박수)

나는 이미 3·1절 성명을 통해서 나의 자동차사고 위장 살해사건, 납치사건 등 나에게 악한 짓을 한 모든 사람을 용서한다고 공개적으로 발표했습니다. (박수, 환호) 이것은 나를 묶은 것입니다. 이제 거짓말 할 수 없는 것입니다. 이제 용서해 버린 것입니다.

나는 앞으로 정부에서는 모든 공무원이, 장차관(長次官)을 제외한 모든 공무원이 그대로 그 자리를 유지해야 한다고 생각합니다. 물론 장차관 중에서도 유능한 사람은 앞으로도 계속 봉사할 기회가 주어질 것입니다. 또한 기업인들에 대해서도 양심적인 기업인, 과거를 반성한 기업인, 이런 사람들은 다시 우리의 국민경제 건설에 두려움없이 참가하는 그런 길이 보장되어야 할 것입니다. (박수)

나는 화해와 단결을 구걸하지 않습니다. 그러나 누구에 대해서도 내 가슴은 화해와 단결의 문이 활짝 열려 있다는 것을 나는 이자리를 빌어서 선언하는 바입니다. (함성, 박수)

反獨裁 抗擧 勢力으로 民主政府 수립

나는 앞으로 민주정부(民主政府)는, 반드시 독재정권에 항거해서 싸우고, 고문당하고, 박해당하고, 투옥당하고, 공민권 박탈당한 사람 들을 중심으로 해서 이를 성원한 국민과 국민이 인정할 만큼 반성한 사람으로 하는 민주정통정부(民主正統政府)가 반드시 구성되어야 한다고 나는 주장합니다. (「옳소!」, 함성, 박수)

10 · 26의 주역은 누구인가?

10 · 26의 주역은 어느 개인도, 단체도 아닙니다. 10 · 26의 주역은 독재와 항거해서 싸우고, 독재 아래서 박해받고. 독재아래서 고통받던, 적극적으로 저항하고, 소극적으로 저항한 사람, 또는 유신에 협조하지 않은, 이런 우리 국민의 9할 이상인 이 나라 국민이 10 · 26의 주역 이라는 것을 나는 여러분에게 말씀드릴 수 있습니다. (「옳소!」, 함성, 박수)

10 · 26 사태까지 끌어온 민주민족세력의 중심은, 7년 동안 단 한번도 유신체제에 협력하지 않고, 참가하지 않고 싸워온 재야세력(在野勢力)이 반독재 민주세력의 구심점이라는 것을 나는 여러분에게 서슴없이 주장할 수 있습니다. (「옳소!」, 함성, 박수)

이러한 것이 내가 신민당과 재야(在野)를 하나로 묶어서 단일정당(單一政黨)으로 하려고 했으나 신민당이 거꾸로 자기들이 10 · 26의 주역이고, 자기들이 민주세력(民主勢方)의 구심점이라고 엉뚱한 주장을 하기 때문에 결국은 단일화 작업이 깨지고 말았다는 것을 나는 여러분에게 사실로서 보고 드리는 바입니다. (「옳소!」. 함성, 박수)

나는 여러분에게 말씀드리고 싶은 것은, 우리가 이 시간에도, 우리가 자유롭게 강연을 듣지 못한, 아직도 석방되지 못한 많은 인사들, 민족시인(民族詩人) 金芝河 동지가 있다는 것을 기억해야 합니다. (함성, 박수) 또 290명이란 사람들이 아직도 복권되지 못하고 있다는 사실을 기억 해야 합니다. (박수)

우리는 여러분과 더불어 정부에 대해서, 양심적인 정치범에 대해서 즉각 석방과 즉각 복권이 정부의 자비(慈悲)가 아니라 의무와 책임으로서 이행해야 된다는 것을 주장합니다. (「옳소!」, 함성, 박수)

나의 마지막 말씀은, 우리는 이 동국대학이 부처님의 중생(衆生)을 사랑하는 대자대비(大慈大悲)한 정신, 왕자의 자리도 내놓고, 그당시 계급의 차별이 심한 인도에서 가장 천대받는 사람과 생활을 같이하신 그 위대한 정신, 그리고 기원 2세기에서 3세기까지 살았던 용수보살(龍樹菩薩)이 대승불교(大乘佛教)를 완성하면서 보살의 정신 —— 자기는 비록 성불했지만 일체 중생이 구도(求道)될 때까지는 피안(彼岸)으로 건너가지 않고 지켜 최후의 마지막 한 사람까지 구제하겠다는 위대한 정신 —— 또한 우리 민족의 위대한 선각자이신 韓龍雲 선생이 「나룻배와 행인(行人)」이란 시(詩)에서 "극락(極樂)국토로 중생(衆生)들을 실어나르기 위해서 나는 썩어 가는 나룻배가 되겠다"고 말씀한 이 정신에 입각해서 이 동국대학에서, 우리 나라에서 가장 특색 있는 대학에서, 부처님의 정신이, 보살의 정신이, 선각자들의 정신이 이 나라에 뻗쳐나와서, 이 민주주의가, 완전히 성공한 이 정신이 뻗혀 나와서, 동국대학 여러분들이 4 · 19 정신을 재현(再現)하고 조국통일의 역군(役軍)이 되길 부탁드리면서, 특히 밖에서 나의 얼굴도 못보고 이 연설을 듣는 여러분들에게 감사 드리며 저의 말씀을 마치겠습니다.

감사합니다. (함성, 환호, 박수 5분간 계속)

國民을 살리는 마지막 選擇

이 글은 민주회복을 촉진시키기 위한 간절한 염원에서 신민당 총재 경합에 나선 金泳三씨의 지지를 호소하기 위해 1979년 5월 29일 을지로 4가 아서원(雅叙園)에서 행한 金大中 선생의 연설 전문이다. 金泳三씨는 金大中 선생의 헌신적인 지지에 힘입어 예상을 뒤엎고 李哲承씨를 누르고 신민당 총재로 당선되었다.

내가 며칠 전에 안국동에 가서 尹潽善 선생을 뵈었습니다. 거기서 이번에 신민당 당내에 대해서 협의를 하고 金泳三 박사의 당선을 위해서 협의를 했습니다. 尹潽善 선생님이 말씀하시기를 "김영삼 동지가 꼭 당선되었으면 좋겠는데 어떻게 이 권력과 금력 앞에서 되겠는가? 나는 어렵다고 생각한다." 이런 말씀을 하셨습니다. 저도 그때까지는 크게 장담을 못했습니다. 그런데 오늘 아침부터 내가 친 아우같이 사랑하는 趙尹衡 동지가 용단을 내리고 또 金在光, 朴永祿 두 친구께서 용단을 내렸습니다. 그래서 지금 차를 타고 오면서 이만하면 가능성이 있지 않느냐 하고 여길 왔는데 웬걸 저 입구서부터 이 방에까지 이와같이 넘치는 열기와 내일의 결전에 있어서 필승을 기약하는 여러분의 놀라운 결의와 용기를 볼 때 나는 내일 선거에 金泳三 동지의 당선이 틀림없다고 생각하는데 여러분 어떻습니까? (박수)

변함 없는 성원에 감사할 뿐

여러분!

다시 만나서 반갑습니다. 아까 김박사가 말한대로 참으로 오랜만입니다.

10년이면 강산도 변한다는 데 71년 선거 이후에 거의 10년이 되었습니다. 그후 우리는 유신체제 밑에서 대한민국의 건국 이래 일찌기 경험하지 못한, 온갖 암흑 독재의 고초와 경제적 사회적 제약의 피해와 인간으로서의 겪을 수 없는 수난을 겪었습니다.

또한 과거의 仁村, 海公, 維石, 雲石 등 위대한 지도자들의 전통에 빛나는 우리 신민당이 유신체제의 6년 동안에 국민으로부터 농락을 당하고, 조소를 당하고, 야당을 하면서도 여러 동지들은 어깨를 펴고 다니지 못하고 부끄러움 속에서 나날을 보냈습니다.

나는 여러분들이 아시다시피 작년에 신민당을 떠났습니다. 그러나 내가 비록 일신상의 사정으로 신민당을 떠났지만 마음까지는 떴을 리가 없습니다. 그러나 내 자신은 여러분과 나 사이에는 이제 상당한 거리가 있는 것을 알았습니다. 그렇게 느꼈습니다. 그런데 감옥에 갇혀 있으면서 이야기를 들으니까 여러 동지들이 출마하면서 나 같은 사람을 잊지 않고 거론한다는 이야길 들었습니다. 이번에 전당대회에 임박하니 여러 후배들이 도처에서 나와 협력을 다짐한다는 이야기를 들었습니다. 이렇게 블 때 나는 다시 생각하기를 내가 비록 형식적으로는 신민당을 떠났지만 나는 살아있는 한, 내가 정치를 포기하지 않는 한 결코 신민당과 끊을래야 끊을 수 없는 처지에 있다는 것을 다시 한번 느끼게 되었습니다. (박수)

政治的 所信 변할 수 없어

여러분!

이와같이 우리가 10년 동안 많은 변화가 있었지만 그러나 변하지 않는 것은, 71년 그당시와 조금도 변하지 않는 것은 우리 국민들의 민주회복에 대한 열망이요, 고문받고 설움받고 천대받은 신민당 동지 여러분들의 위대한 야당으로서의 소생과 내일의 집권을 위한 꿈이요, 그리고 지금 말씀드린 바와같이 여러분과 나의 우정과 신념과 정치적 소신은 결코 변할 수 없다는 것을 나는 여기서 여러분들에게 강조하지 않을 수 없습니다. (박수)

요새 신문을 보니까 출옥 이후 제 이름이 자꾸 바뀝니다.

처음에는 보니까 「형집행정지로 출옥한 원외 모 인사」라고 이름이 열넉자로 바뀌더니 엊그저께는 보니까 「당외 인사」라고 바뀌고, 이제는 나는 제체놓고 우리가 사는 동네가 내 이름으로 바꿔져 「동교동」으로 바뀌었습니다.

人權彈壓으로 국제적 고립

여러분!

우리가 처하고 있는 이 현실, 지금 참으로 각박합니다. 만일 그렇지 않으면 내가 이 자리에 여러분 앞에 나오지 않았을 것입니다.

국제적 고립, 한국이 지금 얼마나 국제적으로 고립되어 있는가, 미군이 왜 철수를 하는가? 한마디로 이야기해서 "독재하는 나라에서 내 자식을 죽일 필요가 없다"는 미국 국민의 여론이 카터 대통령으로 하여금 그와 같은 무리한 정책을, 표를 얻기 위해서 국민에게 영합하기 위해서 내세우게 된 것입니다.

한국에서의 독재와 인권 탄압과 부패가 미군 철수를 촉진시키고 있는 것입니다. 아세아 국가에서 호주, 뉴질랜드, 일본까지 초청하면서도 과거의 아스팍(ASPAC)의 중추 국가였던 한국은 얼굴도 못 내밀었습니다. 지난번 평양에서 탁구대회, 이북 공산당의 그와 같은 탁구협회의 규칙을 위반하고 그와 같은 무뢰한, 부당한 스포츠를 정치적으로 악용한 그런 작태에 대해서도 우리는 탁구연맹의 지지와 자유세계의 지지조차 받지 못했습니다.

이것은 하나의 스포츠지만 우리가 얼마나 국제적으로 고립되어 있다는 것을 상징하는 것입니다.

박정권은 입만 열면 안보를 말합니다. 내가 여러분께 말씀드릴 것은,

나는 여러분보다는 대체적으로 외국 신문이나 잡지를 볼 기회가 많고 또 외국에서 오는 사람들하고 이야기 할 기회가 많습니다. 분명히 이야기해서 지금 미중(美中) 국제 정상화와 일중(日中) 평화조약으로 한반도에서 전쟁의 위험성은 과거 어느 때보다도 감소되었습니다. 그러나 아무리 전쟁의 위험성은 감소되었어도, 또 설사 미군이 나가지 않고 미군이 100만 명으로써 이 나라를 지켜준다 하더 라도 만일 우리 국민이 이 나라를 지키지 않으면 분명히 이 나라는 부지하지 못하는 것입니다. 우리 국민이 이 나라를 지키는 것은, 동일 혈족, 동일 민족임에도 불구하고 공산당과 생명을 걸고 싸울 그 의욕과 용기가 나는 것은 오직 우리가 공산당과 싸울 이유를 가질 때, 다시 말하면 우리가 자유를 향유할 때, 국민이 나라의 주인으로서 대접을 받을 때, 건설된 경제가 국민 전체에 고르게 분배될 때, 사회의 정의가 실현될 때, 유신독재가 철폐될 때만이 우리 국민은 이 나라를 지켜서 궐기할 수 있고 안보가 이룩된다는 것을 나는 여러분들에게 말씀하는 것입니다.

카터의 訪韓은 獨裁政權 승인

한국의 인권문제는 지금 세계의 주목거리가 되어 있습니다.

내가 알기에는 이 세계에는 많은 독재 국가가 있지만 유독 칠레, 한국 등 몇 나라의 인권문제가 관심의 대상이 되고 있습니다. 나는 여러분에게 결코 내가 과장한 말을 하지 않습니다. 이번에도 세계 기독교연맹(WCC)에서 한국의 인권유린 사태는 물론이고 한국의 경제건설, 유신헌법의 독재성, 경제건설의 허구성, 노동자의 착취와 수탈에 대한 사항, 수백 명에 대한 구체적인 자료, 이것이 전세계에 배포되었습니다.

카터 미국 대통령이 한국에 오는데 미국의 여론은 카터의 방한이 한국의 독재 정권올 도와주는 결과가 될 것이기 때문에, 우리 국민은 찬성할 수 없다는 방향으로 비췄기 때문에, 신문 보도에 의하면 너무도 인기가 없는 한국에 대한 카터 방문을 그것만 발표할 수가 없어서 탁구팀의 이북행, 또 발트하임 유엔 사무총장의 남북한 방문과 같이 묶어서 슬쩍 내놓았다는 것입니다. 그리고 카터 대통령은 기자들의 질문을 받을까 봐 두려워서 시골로 피난 여행을 갔다는 것입니다.

人權은 하늘이 주는 權利

지난날에 尹潽善, 咸錫憲, 나, 세 사람은 지난 삼월 달에 결성한 「민주주의와 민족통일을 위한 국민연합」의 이름으로, 의장단 자격으로 오늘과 같이 이와 같은 인권이 유린되고, 수백 명의 민주지사들이 옥중에 있고, 긴급조치가 해제되지 않은 이 상황에서는 카터 대통령의 방한을 찬성할 수 없다고 우리 의사를 밝혀서 세계에 알렸으며 저의 그러한 기자회견이 「워싱턴 포스트」지에는 전단 톱으로 보도가 되어 있습니다. 「워싱턴 포스트」「뉴욕 타임즈」 등 세계의 많은 신문들이 우리들의 주장을 보도하고 있습니다. 또 미국에 있는 우리들의 벗이 우리들의 주장을 보고 갔습니다.

내가 알기에는 지금 카터 대통령의 방한에 있어서 한국의 인권문제가 양국간에 심각히 논의되고 있습니다.

우리 세 사람은 지난 1월 달에 카터 대통령의 방한에 대해서 사신(私信)을 보냈습니다. 2월 8일자로 플브르크 차관보가 카터 대통령을 대신해서 회답을 보내 왔습니다. 그 가운데 그들은 "카터 행정부는 한국의 인권문제, 언론, 집회, 결사의 자유, 긴급조치, 이러한 문제에 지대한 관심이 있다. 한국이 우방이기 때문에 카터가 갈 수 있는 문제지만 갈 때는 반드시 인권문제를 논의한다는 것을 보장한다." 이러한 내용을 포함한 회답이 왔습니다.

내가 여러분에게 말씀드리고 싶은 것은 인권은 하늘이 주는 권리입니다. 인권은 민족보다도, 국가보다도 더 높은 차원에 있는 문제입니다. 고고학자들이 말하기를 인간이 세상에 태어나기를 100만 년, 혹은 300만 년이 되었다고 합니다. 인간이 이 세상에 나온 그 시각부터 인권은 존재하는 것이고 앞으로 국가도 없어지고 민족도 없어지겠지만 인권만은 영원히 남을 것입니다. 만일 어떤 정부고 인간의 인권을 유린하고 자연법적 권리를 보장하지 않으면 그런 권력자는, 그런 정부는 국민으로서 뒤집을 수 있다는 것이 2,500년 전 아리스토텔레스의 주장이요, 13세기의 토마스 아퀴나스의 주장이요, 근대 계동사상의 주장이요, 불란서 헌법에 보장되어 있는 1789년 인권선언에 있는 구절이요, 미국의 토마스 제퍼슨이 주장한 이후로 오늘날 이 朴정권의 가혹한 억압 밑에서 할 말을 못하고, 알 것을 알지 못하고, 벌벌 떨면서 입을 막고 살아야하는 우리 불쌍한 국민들을 보면 나와 여러분과 모든 민주주의를 열망하는 모든 인사들의 주장이라는 것을 나는 여러분들에게 말씀드립니다. (박수)

越南이 망한 것은 獨裁政治 탓

월남에서 왜 미국이 망했읍니까? 그렇게 미국의 민주주의가 허약하냐고 내가 이야기했습니다. "만일 당신네 미국인들이 월남에서 민주주의를 지원하다가, 인권을 주장하다가 월남이 패망했다면 오늘날 당신네 민주주의는 더 빛났을 것이다. 그러나 당신네들은 안보라는 구실하에서 독재자 티우, 국민을 배반하고, 국민을 착취하고, 국민을 괴롭히는 배신자를 지지했기 때문에 월남에서 그 숱한 희생을 치르고도 당신네들은 세계로부터 비난과 멸시를 받는 것이다. 분명히 이야기해서 월남서는 민주주의가 공산주의에 진 것이 아니다. 공산주의는 비록 나쁜 주의라 하더라도 공산주의는 국민에게 약속한 대로 충실했다. 티우는 민주주의 한다고 해놓고 배신한 거짓말장이다. 그렇기 때문에 민주주의가 공산주의에 진 것이 아니라 거짓말장이가 정직한 자한테 진 것이다. 악마라 하더라도 정직한 것은 거짓말장이보다 신용이 있는 것이다."

여러분!

미국은 지금 인권정책을 지향하고 있지만 내가 볼 때는 아직도 월남서 충분한 교훈을 못 배우고, 이란서 패배하고도 아직도 충분한 교훈을 못 배우고 있습니다.

여러분!

민주주의는 우리가 회복해야 하고 우리의 민권은 우리가 지켜야 합니다. 카터가 오건 안오건 우리는 싸워야 하는 것입니다. 카터가 어떤 정책을 펴든 우리는 일희일비(一喜一悲) 할 필요가 없습니다. 그러나 내가 이야기하는 것은 우리가 인권을 위해서 싸울 때 세계는 결코 우리를 버리지 않는다는 것을 여러분에게 말씀드리면서 우리가 인권을 위해서 싸우는 것은 우리만을 위해서가 아니라 이 나라의 멸망을 막고 제 2의 월남이 되는 것을 막음으로써, 이 정부의 사활까지 좌우한다는 것을 말씀 드림으로써, 만일 우리가 인권회복을 하고 민주정부를 수립 하지 못하면 머지 않아서 이 나라가 제 2의 월남과 제 2의 이란이 될 우려가 있다는 것을 여러분에게 경고하는 것입니다.

천 번이라도 監獄에 들어갈 각오

나는 출옥 후로 세 번 검찰에 불려갔다 왔습니다. 이 사람들이 불러 갈 때는 좋게 조사를 하고 보내주겠다고 하면 나도 과히 가슴이 안 떨리고 가족도 편할텐데 데리려 올 때마다 꼭 구속영장을 가지고 옵니다. 그래 가지고는 또 나중에는 내줍니다.

검찰에서 조사 받을 때 검사의 말이 이렇습니다.

"왜 당신은 나와서 그렇게 계속 긴급조치 위반만 하느냐? 그러면 우리는 당신을 다시 감옥에 수감할 수밖에 없지 않으냐?"

이런 말을 합니다.

그럴 때 나는 이렇게 답변합니다.

"나는 검사가 말하는 것같이 법을 어기고 있다고 생각하지 않는다. 이 나라의 법을 어긴 것은 朴正熙 대통령이다. 구 헌법 어디에 대통령이 멋대로 국회를 해산시키고, 헌법을 정지시키고, 계엄령 하에서 유신헌법을 일방적인 주장으로, 일방적인 찬성으로, 일방적인 선전으로 헌법을 채택하는 조항이 어디 있느냐 말이냐? 당신네가 법을 어겨가지고 유신헌법을 만들어내니까 그중에 독소조항인 긴급조치 조항이 들어서 나 같은 사람이 억울하게 3년 징역살고 나왔는데, 징역살고 나온 것도 억울한데 다시 나에 대해서 당신들이 법을 어겼다고 말한다면 그것은 전말이, 전후가 도착되는 것이다. 나는 법을 어긴 것이 아니라 이 정부가 법을 어긴 사태를 시정하라고 요구하는 것이다. 그렇기 때문에 법을 어긴 것을 따지려면 이 정부의 책임자에게 따져라."

이렇게 대답했습니다.

"또 백보를 양보해 유신헌법이 합법이라고 하더라도, 긴급조치가 합법이라 하더라도 어째서 긴급조치 조항이 있는 헌법 53조에는 국민의 기본권리를 제한하는 잠정적인 조치라 하였는데 어째서 4년이 잠정적이냐? 1개월, 2개월은 모르지만 4년은 장기란 말이다. 이래서 응당히 긴급조치 9호라는 것은 무효가 된 것이다. 시효에 걸린 것이다. 지금 당신들은 이 죽은 법을 가지고 산 사람을 잡고 있는 것이다. (박수) 또 법을 지키려면 같이 지켜야지 당신들은 법에 없이 남을 연금하고 —— 제가 나와서 42일 동안 연금당했습니다 —— 신부와 목사들을 납치하고, 저 서 대문 구치소와 중앙정보부에서 고문을 하고, 당신들은 이렇게 법을 안지키면서 약한 자들만 법을 지키란 것이 어디 있느냐? 법은 약자를 지키는 것이지 법철학적으로 강자를 보호하는 것이 아니다. 그러니 이런 점을 시정하라. 여러분들이 시정 못하겠다면 할 수 없지 않느냐? 나는 이대로 가면 절대로 국민의 행복이 없고, 절대로 평화적 통일이 없고, 절대로 안보가 없고, 이 나라의 장래는 멀지 않아 불행이 온다는 것을 잘 알기 때문에 당신이 나를 백 번이고 천 번이고 감옥에 가두더라도 나는 이 태도를 바꿀 수가 없다"고 말했습니다. (박수)

維新體制에 대한 國民의 심판

여러분!

지나간 선거를 봅시다. 나는 옥중에서 선거 결과를 듣고 충격을 받았습니다. 할 말은 아니지만 신민당이 1.1% 이기리라곤 생각도 못했습니다. 나와서 보니까 나만 못한 것이 아니라 공화당 사람도 못했던 모양입니다. 그래서 이번 선거가 유신체제에 대한 심판이라고 자신만만하여 공화당 제 2인자가 말했다는 것입니다. 그런데 저 양과같이 순하고 한 사람 한 사람 못나 보이는 국민이 도살장에 끌려가는 소같이 투표소까지는 갔지만 바로 그 안의 포장 속에서 공화당이 "심판이다"하니까 "아나, 심판이다" 하면서 거꾸로 "심판이다" 했던 것입니다. (박수)

그러니까 이제는 유신체제에 대한 그 선거가 심판이라 하듯이 지고 나니 부끄러워서 온갖 변명을 하고 무슨 "유정회를 국민이 의식하니까 표를 그렇게 찍었다." 유신체제의 심판이라고 했으면 약속대로 물러나야 할 게 아니냐. (박수) 유신체제가 부인 받았으면 국민 앞에 헌법을 고쳐야 할 것이 아닙니까. 그럼에도 불구하고 자기들 말은 접어놓고 중요한 결과를 부인한다는 것은 아무리 거짓말을 장기(長技)로 한다고 하더라도 이 이상 파렴치하고, 이 이상 국민을 멸시하고, 이 이상 불법정권은 없다는 것을 나는 여러분에게 말씀드립니다. (박수)

이번 선거에 우리 국민이 위대한, 그리고 손쉽게 정치적 결단을 보여줬습니다. 그러나 상당한 국민이 이러했지만 우리의 현실은 조금도 바뀌지 않았습니다. 오늘의 현실은 대통령도 바꾸지 못했고, 국회의 과반수도 차지하지 못했습니다. 외국 기자들이 보고서 “도무지 이해할 수가 없다. 어째서 선거에 지고도 권력을 다 쥐냐?” 이해할 수 없다는 것입니다. 그건 우리도 이해할 수 없습니다. 이러하기 때문에 국민은 절망 속에 빠져서 자난 1월 1일자 동아일보의 여론조사를 보십시오. 우리 국민의 5할 4부가 이 나라가 싫어서 이민가겠다는 것입니다. 전쟁이 나면 생명을 바치며 이 나라를 지켜야 할 29세 이하는 60%가 넘습니다. 우리가 이러고 있는 동안에도 민심은 자꾸 달라져 갑니다. 국민은 아무리 투표를 잘해도 정권을 바꿀 길이 없습니다. 국민은 정권만 못 바꾸고 국회만 못 바꾸는 것이 아니라 언론의 자유가 없기 때문에 이 나라에서 일어나는 일을 도무지 알지를 못합니다. 지금 일본서는 미국 정부가 金大中이 납치사건을 김동운이가 했다는 것을 金東祚외무부장관이 1975년 스나이더 대사한테 이야기해서 다음날, 10일 날 그것을 본국에 보고한 것이 폭로가 되어가지고 온통 난리가 나서 매일같이 신문 톱으로 「金大中사건」으로 문제가 되고 있습니다. 그렇지만 우리 국민은 아무것도 모릅니다. 전번 어떤 신문을 보니 가십에 외무차관이 미 대사를 불러다가 무슨 “해외에서 일어나는 모든 해프닝에 대해서 항의했다.” 마치 정감록(鄭鑑錄) 비결 같은 소리를 하고 있습니다.

그런데 더 문제가 된 것은 야당입니다. 국민은 지난 선거에 신민당을 최선이라고 해서 찍었다고 나는 보지 않습니다. 차선이라고조차 생각지 않는 국민도 있었습니다. 그러나 최후의 기회라고 생각하면서도 한 번 더 신민당한테 표를 몰아주었을 것입니다. 그러면서 10대 국회에 나간 신민당을 지켜봤습니다, 그랬더니 나가자마자 초장부터 공화당이 파놓은 무덤 속에 신민당이 대신 들어가서 죽고 있었습니다.

親維新派와 反維新派와의 싸움

여러분!

우리 金泳三 박사가 아까 이번 대회의 의의를 말했습니다.

이번 대회는 총선거에서 표시된 국민 의사, "공화당은 죽어도 싫다. 신민당이여! 우리가 투표로서 결정해 줄테니 뒷수습은 신민당 너희들이 좀 해다오" 하는 이 국민의 지상 명령, 국민의 이 애절한 소원을 신민당이 과연 관철할 수 있나 없나를 묻는 것이요, 따라사 이번 대회는 金泳三씨와 李哲承씨의 개인 간의 싸움이 아니라 친유신파와 반유신파, 친민주파와 반민주파의 싸움이라고 나는 생각합니다. (박수)

또한 이번 선거는 신민당이 야당으로서 과연 소생할 수 있나 없나를 결판짓는 날입니다.

여러분!

지하에 계신 仁村선생, 海公선생, 維石선생, 雲石선생, 이런 분들의 영(靈)이 여러분들의 옆에 서서 "네가 어떻게 결단하느냐"고 묻고 있습니다 3천 7백만의 국민의 눈초리가 여러분을 응시하면서 "네가 어떻게 하고 있느냐"고 여러분을 보고 있습니다. 이번에 신민당에서 만일 친유신파가 당선된다면 이 나라에서 다시는 야당이라는 말도 없어질 것이고, 이 나라에는 다시는 신민당의 당권 경쟁이란 말도 없어질 것이라는 것을 여러분에게 말씀드리면서 이번 대회에서는 반드시 국민의 기대와 우리 당의 위대한 선배들이 여러분들을 기대한다는 것을 내가 강조합니다. (박수)

中道統合論은 朴政權 위한 것

중도통합론(中道統合論)이 무엇입니까?

중도통합이란 것은 정치학에 없는 것은 아닙니다. 있습니다. 그러나 내가 여러분들에 인사장에 올린 바와 같이 같은 원칙이 섰을 때 중도통합이 있는 것입니다. 원칙이 다를 때, 방향이 다를 때 중도통합은 없습니다. 선과 악 사이에 중도통합은 없습니다. 공자와 도둑놈 사이에 어떻게 중도통합이 있습니까? 사람을 놓고 하나는 살리자, 하나는 죽이자 하는 데 어떻게 반만 죽이자는 중도통합이 있습니까? 민주주의와 독재 사이는 중도통합이 없습니다. 방향도 다르고 원칙이 다른 겁니다. 여기(을지로 4가) 지금 박용만 동지와 내가 밖에 나가서 다같이 을지로 6가로 가고 성동 쪽으로 가는 차편 문제에 대해서 나는 택시 타자, 박동지는 버스 타자, 그런 경우에는 중도통합을 해서 을지로 6가까지는 택시타자, 버스 타자, 이게 있습니다. 그런데 박동지는 성동으로 가고 나는 시청 앞으로 가는데 거기서 어떻게 해서 버스 타자, 택시 타자, 필요가 있습니까?(박수) 그렇기 때문에 나는 중도통합론이란 것은 민주주의가 회복된 뒤에만 있는 것이다. 여당과 야당이 다같은 민주주의 기반에 섰을 때, 연전에 독일에서 있었던 자유민주당과 사회민주당, 기싱거 수상, 사민당의 브란트 부수상이 했던 동방정책, 소위 소련과 동구라파가 어떤 정책을 하느냐? 이런 때 중도통합이 있습니다. 이 경우의 정책 조정이 중도통합입니다. 그러나 독재 정당과 민주주의 정당과 사이에는 중도통합이라는 것은 원칙이 다르고, 서있는 입장이 다르기 때문에 무식해서 한 소박한 이론이 아니면 그것은 자기들의 어용성을, 여당의 앞잡이라는 것을, 박정권의 유신체제를 영구 무결하게 유지하는 것을 합리화 하는 구실이라고 나는 여러분 앞에 단언할 수 있습니다. (박수)

신민당에는 희망이 있습니다. 절대 다수는 썩지 않았습니다. 그러나 옛말에도 있다시피 "요순님이 걸주님이요, 걸주님이 요순님이다." 요임금, 순임금 같은 위대한 성군을 만나면 국민도 선량하고, 걸임금 주임금 같은 포악한 임금을 만나면 국민도 악해 집니다. 李舜臣 장군이 지휘하는 조선 수군은 연전연승했지만 元均이 지휘하는 조선 수군은 바로 그 다음날부터 연전연패 했습니다. 문제는 지도자인 것입니다. 지도자를 바로 세워야 합니다. 지도자가 옳지 않게 당을 이끌면 밑에서 아무리 발버둥 쳐도 정당이란 것은 중앙집권이기 때문에 도리가 없는 것입니다. 그가 대표최고위원이건 총재이건, 당의 권한을 더 주었건 덜 주었건 이건 둘째 문제입니다. 정당은 정치로 모인 것이지 당헌과 당규로 모인 것은 아닙니다. 그러니 신민당이 오늘날 이렇게 되고 여러분이 고생하는 것

은 개헌이니 수권이니 하면서 엉터리며 거짓인 중도통합론 때문입니다. (박수)

民主回復 촉진 위해 金泳三씨 지지

내가 金泳三 동지를 왜 지지하느냐, 金大中이를 여러분들이 생각하기는 혹시 이런 분들도 있습니다. "金泳三씨가 당신 라이벌 아니냐? 그런데 왜 지지하느냐?" 이런 말을 합니다. 그러나 내가 김동지를 지지하는 이유는, 여러분들에게 말씀드릴 때 길지 않습니다. 그 이유는 첫째로 박정권이 김영삼씨가 당수되는 것을 싫어하고, 박정권이 김영삼씨를 온갖 박해를 가해서 때려 잡으려 하니까 내가 생각해 보니 그 이유는 김영삼씨가 총재가 되면 민주회복이 촉진되고 유신체제가 흔들리기 때문에, 그가 총재가 됐을 때는 늦기 때문에, 지금 때려 잡으려 하기에 나는 이것을 저지하기 위해, 나는 김영삼씨를 지지합니다.

또 김영삼 총재 시대에 일을 잘 했느니 못했느니 말이 있습니다. 누구든지 하는 일에 비판을 하면 내게도 결점이 있습니다. 사람은 과거도 중요하지만 현재가 중요합니다. 적어도 10대 국회 이후의 김영삼 동지의 투쟁은 나무랄 곳이 없습니다. 오늘 아까 김영삼 동지가 나에게 찾아와 이야기했지만 "김영삼 동지와 내가 둘이 합치면 민주회복은 된다. 저 사람들이 제일 싫어하는 것이 우리들이 합치는 것이다. 그러니 제일 싫어하는 대로 민주회복을 하자. 나는 감옥이 아니라 죽을 자신이 있다. 내 주위에서 무슨 이야길 하든, 당신 주위에서 무슨 이야길 하든 우리가 뭉치자." 이렇게 말했습니다.

김영삼 총재의 주위에서도 말이 있겠지만 내가 있는 반체제 재야에서는 더 많은 나에 대한 말이 있습니다. "왜 그런 신민당 같은 거 하고, 왜 거기에 가려고 하느냐?"하고 있습니다. 그러나 나는 그렇게 생각하지 않습니다. 이번 총선에 나타난 국민의 힘이, 내가 신세를 지고 사랑하던 신민당이 마지막으로 사느냐 죽느냐 하는 기로에 서있을 때 나는 국민의 충성심에서, 신민당에 대한 동지된 애정에서, 오늘날 민권의 선두에서, 반독재의 선두에서 박정권 뿐만 아니라 당권파로부터 온갖 박해를 받고 있는 김영삼 동지가 이번 당수 경쟁에서 반드시 당선되어야 한다는 것이 내가 신민당을 살리는 길이요, 국민을 살리는 길이기 때문어 나는 김동지를 지지하는 것입니다. (박수)

닭의 목을 잘라도 새벽은 온다

여러분!

김박사가 말한대로 밤은 깊어 새벽이 가까왔습니다. 이 사람들은 은갖 방법으로 닭의 목을 자르기도 하고 소쿠리를 덮어 씌워 닭우는 소리를 막고 있지만 국민들 마음속에 심금이 울리는 새벽 닭울음 소리가 이내 퍼져 있습니다. 지난 선거 때 전국에서 일한 동지들이 내가 출옥 후 약 4천 명이 내 집을 다녀갔습니다. 한결같은 이야기는, 전라도고 경상도고 충청도고 가릴 것 없는 이야기는 "설사 박정권이 잘한다고 하더라도 지긋지긋하다. 한번은 바꿔봤으면 좋겠다" 이것이 국민들의 소망입니다. 아닙니까? (「옳소!」, 박수)

여러분!

박정권은 큰 소리를 합니다. "국민의 지지를 받고 있다"고! 나는 외국기자들에게 이야기 합니다. "박정권이 뭐가 두려워서 긴급조치가 필요하느냐? 국민이 지지하는데 긴급조치가 필요 하느냐"이 말이여. "그런데 왜 이번 선거에서 졌느냐. 그렇게 국민이 지지하는데 김대중이를 두려워하고 신민당으로부터 김대중이가 지지받는 것을 두려워 하느냐." 그 말입니다.

이 정권은 그들이 가장 잘했다고 하는 경제조차 실패하고 있는 것을 여러분들은 잘 알 것입니다. 농촌이 어떻습니까? 노동자가 어떻습니까? 서민생활이 어떻습니까? 지금 재벌까지 흔들립니다. 이 정권의 어떤 경제 전문가라도 내가 이 앞에서 토론했을 때 내 말을 입증시킬 충분한 자료를 가지고 있습니다.

여러분!

보기에는 거창하지만 이 정권이 전부가 아니요. 김대중이와 김영삼이가, 김영삼이와 김대중이가 합치면서 여러분과 어깨를 함께하고 나가면

민주회복은 멀지 않았다고 나는 이 자리에서 단언할 수 있습니다. (박수)
내가 김 총재를 지지하는 또 하나의 이유는 김총재가 장래 이 나라에 필요한 인물이기 때문입니다.

나라가 잘되려면 많은 人材가 必要하다

여러분!
김 총재와 나를 라이벌 관계로만 보지 마시오. 나라가 잘되려면 인물이 많이 커야 합니다. 내가 민주회복 때까지 살아 남아 있다는 보장이 어디에 있고, 김총재가 살아 남는다는 보장이 어디 있습니까. 아니 제2, 3의 김대중이와 김총재가 필요합니다. 이래서 하나가 쓰러지고, 하나가 병들더라도 올바른 대안이 있어야 합니다. 아까도 말했지만 민주회복이 되면 이까짓 것 따질 필요가 없습니다. 그때 국민 여론과 여러분의 의사에 따라 결정하면 그만 입니다. 애도 낳기 전에 이름 가지고 싸울 필요가 없습니다. 김총재는 오늘만 필요한 것이 아니라 장래 이 나라를 위해 필요한 것입니다.
여러분!
이번 전국에서 당원 여러분들이 잊지 않고 나를 찾아준 데 대해서, 나는 법적으로 당원도 아니고 해서 대단히 분에 넘쳤습니다. 어떻게 보면 신민당에 대하여 쓸데없는 간섭을 하는 것 같아 제 자신이 반성하고 있습니다.
뿐만 아니라 나는 참 이번에 못할 일을 했습니다.
여기 趙尹衡 동지, 내가 친 아우같이 사랑하는 사람입니다. 나를 믿고 나섰고, 전국에서 나를 팔고, 속되게 표현합니다, 내 이야기를 하고 동지를 규합했습니다. 조윤형 동지가 얼마나 전국 당원으로부터 지지받고 사랑받았다는 것을 내가 잘 압니다. 나도 귀가 있고 눈이 있습니다. 그런데 이 내 사랑하는 아우를 붙러다 놓고 강요를 해서 김총재를 위해 후퇴하고, 그것도 1차 투표만이라도 하게 해달라는 것을 안된다고 해서 1차부터 밀라고 내가 강요했습니다. "김영삼씨는 1차 투표에서 안되면 안된다. 1차 투표에서 김영삼씨가 당선되면 모르지만, 1차 투표에서 김영삼씨가 최고 득표를 하면 대회를 안할 것이다. 이에 대해서 외부 작용이 들어올 것이다. 또 2차 투표에서 탈락한 사람들에게 김영삼씨가 표 얻으러 다닐 때 김영삼씨는 기동력도 없고 실탄도 없다." 김영삼씨가 되겠습니까? "그러니 1차 투표에서 일방적으로 이기지 못하면 이 정보정치에서 어마어마한 탄압 앞에 어떻게 승리할 것인가?" 하면서 강요했습니다.

여러분도 잘 알겠지만 적지 않은 돈을 쓰고 전국을 다니면서 피눈물로 표를 긁어 가지고, 김대중이가 뭐라고 그 한 사람의 말에 후퇴한 이 조윤형 동지가 내린 위대한 결단, 「위대한」이란 말은 참으로 이럴 때 쓰는말입니다. 내가 말했습니다. "지금까지 우리가 그 아버지 밑에 그 아들이란 말이 있지만, 선친에게는 미안한 말이지만, 먼 훗날 그 선친을 두고 그 아들의 아버지란 말이 있을 것이다."라고 말했습니다. 여러분! 오늘의 이 趙尹衡 동지의 위대한 결단에 감사의 박수와 격려를 보냅시다. (박수)

民主主義와 黨을 살리기 위해

또한 朴永祿 동지는 6대 국회부터, 아니, 5 · 16서부터, 내가 강원도에서 정당생활 할 때 부터 나와 막역한 친구입니다. 또 여러분이 아시다시피 나는 그런 것을 생각하고 따지지 않지만 박영록 동지가 회장으로 있는 「화요회」에는 과거에 나하고 관계가 깊던 분들이 있습니다. 분명 그분들도 많은 생각과 주장이 있었을 것입니다. 그러나 그것은 내것이 아닙니다. 똑같이 사퇴를 강요했습니다. "오늘부터 내 지상명령이니 그렇게 행동하라"고 했습니다. 박동지의 이 위대한 결정, 민주주의와 당을 살리기 위해서, 김총재를 지지하기 위해서, 나 같은 사람이 민주회복의 정진을 위해서, 이 박영록 동지의 결정을 위해서 여러분들은 거듭 박수를 보내주길 바랍니다. (박수)

또한 나는 金在光 동지, 야당투쟁의 혁혁한 역사를 가진 김동지에 대해서 내뜻을 만나서 전했고 여기 와 계신 노승환 동지, 김영배 동지, 이용희 동지들에게 그쪽 분들에 대해서 내 취지가 "지상명령이니 나를 다시 보려면 이렇게 해라." 김영배 동지는 나하고 같은 김해 김씨고 돌림자가 내 조카입니다. 그래서 "그것은 당과 국민의 명령이요, 작게는 집안 어른

말로 들어라." 내가 이런 소리까지 하면서 강요를 했습니다. 여러분! 나이로 보나 경력으로 보나 당총재가 되기에는 충분한데도 불구하고 이런 결단을 내려준 김재광 최고위원에 대해서, 여러분 박수를 보내주시길 바랍니다. (박수)

나는 내가 경애하는 金玉仙 동지를 여러번 만나서 우리의 피눈물나는 설움을 주고 받았습니다. 그러면서 우리는 먼저, 누구보다 먼저 김총재를 밀기로 합의했습니다. 또 김옥선 동지가 없었던들 난관을 돌파하는데 어려운 점이 더 있었을지도 모릅니다. 그런데 호사다마라고 김총재 회견 때 "복당 안했으면" 하는 말이 나왔습니다. 김옥선 의원이 화낼 줄 알았습니다. 화가 나는 것을 보고 화내는 것은 인간으로서 중요합니다. 그것을 무릅쓰고 모든 관심이, 모든 언론계의 관심이 "김옥선 의원의 기자 회견에는 반드시 김영삼 총재에 대한 공격과 모종의 폭로가 있을 것이다"라는 예측에도 불구하고 뜻밖에도 대의(大義)를 위해서 사랑으로 김옥선 동지가 김영삼 총재를 지지하겠다고 선언한 것을, 내가 김동지를 여자라고 생각한 적이 없지만, 우리 남자 백 명보다 나은 용기를 가졌다고 찬사와 격려의 박수를 여러분과 같이 보냅시다. (박수)

또 하나 李宅敦 동지가 「자유민주구락부」를 만들었습니다. 나하고 많은 상의가 있었습니다. 또 이택돈 동지는 내 재판에 언제나 전적으로 애쓰고 돌봐준 동지라는 것을 여러분은 잘 알 것입니다. 이번에 김총재 출마 기자회견에 이택돈 동지의 「자유민주구락부」의 지지선언은 마치 반가운 손님이 올 때 아침 새벽에 담 위에서 까치가 지저귀는 것같이 당내 민주세력에 들려주었다는 것입니다. 대세에 거대한 영향을 주었던 것입니다. 이택돈 동지와 그 소속 여러 분들에게 여러분, 박수로 환영해 주시길 바랍니다. (박수)

李哲承 동지도 再出發하기를

나는 李哲承 대표에 대해서 지금 이 시간에도 매우 개인적으로 돈독한 우정을 가지고 있습니다. 이철승, 김영삼 이 정도 인물을 키우려면 정치 지망자 10만, 20만 중에 10년, 20년 걸려야 키 웁니다. 비록 이동지와 나는 의견이 달라서 내가 지금 김동지를 지지하고 이동지를 반대하지만 나는 이철승 동지가 인간으로서 대단히 사랑스러운 점을 가지고 있다고 생각합니다. 거짓이 없고, 솔직하고, 욕심이 있으면 있는대로 내놓고, 수틀리면 욕하고, 절대 잔꾀가 없습니다. 용기도 있고 인간성도 있습니다. 내가 옥중에 있을 때 당적(黨的)으로는 나를 도운 일이 없지만 사적(私的)으로는 내 집 안을 돌봐주고, 내 감옥에 난방도 보내주고 애를 썼습니다. 나는 李哲承 동지에 대해서 공적으로는 지지하지 않지만 앞으로 사적인 우정은 변치 않을 것이고, 또 기억하시길 우리가 머리를 맞대고 나라 일과 당의 일을 토의할 것입니다. 그러나 나는 이철승 동지를 아끼는 의미에서도 이철승 동지의 그 그릇된 중도통합론이 이번에 신민당에서 반드시 심판을 받아야만 이철승 동지에게 새로이 재출발 할 수 있는 기회를 줄 수 있다는 의미에서 이철승 동지가 이번에는 안되는 것이 좋다고 나는 생각합니다. (박수)

愛國者 · 愛黨者가 되느냐, 背反者가 되느냐

여러분!

내 말이 너무 길었습니다. 이제 매듭을 짓겠습니다.

성경은, 토인비의 말에 의하면 일관해서 도전과 응전이라고 했습니다. 하나님이 우리 앞에 와서 모든 문제를 제기해 주면서 "네가 어떻게 행동하느냐? 내 앞에 있는 무서운 시련기를 어떻게 이겨 나가느냐? 내 앞에 당하는 사람을 놓고 네가 어떻게 그 사람을 도우느냐? 내 앞에 무서운 적을 놓고 네가 어떻게 싸우느냐? " 마치 괴테의 「파우스트」에 파우스트를 내몰기 위해서 악마를 내세웠다는 소설이 있습니다만 그렇다는 것입니다. 내가 「파우스트」를 읽고 괴테의 영감에 하나님이 있다는 것을 알았습니다. 그럼 여러분들은 지금 도전을 받고 있습니다. "이 독재정권 앞에서 야당의 마지막 명령을 듣지 않는다면 무얼 어떻게 하겠느냐? 국민이 지난 선거에서 신민당에 막중한 책임을 주고 지원을 주었는데 너는 어떻게 하겠느냐? 만일 이번에 패배하면 다시는 이 나라에 야당이란 말도 없고, 다시는 이 나라에 민주회복이란 말을 할 자격이 없는데 당신은 어떻게 하겠느냐? 지금 여러분에게는 권력의 압력도 있고, 금력의 압력도 있는데 당신은 어떻게 하겠느냐? 3천 7백만 국민이 초롱초롱히 여러분을 보고 있는데 어떻게 하겠느냐? 돌아가신 민주주의 선열과 4 · 19 영령과 수천 명의 투옥민주인사가 있는데 여러분들은 어떻게 하겠는가?" 이번에도 국민을 배신하면 국민들이 영원히 신민당을 매장시킬 것인데 여러분 어떻게 할 것입니까? 이런 도전을 여러분들은 받고 있는 것입니다. 참으로 중대한 기로인 것입니다. 이번 기회에 여러분은 위대한 애국자와 진실한 애당자가 되느냐, 국민에 대한 충성자(忠誠者)가 되느냐, 배신자가 되느냐, 여러분은 기로에 놓여 있습니다.

나는 만일, 여러분! 이번에 김영삼 총재를 내세워서 압도적으로 당선시켜 가지고 신민당이 민주회복의 선두에 섰을 때에 재야의 모든 세력이 어제까지의 유감을 버리고 여러분의 손목을 잡고 잘 싸웠다고 격려 하면서 여러분과 합치한다는 것을 여러분에게 보장할 수 있습니다. (박수)

그러나 만일 여러분이 이번에 국민의 기대를 무너뜨리는, 국민의 소명에 배반하는 때는 여러분들은 영원히 구제받지 못하고 국민과 재야 민주세력으로부터 버림받을 것이고, 민주회복을 열망하는 국민의 돌팔매가 여러분들에 간다는 것을 나는 경고하지 않을 수 없습니다. (박수)

여러분!

나는 여러분과 같이 싸우겠습니다. 여러분이 국민에 충성을 하고, 민주주의에 대해 충성을 하고, 인권에 대해서 충실하고, 야당의 자세에 대해서 충실하는 한, 당적유무(黨籍有無)가 문제가 아니라 나는 여러분의 곁에 있고, 여러분의 앞에 있고, 여러분의 뒤에 있고, 김영삼씨와 어깨를 나란히 하겠습니다. (박수)

여러분!

내일 대회에서 승리해서 오늘 내가 여러분 앞에서 말하지 못한 내 말을 김영삼 총재의 당선 후에, 새로운 총재의 당선 축하 대회에서, 승리의. 영광의 자리에서 다시 만나 할 것을 약속드리겠습니다. (박수)

제 2 부

政權交替의 熱氣 속에서

오늘의 나의 勝利는 3천만의 勝利

이 글은 1970년 9월 29일, 시민회관(市民會館 · 현재의 世宗文化會館)에서 열린 신민당(新民黨) 전당대회(全黨大會)에서 제 7대 대통령 후보로 지명된 직후에 행한 즉석 수락 연설 전문(全文)이다.

존경하는 柳珍山당수! 그리고 당(黨)의 모든 선배, 대의원 동지 여러분!

이 사람을, 빛나는 전통을 가지고 있는 우리 신민당의 1971년도 대통령 후보로 선출해 주신 데 대해서 나는 한없는 감사의 심정을 여러분 앞에 다시 한번 표하는 바입니다. (박수)

의장으로부터 시간이 극히 촉박하다는 말씀을 들었기 때문에, 제가 대통령 후보로서 앞으로 나아갈 진로와 집권에 대비하는 정책에 대해서는 별도의 기회를 갖기로 하고, 오늘 제가 여기서 여러 선배 동지 여러분께 말씀드리고자 하는것은, 이 시간이 야말로 우리들의 승리의 순간이라는 사실입니다.

이 승리는 결코 金大中 한 사람의 승리가 아니라 우리 신민당과 삼천만 국민이 승리한 순간이라고 나는 확신하고 있습니다. (박수)

우리는 오늘 대회를 통해서 이미 세가지의 승리를 거두었습니다.

하나는, 우리 신민당의 발전과 성공을 시기하는 이 정보정치의 마수로부터 우리가 이같이 훌륭한 대회를 치름으로써 승리를 거둔 것입니다. (박수)

또 하나는, 우리는 만일 지명대회에서 투표를 한다 할 것 같으면 커다란 혼란이 야기될 것이라고 걱정하던 당내외(黨內外)의 모든 걱정이 한낱 기우에 불과했으며, 우리 신민당 동지들은 자기 당의 당수(黨首)와 또는 자기 당의 대통령 후보를 선의의 경쟁을 통해서 훌륭하게 선출할 능력과 자질을 갖춘 당이라는 점을 과시한데 있어서 승리한 것입니다. (우뢰 같은 박수)

마지막 셋째의 승리는, 우리 신민당은 전통을 가진 보수야당(保守野黨)이고 당에는 많은 원로 선배들이 계심에도 불구하고 오늘, 젊은 金泳三 동지와 저의 두 사람을 내세워서 이 나라의 장래를 맡길 일꾼으로 기르겠다는 그 훌륭한 당의 선배와 동지들의 거룩한 뜻이 이 당을 더 한층 젊게 하고, 발전의 길로 이끌며, 성공의 길로 이끈데 성공한 것이라고 나는 확신하는 것입니다. (환성)

여러분! 내가 마지막으로 한마디 첨언할 것은, 이 사람은 柳珍山 당수의 지명 추천에 대해서 승복을 하지 않고 표결에 임했습니다. 그러나 내가 그 표결을 주장한 것은 결코 당을 아끼지 않아서 그런 것도 아니요, 당수를 존경하지 않아서 그런 것도 아닙니다.

한 집 안에서 자식이 여럿 있어가지고 부모님의 말씀에 순종도 하지만 때로는 자기 판단이 옳다고 생각하면 한때 부모님의 말씀을 형식적으로는 거역하더라도 자기 소신을 관철시키는 그런 집안이 장래 발전성이 있듯이, 우리가 선배당수의 말씀을 충분히 존중하고 존경하지만 그것이 자기의 신념이라고 생각할 때는 당헌(黨憲)과 당규(黨規)에 위배하지 않는 한, 한번 자기의 소신을 관철하는 그러한 정도의 신념이 없어가지고는 어떻게 해서 명년에 朴正熙정권과 싸워서 승리할 수 있겠느냐, 나는 이렇게 생각하는 것입니다. (환성)

그러기 때문에 본의 아닌 당수의 지명 조정권에 대해서 표결을 주장한 것이 결코 당의 단결이나 당수의 권위에 도전한 것이 아니라는 것을 여러분은 이해해 주시길 바라고, 이제 앞으로 우리는 새로운 승리! 신민당의 단결! 평화적 정권교체의 창조! 모든 국민으로부터의 신임의 획득! 창조! 이 3대의 승리를 향해서 매진해야 할 것입니다.

나는 나와 더불어 훌륭한 적수로서 정정당당하게, 깨끗하게, 페어 플레이에 임해주신 金泳三 동지의 전도에 대해서 만강의 행운이 있기를 축원하고, 또한 오늘 이 투표장에 애석하게 임하지 못하신 李哲承동지와 朴己出 선생, 기타 물망에 올랐던 선배 여러분에 대해서 아울러 위로와 감사의 말씀을 드리면서, 동지 여러분께 다시 한번 뜨거운 감사의 말씀을 드리고, 저의 수락연설을 마치겠습니다. 감사합니다. (우뢰같은 박수)

希望에 찬「大衆時代」를 具現하자

이 글은 金大中선생이 신민당 대통령후보로 지명된 후인 1970년 10월 16일 처음으로 국민에 게 보낸 메시지의 전문이다. 金후보는 이 메시지에서 "평화적인 정권교체로 독재의 질곡에서 벗어나 희망에 찬 대중의 시대를 구현하자"고 역설했다.

敬愛하는 3천만 國民 여러분!

먼저 신민당의 대통령후보로서 여러분 앞에 뜨거운 인사를 드립니다_

국민 여러분!

이제 새 시대가 도래하고 있습니다. 희망에 찬 여러분의 시대가 오고 있는 것입니다. 지난 9월 29일의 신민당 전당대회의 결과는 실의와 분노에 찬 우리 국민에게 새로운 광명을 가져 왔으며, 세계 모든 우방국가들에게는 경이와 기대를 안겨 주었습니다. 이것은 우리 신민당의 자랑인 동시에 우리 당이 그속에서 자라고 있는 국민 여러분의 자랑이요, 영예가 되는 것이라고 믿습니다.

경애하는 국민 여러분!

명년은 정권교체의 해입니다. 박정권의 한 없는 독재와 부패, 그리고 특권경제는 국민의 마음속에 결정적인 분노의 불길이 타오르게 하고 있으며, 국제적으로는 도처에서 불신과 경멸의 대상이 되고 있습니다.

우리 모든 국민이 관권이 전단하는「행정선거(行政選擧)」를 물리치고, 부정과 싸우고, 소신껏 투표하고, 자기 표를 사수하는「민중선거(民衆選

擧)」의 방향으로 선거전을 밀고 나간다면 이 나라에는 건국 이래 처음있는 평화적 정권교체라는 명예혁명(名譽革命)이 실현될 것입니다. 신민당의 지명대회 결과로 많은 국민들이 이와 같은 기대를 갖게 되었다고 믿습니다.

나는 국민과 더불어 선거전을 펴나가고, 국민과 결속해서 투쟁할 것이며 국민의 영예 속에 승리를 쟁취할 것입니다. 나에게 있어서는 첫째도 승리, 둘째도 승리, 셋째도 빛나는 민권의 승리가 있을 뿐인 것입니다.

경애하는 국민 여러분!

우리는 50년대의 「암흑전제(暗黑專制)」의 시대와 60년대의 「개발을 빙자한 독재시대(獨裁時代)」를 살아왔습니다. 얼마나 많은 우리들의 통분과 절망이 깃든 시절이었으며, 얼마나 많은 굶주림과 고난이 사무친 시절이었습니까?

이제 70년대는 지금까지 소수가 지배하고 소수가 영욕을 누리던 반대중적(反大衆的) 현상을 일소하고, 대중이 지배하고 대중만이 행복을 향유하는 희망에 찬 「대중의 시대」를 현실할 것입니다.

이러한 새 시대를 실현하기 위하여 나는 우리가 집권한 뒤에 가질 국정의 큰 테두리를 다음과 같이 밝히는 바입니다.

1. 國民總和

오늘날 우리의 현실은 언론, 학원, 문화 그리고 경제계와 노동단체등 모든 부문이 독재적 정치권력에 농단되어 그 독자적 기능을 상실하고 묘지 같은 침묵 속에 잠겨 있습니다.

도시 지역과 농촌 지역간, 그리고 권력층과 비권력층 간의 반목과 격차는 날로 심화되어 국민적 총의(總意)의 형성과 단결이라는 근대국가의 기능은 마비일로에 있는 것입니다.

우리 신민당이 집권하면 언론을 권력으로부터 해방하고, 지식인과 문화인을 해방할 것입니 다. 기업과 금융 그리고 노동단체를 위시한 모든 부문을 정치권력의 예속에서 자유화시키는 제 2의 해방을 단행할 것입니다.

정부는 각 계층과 모든 부문의 독립과 자유를 최대한으로 보장하면서 다양성 속에서의 통일과 자율 속에서의 조화를 유도함으로써 자유로운 국민의 총의형성과 자발적인 단결을 성취하여 자유사회의 무한한 에너지를 샘솟게 할 것입니다.

우리가 추구하는 것은 파시즘적 복종과 획일성이 아니라 시민적 자유와 균형 속에서 유출되는 「국민총화」인 것입니다.

나는 대통령에 당선되면 취임즉시 3선조항을 폐지하고 중임제한(重任制限)으로 환원하는 조치를 단행함으로써 오욕된 헌법의 영예를 회복하겠습니다.

2. 大衆經濟

나는 현 정권 아래서 상당한 건설이 이룩된 사실을 인정하며 한때나마 국민에게 경제자립에의 의욕을 불러 일으켰던 공로를 시인하는 사람입니다.

그러나 오늘의 현실은 자유경제의 원리는 말살된 채 관권경제의 만능상을 이루고 있으며 부패하고 무계획한 불실건설(不實建設)은 국민의 세금을 낭비하고 소비자의 높은 부담을 강요하고 있습니다.

건설의 결과는 빈부간의 양극화, 도시와 농촌의 이중구조, 지역간의 격차, 그리고 대기업과 중소기업 간의 심한 불균형을 초래함으르써 건설 그 자체의 목적과 의의를 상실케하고 있읍니 다.

우리가 제창하는 대중경제체제(大衆經濟體制) 아래서는 먼저 기본적으로 자유경제의 원리를 충실히 받아들임으로써 국민대중을 위한 경제의 능율을 극대화하며, 납세자와 소비자의 부담을 극소화시킬 것입니다. 주식의 대중화를 강력히 추진시켜서 자유경제의 독점화폐단(獨占化弊端)을 시정하고 모든 기업이 대중의 참여 속에 성장해 나가도록 유도할 것입니다.

농업발전의 기틀 위에 공업화를 추진함으로써 상공업을 튼튼한 시장구조 위에 안정시키는 동시에 식량자급자족을 이룩하여 자립경제를 저해하는 막대한 외화소비를 지양할 것입니다.

생산의 증대와 분배의 공정을 병행해서 해결하기 위하여 노사공동위원회(勞使共同委員會)를 구성하여 능률향상과 공정분배를 협의토록 할 것입니다.

사회계층의 구성에 있어서 빈부(貧富) 양자를 최소화시키고 중산계층의 육성과 확대를 기하도록 국가의 경제시책을 집중화시킬 것입니다.

3. 社會改革

오늘의 사회현실은 마치 종말을 예고하는「25시」와도 같습니다.

부패 타락, 부화사행(浮華射幸), 불신배반의 말기적 풍조 속에 정보정치는 판을 치고 있읍니 다. 이 사회의 모든 부패와 부정은 부분적 현상이나 하부적 상황이 아니고 전반적이고 집권상층부에서부터 밀어 닥치는데 본원적인 문제점이 있는 것입니다.

한 줌도 못되는 소수인이 온갖 영화와 특권을 누리는 가운데 전체 국민대중은 가난과 절망 속에 버림받고 있는 남미형(南美型)의 사회가 아세아의 일각인 이 나라에서 재연되고 있습니다.

우리 신민당이 집권한 연후에는 일대사회개혁을 추진할 것입니다. 무엇보다도 상층부의 부패와 사치를 준엄하게 숙정 할 것입니다. 대통령은 행정적으로 국가를 영도할 뿐 아니라 도의와 관기(官紀)의 확립에 있어서도 모든 국민의 선도자가 되어야 합니다.

공무원 봉급을 생활화시켜서 부패의 개연성(蓋然性)을 제거하는 동시에 국민을 괴롭히고 좀먹는 반공복분자(反公僕分子)를 가차없이 절단해버릴 것입니다.

민족을 분열시키고 국민을 상호불신 속으로 몰아 넣는 정보정치를 단호하게 지양하겠으며 모든 사회활동이 두려움 없는 자유공개 속에 이루어지도록 보장할 것입니다.

사회보장을 위한 조치를 대폭 창설, 강화함으르써 가난하고, 병 들고 외로운 자들로 하여금 국가의 따뜻한 손길이 바로 자기 옆에 있다는 것을 실감케할 것이며 장학제도를 획기적으로 강화하여 모든 가난한 영재들의 학업을 완전보장하는 것을 법제화하는 일방, 인간교육(人間敎育)과 과학교육을 중점적으로 강화하여 교육입국(教育立國)의 길을 개척해 나가겠습니다.

물질만능의 사조에 대항하여 정신과 도의의 소중함을 드높힐 것이며 목적과 성공을 위하여는 수단을 가리지 않는 자들을 도태하고 정직하고 근면하고 성실한 자만이 성공하는 건전한 시민사회육성에 가장 큰 중점을 둘 것입니다.

4. 民族外交

박정권의 외교는 한국을 전쟁애호국가로 전락시키고 세계로부터 고립과 경원(敬遠) 의 대상이 되게 하고 있습니다.

박정권이 자유우방과의 협력을 졸렬하게 추진한 결과는 우리의 예속적 인상을 짙게하고 심지어 우리의 자랑스러운 국군에게 용병(傭兵)의 낙인까지 찍게하는 치욕을 감수케하고 있습니다.

박정권은 북괴에 대해서 떳떳한 선제외교를 펴지 못하고 김일성의 전략외교에 말려들어서 한국을 가장 완미하고 민족통일을 외면한 존재같이 세계각국이 인식케하는 과오를 범했습니다.

나는 신민당 정권의 외교방향으로 「민족외교」를 제창합니다. 외교의 목적은 민족의 영예와 이익을 증진하는데 있습니다. 우리는 세계각국과 협조하고 평화에 기여하면서 우리 민족의 이익을 제 1차적으로 추구 하는 외교를 전개해야 할 것입니다.

미국을 위시한 자유 우방과의 협조는 우리 외교의 기본이며 앞으로도 이를 더욱 강화하겠습니다. 그러나 이러한 협조는 어디까지나 민족의 이익과 주체성을 견지하는 선에서 이루어질 것입니다. 70년대의 우방관계는 지금까지의 의존일변도의 자세에서 상호협조와 공동이익증진의 방향으로 크게 발전시킬 필요가 있다고 믿습니다.

남북간의 문제는 신중히 그러나 발전적으로 다루어져야 할 것입니다. 70년대에 통일이 이루어질 전망은 크지 않지만 그러나 지금까지와 같은 폐쇄적 무거래상태(無去來狀態)는 변화되어 야 할 것입니다. 남북간의 서신교환, 기자교류, 체육경기 등 비정치적인 직접접촉이 고려되어 야

할 것입니다.

신민당의 외교는 전쟁을 억제하고 민족의 평화와 안전을 보장하는데 큰 비중을 둘 것입니다. 우리는 북괴가 지금까지의 선전이 진실이라면 남북한은 서로 전쟁에 의한 통일을 완전히 포기해야 하며 간첩과 테러 분자를 침투시키는 것을 일절 지양해야 한다는 우리의 요구를 수락하 도록 주장할 것입니다. 동시에 미, 소, 일, 중공 등 4대국가에 대해서 한반도에서의 전쟁억제를 공동으로 보장하도록 요구할 것입니다.

우리는 지금까지의 쇄국주의적 외교를 지양하고 중립국외 교를 강화하는데 있어서 내정의 개혁과 인류평화에의 진지한 기여를 통해서 세계 모든 나라로부터 존경과 사랑을 받는 바탕 위에 이를 성공시킬 것입니다. 동시에 우리와 직접 적대관계에 있지 않는 공산권과의 외교관계 를 신중히 모색해 나갈 필요가 있다고 생각합니다.

해외교포에 대한 민족교육과 보호책을 적극 강화하고 그들이 조국의 이름을 긍지와 희망 속에 부를 수 있도록 할 것입니다.

5. 精銳國防

나는 전쟁을 원치 않고 평화를 원합니다. 그러나 적이 도전해 올 때 결코 이를 두려워하지 않으며 이를 격멸할 강력한 태세를 항시 견지할 것입니다.

박정권 아래서의 국방은 중대한 허점을 거듭 노정하고 있습니다. 군과 향토예비군의 정치적 악용과 인사의 불공정을 위시해서 사기, 편제(編制), 장비 등에 많은 문제점을 가지고 우리의 전력에 상당한 의문을 자아내게 하고 있습니다.

우리 신민당 정권 아래서는 군은 오직 북방을 응시할 뿐 서울에 신경쓰는 일이 없도록 정치적 중립을 완전히 확립할 것입니다.

군내(軍內) 민주화의 강화, 부패의 일소, 정훈교육의 여행(勵行) 등을 통해서 조국수호의 신념이 투철한 이념군(理念軍)의 형성에 전력을 다 하겠습니다.

군 장비의 현대화에 주력하되 물량의존의 군대에서 정신과 훈련을 고도로 병행시킨 군의 전면적인 정예화를 강력히 추진하여 동수(同數)의 북괴병을 능가하는 전력을 확보할 것입니다.

군 전체의 처우를 대폭 개선하여 이 나라를 위하여 생명을 내논 자가 먼저 두터운 대접을 받아야 한다는 당연한 진리를 현실화할 것입니다.

정치적 도구화와 비능률 그리고 국민의 생업에 막대한 지장을 주는 향토예비군 제도를 폐지하겠습니다.

국민방위의 근본은 국민이 현실의 상황이 지킬 가치가 있다고 판단하고 그 의욕을 자발적으로 불러 일으키는 데 있는 것입니다. 우리는 향군 폐지의 대업으로서 가장 민주적이며 경제적이고 능율적인 예비전력의 확보책을 불원 국민 앞에 제시할 것입니다.

존경 하는 국민 여러분!

자유는 전취(戰取)하는 자의 것이지 기다리는 자의 것이 아닙니다. 승리는 용기 있는 자의 것이지 주저하는 자의 것이 아닙니다.

명년은 우리 민족에게 주어진 마지막 기회인 것입니다. 만일 우리가 이 기회를 허송한다면 우리와 우리들의 자손은 무서운 역사의 보복을 받을 것입니다. 위대한 국민적 교사인 도산(島山) 선생이 일찌기 갈파 한 대로 이 나라는 우리들의 나라요, 이 나라의 주인은 우리들 한사람 한사람인 것입니다.

우리들의 자유와 우리들의 행복은 우리들의 피와 땀과 눈물로써만 이룩될 수 있는 것이지 누구도 우리를 대신해 줄 수는 없는 것입니다. 장엄한 민족의 새로운 서사시를 우리들의 손으로 엮어서 희망에 찬 「대중의 시대」를 구현해야 하겠습니다.

책임과 용기와 희망을 가지고 전진합시다. 승리는 대중의 것이요, 우리들의 것입니다.

開發獨裁에서 大衆時代로

이 글은 金大中 신민당 대통령후보가 1970년 11월 14일 서울 효창운동장에서 벌인 대통령 선거 유세강연의 전문이다. 이날 강연에서 金大中후보는 "개발을 빙자한 독재체제에서 벗어나 희망에 찬 대중(大衆)의 시대를 실현하자"고 강조하고 이를 위해 "다가오는 선거를 통하여 평화적인 정권교체를 이룩함으로써 빛나는 민권의 승리를 전취(戰取)하자"고 호소했다.

國民大衆 時代의 구현을 위하여

가장 존경하고 사랑하는 서울 시민 여러분!

그동안 여러분께서는 얼마나 괴롭고 서럽고, 절망의 세월을 보내셨습니까?

그러나 여러분? 이제 이 나라에서 10년 동안 한줌도 못되는 소수가 우리 국민을 지배하고 우리 국민의 행복을 수탈해서 자기들만의 부귀영화를 누리던 「소수(少數)의 시대」는 지나가고 이제 절대 다수의 국민대중이 이 나라를 지배하고 이 나라에서 행복을 향유할 수 있는 희망에 찬 「국민대중의 시대가 오고 있는 것입니다.

명년에는 어떠한 일이 있어도 정권이 교체되어야 할 것입니다. 민주주의 국가에서는 한 사람이 아무리 길게 집권하더라도 8년 이상 집권해서는 안됩니다.

朴正熙 대통령이 그만두어야 한다는 이유가 많지만 그중에서 가장 근

본적이고 제 1차적인 이유는 설사 朴正熙 대통령이 정치를 잘했다 하더라도 이제 10년 했으니까 그만두는 것이 민주주의를 살리는 첫째 이유가 되는 것입니다. (「옳소!」 박수)

하물며 朴정권 10년 동안에 이 나라는 독재와 부패와 몇 사람만이 잘사는 특권경제(特權經濟)의 길을 달려왔습니다.

이제 이 나라는 중병을 앓는 환자의 신세와 마찬가지로 새로운 의사로 하여금 새로운 진단과 새로운 처방, 그리고 새로운 수술을 해야만 합니다. 그것이 절실히 필요한 것입니다. 만일 이 나라가 명년에도 정권교체를 하지 못하고 또다시 朴正熙 대통령이 지배한다 할 것 같으면 우리 의 조국과 우리 국민의 운명은 어떠한 비극 속으로 떨어질지 모르는 일 입니다. 그러므로 나는 나 개인의 영화보다도 내 사랑하는 조국과 내 국민들을 이 고난으로부터 구출하기 위해서는 명년에 어떠한 일이 있어도 승리를 해야만 합니다. 나는 내 앞에 첫째도 승리, 둘째도 승리, 셋째도 승리만이 있을 뿐입니다. 이 金大中이가 가지고 있는 사전에는 「패배」라는 두 글자는 없다는 것을 여러분 앞에 분명히 말씀드립니다.

국민 여러분! 나는 1950년대를 「암흑전제(暗黑專制)의 시대」로 규정 했습니다. 朴正熙씨가 지배한 1960년대는「건설을 빙자한 개발독재(開發獨裁)의 시대」로 규정했습니다.

이제 내가 이끌고 나가고자 하는 70년대는 국민대중이 이 나라의 주인이 되고 이 나라의 행복을 차지하는 희망에 찬 대중의 시대로 이끌고 자 하는 것입니다.

나는 정치면에 있어서 언론을, 학원을, 문화인을, 노동조합을, 경제인을, 모든 국민을 독재적 관권(官權)의 지배로부터 해방시키겠습니다.

국민 각자와 각 계층이 자유롭게 독자적인 발전을 하면서 국가의 큰 목적을 향해서 조화, 단결해 나가는 국민의 총화를 이룩하겠습니다.

나는 지방자치제를 실시해서 오늘의 서울시에서 보는 바와 같이 막대한 예산이 한 사람의 뜻에 따라 좌우되므로 해서 국민의 주택 문제 와 상수도 문제, 하수도 문제가 버림받은 채 정치적 부패의 온상이 되고 있는데 이러한 문제를 시정시켜야 하겠습니다.

여성의 地位向上, 學園의 자유

또한 여성의 지위향상과 능력개발을 위해서 대통령 직속하에 「여성지위향상위원회」를 둠으로써 우리 나라에 위대한 어머니, 훌륭한 아내, 그리고 정치, 경제, 사회, 각 분야에서 여성의 능력이 최대한도로 발휘되도록 하겠습니다.

오늘날 학원이 마치 군대의 병영같이 강압에 눌리고 있으며 정보정치의 억압은 오늘날 학원을 모조리 창살 없는 감옥으로 만들고 있습니다. 교직자나 학생들은 학문연구의 자유와 학원의 자유를 박탈 당하고 있습니다. 헌법에 보장된 사회참여의 자유가 일체 학측(學則)에 의해서 묵살되어 학생들은 학교로부터 쫓김을 당하고 있는 실정입니다.

朴정권이 가장 두려워 하는 것은 학원의 자유입니다. 이 학원의 자유를 회복하고 교직자의 학문연구의 자유와 생활을 보장하겠습니다.

또한 나는 朴正熙씨에 의해서 훼손된 이 나라 헌법의 3선조항을 다시 환원해서 대통령은 두 번밖에 하지 못하는 중임조항으로 환원시킴으로써 우리 민주주의와 우리의 헌정에 찍힌 이 오점을 시정하는 동시에 앞으로 이 나라에서는 李가건 朴가건 金가건 누구나 자기 개인을 위해서 헌법을 고치고 자기 일 개인의 영화를 위해서 헌법을 만들어 유린한 자는 이 나라 역사가 용서하지 않는다는 이 교훈을 분명히 할 작정입니다. (「옳소!」·박수)

中央情報部의 개혁

나는 중앙정보부에 대해서 일대 개혁을 단행하겠습니다. 중앙정보부는 국가의 안전보장을 위해서 필요한 기관입니다.

그러나 오늘날 朴정권 아래에서의 중앙정보부는 대한민국, 한 나라의 안전보장을 위해서 있는 것이 아니라 朴正熙정권, 한 정권의 안전보장을 위해서 있는 그러한 존재로 타락되어 버렸습니다.

중앙정보부는 지금 이 나라의 언론을 완전히 말살시켜 놓았습니다. 신민당이 연설을 하고 신민당 대통령후보가 기자회견을 하면 신문사나 방송국에 가서 일일히 간섭을 합니다. 오늘날 신문의 편집은 신문사의 편집인들이 하는 것이 아니라 중앙정보부에서 하는 겁니다.

심지어 공화당 국회의원들이 작년에 3선개헌을 반대했다 해서 여당 국회원조차 중앙정보부의 지하실에 끌려가 발길로 채이고 몽둥이로 두들겨 맞았습니다.

중앙정보부는 잡으라는 공산당은 잡지 않고 야당 잡는데만 열중하고 있어요.

중앙정보부는 뚫고 들어가야 할 목표라든가, 저 중공의 북경이나 평양에 가서는 큰 소리 못하고 서울에서 신민당 당사 앞에서나 큰 소리 치고 있습니다.

중앙정보부는 지금 이 나라 정치, 경제, 문화 모든 것을 지배하고, 은행의 융자를 지배하고, 외국의 차관도입을 지배하고, 심지어 배우협회 회장 뽑는 것까지 중앙정보부가 지배하고 있어요. (폭소)

지금 이 나라에서 중앙정보부가 하려고 하면 안되는 일이 없습니다. 남자를 여자로 바꾸는 것 이외에는 다하고 있습니다. (웃음)

내가 정권을 잡으면 중앙정보부의 수사기능을 분리해서 소속을 법무부로 환원시키고 중앙정보부장을 국무위원으로 만들어 국회에서 그 비위를 따지고 불신임할 수 있도록 하겠습니다.

大衆經濟의 실현

나는 정권을 잡으면 대중경제를 실시해서 이 나라 국민이 경제의 혜택을 고르게 보도록 하겠습니다. 나는 朴正熙 대통령이 약간의 경제건설을 한 사실은 인정합니다. 그러나 그 결과는 지금 참담한 실패로 돌아가고 있습니다.

여러분! 경제건설의 목적이 어디에 있는 것입니까?

경제건설의 목적은 높은 빌딩에 있는 것도 아니고, 고속도로에 있는 것도 아닙니다. 경제건설의 목적은 국민 모두가 잘 사는 데 있는 것입니다. 그런데 박정권은 건설만 하면 잘 산다고 국민들을 속이고 국민들에게 엄청난 세금을 뜯어간 결과가 오늘날 박정권의 권력지도자 일부나 박정권에 아부한 특권경제층 이외에는 이 나라에 잘 사는 사람이 없게 되고만 것입니다.

나는 정권을 잡으면 생산의 증대와 분배를 병행해서 국민 모두가 잘 살고 고르게 국가경제의 혜택을 올 수 있도록 하겠습니다.

주식을 대중화해서 국민과 노동자가 병행해서 국가의 투자에 참가하도록 하겠습니다. 「노사공동위원회(勞使共同委員會)」를 만들어서 노동자와 사무원이 경영에 참가하고 그래서 생산을 증대시키고 분배를 공정히 하겠습니다.

무엇보다도 농업발전의 기초 위에 공업화를 추진해서 농촌이 잘 사는 가운데 상업과 공업이 발전되도록 하겠습니다. 또한 세제를 개혁해서 갑종근로소득세의 면세점을 올리고, 생활비를 공개해서 영업세와 소득세의 대중부담을 줄이고 부유세(富裕稅)를 따로 신설해서 특별히 돈 많이 버는 층에 대한 세금을 증가하도록 하겠습니다.

내가 이와 같은 대중경제 체제를 주장했더니 며칠 전에 공화당에서 "대중경제 체제라는 것은 공상적이다. 터무니없는 소리다." 이렇게 비판을 했습니다. 나는 그것을 듣고 지극히 당연한 일이라고 생각했습니다. 공화당이 대중경제를 반대하는 것은 너무도 당연합니다. 내가 주장하는 것은 모든 국민이 함께 건설에 참여하고 모든 국민이 고르게 잘 사는 것인데 비해 공화당은 모든 국민을 건설에는 참여케해도 잘 사는 것은 몇 사람만 잘 사는 경제정책이니까 대중경제 정책이 공화당의 입장에서 볼 때는 터무니없다고 말하는 것이 당연하지 않습니까. (박수)

부정부패를 일소하라

여러분! 이 나라의 사회를 보십시요. 역사에 유례 없는 부패, 참담 한 빈곤, 국민의 불신, 일부 특권층의 사치와 영화(榮華), 마치 루마니아의 망명작가(亡命作家) 게오르규가 쓴 세기 말을 상징하는 「25시」와도 같습니다.

저 대구에서 33세밖에 되지 않은 金모란 여인이 병든 남편과 두 자식들에게 먹일 것이 없어서 남편과 자식들을 죽이고 자기도 자살하려다가 미수에 그쳐 법정에 서게 되었습니다. 판사가 하도 사정이 딱해서 10년 징역을 내리니까 이 여자가 통곡하면서 하는 말이 "제발 이 욕되고 한스러운 세상, 살고 싶지가 않으니까 사형에 처해 달라"고 호소했습니다.

어떤 국민학교 교감이 일평생을 교육에 바치다가 분필가루를 먹고 폐결핵에 걸렸습니다. 치료비는 없고 나라는 돌보아 주지 않아서 마침내 남의 돈가방을 훔치다가 쇠고랑을 찼습니다.

이와 같은 현실에도 불구하고 이 나라의 특권층은 어떻습니까? 저 한강변 동빙고동에 도둑놈촌, 성북동에 성낙원은 웬말입니까?

이 나라 장관 월급이 한 달에 10만 원, 한 푼도 안쓰고 저축해도 백 년을 모아봐도 1억 이고, 2백 년 모았자 2억인데 이 사람들은 무슨 재주가 있는지 공화당 정권 아래서 일년만 장차관 하고 공화당 간부만 하면 1억, 2억, 3억짜리 고루거각(高樓巨閣)을 짓고 수십억의 재산을 축적해서 세계 어떤 부호 부럽지 않은 부귀영화를 누리게 되니 이 사람들의 재주는 홍길동이가 다시 살아나와도 따라갈 수가 없을 것입니다. (박수)

이 나라 부패를 우리가 말로 다 할수 있읍니까? 요새 도처에서 연달아서 교통사고가 일어나고 있어요. 끔찍할만큼 많은 사람들이 죽어가고 있습니다.

그러나 교통사고가 생기는 것은 당연하지 않습니까? 돈 2, 3만 원만주면 1단 기아가 무언지, 2단 기 아가 무언지 모르는 사람에게 운전면허증 주고, 돈만 주면 폐차처분된 버스도 당당히 굴러 가는 세상에 교통사고가 안 나는 것이 오히려 기적이 아닙니까?

영국의 윌슨 수상은 수상자리를 내놓고 물러났는데 오고 갈 집이 없어서 친구 집에 가서 셋방살이 했습니다.

미국에서는 닉슨 대통령의 이발사가 탈세를 했다고 목이 잘리었습니다.

그러나 이 나라의 현실은 어떻습니까? 나는 여러분과 더불어 이 자리에서 박정희 대통령한테 한가지 묻고 싶습니다. "朴正熙대통령이여! 당신은 지금부터 10년 전에 부정부패를 일소하고, 구악을 일소한다고 한강을 건너왔는데 10년이 지난 오늘의 현실은 구악을 천 배나 빰을 칠 부정이 이 나라를 지배하고 있고, 당신과 같이 혁명을 한 사람들은, 국민들을 위한다는 공무원들은 백성이 굶주리고 돈이 없어 병원 앞에서 죽어가고, 집이 없어 거리에서 떨고, 쌀이 없어 굶주리는 판에 당신네 몇 사람만이 이와 같이 부귀영화를 누리고 있는데 그래 단 한 사람도 이것을 색출해 내어 그 부정을 폭로하고 국민 앞에서 처단하지 못하는 이유가 무엇이냐"는 것을 나는 박정희 대통령에 대해서 반문하지 않을 수 없다, 이 말입니다. (「옳소!」· 박수)

여러분! 나는 오늘 신문에 이런 것을 발표했습니다. "내가 대통령이 되면 이 나라의 모든 부정은 나 혼자 책임진다. 부정의 책임은 누구에게도 맡길 것 없이 대통령이 책임진다"고 말했습니다.

내가 대통령이 되면 어떻게 부정을 제거할 것인가. 그 길은 간단합니다. 그것은 웃물이 맑아야 아랫물이 맑다는 이론에 부합하는 것이기 때문입니다.

내가 대통령이 되면 전국의 공무원에게 친서(親書)를 보내 "내가 부패를 하면 여러분도 부패를 해라. 내가 부패를 안하면 여러분도 하지 말라. 내가 부패를 하면서 당신들보고 하지 말라고 하면 내 말을 듣지 말라. 그 대신 내가 부패를 안함에도 불구하고 너희들이 부패를 하면 그때는 용서 없이 처단하겠다"고 분명히 말해 두겠습니다. (환호성 · 박수)

여러분! 내가 오늘 효창공원에서 서울 시민에게 공약합니다. 명년에 정권교체가 되어서 이 사람이 대통령이 되었을 때 여러분은 내가 또 부패를 하거나 부패를 막지 못할 때는 이 효창공원에 다시 이와같이 모여서 김대중 대통령을 규탄하고 청와대 앞에 몰려와서 나의 하야를 요구 하더라도 나는 이것을 쾌히 감수하겠다는 것을 여러분 앞에 맹세합니다. (환호 · 박수)

내가 정권 잡으면 이 나라에서는 정직하고 부지런하고 착한자 이외에는 성공하지 못할 것입니다. 재주 부리고 거짓말 하고 잔꾀를 부린 자들은 자연히 도태되고 말 것입니다. 국가의 따뜻한 손길이 지금 서러움과 가난과 절망 속에 우는 동포 곁으로 찾아가게 할 것입니다. 그들의 주택과 생활과 의류(衣類)문제 등을 비롯하여 모든 불행을 해결해 줌으로써 이 나라의 어두운 뒷 골목을 햇빛 쏟아지는 거리로 만들 것이며 전국 방방곡곡에는 희망의 합창이 메아리 치도록 할 것입니다.

民族外交와 南北交流

내가 정권을 잡으면 민족 외교를 추진하겠습니다. 내가 정권을 잡었을 때 신민당정책의 외교목적은 우리 민족의 이익이요, 민족의 영광뿐 입니다.

나는 세계 평화에 적극 협조할 것입니다. 특히 미국을 위시한 우리 우방들과 굳게 단결해 나가겠습니다. 그러한 단결과 협조는 지금까지와 같은 굴욕과 종속적인 것이 아니라 상호 동등한 입장에서 협조를 이룩해 나가겠습니다.

나는 조국의 통일 없이는 우리의 자유와 평화와 번영이 있을 수 없다는 사실에 유의해서 우리의 통일 역량을 배양하겠습니다. 그러나 이 통일 문제는 국제, 국내의 여건이 성숙되어야 되는 것입니다. 이것은 그렇게 간단한 문제가 아닙니다.

이것은 매우 어려운 문제라는 것을 인정하기 때문에 국가운명을 좌우하는 이 통일 문제를 가지고 여 · 야간에 정략으로 이용하지 않기를 바랍니다.

나는 내가 정권을 잡으면 무엇보다도 전쟁을 억제하고 국민의 생활을 보호하며 또다시 6 · 25와 같은 참화가 일어나지 않도록 하는 데 중점을 둘 것입니다.

나는 정권을 잡으면 金日成에 대해서 남북간에 서로 어떤 일이 있던지 무력을 가지고 통일하는 것은 영원히, 그리고 완전히 포기하도록 요구하겠습니다.

또한 김일성에 대해서 서로 간첩이나 테러분자를 보내가지고 상대방의 내부를 교란시키는 것을 중지하도록 요구하겠습니다.

이러한 요구를 김일성이가 들으면 다행이겠지만, 듣지 않을 때는 김일성이가 지금까지 말한 민족이요, 평화요 하던 말이 모두 거짓이라는 사실이 여실히 폭로되니까 우리 대한민국의 입장은 더욱 강화될 것입니다.

이러한 입장을 감안하여 김일성이가 평화에 복종한다는 전제아래 나는 남북간의 기자교류, 서신교환 등 비정치적인 교류를 시도해 보겠습니다.

나는 국방에 있어서 정예국방(精銳國防)을 주장합니다. 나는 전쟁을 원치 않지만 만일 김일성이가 전쟁을 도발해 왔을 때는 이 전쟁을 결코 두려워 하지 않을 것입니다.

오늘날 박정권 10년 결과는 이 나라의 국방에 있어 과연 우리 군인들이 얼마나 민주이념에 투철하냐, 군대의 사기는 나무랄 점이 없느냐, 인사문제는 공정히 되고 있으냐, 훈련은 충분한가, 장비는 잘 되고 있는가, 군인들의 봉급과 처우는 적당한가 하는 문제를 제기하고 싶습니 다.

나는 전쟁을 막기 위해서 강력한 국방태세를 갖출 것입니다. 동시에 내가 여기서 밝힐 것은 신민당이 지난 대회에 발표한 바 있는 15만 감군 정책을 대통령후보로서는 이것이 부적당한 것으로 인정하고 그 시정을 앞으로 당의 기구를 통해서 시정토록 하겠습니다.

現行 鄕土豫備軍의 철폐

다음에는 향토예비군에 대해서 말씀 올리겠습니다.

오늘날 향토예비군은 그 설립의 목적과 그 의도한 바를 달성하지 못한 채 한마디로 얘기해서 참담한 실패로 돌아가고 있습니다.

향토예비군도 군인입니다.

군대에 나가서 5년, 10년 복무하고 돌아온 장교나 하사 사병들이 제대해서 이제는 경찰의 지배를 받고 있어요.

경찰의 보조기관이 되었단 말입니다.

향토예비군이 간첩 잡는 것이 아니라 지서 앞에 가서 보초를 서고 심지어 지서장 집에 나무까지 해다주니 향토예비군이 군인인지 보조 경찰인지 구별할 수 없게 되었기 때문에 그 사기는 떨어지고 혼란은 야기 되고 만 것입니다.

이러한 데에서 오는 비능률은 말할 것도 없을 뿐만 아니라 여기에 엄청난 부패까지 끼여 들었단 말입니다.

여기에도 향토예비군 해당자가 많습니다만 한 달에 두 번 훈련 받게 되어 있는 것을 돈 3천 원이나 5천 원만 주면 나가지도 않은 것을 나왔다고 도장 찍어주고 있어요. (「옳소!」· 박수)

여러분! 향토예비군에 끌려 나가는 사람은 3천 원, 5천 원 줄 돈이 없는 그날 벌어 그날 먹 는 사람만이 끌려나가고 있습니다. (「옳소!」· 박수)

여러분들! 생각해 보십시요. 군대에 가서 복무하고 돌아와서 이제 가족들하고 겨우 먹고 살려니까 향토예비군에 끌려 나가지 않습니까? 돈 있는 놈은 안 나가고 돈 없는 사람만 끌려 나가서 보초 설 때 그 총이 어디로 가고 싶은가, 여러분, 한번 생각해 보십시요. (우뢰 같은 박수)

이와 같은 부패는, 이러한 부패는 나라를 좀먹게 하고 있을 뿐만 아니라 국민들로 하여금 이 나라에 대해서 한 없는 절망과 분노를 느끼게 해주고 김일성으로 하여금 평양에서 서울까지 오게 하는 고속도로를 만들어 준 것이 아니고 무엇이냐 말입니다. (「옳소!」· 박수)

향토예비군은 국민의 생업에 막대한 지장을 주고 있습니다. 향토예비군이 사 입는 옷값만 하더라도 한 벌에 천 원 잡는다 해도 2백 30만 명이면 23억 원입니다.

뿐만 아니라 향토예비군을 정치에까지 악용하고 있는 실정입니다. 지난번 국민투표 때 각 면에 가보니까 면장과 지서장과 공화당 관리장, 향토예비군 중대장, 이 네 사람이 4인 합동위원회를 만들어서 국민투표를 진행하더란 말입니다.

지금 이 시간에도 중앙정보부에서는 전국에 있는 5천여 명의 향토예비군 중대장들을 불러다가 훈련을 시키고 있어요. 그 훈련이 공산당 간첩 때려 잡으라는 훈련이 아니라 명년 선거에 신민당을 때려 잡으라는 훈련을 하고 있는것입니다. (「옳소!」· 박수)

내가 대통령 후보가 되기 전후해서 전국을 돌았어요. 가는곳마다 향토예비군 비상소집을 하더군요. 처음에는 무슨 공산당 간첩이 나왔나 했는데 나중에 알고 보니까 나타난 것은 신민당 국회의원 김대중이었단 말입니다. (폭소)

오늘도 강연을 한다니까 서울 시내, 특히 효창구장에서 가장 가까운 일대의 향토예비군은 전부 소집했습니다. 향토예비군은 이제 나라를 지키고, 향토를 지키는 예비군이 아니라 공화당의 정권을 지키는 정치예비군으로 타락했기 때문에 이러한 정치예비군은 폐지해야 한다는 것이 나의 주장입니다. (「옳소!」· 박수)

박정희 대통령은 지난 10일 행주에서 말하기를 "향토예비군을 당리당략(黨利黨略)에 이용해서 찬 물을 끼얹는 것은 있을 수 없는 일"이라는 말을 했지요.

나는 박정희 대통령의 그 말에 대해서 전폭적으로 찬성합니다.

"박정희 대통령, 당신이야말로 2백 50만 향토예비군을 당신네 공화당의 전략에 이용함으로써 그 젊은이들의 애국심에 찬 물을 끼얹지 말라"고 부탁하고 싶습니다. (「옳소!」· 박수)

내가 향토예비군 철폐를 주장하니까 이보다 더 훌륭한 국민방위체제(國民防衛體制)를 갖춘 연후에 철폐한다고 했습니다.

국기(國基)를 위태롭게 하는 일이라고 맞서는 공화당은 마치 공산당에 이 나라를 바치는 것같이 떠들고 있어요. 그런데 이해할 수 없는 것은 향토예비군에 대한 그보다도 더 좋은 대안을 제시하고 나아가서 폐지한다는 것은 내가 명년에 정권 잡았을 때 한다는 것이지 내가 오늘 당장 공화당 정권보고 해 달라는 부탁은 아니다, 그 말입니다.

내가 어디까지나 내 정책에 따라서 예비군은 철폐되야 한다고 주장했는데 공화당, 자기들이 무슨 시비가 있느냐, 그 말입니다. (폭소 · 박수)

신민당에는 신민당의 정책이 있고, 공화당에는 공화당 정책이 있는 겁니다.

만일 정책이 똑같으면 야당이 생길 필요도 없고, 대통령이 따로 나올 필요도 없지 않느냐, 그 말입니다.

내가 향토예비군 철폐 운운하니까 사기가 떨어졌다는데, 여보시오, 내 한 사람이 말한 정도 가지고 사기가 떨어졌다고 하면 향토예비군 운영에 문제점이 있는 것이 틀림없지 않소? (옳소!)

향토예비군 철폐를 주장했다고 해서 나보고 이적행위(利敵行爲)했다고 국방장관이 말을 했어. "이북의 노농적위대(勞農赤衛隊)가 1백 30만명인데 향토예비군을 철폐한다니 말이 되느냐, 이것이야말로 이적행위가 아니냐"고 국방장관이 떠들어 댔어.

여러분! 이북의 노동적위대는 1959년에 창설되어서 박정희 대통령이 쿠데타를 일으킨 61년에 무장이 완성되었어. 그러면 아무리 국방이 잘 되었어도 향토예비군을 없애는 것이 곧 이적행위가 된다면 박정희씨는 정권 잡아가지고 반공을 국시(國是)의 제일이라고 외친 사람이 61년부터 68년까지 만 7년 동안 왜 향토예비군을 안 만들었느냐? 그러면 박정희 대통령은 7년 동안 이적행위 했단 말이냐? (「옳소!」)

우리 신민당은 지난 1월 26일 전당대회에서 당의 결의로 초당적인 태세를 갖춰야 된다고 했어. 내가 대통령 후보가 되어가지고 지난달 25일 부산에 내려가서 국방문제에 대해 브리핑을 요구했어. 우리들의 이러한 건설적인 주장에 대해서 공화당은 지금까지 귀를 기울이지 않았어. 그러다가 향토예비군 문제가 문제 아니라 부산에서, 광주에서, 도처에서 국민들이 벌떼같이 일어나니까 그것이 겁이 나서 여기다 트집잡고 있는 것입니다.

요새 공화당에서 향토예비군 철폐 문제에 대해서 그렇게 서슬이 퍼렇게 반대하더니, 전투경찰대를 만드느니, 무슨 갑호부대를 가지고 방위사단을 만드느니 떠들어대더니 엊그제 보니까 국방장관이 한달에 두 번씩 훈련하던 것을 명년부터는 1년에 두 번 한다고 말 했어. 이렇게 되면 사실상 향토예비군은 폐지한 거야. 내 정책을 사실상 받아들였어. (「옳소!」 박수) 나는 비록 만시지탄(晩時之歎)이 있지만, 입으로는 체면이 있으니까 뭐라고 떠들지만 그 중요한 부분을 받아들인 것은 장한 일이고 고마운 일이라 생각해. 다만 그런 이야기로 국방장관이 이적(利敵)으로 몰릴까 봐 걱정입니다.

여러분! 국민에게 약속한대로 우리의 대안은 앞으로 며칠 후에 발표 하겠습니다.

政權交替라는 名譽革命을

내가 이야기를 마치는 방향으로 하면서 여러분께 말씀드리겠습니다.

박정희 대통령은 지난 9월달에 이 사람이 대통령 후보로 지명된 이후 이 정권은 지금 갖은 방법으로 박해를 가하고 있어. 가장 심한 것이 언론의 탄압인데 "김대중이 기사를 적게 내라. 신문에 내기는 내되 보이지 않게 내라. 텔레비에 얼굴을 내더라도 김대중이 얼굴은 누구 얼굴인지 모르도록 하여라." 온갖 간섭을 지금 다 하고 있어.

나하고 조금 가까운 경제인들은 데려다가 김대중이에게 정치자금을 안 대준다는 각서를 받고, 이 말조차 발설하면 죽인다고 협박을 하고 있는 것입니다.

여러분! 박정희씨는 8월 15일 날 김일성에 대해서 선의의 경쟁을 하자고 했어. 이 나라의 국적(國敵) 제 1호요, 사형에 처하더라도 열두 번 해서 마땅한 김일성에 대해서조차 박정희 대통령은 서로 악의없이 선의의 경쟁을 하자고 했어. 그러면 이러한, 이 나라의 최대의 범죄자에 대해서도 선의의 경쟁을 하자는 박정희 대통령이 어째서 대한민국 합법정당의 대통령 후보요, 현직 국회의원이고, 같은 자유민주주의 정당의 한 사람인 이 사람에게는 선의의 경쟁을 허용하지 못하는 이유가 무엇이냐는 것을 나는 박정희 대통령에 대해서 반문하지 않을 수 없다, 그 말이요. (「옳소!」)

나는 명년에 법과 질서 속에서 정권 잡기를 희망합니다. 일체의 정치보복은 하지 않을 것입니다. 위로는 대통령으로부터 말단 공무원에 이르기까지, 5급 공무원과 청와대 요리사에 이르기까지 누구하나 정권교체로 인해서 불만을 느껴야 할 사람은 없습니다.

나는 거듭 박정희 대통령에 대해서 선의의 경쟁을, 김일성과 하기 전에, 신민당 대통령 후보 김대중이와 먼저 하자는 것을 요구합니다.

國民은 不義에 강하다

여러분! 나는 이 정부에 대해서 경고를 하고싶습니다. 만일 "당신들이 끝까지 이와 같은 부정을 강행한다면 이 나라 국민들은 그대로 있지 않을 것이다." 이 국민은 이조 전제하에서 동학혁명을 일으킨 국민이요, 이 국민은 일제하에서 3 · 1운동을 일으킨 국민이며, 또 이 국민은 이승만정권 아래에서 4 · 19혁명을 일으킨 국민입니다. 그리고 우리 신민당은 당신들이 노리고 원하는 바와같이 그렇게 간단히 굴복할 정당은 아니라는 것을 박정희 대통령에 대해서 전하고 싶어.

또한 대단히 외람된 말이지만 나는 박정희 대통령에 대해서 이 김대중이를 그렇게 얕보지 말라고 전하고 싶어. (박수)

내가 비록 6척이 못 되는 사람이지만 내 자랑이 있다면 지금까지 단 한 번도 독재자 앞에 굴복해 본 적이 없고 국민의 적(敵)의 편에 선 일이 없습니다.

나는 지금까지 끝내 어떠한 부정과 강압과도 싸워왔어. 비록 내가 한때 좌절된 일은 있어도 내가 굴복 당한 일은 없어. 6·8선거 때 박정희 대통령이 나를 때려잡기 위해서 중앙정보부장과 내무부장관을 불러놓고 "어떤 일이 있어도 김대중이를 잡아라. 공화당 국회의원 열이 안돼도 좋고 스물이 안돼도 좋으니 잡아라."

한땐 김대중이를 죽여도 살인이 되지 않았어. 목포에는 어떻게 돈이 쏟아졌던지 그당시 어떤 신문이 표현하기를 "목포 시내는 막걸리로 강을 이루고 국수로 다리를 놨다"고 했어. (폭소)

朴正熙 대통령 자신이 직접 목포에 내려와서 법에 금지된 연설을 하고 국무위원들이 모두 내 려와서 회의까지 했어. 한때 대한민국 정부가 서울에서 목포로 이사를 온 느낌이었어. 그렇지만 여러분의 성원의 덕택으로 싸워서 이겼소. 내가 이 정부에 대해서 권하고 싶은 것은, 내가목포 같은 좁은 곳에서 현직 대통령이 엊그저께 재선되어가지고 때려잡으려고 해도 내가 살아서 이겼어. 하물며 이제 朴正熙씨도 명년 6월이면 임기 끝나는 것이고, 나도 당선되면 대통령이야. (「옳소!」 박수)

목포에서는 16만 시민의 지지 받고 박정희한테 이긴 내가 이제 3천만 국민의 지원을 받으면서 승리하지 못할 이유가 없다는 것을 똑똑히 알아두라고 말하고 싶어. (환호 · 박수)

주인된 國民에게 榮光이…

여러분! 이 나라의 주인은 누구입니까? 이 나라의 주인은 여러분입니다. 한 집안에서 주인인 아버지가 잘 살려는 노력을 하지 않고는 그 집 잘되는 법이 없습니다.

나라는 더욱 마찬가지입니다. 영국이나 미국이나 불란서나 일본 같은 잘 사는 나라들을 보십시요. 자유를 가진 나라들을 보십시요. 국민들이 얼마나 많은 피를 흘리고 국민들이 얼마나 많이 싸웠습니까? 우리보다도 민도가 낮고, 교육수준이 낮은 필리핀 같은 나라에도 평화적인 정권교체를 네 번이나 했어. 필리핀은 한번 선거를 하면 사람이 50명도 죽고 60명도 죽어. 필리핀은 7천 6백 개나 되는 섬에서 투표함을 전부 마닐라로 실어 나릅니다. 국민들은 몽둥이와 칼을 들고 같이 배를 타고 따라오면서 자기들이 그 투표함을 지킵니다. 필리핀의 민주주의는 바로 거기에서 살아난 것입니다.

명년에 여러분이 우리가 주인된 심정으로 이 나라가 망해서 金日成이 앞에서 우리의 수많은 국민과 재산이 학살당하고 파괴되는 것을 원치 않거던, 여러분의 사랑하는 지식과 후손들에게 이 어둡고 괴로운 불행의 세월을 다시 되풀이하는 것을 원치 않거던 우리 이겨야겠습니다.

여러분! 이 사람은 모든 점에 있어서 부족한 사람입니다. 아까 柳珍山 당수께서 과분한 칭찬을 해주셨지만 인격으로부터 능력에 이르기까지 조금도 겸손이 아니라 부족한 사람입니다.

그러나 나는 내가 대통령 후보가 된 것에 대해 생각했습니다. 예수께서 자기를 세 번 배신한 베드로를 용서함으로써 인류를 구원시켰듯이, 부처님께서는 자기를 죽이기 위해서 높은 산에서 돌을 던진 제자를 용서했듯이, 나는 하느님께서 이 사람의 모든 부족됨을 용서하시고 이 자리를 맡기는 것으로 생각합니다. 나는 이것이 결코 내 개인의 영예나 영광으로 생각하기보다는 하느님께서 나로 하여금이 서럽고, 괴롭고, 슬픔 많은 우리 국민들을 위해서 선두에 나서서 나의 모든 것을 바치고 싸우라는 분부로 명심하겠습니다.

여러분! 나는 여러분에게 호소합니다. 나는 여러분의 선두에 서서 나의 모든 것을 바치고 나의 모든 능력과 용기와 지모를 다해서 싸우겠다는 것을 호소합니다. (박수)

내가 그렇게 싸우는 한 우리 삼천만 국민의 양심이 나를 버릴 리 없고, 우리 야당의 위대한 지도자였던 海公선생이나 仁村선생, 維石선생, 雲石張勉박사와 같은 선배들이 나를 버릴 리 없으며, 4·19영령들과 민주주의를 위해서 공산당과 싸워 숨지신 영령들이 나를 버릴 리 없다는 것을 확신하며 명년 선거의 승리를 위해 싸우겠다는 것을 여러분 앞에 맹세합니다. (「옳소!」· 박수)

여러분! 나는 정말로 행복한 사람이라고 생각하고 있습니다. 국민을 위해서 일평생을 바친 우리 야당의 지도자인 70노객 柳珍山 선생이 나를 이렇게 도와주고 있고, 또 나와 같이 경합을 하여 1차에는 나를 이기고 2차에는 근소한 차로 패배한 金泳三의원에게도 그러한 자기의 괴로움을 무릅쓰고 전국을 같이 누비면서 이 사람을 도와주는 그 훌륭한 자세에 대해서 감사를 드리지 않을 수 없습니다. (일제히 박수) 또한 비록 나이는 거의 같은 세대일 망정 정치적으로는 선배인 李哲承의원께서 나를 위해 성심과 총력으로 도와주고 있는 이 은혜는 잊을 수가 없습니다. 나는 여러분에 대해서 대단히 외람되고 황송한 이야기지만 이 세분어른을 격려하는 의미에서 박수를 보내 주시면 감사하겠습니다. (일제히 환호 · 박수)

여러분! 앞으로 李哲承, 金泳三 두 분의 연설을 끝까지 경청해 주시기 바라면서, 여러분의 가정에 만복이 있으시기를 빌며, 우리가 다같이 이 나라의 민주주의의 소생을 위해서 마음으로 하느님께 기도드리면서 저의 말씀을 마치겠습니다. 감사합니다. (환호 · 박수)

4 · 27을「民主革命의 復活節」로

金大中후보는 "용기와 자신을 가지고 전진할 때 오직 승리와 영광만이 있을 뿐"이라고 강조하며, "부패한 박정권과 싸워 정권교체의 역사를 기필코 창조하겠다"는 성명을 1971년 3월 23일 발표했다. 이 글은 4.27 대통령 선거일을 민주혁명의 부활절로 삼겠다고 역설한 성명 내용을 전재한 것이다.

第7대 大統領 選擧에 나서면서

경애하는 남북의 5천만 동포 여러분!

나는 오늘 내가 속하는 신민당의 제 7 대 대통령 후보 공천자로서 등록을 마쳤습니다.

나는 개인적으로 나의 경쟁자인 박정희 대통령의 선거기간 중의 건강과 건투를 비는 바입니다. 그러나 나는 국민의 여망(輿望)을 진 신민당의 후보로서 다가오는 4월 27일의 선거에서 공화당의 박정희 후보와 대결하여 능히 승리를 차지함으로써 이 나라 반만 년 역사상 처음으로 국민의 힘에 의한 평화적 정권교체의 역사를 창조할 것입니다.

독재를 반대하고 자유를 사랑하는 모든 국민들, 소수 특권경제(特權經濟)를 배격하고 대중균점의 경제를 바라는 모든 인사들, 그리고 부정과 부패를 증오하면서 깨끗하고 희망에 찬 사회를 갈망하는 모든 동포들은 이번 선거야말로 마지막 운명의 갈림길로 믿고 십년세도(十年勢道)의 종식과 신정권(新政權)의 등장을 목마르게 고대하고 있습니다.

세계의 모든 우방들은 한국이 이번 선거를 통하여 신생국가에서의 민주주의 승리의 모범이 되어지기를 갈망하고 있으며, 우리의 적대세력들은 오늘의 비정(秕政)이 그대로 유지되어 안으로부터의 붕괴가 더욱 확실해지기를 기다리고 있습니다.

이와같이 중대한 시점에 서서 나는 옷깃을 여미고 하나님과 선열들의 가호 있기를 기구하고 국민 여러분의 적극적인 성원을 아울러 바라마지 않습니다.

나는 나의 사랑하는 조국과 국민에 대한 뜨거운 지성(至誠)을 가지고 내가 인간으로서 할 수 있는 모든 노력과 투쟁을 다하여 기필코 승리를 전취함으로써 1971년의 4월 27일을 민주승리의 영광된 「부활절(復活節)」로 이 나라 역사에 영원히 기록할 것입니다.

나의 이러한 승리의 신념은 주권자인 국민의 유례 없는 지지와 궐기, 그리고 국내외의 모든 정세의 변화에 근거를 두는 확고부동의 판단인 것입니다.

경애하는 국민 여러분!

이제 진군의 나팔소리는 울려 퍼졌습니다. 하늘의 뜻과 땅의 이(利)가 다같이 우리에게 있습니다. 민심의 소재는 더욱 우리의 것입니다.

우리가 용기와 자신을 가지고 전진할 때 우리의 앞에는 오직 승리와 영광만이 기다리고 있습니다.

여러분의 건승을 축원합니다.

1971년 3월 23일

신민당 대통령 후보

「大衆反正」 이룩하자

이 글은 金大中 신민당 대통령 후보가 1971년 1월 23일 기자회견한 내용을 전재한 것이다. 金후보는 이날 공화당정권 10년의 실정(失政)을 통렬히 비판하고 평화적인 정권 교체를 위해서 대중이 궐기하여 대중반정(大衆反正)을 이룩하자고 호소했다.

서 언

지난 25년간은 신판 쇄국주의적 밀폐상태 속에서 정치는 통금되어 있었으며, 경제는 신흥귀족들의 장원(莊園)구조였고, 사회는 만인 대 만인의 불신상태였으며, 문화는 있는 자들을 위한 오락장치에 불과하였다.

이와 같은 우리의 과거는 인간이 우주를 정복해 가는 「눈부신 새 시대의 전개」 속에서 아직도「떡방아 찧는 토끼」를 상상하는 식의 시대착오적인 방황이었으며 참담한 역사의. 가사상태(假死狀態)이었다.

서기 2000년대의 세계사의 방향을 깊히 깨닫고 그에 앞서 70년대의 이 나라 민족사의 진로를 뜨겁게 자각하는 나와 우리 당은 이제야말로 슬픔과 억압의 굴레 속에 신음해온 모든 국민에게는 「제 2의 해방」을, 그리고 이 나라 역사에는 영광의 개화를 가져오기 위해 결정적인 행동을 주도해야 할 소명감(召命感)을 통감한다.

우리는 이 70년대를 통하여 정치를 민족 스스로가 생산하는 민족의 에너지에 의해서 배양하고, 경제를 대중의 바탕 위에 발전시키고, 사회를 근면하고 정직한 자가 성공하는 풍토로 바꾸며, 문화를 새 시대의 민족

정신의 자양분이 되도록 함으로써 민주한국의 세계무대에서의 영예와 조국의 자유통일을 전취(戰取)하는 원동력을 이룩하여야 하겠다.

이것은 바로 대중에 의한 새 역사의 창업이며, 합법을 가장하여 소수의 전횡을 자행하는 소위 「법차용적 독재(法借用的 獨裁)」에 대한 필연적인 「대중반정(大衆反正)」인 것이다.

朴大統領 기자회견에 대한 소감

이러한 입장에 서서 나는 지난 1월 11일 박대통령의 연두기자회견에 대해 몇 가지 소감을 피력하고자 한다.

첫째 : 박대통령의 기자회견 내용은 70년대가 세계사적인 전환기인 동시에 우리에게 있어서는 해방 이후 최대의 민족적 변화기임에도 불구하고 이를 내다보는 경륜도 패기도 없으며 흡사 행정부처 장관의 지루한 부리핑에 시종한 느낌밖에 주지 않았음은 유감이라 아니할 수 없다. 이는 단적으로 말해서 소수집단에 의해서 지배되어온 정권의 말기적 무기력을 그대로 드러낸 것이다.

둘째 : 부정부패에 대한 박대통령의 소견은 그래도 종래 주장해 오던 「부정부패의 가차없는 처단」이라는 명분적 태도조차 버리고 오히려 이를 천연(遷延) 회피한 데 대한 변명에 급급한 감이 짙을 뿐 아니라 심지어 사회기강의 해이를 그 책임이 국민에게 있는 양 전가하는 놀라운 자세조차 취하고있다. 10년을 집권하고도 "부패제거는 일조일석에 불가능하다"고 말하는가 하면 수십억, 수백억을 치부한 자들을 자기의 좌우에 세워놓고도 "증거가 없다"고 딴전을 부릴 뿐 아니라 선박의 검사, 화물의 과적 그리고 무전연락 등 하나같이 정부의 책임에 돌아가는 「남영호 사건」조차 사회기풍의 해이에 돌리고 있다. 박대통령의 이번 태도는 바로 부정부패일소와 관기숙정의 포기선언이 아니고 무엇인가? 이대로 가면 앞으로 이 나라에서는 진실과 정의의 한가닥 오솔길조차 차단되고 오직 부정부패의 고속도로만이 끝없이, 한없이 뻗어나갈 것이다.

셋째 : 박대통령의 아세아에 있어서 일본의 역할에 대한 견해는 국민적 분노와 배격을 받아 마땅하다.

박대통령이 말하고 공화당이 다시 부연한대로 “아세아 집단방위의 일환으로 일본이 미국의 대역을 하는 것은 무방하다”는 것은 절대로 용납될 수 없다. 이는 가뜩이나 이 나라가 일본에 대한 예속화(隷屬化) 경향을 날로 깊게 해 간다고 국민이 우려하고 있는 이때에 국가의 자주독립을 해치는 처사일 뿐 아니라 아세아 여러 우방으로부터도 심한 빈축을 면치 못할 중대한 실책이 아닐 수 없다. 우리는 일본과의 호혜평등의 친선을 원하는 바이며 일본이 아세아의 일원으로 아세아의 평화와 공동의 번영을 위하여 서로 협조해 나가기를 충심으로 바란다. 그러나 이는 어디까지나 일본이 일본 그 자체로서 참여하는 것을 의미한 것이지 「집단」이건 「단독」이건 미국의 「대역자」가 되는 것은 결단코 용납될 수 없다. 「닉슨 독트린」은 미국의 아세아에서의 철수가 아닌 것이며, 따라서 그 대역자(代役者)가 등장될 수 없으며 등장 시켜서도 안된다.

넷째 : 박대통령 이 농업경제의 중요성과 안정기조 위의 성장을 새삼 강조한 것은 그간의 정책적 실패를 인식한 것으로 다행한 일이다. 그러나 박대통령은 여기서 문제를 제기하고 강조했을 뿐 진실로 농업경제를 소생시키고 물가의 폭등을 억제하며 건전한 경제성장을 가져올 구체적인 방안 즉 농산물 가격정책의 전환, 농업투자의 획기적 증대, 농촌의 구조적 개선, 통화량 증가의 억제, 독과점의 방지 및 유통구조의 개혁 등에 대해서 아무런 방안도 제시하지 못하고 있다. 따라서 앞으로도 이러한 문제가 개선 될 가능성은 실질적으로 없으며 농촌의 참상과 물가고에 의한 대중의 수탈은 그대로 지속될 것이다.

정보정치가 만인의 만사를 지배하는 독재성, 「오적시 사건(五賊詩 事件)」으로 요약되는 부패성, 결코 않겠다던 개헌을 감행하는 거짓성, 그리고 「모산 사건(毛山 事件)」이나 「남영호 사건(南榮號 事件)」을 사회기강의 문란으로 돌리는 무책임성 등 박정권의 본질을 이루는 대죄악성은 이번 기자회견을 통해서 영원히 개선될 여지가 없음이 명백해 졌다. 이는 바로 박정권의 한계와 종말을 뜻하는 것이다.

그러나 이와 같은 사태는 비단 한 정권의 종말만을 의미하는 것이 아니라 이대로 가다가는 우리의 둘도 없는 조국과 국민 전체의 파멸에 직결될 수 있는 것이기 때문에 나와 우리 당은 새로운 구국의 결의를 뜨겁게 하면서 신년의 포부를 다음과 같이 국민 앞에 제시하는 바이다.

새해의 포부

나는 일찌기 지난 10월 16일 신민당 대통령후보로서의 첫 기자회견을 통하여 국민총화, 대중경제, 사회개혁, 민족외교, 정예국방의 5대 기본 정책을 제시하면서 암흑전제의 50년대와 건설을 빙자한 개발독재의 60년대가 다같이 소수지배의 절망의 시대였음에 반하여 내가 이끌고 나가고자 하는 70년대를 「희망에 찬 대중의 시대」로 승화시키겠다고 약속한 바 있다.

나는 이와 같은 나의 기본공약을 다시 한번 강조하면서 당면한 중요 과제로서 다음의 몇 가지 를 국민에게 공약하고 그 실현을 다짐하는 바이다.

1. 總統制 음모의 분쇄

며칠 전에 발표된 공화당의 국회의원 공천을 보고 국민 사이에는 71년의 선거가 마지막 선거가 될지도 모른다는 우려가 급속히 퍼져가고 있다. 인척, 청와대, 정보부, 학교동창 등 대통령 사친(私親) 세력의 대거등장과 3선개헌과 일인체제에 소극적이었던 인사들의 전면배제는 8대국회에서 무엇이 이루어질 것인가 너무도 명백하다.

나는 일찌기 67년의 국회의원선거 당시 부정으로 치닫는 선거양상을 보고 3선개헌을 예측한 바 있다. 그 당시(67년 5월 26일) 朴正熙대통령은 목포에서 "3선개헌은 절대로 없다"고 극구 부인했던 것이다. 그러나 그로부터 2년 후에 「절대 부인」은 「절대 시인」으로 바뀌졌다.

대단이 불행한 일이지만 만일 이번에 정권교체가 이루어지지 않는다면 박대통령은 다음 임기 동안에 앞으로는 선거조차 없는 영구집권의 총통적 체제를 저지르고야 말 것이라고 나는 전망한다. 나의 이와 같은 소신은 비단 공화당의 공천양상에만 연유한 것이 아니라 근본적으로는 박정권의 본질에서 얻은 결론인 것이며 이를 뒷받침 할 만한 정보와 자료도 가지고 있다.

나는 6 · 25와 4 · 19를 통해서 수십만 명이 민주제단에 목숨을 바친 이 나라에서 영령들의 죽음을 헛되게 하고 김일성 정권과 동류의 독재체제를 꿈꾸는 획책이 성공하는 것을 결단코 용서하지 않을 것이며 우리 신민당은 모든 민주적 애국동포와 더불어 이를 분쇄하고야 말 것이다.

2. 民族安保의 전개

박정권이 추구하고 있는 것은 진정한 민족의 안보가 아니라 그들 자신을 위한 정권안보에 불과하다.

남북간의 군사적인 우열에만 집착하고, 고의적인 위기의식을 조장하여 민주적이고 다양해야 할 국론을 획일화 시키고, 군을 정치적으로 악용하며, 향토예비군을 조직하여 수백만의 국민을 정치적 군사조직에 묶어 논 따위는 진정한 의미의 안보가 아니라 위기조작을 통한 정권안보의 상투수법에 불과하다.

진정한 의미의 안보는 국민이 정부를 얼마나 지지하며 그 정부를 지키기 위해서 얼마만큼 피흘릴 각오가 돼있느냐의 정도에 좌우된다. 그러므로 모든 민주주의 즉 농민, 근로자 특히 학생, 지식인으로부터 충성을 이반당하고 있는 박정권은 민족안보의 주도적 담당자가 될 수 없다.

민족안보는 우선 국제적 고립에서 탈출하고 전쟁의 위기를 제거하는 것으로 요약할 수 있다. 실패로 돌아간 월남파병을 조속히 정리하여 전쟁애호국가(戰爭愛護國家)의 인상을 불식시키는 동시에 이 나라에 제 2의 일청전쟁(日淸戰爭)과 일로전쟁(日露戰爭)이 일어나지 않도록 미 · 일 · 소 · 중공으로부터 4대국 전쟁억제의 「공동 보장」을 쟁취해야 한다.

국교는 동맹이나 우호조약이 아니다. 우리는 이 나라의 국제적 지위향상과 국가이익을 추구하기 위해서 유고슬라비아나 소련 등 동구(東歐) 제국과의 외교 또는 준외교의 길을 트는 외교의 전개가 필요하다.

한민족은 4천 5백만 명이라는 투철한 인식 아래 남북간의 긴장완화를 모색하고 기자교환, 서신교류, 체육왕래 등 동족애를 되찾는 조치를 침착하게 진행시킴으로써 침략적이고 폐쇄적인 김일성 정권의 허점을 과감히 뚫고 들어가야 한다.

민족안보의 유일한 기초는 내정개혁이다. 우리가 자유, 번영, 희망의 국정개혁에 성공한다면 민주이념에 찬 정예국방이 스스로 완성될 것이며 세계 각국의 존경과 신임 속에 국제적인 발언권이 강화되고 북괴는 스스로 침략을 단념하게 될 것이다. 이는 바로 서독이 걸어온 길이며, 우리도 「아세아의 서독」의 길을 추구해야 한다. 몸이 건강한 자가 병균을 두려워하지 않듯이 우리에게 오늘과 다른 튼튼한 민족안보체제가 성취 된다면 김일성이나 공산주의를 두려워해야 할 이유가 없다.

3. 豫備軍의 완전 폐지

나는 향토예비군이 위헌적(違憲的)인 이중병역의무의 강요, 군의 경찰 예속화, 여당의 정치적 도구화, 생활의 위협, 부패의 만연 등의 폐단과 아울러 실효성의 시무(始無) 함을 들어 그 폐지를 주장한 바 있다. 아울러 후방에서 무장 공비의 토벌은 전투경찰대, 예비사단의 기동타격대, 그리고 제 1 보충역의 활용으로 보다 효과를 거둘 수 있다는 대안도 제시한 바도 있다.

박정권은 당초에는 나의 폐지 주장을 마치 「이적행위」같이 떠들어 대고 향토예비군이야말로 국방의 주체인양 강변해 왔으나, 최근 압도적인 국민여론에 못 이겨 나의 주장에 상당히 추종하게 된 것은 다행한 일이다.

그러나 그들은 끝내 예비군의 완전 폐지에는 불응하고 있는데 이는 결코 국방에 그 목적이 있는 것이 아니라 그들의 체면유지와 정치적 악용에 이유가 있는 것이라고 믿는다. 박정권은 지금 전국의 향토예비군의 간부를 정보부에서 소집 훈련하여 부정선거의 방법을 습득케 하고 있으며 230만 청년들의 대조직을 그대로 유지함으로써 독재체제 유지의 근간으로 삼으려 하고 있는 것이다. 또한 지금 약간 완화된 것 같은 예비군의 동원도 선거만 끝나고 나면 다시 강화될 것이 예상된다. 나는 누차 천명한대로 신민당이 정권을 잡으면 향토예비군을 전면적으로 그리고 완전히 폐지하여 이미 지적한 가지가지의 폐단을 일소하고 민주국가의 기본질서를 위협하는 국민의 군사조직화를 단호히 지양할 것이라는 점을 거듭 밝혀두는 바이다.

4. 大衆經濟의 실현

나와 우리 당은 朴정권의 특권경제(特權經濟)에 대하여 대중경제(大衆經濟) 체제를 수년 래 제창하여 많은 국민의 관심과 지지를 얻은 바 있다. 나는 불원간 이에 대한 저서를 통하여 소상한 내용을 밝힐 것이나 그간 공화당이 온갖 왜곡과 조작으로 이를 헐뜯어 온 사실에 비추어 여기에 그 기본방향을 거듭 밝혀 두고자 하는 바이다.

대중경제는 첫째 자유경제의 원리를 충실히 존중하되 이를 한국의 실정에 알맞게 적용하는 경제체제이며, 둘째 대중의 참여와 협조로 생산을 건전하고 급속히 증대할 것이며, 셋째 종업원지주제와 주식의 분산을 강력히 추진하며 대중투자의 실현을 기할 것이며, 넷째 노사공동위원회를 통한 관리면에의 대중적 참여를 기하며, 다섯째, 경제의 성장이 주식배당 임금 복지사업 등 대중분배와 직결될 것이며, 여섯째 매판적인 외자도입을 배격하고 건전한 민족자본 육성에 주력할 것이며, 일곱째 국가의 투자가 사회 간접자본의 확충과 농수산업 및 중소기업 육성에 우선적으로 집중될 것이며, 여덟째 경제발전의 기본 순위가 농업발전의 기초위에 공업화를 이룩하게 될 것이며, 아홉째 안정기조의 견지, 독과점체제의 해체, 금리와 환율의 현실화, 세제의 개혁 등으로 대중 수탈의 요인을 제거하며, 열번째 사회계층의 구성에 있어서 중산층의 육성과 확대를 기본으로 할 것이다.

이와 같은 대중경제 체제가 실현되었을 때 비로소 경제는 비약적인 발전을 거듭 할 것이며, 모든 국민은 생산의 증대가 그들의 생활의 안정과 직결될 것이고 공산주의자는 우리를 파괴하려는 기력을 상실하게 될 것이다. 대중경제 그것은 바로 이 나라에 아세아의 낙원을 약속하는 경제체제 인 것이다.

5. 農業革命의 추진

朴정권 10년 하에서 가장 참담한 희생자는 농민이다. 그러나 농촌경제의 파탄은 국가경제 전체를 위협하고 있다. 농촌구매력의 고갈은 도시상

공업을 줄지어 쓰러지게 하고 있으며 막대한 식량을 도입케 하여 자립경제를 위협하고 있다.

나는 농업경제 발전이야말로 모든 경제시책의 최우선을 차지할 것이라는 점을 강조하면서 농업경제의 3대 혁명을 나의 집권목표로 제시하는 바이다.

첫째 농업자금의 집중투자, 농업의 기계화, 종자 및 비료의 개량, 경지의 일대 정리, 전 농토의 완전수리화 그리고 자경토지 상환제도의 완화 등으로 농업생산의 비약적 증수를 기하는 「생산혁명(生産革命)」을 실현하고, 둘째 곡가정책의 전환, 특용작물과 축산에 대한 예시가격제와 책임매상제의 실현, 농한기 부업의 보장 및 농산물가공시설의 농촌진출 등으로 「소득혁명(所得革命)」을 일으키고, 셋째 농업을 말단 조합부터 중앙회에 이르기까지 완전히 농민 스스로가 지배운영하게 하여 농민의 경제적 이익과 농촌문화의 발전 그리고 정치적 진출을 위한 각종 조직을 적극 권장하여 농민의 민주적 역량을 육성 폭발시키는 「조직혁명(組織革命)」을 성취할 것이다.

농업경제의 발전없이 국가경제의 발전이 없고 식량의 자급없이 자립경제가 있을 수 없다.

6. 富裕稅의 신설

신민당이 집권하면 특혜층에 대한 세부담의 중과(重課), 대중부담의 경감 그리고 조세정책의 건전화를 위하여 세제 전반에 걸쳐서 일대개혁을 단행할 것이다.

첫째, 부유세와 특별행위세를 신설하여 표견(表見)소득의 포착이 불가능한 음성수입이나 대가옥, 골프 등 과시적 사치행위 등에 대하여 이를 중과함으로써 국가재정 수입의 증대뿐만 아니라, 음성적 소득의 지양과 국민 소비패턴의 건전화 및 사치 낭비행위를 억제할 것이다.

둘째, 근로자의 조세부담에 대한 부양가족공제와 의료비공제 제도를 도입할 것이며 중소기업에 대한 세율의 대폭 인하 특히 국내자본, 국산원자재, 국내기술에 대한 조세상의 혜택을 실현할 것이다.

셋째, 모든 대소기업에 대한 적정부담을 보장하는 세율의 재조정과 조세감면 제도의 대폭 정리로 기업의 탈세없는 합법운영과 국고수입의 획기적 증대는 물론 조세행정 부패의 근원을 크게 제거할 것이다.

넷째, 조세법률주의에 입각하여 국민의 납세는 법률에 의해서 엄정하게 처리되어야 한다. 따라서 신민당이 집권하면 조세심판소를 설치하여 국민의 납세에 대한 이의와 법령의 적용을 처리함으로써 조세정책의 일대개혁을 실현할 것이다.

7. 全泰壹 정신의 구현

나는 全泰壹씨의 의거를 고발정신의 정수라고 본다. 그는 가난한 서민의 아들로 태어나서 가난한 서민을 위해 싸우다가 가난한 서민을 위해 그의 몸을 불살랐다.

그는 노동자의 무자비한 희생 위에 경제성장의 가화(假花)만을 추구하는 정부권력과 싸웠으며,

그는 노동자의 신음을 외면한채 권력과 기업주와의 결탁 아래 어용봉사(御用奉仕)에 급급한 사이비조합과 싸웠으며,

그는 18세기적 미몽에서 무력하고 어린 노동자들을 염가로 혹사하는 기업주와 싸우다 더욱 큰 투쟁과 승리를 위해서 자신을 희생시킨 것이다.

단언하건데 만일 정부와 우리가 이 기회에 全泰壹씨의 죽음을 헛되게 하지 않는 획기적인 개혁을 단행하지 않는다면, 제 2, 제 3의 전태일은 속출할 것이고 경제건설 자체의 혼란은 물론 중대한 사회적 정치적 파탄조차 면치 못할 것이다.

나는 신민당이 집권하면 노동3법을 전면 재정비하여 자유로운 노동조합운동의 보장, 근로기준법상의 각가지 맹점의 시정, 그리고 각급 노동위원회에 대한 강력한 집행명령 및 제재권의 부여를 단행할 것이다. 그리하여 근로자의 적극적인 참여와 정당한 처우획득을 통해서 이 나라 경제의 건전하고 명랑한 발전을 아울러 실현시킬 것이다.

8. 여성의 지위향상과 능력개발

오늘날 여성은 헌법상으로는 남여평등이 보장되어 있지만 실제는 각 분야에서 심한 차별대우를 받고 있다. 이는 비단 여성만의 불행이 아니라 우리의 어머니와 아내와 딸의 불행이 되는 것이다. 뿐만 아니라 1,500만 여성이 갖가지의 차별로 인하여 그 능력의 개발이 저지 당하고 있는 것은 국력의 반을 손실하고 있는 결과도 되는 것이다.

내가 집권하면 대통령 직속 아래 「여성지위향상위원회(女性地位向上委員會)」를 두겠다고 이미 밝힌 바 있거니와 나는 여기서 다시 부연해서 말하고자 한다. 이 위원회는 관계 각부의 장관과 여성문제에 관계된 각계 지도자로 구성하여 여권, 교육, 취업, 근로조건, 가정, 건강 등 여성의 권익전반에 대해서 이를 연구, 검토하여 입법 기타 국정 각부문에 반영 시키도록 할 것이다.

위대한 어머니와 훌륭한 아내 없이 위대한 국가와 발전하는 사회가 존재할 수 없다. 오랜 억압과 차별 속에 신음해온 여성에게 우리는 어머니와 아내와 사회인으로서와 정당한 권익의 길을 열어 주어야 할 것이다.

끝 말

朴正熙대통령은 이번 연두기자회견에서도 공명선거의 실시를 다짐했다. 그러나 국민는 누구도 그의 이 말이 그대로 실천되리라고 믿지 않을 뿐 아니라 오히려 정반대의 상태를 예견할 뿐이다. 이미 그 조짐은 도처에서 드러나고 있다.

언론은 완전히 일방적으로 독점 당하고, 행정권력은 사력을 다해서 선거에 몰두하기 시작했고, 선거자금은 일방적으로 봉쇄 당하고 있으며, 야당세력에 대한 분열난립공작과 탄압은 방금 우리의 목전에서 전개되고 있다.

이와같이 朴정권의 부정선거에 대한 유례 없는 강행과 맞서서 민중의 각성과 정권교체에 대한 의욕 또한 해방 이후 최대의 것이라고 해서 과언이 아닐 정도로 드높아지고 있다. 확실히 지금 국민 사이에는 장기집권에 대한 염증과 부정부패에 대한 분노 그리고 특권경제에 대한 반항으로 해서 거의 혁명적인 열기마저 감돌게 하고 있다,

이와 같은 상황 아래서 나는 정권교체를 쟁취할 야당과 국민의 기수로서 이 해를 맞이한 것이다. 나는 법과 질서 속에 선거가 이루어지기를 충심으로 바라며 공명한 심판 아래 주권자의 뜻이 그대로 선거결과에 반영되기를 바라며 선거 후에는 정권이 교체되더라도 일체의 정치보복이 절대 허용되지 않을 것을 다짐한다.

그러나 이것은 나의 일방적인 희망일 뿐, 만일 끝내 부정선거가 감행될 때에는 나는 국민과 당의 최선두에 서서 투쟁할 것이며 자기에게 부하(負荷)된 사명을 완수하기 위해서는 생사조차 초월해서 싸워나가는 한 사람 정치인의 자세와 투쟁의 모습을 보여줄 결심이다.

나는 나의 승리와 정권교체를 믿고 있다. 그것은 朴정권은 이미 국민의 지지와 국제적 신임을 완전히 상실하고 있다는 소극적인 판단에서 뿐만 아니라 다수 국민의 결의와 역량이 능히 정권교체를 전취할 만큼 성숙 고조되었다는 적극적인 확신에 연유한 것이다.

나는 이 해야말로 소수집단에 의해 농단되어온 독재정권을 물리치는 위대한「대중반정(大衆反正)」의 해가 될 것이라고 확신한다.

나와 우리 당은 국민의 슬픔을 우리의 슬픔으로 하고, 국민의 운명을 우리의 운명으로 알고, 국민의 희망을 우리의 희망으로 삼고 국민과 함께 살고, 국민과 함께 울고, 국민과 함께 싸우는 국민 여러분의 충실한 봉사자가 될 것을 굳게 다짐하는 바이다.

1971년 1월 23일

신민당 대통령 후보

金大中

"여러분! 靑瓦臺에서 만납시다"

이 글은 金大中 신민당 대통령후보가 1971년 4월 18일 서울 장충단공원에서 행한 대통령선거 유세강연의 전문이다. 이날 장충단공원에는 미증유의 대군중이 몰려 평화적 정권교체의 서광이 비치기도 했다. 金大中 후보는 당선의 확신을 얻고 구름같이 몰린 청중들에게 "여러분! 청와대에서 만납시다"라고 열변을 토했다.

必勝의 신념으로 民主 蘇生을

존경하고 사랑하는 서울시민 여러분! 나는 먼저 내 연설을 시작함에 있어서 나의 경쟁 상대인 공화당의 朴正熙후보의 건투를 여러분 앞에서 비는 바입니다. (박수)

서울 시민 여러분! 나는 그동안 전국 방방곡곡을 돌아 다녔습니다. 지금 전국에서는 모든 국민들이 "이번에야말로 정권 교체를 기어히 이룩하자"고, 경상도서 전라도서 충청도에서 강원도에서 궐기했습니다. 나는 전국 유세의 결과 필승의 신념을 가지고 살아 왔습니다만, 오늘 여기 .장충단공원의 백만이 넘는, 대한민국에서 뿐만이 아니라, 세계에 그 유례가 없을 이 대군중(大群衆)이 모인 것을 보고, 서울시민 여러분의 함성을 보고 이제야말로 정권 교체는, 우리의 승리는 결정이 났다는 것을 나는 여러분 앞에 말씀드릴 수 있습니다. (박수 · 환성)

여러분! 이번에 정권 교체를 하지 못하면 이 나라는 朴正熙씨의 영구집권의 총통시대(總統時代)가 오는 것입니다. 공화당은 지난 개헌 때 이미

朴正熙씨를 남북통일이 될 때까지 대통령을 시키려고 했으나, 그 당시는 아직 자기 공화당 내부나 야당이나 국민이나 거기까지는 할 수 없어서 못했던 것입니다. 나는 공화당이 그런 계획을 했다는 사실과 이번에 朴正熙씨가 승리하면 앞으로는 선거도 없는 영구 집권의 총통시대가 온다는 데 대한 확고한 증거를 가지고 있습니다.

또한 야당도 이번에 정권 교체를 하지 못하면 더 이상 싸워 나갈 힘을 갖지 못할 것입니다. 朴正熙씨는 지금 국민에게 봉사하고 심판받는 대통령 후보가 아니라 국민에게 군림하고 국민을 지배하는 군주 같은 자세를 취하고 있습니다. 대통령 선거에 임했음에도 불구하고 전국 유세조차 하지 않고, 도 소재지 몇 군데 밖에 안 가고 있습니다. 국민을 무시하기 때문에 그런 것입니다.

뿐만 아니라, 朴正熙씨가 며칠 전에 대전서 연설을 하면서 “나의 상대는 북괴뿐이다” 이렇게 말했습니다.

여러분! 이것이야말로 “대한민국 내에서는 내가 상대할 사람이 있을 수 없다”는 유아독존(唯我獨存)의 군주적인 자세를 표시한 것입니다.

여러분! 金日成은 朴正熙후보만의 상대가 아니라 3천만 국민의 대결 상대요, 여러분과 나의 대결 상대인 것입니다. 동시에 우리는 이 나라에서 지금 金日成에게 승리를 가져다 주고, 공산당에게 승리를 가져다 주도록 독재와 부패와 특권 경제를 하고 있는 오늘의 朴정권의, 오늘의 정치야말로 공산당을 키워 주는 온상인 것입니다.

그리고 나는 여러분에게 말합니다. 우리는 다같이 오늘의 공산당을 키워주는, 공산당을 승자로 만든 朴정권의 독재와, 썩은 정치와, 특권 경제가 종식하지 않으면 장차 공산당에게 승리할 수 없다는 것을 여러분에게 말씀하면서, 우리가 공산당을 이기기 위해서는 朴정권을 이번에 기어이 종식해야 한다는 것을 여러분에게, 나는 호소하는 것입니다. (환성)

여러분! 내가 정권을 잡으면 이 나라의 독재체제를 단호히 일소할 것입니다. 다시 대통령을 두 번밖에 못하는 조항으로 헌법을 고치겠습니다. 민주주의 국가는 아무리 그 사람이 위대하다고 하더라도, 정치를 잘했다고 하더라도 대통령을 두 번밖에 안하는 것이 민주주의야. 만일 朴正熙씨가 없으면 반공도 안되고, 국방도 안되고, 朴正熙씨가 없으면 건설도

안된다면, 그러면 朴正熙씨가 야당으로 돌아가고 나면 대한민국은 간판 내리고 문 내려야 하지 않소. (환성)

나는 내가 정권을 잡으면 대통령을 두 번밖에 못하도록 헌법을 고칠 뿐만 아니라, 그래도 사고가 나면 우리 나라 청와대는, 여러분이 아시다시피, 집터가 나빠가지고 거기 들어간 사람마다 3선개헌을 해요. 李박사가 그러더니 朴正熙씨도 그래요.

朴正熙 대통령은 지금부터 4년 전에 목포에 나를 때려 잡으려 왔어요. 유명한 6 · 8선거 당시에 내가 朴대통령에게 질문을 했어.

"당신이 이렇게 대통령에 당선돼가지고, 그래가지고 이렇게 국회의원 선거를 부정선거하는 거 보니까 3선개헌을 목표하고 있는게 아니냐?"

이랬더니 朴대통령이 목포 역전에다 2만여 명을 모아 놓고 연설을 했어요.

"3선개헌은 절대로 안한다. 나보고 3선개헌 한다는 것은 야당 놈들의 모략이다." 이렇게 말했어요.

情報部 없애 自由를 회복

그러더니 재작년 와서 절대로 안한다던 3선개헌을 정반대로「절대로」해 버렸어요. "그렇소?" (환성)

우리 나라 정계에는 아첨하는 사람들이 많아요.

공화당의 尹모씨라는 분은 과거 李정권 때는 李박사한테 붙어 가지고

"李承晩 대통령은 건국 이래의 위인(偉人)이다. 그러니까 3선개헌을 해야 한다."

하더니, 어느새 朴正熙씨에게 붙어가지고,

"朴正熙 대통령은 단군(檀君)이래의 영웅이다. 그러니까 3선개헌을 해야 한다."

이런 말을 했어요. 이런 자는 앞으로 내가 대통령이 되면 또다시 좇아와 가지고,

"金大中 대통령은 천지개벽 이래의 영도자(領導者)다. 그러니까 3선 개헌을 해야한다." (웃음소리)

이럴지도 몰라. 그러기 때문에 이번에 헌법올 아예 3선개헌을 못하도록 헌법부칙에다가 대통령을 두 번밖에 못한다는 헌법 69조 3항은 누구도 고칠 수 없다고 못박아 둠으로써 앞으로 이 나라에서 李가든 朴가든 金가든 누구든 자기 한 사람의 영구집권(永久執權)을 위해서 헌법을 이리 고치고 저리 고치고 못하도록 영원히 못하게 하겠다는 것을 여러분 앞에 내가 공약하는 바입니다. (박수 · 환성)

내가 정권을 잡으면 이 나라의 정보정치를 일소할 것입니다.

오늘날 이 나라는 말만 민주주의야. 백성「民」자 임금「主」자 백성이 주인이란 말야. 그런데 새빨간 거짓말이야. 백성이 선거의 자유가 없어요. 시골에 가보면 야당 유세장에 나오지도 못하고 나와도 박수도 못 쳐요.

이러한 독재 정치, 이 독재 정치의 총본산이 중앙정보부다.

오늘날 중앙정보부는 언론을 완전히 장악해서 신문과 방송이 사실을 보도 못하게 하고, 부정선거를 지휘하고, 야당을 탄압하고, 야당을 분열시키고 심지어 여당조차도 박정희씨 1인 독재에 반대하는 사람은 살아남지 못해. 재작년 3선개헌 때 공화당 국회의원들이, 3선개헌에 반대한 사람들이 중앙정보부에 끌려 가서 지하실에서 발길로 채이고, 몽둥이로 맞고, 온갖 고문을 다 당했어. 3선개헌하면 나라가 망한다고 공화당 의장직을 그만두고 탈당했던 金鍾秘이라는 사람이 오늘날 저렇게 자기 마음에 없는 소리를 하고 돌아다니는 것도 정보정치의 압력 때문에 그런 거야. 이것이 현실이야. 중앙정보부는 학생들을 때려잡고, 학자와 문화인들을 탄압하고 못하는 일이 없어. 정계에 개입해 가지고 모든 일마다 간섭하고 요새도 경제인들을 수백 명 불러다가,

"金大中에게 돈 주지 말라. 만일 돈 주었다가는 너희 사업을 망쳐 놓겠다."

협박을 해가지고 돈을 절대로 안 준다는 각서를 받고 있어요.

그래가지고 물론 각서 썼다는 말 밖에 나가서 안하겠다고 또 각서를 씌우고 있어요.

여러분! 중앙정보부는 공산당은 잡지 않고, 독재의 총본산이요.

따라서 만일 이와 같은 정보정치를 그대로 놔두고는 이 나라의 이 암흑과 독재를 영원히 제거할 수 없을 뿐만 아니라, 국민 여러분의 권리와 국

민 여러분들의 자유가 소생될 길이 없는 것이기 때문에 내가 정권을 잡으면 이런 암흑독재의 무덤을 이루고 있는 중앙정보부를 단호히 폐지함으로써 국민의 자유를 소생시키겠다는 것을 여러분에게 약속하는 것입니다. (박수 · 환성)

내가 이 자리에서 여러분에게 알려드릴 반가운 소식이 하나 있습니다. 지금까지 정보정치에 시달려 오던 우리 언론계 동지들이 「동아일보」를 위시해서 속속, 「대한일보」·「한국일보」·「조선일보」·「중앙일보」·「경향신문」 등 이러한 신문사에서 정보원들이 신문사에 들어오고 언론자유에 간섭하지 말고 우리도 이제는 우리들의 권리를 찾아야겠다고 각사에서 결의를 하고 나섰습니다.

요새 3, 4일 사이에 계속적으로 결의하고 나섰습니다.

여기에는 큰 용기가 필요하고 결심이 필요함에도 불구하고 이와 같이 결의한 우리 언론계 동지들의 향도에 대해서, 용감성에 대해서 서울 시민 여러분들이 격려의 박수를 보내주심을 부탁합니다. (박수 · 환성)

事故 예방은 政權交替로

내가 정권을 잡으면 지방자치제(地方自治制)를 실시해서 민주주의의 기초를 확립하고, 대통령 직속하에 여성지위향상위원회(女性地位向上委員會)를 두어가지고 우리 나라 1천 5백만 여성들의 교육과 생활과 보건, 사회적 대우, 이런 문제에 대한 특별한 배려, 우리 나라 여성들의 능력을 개발해서 지금까지 파묻혔던 여성들의 실력을 우리 국가 건설에 활용함으로써 새로운 민족중흥의 위대한 힘을 발휘코자, 여성 문제에 대한 적절한 조치를 취할 것을 여러분에게 약속하는 것입니다.

다음에 박정권은 반공을 두고 마치 공산당을 자기네 혼자 반대하는 것 같이 떠들어대요. 과연 박정권이 반공올 하느냐? 오늘날 이 독재 정치. 이것은 무엇 .때문에 우리가 공산당을 반대하는가? 그 의미를 통쾌하게 말해 봅시다.

오늘날 이 썩은 정치, 이것은 공산당을 키워 주는 온상이요. 오늘날 이 몇 사람을 잘 살게 하는 특권 경제, 공산주의는 이런 특권 경제 속에서 자라나요. 따라서 박정권은 말로는 반공하지만 그 하는 정치는 오히려 공산당을 키우고 기르는 반공을 하고 있어요. 뿐만 아니라 박정권은 "공산당을 잡자!" "간첩을 잡자!" 이렇게 말하지만 공산당도 안잡아.

여러분! 지금 이 시간에 공산당을 잡으라는 중앙정보부나 경찰의 정보형사들이, 지금 이 시 간에 공산당 잡고 있습니까. 내가 전국을 돌아다녀보니까 지금 그 사람들이, 대공 사찰 기관들이 밤잠을 안 자고 잡으려고 뛰어 다니는 것은 공산당 간첩이 아니라, 4월 27일 선거 날을 전후해서 신민당 대통령 후보 金大中이를 잡으러 뛰어 다니고 있다, 이 말야. (환성 · 박수)

공산당도 안 잡아. 말뿐이야.

뿐만 아니라 우리 국군을 정치적으로 악용해가지고 국군의 사기가 떨어지고, 전투력을 저하시키고, 군대 내에서 사고가 증발한다, 이 말입니다. 국제적으로 전쟁 애호국가, 독재나 하고 부패한 나라로 낙인 찍혀가지고, 심지어 미국 국회나 국민들 사이에서는 대한민국을 포기해 버리자는 논의가 나오기에 이르는가 하면, 유엔 총회에서는 작년에 과반수의 지지조차 못 받게 되어 버렸어요.

불란서는 대한민국하고 국교를 맺지 않으려 하고 독일은 하여간 나라로 치지 않는 상태로 되어 버렸어요. 이렇게 고립돼 버렸어요.

박정권 아래서는 국가의 안전보장이 없는 것입니다.

여러분!

내가 정권을 잡으면 1년 이내에 서울 550만 서울 시민들이 안심하고 발뻗고 갈 수 있는 국방 태세를 완비할 것입니다. 그것은 첫째로 완전히 국민의 지지를 받는 정부를 수립하여 공산당이 발붙일 데가 없도록 하고, 모든 정보기관들이 공산당 잡는데 집중해서 간첩이 얼씬도 못해. 국군을 정치적으로 완전 중립시키니까 오직 대공 전투에만 집중하게 돼요.

국제적으로는 한국에서 민주주의가 살아나게 되고, 신임과 존경을 받으니까 우리의 우방국가(友邦國家)들이 더욱 도와 주고, 여기에 미군의 철수가 중지돼. 한국에서 이번에 정권교체가 되어야만 민주주의가 승리하고 우리의 안보태세는 비로소 반석 위에 올라가게 되는 것입니다.

내가 여러분에게 한 가지 책임 있는 말을, 중요한 말을 하겠습니다.

여러분! 김일성이는 앞으로 10년 내에는 대한민국을 침략하지 못해요. 38선을 돌파하지 못해. 김일성이는 그럴 힘이 없어. 뿐만 아니라, 세계는 지금 전쟁이 아니라 평화로 가고 있어요.

여러분! 중공과 미국 관계를 보시오. 닉슨 대통령이 중공에 가고 싶다고 했어요. 자기 딸 신혼 여행을 중공에 보내고 싶다고 했어요. 세계 此 지금 평화로 가고 있는 거요. 박정희씨는 국민 앞에 거짓말을 하고 있어요. 뿐만 아니라, 소련과 중공이, 김일성이가 쓸데없는 짓을 하면 일본이 재무장하기 때문에 절대로 못하게 되어 있어요. 김일성이는 쳐들어 오지 못해요.

다만 문제는 우리 정치가 잘못 되어가지고 우리 내부에서 사고가 나는 것이 문제입니다. 그것은 정치를 하루 빨리 시정해야만 그 사고를 바로 잡는 것입니다. 그것이야말로 이번에 정권교체가 되어야 하는 것입니다.

鄕軍과 軍事 敎練은 폐지해야

여러분! "내가 향토예비군(鄕土豫備軍)을 폐지한다." 이렇게 말했더니 마치 공화당 사람들이 향토예비군을 폐지하면 내일이라도 김일성이가 서울에 들어올 것같이 말을 해. 이것은 새빨간 거짓말이야. 우리는 향토예비군이 없어도 예비역을 유사시에 10분 내에 동원할 수 있는, 그러한 법과 제도가 있는 것입니다. 향토예비군은 국방에 필요한 것이 아니라, 박정희씨의 독재체제를 강화하기 위해서 필요한 것입니다. 민주주의에서는 필요 없는 거요.

우리는 이북의 김일성이보다도 배나 많은 현역 군인을 가지고 있는 것입니다. 60만 대군을 가지고 있습니다. 미군이 주둔하고 있습니다. 경찰이 있습니다. 향토예비군은 필요가 없는 거요. 취약 지구에는 전투 경찰대와 예비사단 기동타격대가 있으면 됩니다.

내가 향토예비군을 폐지한다고 했더니 전국의 국민들이 호응을 했어요. 이에 공화당이 놀라 자빠져 가지고, 이래서 국방장관이 협박을 하고, 국회의 문을 닫고, 내가 무슨 김일성한태 손을 든 것처럼 떠들어댔어. 내가 공화당 사람들에게 말했어.

"당신네 향토예비군이 그렇게 좋으면 공화당은 하라. 이 말이야. 내가 정권 잡아가지고, 우리 국방정책에서 향토예비군 필요 없다는데 남의 당 정책에 대하여 공화당이 시비할 게 뭐 있느냐 말요."

이래가지고 내가 향토예비군은 필요 없고, 예비역을 1년에 한 번 내지 두 번 소집해 훈련하자니까 공화당이 처음엔 반대하더니 결국 지금 향토예비군을 그대로 두면서도 1년에 향토예비 군을 두 번 소집(召集)한다고 즉각 반응을 보였어요. 여기에도 향토예비군 대상자들이 많이 모였는데 여러분들, 요 몇 달 향토예비군 안 불려가게 되어 좀 편해진 것, 다 내 덕인 줄 알라, 그 말이요. (「옳소!」 환성)

향토예비군은 이중 병역의무요, 헌법 위반이오. 옷값만 하더라도 25억이요, 하루 2백 원씩 생업에 지장을 보면 183억이야.

더우기 향토예비군은 경찰 지휘하에 있어가지고 시골 같은 데 가보면 지서 순경들은 숙직실에서 잠을 자고 향토예비군이 파출소 보초나 서주고, 산에 가서 나무해다가 바치고 하는 실정입 니다. 향토예비군 중대장을 작년 이래 중앙정보부에서 불러다가 훈련을 하고 있는 데 그 훈련내용이 공산당 잘 잡으라는 훈련이 아니라 이번 대통령 선거에 야당 후보 金大中이 잘 때려 잡으라고 훈련하고 있다, 그 말이야.

또한 향토예비군 나가는 데 3천 원이나 5천 원을 중대장 갖다 주면 한 달에 한 번 안 나가도 전부 나갔다는 도장 찍어 줘요. 이렇게 썩었어.

그러므로 내가 정권을 잡으면 국방에는 아무 도움이 안되면서 독재체재를 강화하는 데 악용되 고 있는 이와 같은 군사 조직의, 군국주의(軍國主義)로 끌고 가는 향토예비군을 전면적으로 폐지하겠다는 것을 여러분에게 약속하는 바입니다. (환성 · 박수)

또한 학교 교련, 이것도 군사 독재 강화를 위해서 하는 것입니다. 대학교 재학생 보고 "5분의 1 시간이나 군사훈련 받아라"하는 이것은 대학교인지 군대인지 구분할 수가 없어. 지금 이 나라에는 30만 명의 병역기피자가 있고 40만 명의 제1보충역이 있어. 군대 나가고 싶어도 영장이 안 나와서 못 나가요. 그런데 무엇 때문에 대학생을 괴롭히느냐, 말에요. 이것은 정의감과 민주주의적 신념에 넘치는 대학생들을 꽉 장악함으로써 독재체제에 반항을 못하게 하기 위해서 그런 거야.

따라서 우리가 정권을 잡으면 당연히 향토예비군과 마찬가지로 대학교에서의 군사교련을 철폐할 것이며, 요새 대학교 교련 반대를 이 사람들이 악용해가지고 선거에 자신이 없으니까 엉뚱한 일을 하려고 해요.

나는 대학교 학생들에 대해서 내가 이래라 저래라 할 입장에 서 있지 않지만, 한 가지 분명히 타이를 말이 있어. 이 자들에게 악용당하지 않도록 유의하는 동시에 우리가 정권을 잡으면, 4월 27일날 민주주의가 승리하면 이와 같은 독재주의의 군사교련은 당연히 자동적으로 폐지된다는 것을 여러분 앞에 다짐하는 것입니다. (박수 · 환성)

중단 없는 前進은 不正腐敗 뿐

공화당은 우리에 대해서 생트집만 잡고 있습니다. 내가 볼 때 정권이 바뀌기는 틀림없이 바뀌겠어요. 왜 그러냐 하면 과거 선거 때는 야당이 자꾸 비판을 하고, 여당이 정책적이라 하더니, 아까 梁一東 부의장도 말했지만, 이번에는 야당이 정책적이고 여당이 맨날 트집만 잡고 있어. 신민당 유세장에 가도 신민당 애기, 공화당 유세장에 가도 신민당 애기만 하지 다른 말이 없어. 이것은 공화당이 이미 국민 앞에 내세울 밑천이 없어졌다, 이 말야. 거짓말은 이제 안 먹혀 들어가기 때문에 그런 상태가 온다, 이 말야.

아까 4대국 전쟁억제 문제는 우리 柳珍山 당수께서 이미 설명하셨기 때문에 내가 더 말 안하겠어요.

“이 나라에서 제 2의 일청전쟁(日淸戰爭)이나 일로전쟁(日露戰爭)하지 말라. 이 나라에서 다시 6 · 25같은 것은 제 3국을 조정해 가지고 획책하지 말아라.” 그게 뭐가 잘못이야. 남북교류 문제도 金日成이가 전쟁을 포기하고 파괴분자를 보내지 않는다면, 그 전제가 선다면 우리 동포끼리 소식이라도 알아 보고, 체육 경기에도 나가고, 기자도 왔다갔다 하자, 그것이 뭐가 나쁘냐, 그 말이야. (「옳소!」 환성)

세계에서 같은 동족끼리 자기 부모 형제가 살고 있는지 죽었는지 알아보지도 못하고 편지하지도 못하는 나라는 朴正熙 정권 치하의 대한민국 뿐이란 말이야. 월남(越南)도 잘하고 있어요. 내 제안이 뭐가 잘못이요.

朴正熙씨는 엉뚱하게 무슨 70년대 후반에 가서 신의주까지 고속도로를 놓느니, 금강산에 가서 관광 개발을 한다느니 잠꼬대 같은 소리를 하고 있어.

아까도 말했지만 국제정세는 지금 급속도로 변하고 있어요. 내가 말한 4대국의 한반도 전쟁억제, 이 안은 내가 지난번에 미국 갔을 때 험프리 전 미국 대통령 후보 같은 사람, 내 그 설명을 듣고,

"당신의 그런 훌륭한 정책을 미국 지도자들이 다 알았으면 한다."면서 내 손을 붙잡고,

"널리 좀 알려 달라."고 부탁했어요. 하버드 대학의 라이샤워 교수나 MIT 대학의 월리엄 번디 같은 교수가 전폭적으로 지지를 해. 닉슨 대통령도 금년 연두교서에서 "아시아에서의 안전 보장은 4대국가에 달려 있다"고 말하고 있어요.

나는 朴正熙씨에 대해서 이 자리를 통하여 말하고 싶습니다. "대통령을 하려면 공부 좀 하라"고. (박수) "국제정세가 어떻게 돌아가는가, 조그마한 국내 정치에만 악용하려 들지 말고, 크게 앞에 나와 대결을 해보라"고. "50년과 1백 년 앞을 내다보고 국가의 운명을 내다보는 「대통령학(大統領學)」을 공부하라"고 권고하고 싶어요.

여러분! 나는 오늘 여기서 박정권의 부정부패에 대해서, 내가 여러분에게 중대한 얘기를 좀 하고 싶습니다. 요새 지방을 다녀 보면 도처에 뭐라고 써 있느냐 하면 「중단없는 전진」, 이렇게 해놓았습니다. 박정권이 전진한다는 것입니다. 전진은 뭐가 전진입니까? 이 나라에서 민주주의가 후퇴하고, 남북통일이 후퇴하고, 농촌 경제가 후퇴하고, 도시 중소기업들의 경제가 후퇴하고, 대기업들이 마구 쓰러지며 후퇴하고, 오직 이 나라에서 중단 없이 전진하고 있는 것이 하나 있어. 그것은 오직 부패가 중단없이 전진하고 있어요. (「옳소!」 박수)

오늘날 박정권 사람들은 마치 부정부패는 朴正熙씨는 아무런 책임이 없는 것처럼 애기를 해요. 나는 나의 경쟁 상대자에 대해서 되도록 그 개인의 인격에 관련된 말은 내가 하고 싶지 않습니다. 다만 내가 참을 수 없는 것은 사실을 감추고 朴正熙씨는 아무 책임이 없는 것같이 하는것만은 용서 할 수가 없어요.

오늘날 이 나라의 부정부패는 법적으로 정치적으로 朴正熙씨에게 책임이 있을 뿐만 아니라, 사실상으로 책임이 있어요.

여러분! 오늘날 지금 이 나라에서 청와대 비서실의 책임자, 경호실의 책임자, 朴正熙씨의 처남, 朴正熙씨의 처조카, 사위, 이런 사람들이 몇 10억, 몇 100억의 부정축재를 했어요. 어째서 朴正熙씨에게 책임이 없느냐, 그 말이요.

腐敗 일소에 최대의 勇斷을

한 가정에서 아버지 밑에 아들 형제가 전부 나쁜 짓을 하는 데 아버지가 책임이 없습니까. 말도 안되는 소리요.

뿐만 아니라, 이 나라에 「5 · 16 장학회」라는 게 있어요. 방송국을 가지고 있고, 신문사를 가지고 있고, 대학을 가지고 있어요. 재산이 5백억이오. 50억이 아니라 5백억이오. 이 5백억의 거대한 재산을 가진 「5 · 16 장학회」 —— 「문화방송(文化放送)」을 가지고, 영남대학(嶺南大學)을 가지고, 부산일보(釜山日報)를 가지고 있어요. 많은 신문들을 가지고 있어요. 여기는 말만 장학회라 해가지고 갖은 축재를 다하고 있어. 장학사업은 5백억의 1할, 백분지 1, 고작 1억밖에 안해. 금년도 장학 사업이 2천 4백만 원, 1억 원의 정기예금밖에 되지 않는다, 이 말야.

이렇게 폭리를 취하고 있는데 이 5백억의 재산을 가진 「5 · 16장학회」가 누구 것이냐? 朴正熙 대통령 개인 것이란 사실이 그 사정을 아는 사람들의 얘기야.

또한 지금 이 나라에서 부정선거한 돈, 부패하게 긁어 모은 정치자금, 이런 것은 전부 朴正熙씨 개인 수중으로 들어가고 다시 국민에게 돌아가. 선거에 쓰여지고 있어. 이 나라 부정부패를 그렇게 해놓고도 손을 못댄 이유가 어디 있는 거요.

여러분! 지난번에 朴正熙 대통령은 2억 이상 3백 50억까지 부정 축재한 공무원이나 여당 계통의 정치인 명단을 뽑으니까 3백 명이 나왔어. 그러나 이 3백명을 손대면 공화당의 대가리부터 꼬리까지 다 없어지니까 손을 못 대고 그대로 있는 거야. 朴正熙씨 수중에 그 명단이 있어.

이렇게 부정 부패한 것이 오늘의 현실이야. 지금 이 나라 국민은 어떻습니까? 돈이 없으면 천금 같은 부모가 병들어도 병원 앞에서 죽고, 돈이 없으면 다 큰 자식이 학교도 못 가고, 쌀이 없으면 굶고, 집이 없으면 길거리에서 떨고 있는 실정입니다.

나는 며칠 전 신문을 보고 내가 눈물을 흘린 일이 있습니다. 어떤 지게 품팔이 한 사람이 아침에 집을 나오니까 자기 부인이 오래 앓은 속병에,

"봄철 미나리 좀 먹었으면 좋겠소."

이 말을 듣고 돈벌이가 되면 사 가지고 간다고 약속을 했습니다. 때마침 비가 와가지고 단돈 10원도 돈벌이가 없었어요. 저녁 때 돌아가려니 자기 처가 신음하며 기다릴 테니까 차마 발이 안 움직여져서 미나리 나물 가게서 30원짜리 미나리 한 단을 훔치다가 붙들려가지고 지금 이시간 절도죄로 구속돼서 형무소에 들어가 있어요.

여러분! 10년 전 5 · 16당시에 8개월 민주당 정권을 기다리지 못해서 부정부패했다고 쿠데타를 했어요. 오늘날 10년이 되었어요. 朴正熙씨는 5 · 16 당시에 5백만 원의 부정 축재한 자도 모조리 구속을 해가지고, 재산을 몰수하고 소급법까지 만들었어요.

나는 朴正熙씨에 대해서 서울 시민 여러분과 더불어 권하고 싶어요. "朴正熙씨여, 당신은 8개 월의 민주당 정권도 기다리지 못했는데, 오늘날 10년 전 5백만 원의 부정축재자도 구속했는 데, 오늘날 당신의 주위에는 5백만 원의 2백 배 5억, 천 배 50억, 만 배 5백억의 부정축재자들이 우글거려. 그럼에도 불구하고 당신은 30원짜리 미나리 도둑은 구속을 해도 50억이나 5백억의 거대한 도둑놈들은 어째서 국민 앞에 드러내가지고, 이 자들을 처단하고 재산을 몰수하지 못하는 이유가 무엇이냐?"고 나는 朴正熙씨에게 묻고자 하는 것입니다. (일제 함성)

여러분! 웃물이 맑아야 아랫물이 맑습니다. 대통령이 깨끗해야 모든 공무원이 깨끗해요.

나는 내가 정권을 잡으면 내 단독으로 부정부패 일소에 대한 책임을 질 것입니다. 나의 재산을 국민 앞에 공개 등록하고, 부정부패 추방법을 만들고 부정부패 적발 위원회를 전국에 두어가지고 국민 여러분의 대표가 참석해서 정치와 행정의 부정부패를 적발해야 할 것입니다.

나는 부정부패에 대한 전책임을 누구에게도 미루지 않고 내가 지는 동시에 국민 여러분이 감시하고, 여러분이 한번 대통령인 나와 국민 여러분이 손을 잡고 일치 단결해서 부정 부패를 뿌리 뽑자는 것을 이 자리에서 제의하는 것입니다. (박수)

大衆本位로 庶政을 쇄신

내가 정권을 잡으면 대중경제 체제를 실시할 것입니다. 생산면의 자유경제, 분배에 있어서 사회정의를 실천에 옮길 것입니다. 물가를 대폭 내려서 오늘날 독과점업자들이 결탁해 가지고 물가(物價)를 올리는 것을 법으로 금지해서 여러분의 물가를 대폭 내리고, 노동자와 사무원이 참여하는 「노사공동위원회(勞使共同委員會)」를 만들 것이며, 또한 농촌경제의 발전 기초 위에 상업과 공업을 발전시킬 것입니다.

세금정책에 있어서 일대 개혁을 단행하겠습니다. 세금에 있어서 오늘날 돈 많이 벌면 세금 적게 내고, 돈벌이가 적은 중소기업이나 공무원이나 봉급자가 오히려 세금을 많이 냅니다. 노동자가 세금을 많이 부담하는 이러한 현상은 단호히 시정할 것입니다.

뿐만 아니라 돈이 많다고 해서 낭비하고 사치하는 사람들에 한해서 내가 정권을 잡으면 단단히 세금을 많이 물게 할 것입니다. 남들은 2백만 원짜리 집도 없는데 5천만 원, 1억, 2억짜리 호화주택에 살고 있는 사람들, 부유세를 내야 해요. 3천만 원, 4천만 원 정원을 만들어가지고 나무 한 그루에 백만 원, 백 50만 원짜리 심어놓고 있는 사람들, 「정원세(庭園稅)」를 내야 됩니다. 자동차 한 대에 2백만 원, 3백만 원 정도가 아니라 천만 원, 2천만 원짜리 고급 승용차 타고 다니는 사람들, 특별세금 내야 돼.

또한 도둑 지키자면 5천 원짜리 진도개면 되는데 독일이나 영국 같은 데서 백만 원, 2백만 원 비싼 개 사다가 사람도 못먹는 고기 덩이나 던져 먹이고 전문의 두어 매주 주사 맞히고 있는 사람들, 개에 대해서 단단히 세금 물어야 해요. 농민들은 땅 한 평이 없는데 30만 평, 40만 평 골프장이 대한민국에 열 개 이상 있어요. 이 골프장 출입하는 사람들, 단단히 「입장세(入場稅)」내야 돼요.

또한 부인들이 만 원짜리 반지도 못 끼고 다니는 사람이 수두룩한데 3백만 원, 5백만 원짜리 보석반지 끼고 다니는 사람들, 엄청난 「사치세」를 내야 돼.

이렇게 해서 내가 정권을 잡으면 돈 많이 버는 사람이 세금 많이 내고 적게 버는 사람은 적게 내는 동시에, 돈 많다고 해서 나라와 사회의 형편도 생각하지 않고 사치와 낭비하는 사람들, 엄청난 부유세와 특별세를 받는 일대 과세 개혁령을 내리겠다는 것을 여러분 앞에 공약하는 바입니다. (박수 · 환성)

또한 내가 정권을 잡으면 국민 앞에 육성회비를 폐기할 것입니다. 국가는 의무교육에 대한 책임이 있습니다. 어린이만 학교에 갈 의무가 있는 게 아니라 국가가 무상으로 교육시킬 책임이 있는 것입니다. 오늘날 육성회비 때문에 얼마나 많은 비극이 생기고 있습니까.

내가 정권을 잡으면 교과서대 50원, 육성희비 98원, 이 돈에 대해서는 예산을 절감하고 원활한 자치세를 확보해가지고 국가가 이것을 책임 지는 동시에 앞으로는 다시 국민학교에서는 돈 때문에 선생이나 학부형이나 어린이나 괴로움을 받고 쫓겨오고 돌아오고 하는 이런 일이 없도록 의무교육에 대한 국가의 책임을 완수한다는 것을 여러분들 앞에 약속하는 바입니다. (박수 · 환성)

또한 최저임금제를 실시하고, 서울에 있는 판자촌 50만 세대에 대하여 대책 없는 철거를 중지하고, 판자촌을 그 개량한 상태에 따라서 양성화 시키고 합법화 시켜서 이 나라에서 지금 주택 때문에 허덕이는 서민 대중의 주택에 대해서 국가가 대안도 없이 이것을 무작정 철거시키는 그러한 일이 없도록 한다는 것을 여러분에게 약속드리는 것입니다. (박수)

왜 이러한 공약에 대해서 공화당에서 실천 가능성이 없다고 해. 나는 이중곡가제와 도로포장과 국민학교 육성회비 폐지, 기타 내가 한 공약에 690억의 예산이 필요합니다. 그런데 지금 우리 나라 예산 5천 2백억의 1할 5부만 절약해도 750억이 나와요.

오늘날 특정 재벌들과 결탁해서 합법적으로 면세 해준 세금만 하더라도 천 2백억이야. 그러기 때문에 정권을 잡아서 절약하고 낭비하지 않고 받아 들일 것 다 받아 들이면 이와 같은 일을 하면서도 오히려 돈이 8백억이나 남는다는 것을 여러분에게 내가 말씀드릴 수 있습니다.

新民黨은 民主政黨의 표본

또한 이 나라에서 지금 유물만능사상(唯物萬能思想), 성공제일주의(成功第一主義), 성도덕의 타락, 국민정신의 해이, 이러한 朴정권의 정신과 도덕을 무시한 정책을 종교 단체와 사회단체, 문화인들과 교육자들의 국민정신 재건과 국민도의 재건 정책에 대해서 적극적으로 정부가 지원해서, 사회부패를 일소하고 부지런한 자가 성공하는 건전한 시민사회를 만들어서 이 나라의 정신을 부흥시키고, 물질만능을 배격하고, 국민의 도의와 정신 앙양에 정부가 적극적인 노력을 경주한다는 것을 여러분 앞에 약속하는 것입니다. (환성)

내가 정권을 잡으면 국내외에 걸친 민주거국내각(民主擧國內閣)을 실시하고 군대에 대해서 내가 완전무결하게 장악 봉사할 것입니다.

여러분!

"군인 출신이라야만 군대를 통솔할 수 있다."

이것은 말도 안되는 소리요. 오늘날 세계에서 가장 강한 이스라엘 군대, 250만 인구 가지고 1억 5천만 아랍 연합군과 싸워서 연전연승한 이스라엘 군대를 통솔하고 있는 사람은 73살 먹은 마이어라는 여자 할머니이고, 인도(印度)는 인디라 간디 여사가 3군 총사령관이요. 민주주의는, 민주국가의 군대는 국민이 선출한 지도자에 복종하는 것이오. 대한민국 군대는 그런 군대요.

군대와 국민을 따로 갈라 생각하려는 것이 朴정권의 독재적인 사고방식입니다.

그러나 나는 여러분에게 분명히 말해 둡니다. 내가 이번에 선거에 승리했을 때, 군대가 전면적으로 3군 총사령관인 나의 명령에 복종할 것인가에 대해서 나는 국내외에 걸친 모든 보장을 받고 있다는 것을 5백만 서울시민 앞에 분명히 밝혀서 朴정권의 그와 같은 협박에 여러분이현혹되지 말기를 당부하고 여러분에게 안심하도록 말씀드리는 바입니다. (박수)

여러분!

신민당의 집권능력에 대하여 공화당이 말합니다. 내가 미안한 말이지만 여러분에게 한 마디 하겠습니다. 5 · 16 당시에 朴正熙 소장은 국민들이 이름도 몰랐어. 그렇게 정치 10년 해서 오늘까지 이를 줄 누가 알았겠어. 군대에는 내가 朴正熙씨보다 아래지만 정치에는 내가 朴正熙씨보다 10년 선배요.

5 · 16 당시에 육군 소장인데 나는 국회이원이야. 그당시 국회의원은 육군 소장쯤 경례 받으려면 받고 말려면 그만두어. 나는 20년 정치를 내가 배웠어. 내가 정권 잡아가지고, 아무것도 모르는 朴正熙씨가 10년 하는데 20년 정치 배운 내가 못한다니 말이 되느냐 말요. (「옳소!」 환성)

거기에다가 우리 신민당을 보시오. 공화당은 정권을 가지고 있는 대통령인 朴正熙씨가 당내에서 아무도 경쟁을 허용하지 못해. 金鍾泌이가 대통령 하려니까 쫓아냈다가 선거하자니까 또 불러 왔어.

그러나 우리 신민당을 보시오. 일생을 조국에 바친 柳珍山 당수, 나 개인적으로는 친부모 같은 분이 자기가 나를 처음엔 후보로 안 밀었지만 당(黨)에서 결정하니까 국민의 선두에 서서,민주주의 원칙에 복종해서 오늘날 동(東)으로 서(西)로 갖은 고생을 하면서 여러분의 기대에 어긋나지 않는 투쟁을 하고 있어요.

나와 경쟁을 했던 金泳三 동지, 李哲承 동지가 오늘 이 자리에까지 나오지는 못했지만 지금 경상도에서 전라도에서 뛰고 있어요. 그리고 신민당의 모든 당원들이, 鄭一亨박사 같은 나이가 70이 다 된 분이 젊은 나의 선거 사무장이 되어가지고 뛰고 있어요.

우리 당 운영위원회 부의장으로 이 자리에 계신 梁一東 선생, 高興門 선생, 洪翼杓 선생, 내 형님 같은 분들이 모두 앞장서서 나를 위해서 뛰고 있어요.

신민당은 어떤 문제를 결정할 때까지는 자유롭게 경쟁하고 투표하지만, 일단 결정하면 거기에 일사분란하게 복종해.

미국이나 영국이나 세계 어느 나라 정당보다도 더욱 우수해. 이것이야말로 신민당이 정권을 잡을 수 있는 민주정당(民主政黨)이요, 단결과 협력이 가능한 위대한 힘을 지닌 확고한 정당이란 것을 여러분 앞에 반증하는 것이 아니고 무엇이겠습니까. (박수 · 환성)

政權交替만이 民主革命의 길

여러분!

나는 마지막으로 여러분에게 말합니다. 朴正熙씨는 그동안에 내가 공명선거에 대해서 협의하자고 해도 안해. 서로 만나서 얘기하자고 해도 안해. 국민 앞에서 텔래비나 라디오 토론을 하자고 해도 안해. 독재적인 수법만 취하고 있어요.

뿐만 아니라, 지금 공무원을 총동원해서 부정선거를 하고 있어. 나에 대해서 자유로운 보도를 못하게 하고, 내 집에다가 심지어 폭탄을 던져가지고, 그래가지고 범인을 우리 쪽에 뒤집어 씌울려도 안되니까 중학교 2학년밖에 안된 내 어린 조카아이를 데려다가 48시간 동안이나 잠을 안 재우면서 물고문을 하고 당수로 치고 이래가지고 어린애의 강제자백을 받아가지고 그 놈을 검찰청에서 마포 경찰서 유치장에 넣는데, 중학교 2학년 어린아이를 잡아 가는데 완전 무장된 기동 경찰이 얼마나 동원됐느냐? 무려 백 20명이 동원됐어요.

아마 이북에서 金日成이 잡아 올래도 그렇진 않을 것야.

뿐만 아니라 우리 선거 사무장이신 鄭一亨 박사 댁에는 불을 질러 놓고 범인을 조작할 수 없으니까 한다는 소리가,

"고양이들이 불을 질렀다."

鄭박사댁 고양이 두 마리가 이웃집 고양이 한 마리더러 오라고 해가지고 고양이끼리 회의를 해 가지고,

"우리 집에다 불 지르자."

이래서 그 근방 종이는 모두 긁어다가 연탄불을 붙여 불질렀다, 이거예요. 어떻게 해서 고양이하고 말을 하는지 알 수 없다, 말예요. (웃음소리)

여러분!

나는 여기서 朴정권에 대해서 얘기해. 부정선거 하려면 해 보라 그 말야. 부정선거 하려면 해봐라! 부정 선거를 할테면 해봐라! 그 말야.

이제 나는 내가 여기서 분명히 말해. 만일 끝까지 부정선거를 획책한다면 국민의 지금 이와 같은 정권교체(政權交替)의 여망을 끝까지 짓밟겠다는 것이요, 朴正熙 정권은 제 2의 李承晩 정권, 제 2의 4월 혁명을 각오

하고 부정선거를 하라고 말하고 싶어. (「옳소!」 환성)

나는 이 자리를 빌려서 공무원들에게, 전국에 있는 공무원들에게 경고합니다.

여러분들이 만일 부정선거에 가담한다면 오늘이 4월 18일인데 4월 20일 밤 12시까지 완전히 중지할 것을 내가 요구합니다. 4월 20일 밤까지는 내 말이 전국적으로 도달할 테니까 완전히 중지하도록 해요. 만일 그 이후의 부정선거라면, 내가 그전에는 불문에 부치지만 그후에 부정선거를 한다고 할 것 같으면, 법에 규정된 처벌을 받는다는 것을 내가 엄중히 경고하는 바입니다. (박수)

여러분!

4 · 19는 학생의 혁명이고. 5 · 16은 군대가 저질렀어. 이제 오는 4월 27일은 학생도 아니고, 군대도 아니고, 전국민이 협력해서 이 나라 5천년 역사상 처음으로 국민의 손에 의해서 평화적으로 정권을 교체하는 위대한 민주주의 혁명(民主主義 革命)을 이룩하자는 것을 여러분에게 호소하면서, 나와 뜻을 같이하는 여러분이 총궐기하는 의미에서 박수갈채를 보내주시기를 부탁합니다. (일제히 박수와 환성 계속되는 중)

여러분!

여러분!

여러분!

감사합니다. 나는 이번 선거에 기어히 승리할 것입니다. 여러분은 이번 선거에 나와 더불어 승리할 것입니다.

내 연설이 끝나면 내가 가장 사랑하고, 친 아우같이 여기고, 또한 우리 나라 민주주의의 위대한 지도자이신 趙炳玉 박사님의 둘째 자제인, 나의 아우 같은, 내 친형제 같은, 그리고 훌륭한 청년인 趙尹衡 의원의 폭탄 같은 말씀이 있을 것입니다. 또한 여러분이 신문을 보셨으면 아시겠지만 우리 나라 여성계의 위대한 지도자이시며, 가장 인기 높은 인물이요, 유일한 여자 법학박사(法學博士)인 李兌榮선생이 이번에 이화여대 법정대학장 자리를 사임하시고, 여기 민권투쟁의, 정권교체의 대열에 참가해서 오늘 연사로 여기 나와 계십니다.

이 두 분의 말씀을 여러분이 한 분도 자리를 뜨지 않고 끝까지 들어 주시기를 바라면서, 여러분! 7월 1일은 청와대에서 새로운 대통령 취임식을 올리는 날입니다. 550만 서울 시민 여러분!

7월 1일에 청와대에서 만납시다. (일제히 환성 · 박수)

三段階 統一 方案

이 글은 제 7 대 대통령 선거 후인 1972년 6월 6일 중구 남대문로에 있었던 대성빌딩에서 행한 연설의 전문이다.

美·蘇·中 3대국의 對話時代

지금 우리는 역사적으로 아마 20세기에 들어서 가장 중요하고, 가장 큰 변화의 시기에 처해 있습니다. 우리가 최근 1년에 겪은, 아니 금년에 들어서 불과 반 년에 겪은 이 사실들, 2차대전 이후의 30년 동안에 우리가 겪어오던 일들이 지금 마무리되고 있습니다.

우리는 그동안 중대한, 그야말로 코페르니쿠스적 전환(轉換)을 가져오고 있는 이 시대에 살고 있습니다. 닉슨이 중공과 소련을 방문했습니다. 이번 소련방문을 하나의 전환점으로 세계는 2차대전 이후 제 2의 커다란 변화의 시기에 들어갔습니다. 2차대전 이후 공산·민주 양진영은 냉전(冷戰)대결을 했습니다.

그러던 것이 1959년 캠프 데이비드에서 아이젠하워 미 대통령과 후르시쵸프가 만난 이후에 미국과 소련 두 나라가 냉전 속에서 도 평화공존의 길을 모색했습니다. 다시 말하면 일면 대결, 일면 공존, 이와 같은 방향으로 전환했습니다. 그러던 것이 금년 2월 닉슨의 중공방문으로 과거에 미국이 소련과만 공존을 모색하고 대화를 하던 것을, 그리고 중공에 대해서는 봉쇄정책(封鎖政策) 혹은 반격정책(反擊政策), 이런 일을 철저히 부정하고 중공을 세계평화에 대한 악마로 몰고 어떻게 하든지 이것을 말살시키고 고립시키려고 하는 그 정책을 포기하고 중공과도 대화를 하는, 중공과도 최근에는 마주 앉아서 모든 의견의 차이와 이해의 차이를 말로 해결하는 그런 시대로 접어들었습니다.

뿐만 아니라 이번의 소련방문으로 지금과 같이 군사적 대결, 일면 평화적 공존하던 것을 이제 군사적 대결을 그치고 앞으로는 정치적 · 사회적 · 경제적 경쟁의 시대로 들어가는, 이러한 중대한 전환점의 시대에 접어들었습니다.

세계는 5강시대(五强時代)라고 말하지만 그러나 좀 더 좁혀 들어가면 미국과 소련과 중공, 이 3대국이 3극시대의 양상을 이루고 있습니다.

미국은 소련과 중공이 지금 극도로 대립되고 소만국경에서 무력충돌까지 야기했고 이데올로기에 있어서의 종주권, 영토문제에 대한 문제, 이래서 극도의 증오 속에 있는 것을 기화로 해가지고 미국이 이 두 나라를 적당히 조정해가면서 지금 세계를 이끌고 나가는, 이런 상태에 있습니다. 다시 말하면 지금 말씀과 같이 소련과 중공, 미국 이 세 나라가 평화적인 경쟁 속에서 무력에 의한 대결보다는 회의장소에서의 대화를 통해서 세계 문제를 해결해 보려는, 그와 같은 시대, 이데올로기의 차이, 주의(主義)의 차이는 저 뒤로 미루고 현실적으로 자기 나라의 이익을 위해서 대화하는 이런 시대로 접어들어가고 있습니다.

실마리 찾은 分斷 속의 平和

이것과 때를 같이해서 이번에 베를린 문제에 대한 미국 · 소련 · 영국 · 프랑스의 「4 대국 협정」이 바로 이틀 전에 발효됐습니다. 또 동독과 서독이, 서로 과거 한 국가였는데 마치 우리 남북과 같이 분단되어 있는 이 두 지역이 서로 국가로서의 협정을 맺어가지고 통행협정(通行協定)을 같이 맺었습니다. 베를린 문제는 2차대전 이후에 구라파에 있어서 전쟁의 하나의 불씨로서 공산진영(共産陣營)과 자유진영(自由陣營)이 계속적으로 대결해 오던 문제입니다.

그것이 이번에 해결되어가지고, 서부 베를린이 서독의 영토는 아니지만 서독의 지배권을 받는다는 새로운 국제법의 선례를 남겨 놓으면서 문제 해결을 보았습니다. 이것은 우리 한국 같은 나라로서는 가장 관심 이 큰 문제이지만, 다시 말하면 국토가 분단되어 있는 분단 속에서의 평화, 이것이 이번에 그 실마리를 찾은 것입니다. 이러한 분단 속에서의 평화는 이것이 실마리를 찾게 됨으로써 이제 동독과 서독은 서로 자유롭게 왕래를 하게되고 서독은 동독 속에 있는 고도(孤島), 서부 베를린에 대한 지배권을 안심하고 확보하게 되었습니다.

이래서 구라파에서의 전쟁의 불씨, 군사적인 충돌의 위기는 크게 적어진 것입니다.

또한 이렇게 됨으로써 금년 말부터는 지난번에 브레즈네프가 파리에 가서 퐁피두 프랑스 대통령을 만나서 합의된 바 있는 소위 구주안전보장체제, 이것은 간단히 한마디로 말하면, 구라파를 현 상태대로 동결하자, 공산권은 공산권이 그대로 지배하고 그 대신 서구에 대해서는 손 안대겠다. 이러한 현상동결정책(現狀凍結政策)에 서로 합의를 보게 되어 그러한 길이 열리게 된 것입니다. 물론 여기에는 많은 문제점도 있지만 동구라파에서 자유를 원하는 공산국가를 거의 영원히 포기할 그러한 문제점도 있는 것입니다.

그렇지만 이것으로써 양대진영이 무력 충돌하고 핵전쟁(核戰爭)까지 갈 중대한 전쟁위기는 감소되어 가고 있는 것입니다.

여기에 연이어서 미 · 소가 핵무기를 앞으로 서로가 생산을 하지 않고 제한한다는 이번 핵제한 조약은 세계평화에 중대한 영향을 가져오고 있는 것입니다. 또한 이번 독일 국회에서 여러가지 우여곡절을 겪었지만 세계의 여론과 압력. 속에서 동 · 서 양진영을 막론하고, 세계의 여론이 그 조약의 비준을 바랐던, 독 · 소, 독 · 폴란드 간의 불가침조약의 비준이 이루어졌던 것입니다. 이 불가침조약 역시 동독의 동쪽 국경지대 즉 폴란드로 편입된 오데르 나이세, 그 이동(以東)을 영원히 포기하는, 독일로서는 중대한 고통을 수반하는 조약입니다. 이렇게 해서 세계는 지금 현상동결회담이 또 군사적 대결보다는 평화, 분단된 나라 속에서도 서로 평화적으로 공존하는 분단된 평화의 시대로 접어 들어가고 있으며, 이것은 전후 30년 동안에 우리가 여러 차례 전쟁의 위기를 겪고 그동안 수많은 우여곡절을 겪었던 우리들의 세계에서 인류의 운명이 이제 하나의 방향을 잡고 실마리를 찾게 되는 것입니다.

南北交流와 共産圈 外交는 나의 선거 공약

이와 같이 세계만이 크게 변하고 있는 것이 아니라 우리 나라에서도 지금 큰 변화가 일어나고 있습니다. 여러분이 아시다시피 우리는 해방 이후 지금까지 남북으로 국토가 양단되고, 그동안에 6·25전쟁을 치르고, 남북간에 지금 완전히 서로 이질적 상태(異質的 狀態)에 놓여 있습니다. 대한민국 사람이 세계에서 가장 모르고 있는 지대가 어디냐 하면 이북의 실정입니다. 아마 이북도 마찬가질 것입니다. 또한 모르고 있을뿐만 아니라 전혀 상대방에 대해서 때로는 그릇된 인식도 갖게 돼 있어. 이러한 우리의 비극이 이제는, 어제 신문에 여러분이 보시다시피, 남북간에 적십자회담(赤十字會談)이 예비회담과 실무회담을 마치고 이제 멀지 않아서, 내가 보기에는 7월달에 적십자회담의 본회담이 열려서 공산대표가 서울에 오고, 우리 대표가 이북에도 가고, 양쪽 기자들이 왔다 갔다 하고, 이렇게 해서 비로소 양쪽 간에 눈에 보이지 않는 그 막혔던 철의 장벽에 숨구멍이 뚫려가지고 남쪽 바람이 이북으로 가고, 이북 바람이 남쪽으로 내려오는 중대한 변화를 가져올 시대가 되었습니다.

나는 어제도 적십자회담이 열리게 되었다는 것을 듣고 내가 새삼스러운 감회를 느꼈습니다. 여러분이 잘 아시다시피 작년 대통령선거 때 내가 남북간의 교류를, 인도적 교류, 문화적 교류 등을 주장했어. 공화당 사람들이 그당시에 나의 이러한 주장에 펄쩍 뛰면서 "될법이나 한 소리냐! 金日成이 하고 무슨 얘기를 하자는 거냐! " 이러면서 마치 내가 무슨 金日成이 사촌같이,(웃음) 심지어는 공화당의장이라는 사람이 말하기를 공개석상에서 "金日成이가 피리를 불면 金大中이가 춤을 추고, 金大中이가 북을 치면 金日成이가 장단을 맞춘다"하면서 떠들어 댔어. 그러던 것이 이 사람들은 석 달도 못가가지고 적십자회담을 시작한다 해 놓고 지금 여기까지 왔다, 이거예요.

석 달 뒤에 자기들이 내 말한대로 할 일에 어째서 그렇게 반대했느냐?

그것이 옳은 줄 알면서도 반대했다면 나라 일을 맡을 양심이 없는 사람이고, 석 달 뒤에 할 일들 그것이 옳은 줄조차 몰랐다고 할 것 같으면 이런 무식한 사람들에게 나라 일을 어떻게 맡길 수 있느냐? 더욱 괘씸한 것은 석 달 뒤에 남 말대로 하게 됐으면 선거 때 실컷 욕했으니까 그래도 나한테 미안하다는 말 한마디라도 해야 할 것 아니냐, 이 말이예요. (웃음)

또 국민들에 대해서 "지난번 선거 때는 우리가 잘 모르고 그렇게 말했지만 지금 잘 생각해보니까 사실 金大中씨 말이 맞소. (웃음) 그러니 우리가 이제라도 고치니 국민 여러분 아시요." 이것이 국민을 진실로 존경하는, 국민을 두려워하는, 국민을 나라의 주인으로 생각하는 정부의 할 일이다, 이거예요.

그럼에도 불구하고 입 싹씻고 어제까지 그것이 아주 공산당한테 나라 바치는 것같이 떠들어대더니 오늘은 아무 소리 안하고 있다.,이거예요.

南北 赤十字會談 충심으로 환영

이러한 무책임한 사실을 볼 때 대단히 이 정부의 자세에 대해서 여러분과 더불어 분개한 마음을 금할 수 없지만 그러나 어떻게 되었던 간에 우리가 바라던 그 정책이, 내가 나의 정치생명을 걸고, 이 나라에서 툭하면 공산당으로 몰릴 줄 알면서, 아까 金漢洙 동지도 말했지만 이 나라의 반공법이라는 것은 누구든지 때려잡을 수 있어. 생사람 막 잡을 수 있어. 여기 앉은 여러분들 한 사람 안 빼놓고 잡을 수 있어, 왜? 반공법 4조라는 것은 목적, 공산당을 도울 목적 가진 사람만 때려잡는 것이 아니라 결과범을 때려잡는 거여. 그렇기 때문에 결과적으로 金日成이 하고 동조를 한 것이 되면 모두 걸린다, 이거예요. 이런 악법이여.

金日成이가 "남한의 국민들이 현 정부에 대해서 반대가 심해가지고 야당 사람의 주장에 대해서 적극적으로 호응을 하고 있다." 이렇게 방송을 했어. 그러면 여러분이 여기에서 박수했으니까 다 걸린다, 이 말이여. 金日成이 말 그대로 했으니까. 여러분은 金日成이 도울 생각 전혀 없어 보여. 이러한 가혹한 반공법 속에서도 정치생명을 걸고 나와 우리 당이 주장했던 것이 실천되고 또한 30년 동안 우리 동족끼리 막혔던 그 길이 이제 열리게 된 것은 지극히 다행한 일일 뿐 아니라 1948년에 있었던, 실패로 돌아간 남북협상(南北協商) 이래 처음으로 우리 민족끼리 서로 평화적으로 얼굴을 맞대고 얘기하게 된 실마리가 됐다 하는 의미에서 중대한 민족적 의의(民族的 意義)가 있는 것이고, 이것이 바로 통일하고 직결된 것은 아니지만 통일을 향한 먼 길에 대해서 한 가닥 희미하나마 그 길을 비춰준 광명이 떠올랐다는 데 대해서 여러분과 더불어 이 적십자 회담을 크게 환영하고 이것이 성공되기를 바라마지 않는 것입니다.

同質性 형성 위해 노력하는 獨逸 民族

지금 세계의 가는 길은 아까도 말했지만 현상을 그대로 일단 인정하고 그리고 평화를 유지해 가자, 이러한 방향입니다. 독일의 빌리 브란트가 소위 동방정책(東方政策)이라는 것을 내세웠어. 지금까지 아데나워 이래 키싱거 정권까지 독일은 계속해서 "독일의 통일, 이것이 구주평화의 선결이다. 독일의 통일 없이는 결코 구주의 평화가 있을 수 없다. 우리는 독일 민족의 평화와 행복을 희생시킬 수 없다." 이런 주장을 내세웠습니다.

그러나 이것은 동서독 양쪽과 구라파 어느 쪽에서도 지지를 받지 못했어. 불란서도, 영국도, 미국도, 화란도 또 소련도, 폴란드도, 체코도, 누구도 독일통일(獨逸統一)을 바라지 않습니다. 그것은 자유국가로의 통일이건 공산국가로의 통일이건 바라지 않아. 왜? 독일은 구라파 중부에 있는 거대한 국가여. 이 나라가 통일이 되어가지고 약 7천만 인구가 한군데 모여서 또다시 그 위대한 힘을 발휘하기 시작하면 무서운 존재로 화하게 된다, 이거예요. 그렇기 때문에 통일을 바라지 않아. 이러한 여건 속에, 독일의 주장과 특히 공산진영의 주장은 판이하게 맞선 가운데 서구라파의 냉전은 계속되어 왔어. 그러나 독일의 빌리브란트는 이것을 간파하고 이러한 불가능한 일을 피하면서 우회적으로 통일을 하자, 이래가지고 일단 독일의 분단을 시인하고, 동독 쪽에 있는 폴란드와 그 국경도 인정하고, 일단 반 항구적으로 독일의 통일을 포기한것 같은 입장을 취했습니다. 제가 지난 2월에 독일에 가서 내독문제연구성(內獨問題研究省)의 장관 · 차관하고 몇 시간 토론할 때도 그 사람들이 이제는 과거의 독일통일성과 같은 전독문제성(全獨問題省), 통일문제를 담당하는 성(省)조차, 이름조차 바꿔버렸어.

이렇게 이 사람들은 일단 현 단계에서 통일을 포기했지만 그 대신 무엇을 노리고 있느냐, 동독을 그대로 인정하고 준국가적(準國家的)인 관계를 유지하면서 동독하고 교류를 확대해 나가면 결국 독일민족끼리 서로 막혔던 길이 터져가지고 같은 민족끼리 자주 만나고, 서로 동질성이 형성되고, 서로 자꾸 교류가 되고, 이렇게 해서 어느 시기에 가서 독일민족끼리 통일하겠다고 나서는 것은 그것은 어느 누구도 막지 못한다. 이거예요.

"지금 동독이 공산진영의 지배를 받아가지고 통일에 응하지 않지만 자꾸 독일 사람들이 통일하자는 의욕이 강화되면, 어느 시기에 가면 공산정부도 막을 수 없다. 그렇기 때문에 10년, 20년, 30년 앞을 내다보고 이 정책을 취할 수 밖에 없다. 그렇다면 일단 현상은 현상대로 인정해야 되겠다"고 하는 것이 빌리 브란트의 생각인 것입니다.

따라서 내가 이번에 듣고 온 얘기입니다만 명년에는, 아마 4월쯤 4대국이 독일에 대한 전쟁종결선언(戰爭終結宣言)을 하게 되면 이 사람들은 아마 명년 9월 유엔 총회에서는 동서양독(東西兩獨)이 유엔에 가입하게 될 것입니다.

獨逸과 相異한 우리 與件

이러한 분단국가(分斷國家)인 독일의 상태는 우리에게 많은 교훈을 줍니다. 그러나 또 우리하고 독일하고는 여러가지 틀린 점도 있습니다. 첫째로 분단 원인이 독일은 전쟁을 도발해가지고 승전국(勝戰國)에 의해서 하나의 징벌적인 의미에서 분단이 되었습니다. 그러나 한국은 전쟁을 도발하는 나라가 아니고, 국제법적으로 해서 패전국가도 아니고, 강대국가들이 강대국가 책임으로 분단했기 때문에 한국 분단의 책임, 통일에 대한 책임도 도덕적으로 정치적으로 강대국가에 연결이 되는 것입니다.

뿐만 아니라 여러분이 잘 아시다시피 중국(中國)대륙 오른쪽에 하나의 혹같이 붙어 있는 조그만한 나라, 통일된 한국은 이것이 절대로 남북 5천만이 통일되었다 하더라도 8억의 중공을지배할 힘도, 2억 5천만의 소련을 우리가 누르고 지배할 힘도 없어. 이렇게 되면 세계 제 3의 경제국가인 일본을 지배할 힘도 없어. 하믈며 태평양 건너 뛰어가지고 미국을 점령할 힘도 없어. 그렇기 때문에 통일된 한국을 두려워하는 나라는 없어요.

다만 두려워한다면 한국이 통일되어가지고 어떤 나라에 이용당하는, 다시 말하면 과거에 청일전쟁(淸日戰爭), 노일전쟁(露日戰爭) 일어나듯이 일본이 한국을 이용해서 대륙을 침략하고 또한 한반도를 러시아가 점령하면 일본이 위협을 받고, 이런 식으로 다른 나라에 이용되는 것을 두려워하는 그런 그 지정학적(地政學的)인 아주 요긴한 위치에 있는 것은 사실이지만 한국 자체가 통일이 되는 것을 두려워하지는 않습니다.

그렇기 때문에, 다시 말하면, 한국이 어떠한 나라에 이용당하지 않는다는 보장만 선다고 할 것 같으면 한국 주변의 강대국은 한국통일을 반대할 이유가 없는 것입니다.

統一을 沮害하는 諸要素

지금까지 우리가 통일이 안된 이유는 한 세 가지로 볼 수 있습니다.

하나는 남북간의 완전히 서로 상치된 사상적 · 정치적 · 경제적 · 사회적 · 도덕적 그런 체제 속에서, 이것은 아마 20세기에서 그야말로 극단과 극단의 차이, 이것이 30년 동안 굳어졌습니다.

이런 차이 속에서 남북간은 완전히 증오심 속에서 서로 원수같이 대하고 있습니다. 통일의 아무런 여건도 조짐도 없는 그런 상태, 역사적으로 동족이고 한 민족이고 한 핏줄이고, 같은 동포였다는 외에는 오늘의 현실은 어느 지역보다도, 세계 어느 나라보다도 서로 미워하고 대립 된 상태에 있다. 이것이 통일을 저해하는 첫째 조건입니다.

둘째는 한국을 분단시키고 한국에 영향을 줄 수 있는 4대 국가, 미국 · 소련 · 일본 · 중공, 이 네 나라가 아직은 한국의 통일에 대해서 협의를 할 만큼 서로 이 나라들끼리 협조도 대화도 없습니다.

아시다시피 중공에 대해서는 미국과. 일본이 국교조차 없어. 소련과 중공은 서로 원수지간이여. 자기들끼리의 문제도 아직 해결이 안되었는데 남의 얘기할 여가가 없다, 이거야. 이렇기 때문에 한국문제가 이 강대국들에 의해서 논의될 수 없는 여건 하에 있어. 이것이 둘째의 이유이고.

셋째는 남북간에 어떻게 되었든지 서로 큰소리하지만 지금 힘의 균형이 유지되고 있어.

남쪽은 미국과 군사동맹이 있고, 북쪽은 소련 · 중공과 군사동맹이 있어. 양쪽의 군대나 무기나 모든 것이 어느 분야는 좀 낫고 강하고 하지만, 이래가지고 어느 쪽도 상대방을 치면 끝까지 이길 수 없고, 말하자면 자기도 이길 수 없고 큰 타격을 입어. 이런 상태여.

정치적으로도 한쪽이 월등하지 못하기 때문에, 이렇기 때문에, 힘의 균형이 있기 때문에 서로 상대방이 무섭다, 이거예요. 이래서 상대방이 서로 만만하지 못하기 때문에 무력으로도 잡아먹지 못하고, 정치적으로도 이것을 지배하지 못하고, 이래가지고 서로 지금같이 노리고 있는 이런 상태인 것입니다.

이러한 여건 속에 있기 때문에 우리가 통일이 되려면 남북의 이런 상반된 이 양극체제가, 극단적으로 대립된 이 양극체제가 완화되어야 될 것입니다. 강대국가가 우리 통일에 대해서 협조하게 되어야 할 것입니다. 힘의 균형, 대결이 힘의 조화의 방향으로 움직여가야 할 것입니다. 이것이 우리가 통일될 길이 되는 것입니다. 아무리 우리가 통일, 통일하고 떠들어 봤자 글자 가지고 통일되는 것은 아닙니다. 그런데 지금 그러한 움직임이 아까 말과 같이 세계적으로 일어나고 있습니다.

無視못할 北韓의 平和攻勢

닉슨의 중공방문(中共訪問)으로 분명히 한국에서 긴장이 완화의 방향으로 가고 있는 것은 사실입니다. 닉슨의 중공방문 이래 金日成이는 그것이 진실인지 혹은 허위선전인지 그것은 아직 분명히 알 수가 없고, 또 거기에는 많은 선전이 포함되어 있어. 그렇지만 계속적으로 지금 평화공세를 취하고 있어요.

지난 1월 10일, 남북간에 평화조약을 맺자, 혹은 기타 여러가지 제안을 하고 있어. 나중에 말하겠습니다만 이번 자기 환갑 때도 여러가지 얘기를 하고 있습니다.

오늘 내가 오면서 도서관에서 신문을 보니까 「뉴욕 타임즈」지의 솔즈버리 부국장(副局長)에 대해서도 한국문제에 대해서 여러가지 의견을 내놓았어. 그래서 김일성이는 지금 한창 떠들어대고 있는데 그 떠드는 요지는 무엇이냐? "절대로 자기는 전쟁할 생각이 없다. 또 자기는 당장에 남한을 공산화시킬 생각도 없다. 우리가 서로 두려움없이 살도록 남북간에 이야기를 하자." 이런 것이 그 사람의 요지입니다.

이러한 방향으로 움직이지 않을 수 없어. 불과 2, 3년 전까지, 68년에 청와대 습격하고, 푸에블로호(號)를 납치하고, 또 삼척(三陟)·울진(蔚珍)에 공비를 보내고, EC 121정찰기를 격추시키고, 그래가지고 남한의 적화를, 남한인민의 궐기를 선동하고, "북한의 인민은 남한의 인민들의 반미(反美) 그리고 인민항쟁투쟁(人民抗爭鬪爭)을 지원하는 것이 의무다." 이렇게 떠들던 김일성이에 비하면 표면적인 말은 크게 후퇴하고있는 것입니다.

이것은 세계 대세가 안할 수 없게 만든 것입니다. 이러한 변화는 우리 정부에도 일어나고 있습니다. 朴正熙 대통령은 1970년 8월 15일, "김일성이가 만일 남한에 대한 침략의도를 포기한다고 할 것 같으면 남북간의 장벽을 제거하는 데 획기적으로 조치를 취하겠다. 남북간의 선의의 경쟁을 할 용의가 있다." 이런 말을 했습니다. 선의의 경쟁이라는 것은 지금까지 북괴, 괴뢰라고 호칭하던 이것을 실질적으로 인정해가지고 하나의 경쟁상대자로 인정하겠다는 얘기인 것입니다.

또 엇그저께 비상사태를 선포해가지고 金日成이가 곧 쳐내려온다고, 이 얘기는 나중에 하겠습니다만, 그런 터무니 없는 소리했지만 요새는 그런말 쑥 들어갔어. 오늘도 내가 신문을 보니 까 현충일날 얘기 나오지만 무슨 평화통일을 촉진하느니, 새마을 운동이 어쩌니, 이런 소리만 나오지 김일성이가 곧 쳐내려온다는 말 없어졌어. (웃음)

國民은 거짓말하는 執權者 안 믿어

여하튼 이러한 변화가 일어나고 있지만, 그러나 우리 남한에 있어서 아직도 우리들이 이 세계의 변화, 한국의 '남북통일, 우리 민족의 지상과업이요, 그것이 되어야만 우리가 진실로 평화와 자유롭게 살 수 있는 이 중대한 문제에 대해서 아직도 우리가 제대로 말할 자유가 없어. 내가 명색이 한 나라의 대통령 후보(大統領 候補)를 지냈고 현직 국회의원이고 그러지만 이 대목에 가면 상당히 말조심을 하고 있어. 하물며 여러분은 도저히 내가 하는 말 반도 못해. 뿐만 아니라 우리 정부는 국민들에 대해서 터무니없는 편견만 가르치고 있어. 이래가지고 국민을 오도하고 그래 왔어. 지금까지의 이것이 시정되어야만 우리는 통일에 대해서 올바른 국민의 생각이 정말로 공산당의 그 실체감(實體感), 여기에 현명하게 대처할 수 있는 정책이 나오는 것입니다. 덮어놓고 우리에게만 이롭고, 우리에게만 편리한 얘기만 한다고 그것이 정말로 나라를 위하는 길이 아니여. 이번에 서울 운동장에서 브라질의 산토스 팀이 와가지고 축구시합이 있었어. 우리의 축구심판 한 사람이 어떻게 엉뚱한 애국심을 발휘해가지고, 이래가지고 전반전에만 하더라도 산토스 팀한테 열네 번이나 파울을 먹였어. 몸이 안 부딪쳐도 휘슬불고 그리고 우리 쪽이 파울을 해도 파울이 아니라고 해버리고, 이래가지고 흑을 백이라고 하고, 백을 흑이라고 하고 이런 짓을 하고 있다. 이거예요. 이래가지고 나라 망신시키고 축구경기를 망쳐버렸어. 우리 정부가 지금 그런 짓을 하고 있다. 이거예요. 국민들한테 흑을 백이라고 하고, 백을 흑이라 하고 아까 김한수 동지도 말했지만 그러니까 국민이 말을 믿지를 안해. "진짜 흑을 흑이라 해도 저것도 또 백일 것이다. 진짜 백을 백이라 해도 저것도 흑이다. 틀림없이 흑이다." 이러니 국민이 무슨 얘기해도 안 믿는다, 이거예요. 이런 엉터리 심판 같은 짓을 하면 안된다, 이거예요.

지금까지의 南北 양쪽 統一方案

지금까지 한국문제에 대해서, 그러면 남북이 어떻게 얘기했고, 세계가 어떻게 보고 있느냐. 이것을 간단히 여러분께 말씀을 드리겠습니다.

한국, 대한민국 쪽에서는 1948년 8월 15일 대한민국 정부가 수립된이래 6·25때까지는 우리 정부의 통일정책은 북한만의 선거, 이것이었습니다. 남한에서는 선거를 했으니까, 5 · 10선거를 했으니까 북한만 해라, 이것이 정책이었습니다.

6 · 25가 터지고 나서 4 · 19까지 李박사 지배하에서는 북진통일, 여러분들 중에도 북진통일 데모해보신 분들도 많이 있을 거예요. 맨날 북진통일, 북진통일 데모했었습니다. 그러나 4 · 19 이후 張勉 정권부터 60년대 朴정권, 이 밑에서는 유엔감시하에서의 남북 총선거, 이것이 쭉 우리의 통일정책으로 되어 왔습니다.

현실적으로는 아무 실효를 보지 못했습니다. 그래가지고 최근 70년대에 들어와서는 소위 유엔감시하의 남북 총선거를 국가의 방침으로 포기하지는 않고 있지만 서서히 변화하고 있습니다. 그래가지고 작년에는 아예 한국문제를 유엔총회에서 토의도 안하도록 우리가 요청했습니다. 또 朴正熙대통령은 아까 말 같이 재작년 8 · 15선언을 통해서 "김일성이가 남한에 대해서 침략만 안한다면 서로 좋게 얘기하는 것도 괜찮다." 이렇게 말했습니다. 이렇게 대통령이나 정부측에서 자유통일 얘기가 자주 나오기 시작하고, 또 작년 선거를 통해서 야당은 통일문제에 있어서 남북간의 교류를 확대시키고, 이래가지고 종당에는 국제적 협조를 받지만 남북이 민주적으로 통일하는 이러한 주장을 내세우기에 이르렀습니다. 이래서 아직 통일정책이 유엔감시하의 남북 총선거로부터 뚜렷이 전환은 없지만, 이것은 결국 전환해야 하고, 전환하지 않을 수 없다 하는 이러한 단계에 와 있습니다. 우리 정부도 이번에 보면 金溶植 외무부장관이 지나 4월 22일 뉴욕에 있는 유엔본부에서 우방국 대표들과 만찬을 나누면서 소위 3단계 통일론이라는 것을 말했습니다. 제 1단계는 적십자 회담을 성공시킨다. 제 2단계는 적십자회담이 성공하고 남북간에 비정치적인 회담을 한다. 제 3단계로는 비정치적인 회담이 성공하면, 그 다음 성명은 잘 모르겠습니다만, 그 다음에는 정치적 통일을 논의한다. 이런 3단계 통일안입니다. 이 분의 3단계 통일안은 제가 여기 말한 3단계 통일안하고 내용은 다릅니다만 문구는 내 말을 그대로 썼어요. 이분들은 선거 때는 나한테 철저히 반대했지만 내 정책을 상당히 여러가지로 갖다 쓰고 있어요. (웃음)

여러분이 아시다시피 남북교류(南北交流)라든가, 공산권외교(共産圈外

交)라든가, 또 공해문제, 또 농촌, 보리나 쌀 금에 대한 예시가격제도(豫示價格制度)문제, 또는 전 국도(全 國道) 포장에 대한 문제, 거기에다가 이번에 보니까 학력의 제한없이, 과거에는 대학교를 졸업해야 무엇이 되고 하던, 이런 제한의 철폐문제라든가 심지어 사치세 그리고 고급개에게 세금을 붙인다는 것까지 다 갖다 쓰고 있어요. (웃음) 그래 저번에 어떤 신문 보니까 내무부장관이 사치세를 붙인다니까 거기에다 내무부장관 모습을 그려놓고 제 얼굴을 그려놓고, 이래가지고 "내 특허권위반(特許權違反)이다." 이렇게 말했습니다. (웃음)

저는 물론 정부가 제 정책을 갖다 쓰더라도 그것을 마음으로부터 환영하는 것이지 조금도 정부에 대해서 시비하거나 무슨 특허료를 내라고 소송제기할 생각도 없습니다. (웃음)

統一論議는 執權者의 專有物 아니다

다만 우리 정부는 지금 그 통일문제에 대해서, 나중에 설명하겠습니다만, 북쪽에 비하면 좀더 뚜렷하고, 의욕적이고 그리고 세계를 납득시킬 만한 그런 점에 대해서 연구를 해야할 것입니다. 지금 당장 통일이 안된다 하더라도 우리는 통일에 대해서 책임있는 정책을 가지고 있어야 할 것입니다.

뿐만 아니라 국민이 통일에 대해서 자유롭게 논의한다는 것조차 억압하고 마치 통일얘기한다고 하면 공산당 사촌같이 볼려고 하고, 통일얘기는 자기네들끼리만 귀에다 대고 소근소근하려고 하고, 이러한 것은 국민의 지지를 받아서 국토통일을 이룩하려는 정부의 태도가 아니다. 나는 이렇게 생각합니다.

뿐만 아니라 지난번에 우리 국무총리란 사람이 기자회견하면서 "우리 세대에서는 통일이 불가능할 것이다." 이런 망발까지 했어. 우리 세대라는 것은 적어도 앞으로 한 30년 동안 통일이 안 된다는 얘기예요. 나는 이 소릴 듣고 정말로 개탄했어. 통일이 나 자신도 언제 된다고 여러분한테 뚜렷이 말할 수는 없습니다. 그러나 우리가 중요한 것은 국민이 정부에 대해서 그 정부를 믿고, 이 정부를 따라가면 이 정부는 틀림없이 통일한다는 신념을 국민에게 심어주어 야 돼. 우리의 가장 큰 민족의 비원(悲願)인 이 통일이 이룩되어야만 우리는 자유롭게 살 수 있어. 오늘의 이 막대한 국방비로부터, 전쟁의 위협으로부터, 생활의 고난으로부터 해방되려면 우리는 통일이 돼야 돼.

신라(新羅)통일 이래 처음으로 이렇게 30년 동안이나 국토가 분단돼 있어. 이러한데 국민의 뜻을 받들어서 집권자가 국민에 대해서 뚜렷한 통일정책과 의욕을 가지고 나감으로써 이 정부를 따라가면, 저 대통령과 저 총리를 따라가면, 우리가 언제 통일될지 모르지만 통일은 틀림없이 되는 것이다. 이러한 믿음을 갖고 나가도록 정부가 조치를 해야지 노력도 안해보고, 연구도 안해보고, 힘도 안 써보고, 덮어놓고 통일이 가망없다. 이러한 정부는 국민을 배신하는 반국가적(反國家的)인 정부라고 나는 여러분과 더불어 규탄하지 않을 수 없다, 이것입니다. (박수)

북괴의 南北統一 8개 案

북한은, 金日成이는 대개 이런 방향으로 얘기를 해오고 있습니다. 6·25 때까지는 협상통일, 남북협상하자, 이것이 그쪽의 주장이었습니다. 6·25중에는 북쪽도 무력을 가지고 통일하자고 남침해온 것은 여러분이 잘 알고 있는 것입니다.

휴전 후부터 4·19때까지는 중립국 감시하에서 남북총선거(南北總選擧)를 주로 주장해 왔습니다. 4·19 이후 한때 남북연방안(南北聯邦案)을 주장했습니다. 그러다가 1966년 이북에서 7개년 계획이 잘 진행이 안 되고, 그래서 경제적으로 자꾸 좌절이 되고, 남한에서는 한일화담, 월남파병, 존슨 미 대통령 한국방문, 이것이 65·66년에 이루어지자 金日成은 초조해지고, 또 경제적 실패를 전환시킬 절호의 기회를 포착해야 되겠다고 무력에 의한 소위 통일, 남한내에 인민을 봉기시켜서 제 2의 월남화(越南化)를 시도했어. 통일하자 해가지고 아까 말한 청와대 습격도 해보고 또 울진·삼척(蔚珍·三陟)에 공비도 상륙시켰어. 그러나 실패했어. 완전 실패했어. 그러자 70년 제 5차 당대회(黨大會)를 계기로 해가지고 이 정책을 수정하기 시작하더니 작년 4월 12일 우리가 선거를 한참하고 있을 때 소위 남한에 대한 통일의 8개 항목이라는 것을 발표했습니다.

그 8개 항목이라는 것은 ① 주한미군의 철수 ② 남북간의 10만명씩 감군 ③ 통일중앙정부 수립을 위한 총선거 실시 ④ 남한의 정치범석방 ⑤ 한국의 대외조약(對外條約) 폐기 ⑥ 중앙정부 수립에 앞선 남북연방제(南北聯邦制) ⑦ 스포츠, 서신, 예술, 언론인 등 남북교류 ⑧ 이런 것을 협의하기 위해서 남북협상은 판문점이나 제 3국에서 갖자, 이런 안(案)을 냈습니다.

이것도 우리가 볼 때 실현불가능하고 선전위주의 점이 대단히 많이 포함되어 있습니다. 그렇게 하더니 금년 1월 11일 일본 「요미우리(讀賣)신문」 기자를 만나가지고 상당히 큰 전환은 했습니다.

그것은 과거에는 미군철수(美軍撤收)를 제일 먼저 내세우던 金日成이가 이제는 미군철수를 오히려 뒤로 돌리면서 “나보고 미군철수하라 하면 남한 침략하려고 한다 하니까 그러면 먼저 평화협정을 맺고 또 남북간에 부전선언(不戰宣言)하고 군비축소틀 하자” 이런 얘기를 하고 있습니다.

이 金日成이의 제안은 내가 볼 때 국제적으로 한국실정을 영 잘 모르는 사람들 한테서는 상당히, 이것이 선전의 효과를 올리고 있다, 이렇게 보여집니다. 그것은 내가 일본에 가서도 일본의 지식인들 만나거나 또 미국사람 만났을 때도 과거에는 "미군철수를 먼저 내세우는 것은 미군이 없어지면 남한을 침략하려는 것 아니냐” 이러한 말을 했지만 이제는 그거 뒤로 돌리고 그래가지고 金日成이보고 침략하려고 한다 하니까 “나는 침략할 의사가 없으니 먼저 그러면 평화협정(平和協定) 맺고 부전선언(不戰宣言)하고 하자” 이런 식으로 나온다는 것은 국제적으로 볼 때 그럴 듯한 일면이 있는 것입니다. 그러나 이것도 우리가 냉정하니 따지면 선전을 위주로 하고 있습니다. 이 통일에 있어서는 金日成의 지나친 국내 · 국제적인 선전위주의 주장이 통일하는데 하나의 큰 장애물이 되고 있습니다.

여러분이 아시다시피 지금 남북간은 서로 긴장완화, 전쟁억제라는 문제에 대하여 완전히 해결이 안되고 있습니다. 또 그것이 해결되더라도 우리가 통일이 되려면 남북간의 사상으로부터 정치 · 사회 · 경제 · 문화 모든 분야가, 도덕까지도 완전히 이질적으로 발달되어온 이러한 사회가 서로 상당한 교류를 통해서 동질화될 때까지는 시간을 요하는 것입니다. 또 우리가 통일에 있어서는, 이제 우리가 공산당을 완전히 전멸하고 우리만 사는 통일을 생각한다는 것도 불가능하게 되었습니다. 반면에 우리가 통일이 된다고 하더라도, 우리가 공산당에 의해서 우리의 자유가 절대로 희생되지 않는다는 보장이 뚜렷이 서지 않고는 통일이 될 수가 없는 것입니다. 통일이라는 것은 통일 그 자체가 목적이 아닙니다. 국토가 남북으로 하나가 되는 것만이 목적이라고 할 것 같으면 오늘이라도 金日成이 내려오라 하면 통일이 돼요. 그러나 그것이 목적이 아니라 남북이 통일된다는 것은 우리가 자유와 평화와 행복을 상실하지 않고 통일된다는 것이지 공산주의의 노예가 된다는 것을 말하는 것이 아닙니다.

이러한 의미에서 우리는 북한의 金日成 주장에도 많은 문제점과 헛점이 있다는 것을 지적하지 않을 수 없습니다.

韓國統一에 대한 世界 碩學들의 견해

그러면 통일에 대해서 국제적으로는 어떻게 보고 있느냐! 세계의 권위자들이 애기하는 것을 몇 개 소개해 보면, 미국의 부루킹스 연구소의 중국문제전문가(中國問題專門家)인 도크 바네트 교수는 어떻게 말하고 있느냐 하면 "지금 남북간은 무엇보다도 접촉을 확대시키는 것이 제일 중요하다. 통일한국은 아세아의 안전을 위해서 중요한 요건이다. 중공도 아세아의 안전을 원하고 있기 때문에 궁극적으로는 한국의 통일을 반대하지는 않을 것이다. 그러나 자기가 볼 때는 단기적으로는 한국통일은 붙가능하고 오히려 이 단계에서는 유엔의 동시가입(同時加入)을 생각하는것이 현명하다"는 말을 하고 있습니다.

프랑스 파리 대학의 유명한 레이몽 아롱 교수는 "한국통일은 한국사람 스스로가 결정할 문제이고 누구도 이것을 방해할 수가 없다. 그러나 현재 양쪽의 성격이 너무도 뚜렷이 틀리기 때문에 이것이 통일에 대해서 큰 장애물이다." 이렇게 말하고 있습니다.

영국의 세계적으로 권위가 있는 전략연구소(戰略研究所)의 부소장으로 있는 케네드 헌트씨는 "한국의 분단은 당분간 반(半)항구적으로 계속될 것이고, 이러한 분단이 계속적으로 시끄러운 문제를 야기시킬 것이다."

영국의 유명한 역사학자이며, 20세기의 양식을 대표하는 아놀드 토인비 교수는 "중공은 한국에 있어서 미군철수를 강력히 원한다. 그러나 미군이 철수한 데 대해서 중공이 한국에서 미군을 대체하려고 하지 않을 것이고 또 북한에 위협이 오는 것은 반대하지만 북한이 남한을 침략하는 것을 도와주지는 않을 것이다. 그것은 6.25 때 보더라도 유엔군이 38선을 넘었을 때 중공이 비로소 참전했지 38선을 넘기 전까지는 참전 하지 않았다." 이런 것을 지적하고 있습니다. 그러면서 이 토인비 교수는 "한국의 통일은 거의 불가능하다. 그 이유는 어느 쪽 다 상대방의 정권이나 이데올로기에 굴복하려 하지 않는다. 다만 동서독의 예로 보아서 통일 일보 전까지 서로 교류하고 무역을 확대해서 접근할 수가 있을 것이다"라고 말하고 있습니다.

일본의 동경대학(東京大學)에 있는 유명한 중국문제연구가 에도 신기찌 교수는 "한국은 서독과 같이 당분간 현상태유지(現狀態維持)를 해야 할 것이 아니냐." 이렇게 말하고 있습니다. 이분이 이번에 소련에 갔다왔습니다. 소련에 가서 준국보(準國寶) 대우를 받고 왔는데 돌아와서 하는 얘기가 "소련은 한국의 현실에 지극히 만족하고 있다"는 얘기를 들었습니다.

일본의 경응대학(慶應大學)에 있는 한국문제전문가인 미야 오끼라는 교수는 "한국에 있어서 4대국의 보장에 의한 문제의 해결이 필요하다"고 말하면서 로카르노 조약(條約)을 예로 들고 있습니다.

대체적으로 국제적으로는 한국통일에 대해서 낙관하는 견해는 별로 없습니다. 이것을 자세히 살펴보면 일단 현상을 그대로 인정하면서 당분간은 교류를 확대하고 최종적으로는 한국민족이 자기문제를 해결하는 것이 옳다는 견해를 표시하고 있습니다.

지금까지 이와 같은 남북간의 통일전략국제여론(統一戰略國際輿論)을 기반으로 해서 저의 통일에 대한 의견을 지금부터 여러분에게 말씀을 드리고자 합니다.

統一을 三段階로 추진

저는 여러분이 아시다시피 이 나라의 한 국회의원으로서, 또한 작년 대통령 선거에 국민 여러분의 막중한, 과분한 신임을 받은 사람으로서 제가 어떻게 하면 우리 조국의 분단상태를 해결하고, 국민 여러분에게 자유와 평화와 번영의 나라를, 남북을 통해서 만들 수 있을까 하고 여러분과 마찬가지로 고심초사해서 생각하고 또 연구해 왔습니다.

물론 누구도 이 30년에 걸쳤던 이 지난한 문제를 일도양단으로 이렇게 하면 몇 월 며칠 날 된다는 이러한 방안은 가지고 있지 않습니다.

저 자신도 그러한 묘안, 묘방을 갖고 있지 못합니다. 그렇지만 나는 여러가지로 연구한 결과 "한국의 통일은 다음 세 가지 단계로 나누어서 우리가 추진하고, 이 세 가지 단계로 나누어서 추진해 갈 때 어느땐가 멀지 않는 장래에 우리는 통일에 대한 실마리를 찾고 통일을 이룩하고야 말 것이다. 우리가 바라는 자유민주주의 통일을 할 수 있을 것이다."라는 확신과 신념을 가지고 있습니다.

먼저 제 1단계는 우리가 남북간에 평화적으로 공존하고, 우리가 하나로 합치려면 서로 평화적으로 현재 살고 있는 이 자유를 확보해야 합니다. 이 현재 살고 있는 평화적 공존이 없이는 결코 우리 가 더 친해질 수도 없고 하물며 통일이 될 수도 없습니다. 그래서 남북간에 평화적 공존이 해결되면 그다음에는 남북간에 평화적 교류를 확대시켜 나가야 합니다. 그 결과가 확대되어서 동포간에 동질성이 회복되고, 동포애가 회복되고, 신뢰가 회복되고, 이렇게 됐을 때, 우리가 안심하고 같이 살 수 있다는 그러한 여건이 성숙될 때, 조성될 때 비로소 통일의 시대가 온다, 이렇게 3단계로 보고 있습니다.

따라서 남북의 3단계 통일은 평화적 공존, 평화적 교류, 그리고 평화적 통일, 이 3가지 단계로 우리가 보완해 나가야 합니다. 물론 이 단계는 서로 중복된 부분도 있지만 이렇게 편의상 분류해서 얘기할 수 있다, 이렇게 생각하고 있습니다. 이 평화적 공존(平和的 共存)은 먼저 국내에서 평화적 공존을 해야 합니다. 국내에서 평화적 공존이라는 것은 전쟁을 억제해야 해. 긴장을 완화해야 해. 지금 남북간에는 현역 군인만 하더라도 남북이 약 100만, 소위 이북의 노농적위대(勞農赤衛隊), 남한의 향토예비군(鄕土豫備軍)까지 합치면 남북간에 500만의 무력이 지금 대치하고 있습니다.

이런 엄청난 무력, 결코 강대국가라고 할 수 없는 우리의 형편에 이와 같은 거대한 무력이 대치되고 있다. 거기에다가 세계의 최강국들과 양쪽 다 군사적으로 연결되어 있다. 이것은 우리가 심각한 문제로 받아들여야 할 것입니다. 그렇기 때문에 만일 이번에 전쟁이 난다고 할 것 같으면 6·25전쟁이라는 것은 아마 옛날의 장난으로 밖에 안될 것입니다. 이번에 전쟁이 난다면 경우에 따라서는 핵전쟁까지 발전할지 모르겠어요. 핵전쟁까지 안 간다 하더 라도 이제는 이북도 항공기를 많이 갖고 있고 해군도 크게 발전했어요. 모든 파괴력이 6·25 때 비하면 월등하게 늘어났어. 결코 남한도 과거와 같이 안전하지 못할 것입니다. 이래서 남북간에 수 100만의 사람이 또 죽고 남북간의 모처럼의 건설이 다같이 파괴되고, 이래서 우리는 완전히 세계에서 뒤쳐진, 그래서 다시 소생할 수 없는 그런 지경으로 빠져 들어갈 것입니다. 누가 이겨도 결코 승자가 될 수 없는 참담한 파괴 속에서 허울만의 승자가 되고 말 것입니다. 이러한 의미에서 우리는 이 전쟁억제에 대해서 적극적인 정책을 펴 나가야 할 것입니다.

진지한 자세로 戰爭抑制에 힘써야

나는 과거에 국방부에서 국정감사 때도 이 판문점 수석대표를 한국사람이 인수해가지고, 이래가지고 거기 판문점 휴전회담을 통해서 남북이 서로 지금 전쟁준비, 침략준비, 만일 이런 것이 있다 할 것 같으면 서로 허심탄회하게 또 적극적으로 증거를 대서 논의해가지고 전쟁의 가능성은 제거해야 한다, 이런 것을 주장했습니다.

朴正熙 대통령이 지난번에도 인정한 바와 같이 이북은 군사력에 있어 결코 남한에 뒤지지 않고 있습니다. 항공기는 우리의 배며, 남한보다 배가 많습니다. 물론 남한에는 미군이 있기 때문에 이것이 보완이 되고 있습니다만, 양쪽만 얘기하면 그렇게 되어 있습니다. 해군은 우리가 톤수

가 많지만 오히려 한국 연안에서 쓸 수 있는 쾌속정 같은 것은 이북이 훨씬 많습니다. 또 이북이 지금 육군도 수적으로는 우리보다 적지만 이것을 전쟁에 대비해서 굉장히 강화시켰다는 것도, 여기서 내용을 밝힐 수 없지만, 국정감사를 통해서 보고를 받고 있습니다.

이러기 때문에 우리는 이제는 결코 6 · 25 때 유엔군이 와서 이북을 올려 칠 때와 같은 그러한 생각가지고는 전쟁을 할 수 없는 것입니다.

이런 의미에서 우리는 전쟁이 다시 안 일어나게 적극적인 노력을 해야 할 것입니다. 그러기 위해서는 남북간에 전쟁억제를 위한 유일한 통로인 판문점 휴전회담(休戰會談)을 적극적으로 활용할 필요가 있다, 이렇게 생각하고 있습니다. 또 그 이외에도 우리가 전쟁억제를 위해서 어떠한 제안이 있다 할 것 같으면 그것이 북쪽에서 했건 남쪽에서 했건 우리는 이것을 진지하게 검토해가지고 전쟁억제에 활용하는 그러한 아량과 슬기로움으로 민첩한 정책적 자세틀 가져야 할 것입니다.'

물론 우리가 전쟁을 억제하기 위해서는 우리가 가지고 있는 군대를 가장 정예군대로 만들어서 민주주의 이념에 투철하고, 우리 군대가, 왜 우리가 이렇게 싸워야 하느냐 하는 그 신념을 확고히 가진 그러한 군대, 군대 내부에 인사문제라든가 기타 말썽이 없고, 부패가 없고, 엇그저께 신문발표한 것 같이 조달본부에서 부정을 해가지고 사병들이 신는 구두라든가 입는 피복이라든가 이런 것을 엉터리로 지급하고 거기서 돈을 떼먹고 하는 이런 부패가 없어져야 할 것입니다.

이래서 우리 국방태세를 튼튼히 갖추고 미국과의 한미방위조약(韓美防衛條約)을 적어도 한국의 안전이 확실히 보장될 때까지는 강력하게 유지해 나가야 돼야 합니다.

독일의 빌리 브란트 수상이 동방정책(東方政策)을 실시해서 소련과 폴란드와 동구 여러 나라와 접촉하면서도 NATO는 절대적으로 놓지 않고 미군 주둔을 그대로 붙들고 늘어지는 것을 여러분이 똑똑히 알아야 할 것입니다. 그것은 그 미군이 있으므로 해서 전쟁을 하는 목적이 아니라 평화를 지키기 위해서 그 무력이 필요하기 때문에, 힘의 균형이 필요하기 때문에 그런 것입니다.

물론 북한에는 지금 중공군(中共軍)도 없고 소련군도 없습니다. 그러나 그것은 하나의 형식에 불과합니다. 중공군과 소련군은 압록강만 건느면 마치 한 국토와 마찬가지로, 압록강 거리가 몇 미터입니까? 그러나 미군은 일단 태평양 건너가면 다시 오지 않습니다. 그렇기 때문에 이 문제에 대해서는 우리가 "북한에 외군이 없으니까 남한에 외군이 있다는 것은 말이 안된다." 이런 식의 金日成의 주장이 라든가, 그런 것은 받아들일 수 없다, 이것입니다.

好戰性 불식하고 非常事態 철회하라.

동시에 우리는 평화를 위해서 모든 성의를 다하고 세계가 볼 때 대한민국이 정말로 남북간의 평화를 위해서 노력하고 있다는 이 증거와 이 인식과 그 믿음을 주어야 합니다. 그렇지 않고서 우리가 세계로부터 호전국가, 전쟁이나 좋아하고, 월남서도 전쟁나면 한몫 끼자, 캄보디아에서 전쟁 나니까 우리도 한 다리 넣어달라, 이래가지고 마치 전쟁만 나면 명동깡패 같은 이런 인식을 주어서는 안된다. 이것입니다. (박수)

또한 金日成이가 남한을 침략한다고 하는 것은 3천만이 다 알고 있어. 그러나 작년 겨울에 쳐내려오지도 않을 것을 쳐내려온다, 떠들어가지고 이래가지고 비상사태(非常事態)를 선포해 가지고, 이렇게 해서 마치 이 나라가 내일 모레 전쟁날 것같이 떠들어대고, 이것은 완전히 국제적으로는 대한민국이 오히려 전쟁도발하려고 하는 것 같은 이러한 인상을 주고 있다, 이거예요. 완전히 대한민국이 전쟁에 열중하려고 하는 것 같은 이런 인상을 주고 있어. 金日成이는 그 헛점을 이용해가지고 지금 평화공세(平和攻勢)를 취하면서 완전히 대한민국을 두들겨 치고 있는 거예요. 우리는 대한민국 안에 있으니까 모른다, 이거예요. 이래가지고 국민을 공포 속으로 몰아 넣고. 이 사람들은 말이 자꾸 바뀌진다, 이거예요. 재작년 70년도에는 내가 대통령 후보지명을 받으니까 "4월, 5월 선거하니까 그때는 金日成이가 쳐내려오는데 4월, 5월은 풀이 무성하니까 풀밑으로 기어서 내려온다" 이러더니 작년에는 또 "겨울에 온다" 이거 에요. "왜 겨울에 오느냐. 임진강 얼음어니까 겨울에 온다" 이거예요. (웃음) 역사 이래 대한민국에서 임진강에 얼음 안 어는 해가 있느냐, 이거예요.

(웃음) 이런 식으로 해요. 여러분이 아시다시피 지난 4월 15일이 金日成 환갑인데, 환갑날 金日成이가 서울에서 환갑지낸다, 이거예요. 언제 金日成이 만나고 온 것 같이 얘기하고 있어. (웃음) 그래 내가 지난 3월 11일 천도교회관(天道教會館)에서 강연할 때 "이제 한 달 남았으니까 두고 봐라. 金日成이 서울에 오나 안 오나. "못 온다, 이거예요. 그럼 여러분 누구 말이 옳은가. 여러분 알 것 아니냐, 이거예요. 오늘이 6월 6일 아닙니까? 4월 15일부터 벌써 약 50일이 지났어. 金日成이 안 왔어. 못 온단 말이예요. 이러한 터무니없는 소리하고 있어. 이 사람들은 또 그럴거 예요. "우리가 비상사태선포(非常事態宣布) 했으니까 김일성이가 못 왔지 않느냐." (웃음) 그것은 마치 남의 집에 가서 "집에 쌀곡식이 좀 있으니까 모두 팔아서 술먹고 옷 해 입고 하자. 안그러면 한 달 후에 너의 집에 도둑놈 들어온다. " 이래가지고 주인 들 볶아가지고 쌀곡식 다 없애버리고 한 달 후에 그 사람이 "우리 집에 도둑놈 안 오지 않았느냐" 하니까 "곡물 없애버렸기 때문에 도둑놈 안 오지 않았느냐"(웃음). 이런거나 마찬가지다, 이거예요.

韓半島의 安定을 원하는 소련과 중공

결국 김일성도 안 내려왔고, 金日成이 쳐내려올 수 없고, 그동안에 닉슨이 중공 가고 소련 가고 세계는 자꾸 평화의 방향으로 가고 더구나 소련과 중공은 김일성에게 절대 남침(南侵)을 못하게 하고 있어. 만에 일이라도 전쟁의 도발을 못하게 하고 있어. 이것은 분명해. 왜? 만일 여기서 金日成이가 쓸데없는 불장난 하면 일본이 재무장(再武裝)한다, 그 말이여. 지금 일본은 재무장하고 싶은데 구실이 없어서 못한다, 그 말이예요. 그것은 완전히 일본한테 구실을 준다, 이 말이여. 그래서 소련이나 중공은 金日成이 남침을 절대로 못하게 하고 있어. 일본 재무장이 무섭다, 이 말이예요. 아까 말한 에도 신기찌 교수가 소련 갔을 때 소련 사람들이 얘기 하더라는 거예요. "소련은 남한의 현재의 상태에 100%만족이다. 공산통일 바라지 않는다." 이거예요. 중공(中共)의 周恩來도 미국의 「뉴욕 타임즈」 부사장(副社長) 제임스 레스턴을 만나서 "한국에서는 아직도 남북간의 평화가 없다. 그러니 남북간에 평화협정(平和協定) 맺어가지고 전쟁없이 살아야 한다." 이렇게 말하고 있어요.

"지금 당장에 남한이 통일되어야 한다. 공산당이 쳐내려간다. " 이런 소리 안한다, 이거예요. 자꾸 그런 짓 해봤자 지금 미국이 어떤 나라요? 아직도 세제 1등으로 센 나라여. 한국에도 미 공군이 있고, 미 육군이 아직도 4만이 있고, 해군이 언제든지 온다, 말이예요. 오끼나와에 아직도 후방기지(後方基地)가 있고 여기에 金日成이 쳐내려왔다가는 이북이 쑥대발 된다, 이거예요. 전쟁해봤자 못이겨. 이런 것 다 알면서 괜히 쳐내려 온다고 떠들어가지고, 이래가지고 그동안에 완전히 얼렁뚱땅 해가지고 국회는 6개월 동안 완전히 문닫았고, 아까 金漢洙동지가 말했지만 언론자유라는 것은 민주주의의 생명이여. 여하튼 지금 세계가 어떻게 돌아가고 한국이 어떻게 돌아가는줄 몰라. 한국 사람들이 요새 한국 일은 모르고 남의 나라 일만 안다, 이거예요. 무슨 영국에서 윈저 공(公)이 죽고, 심프슨 부인이 어떻고, (웃음) 金弘壹당수가 단식투쟁을 하는데, 올해 75세가 되셨어요. 그 노인이 5일 동안 단식투쟁을 해도 사진 한 장 안 나. 신문에 몇 자 나도 그것은 곤충알 같은 작은 것이기 때문에 현미경 가지고 보아야 한다, 이거예요. (웃음) 그래야 겨우 볼 정도여.

모든 言論은 朴政權의 官報

야당의원(野黨議員)들이 역사상 처음으로 국회에서 중앙청까지 데모를 했어. 어디 사진이 뭐요. 글자 서너 개 났다, 말이예요. 이래놓고 일제시대 리꼬오랑이란 그 배우가 한국에 왔다 갔다고 하니까 그것이 무슨 뭐 별거 라고 가서 인터뷰해가지고 신문에 대문짝같이 내고 비행장에 내리니까……아마 여러분 중에 요새 신문에서 야당사람 사진 본 일 있어요? 없다 말이예요. 전부 텔레비고 뭐고 다 못나. 이런식으로 해서 언론 탄압 해가지고 완전히 지금 암흑세계를 만들고, 지금 어디 이 나라에 신문이 있소? 신문이라는 것은 권력에 대해서, 부정에 대해서 비판하고 항쟁하는 것이 신문이여. 그렇기 때문에 신문은 제4부(第四府)라는 말을 하고 있어. 민주주의 국가에는 3「피(P)」가 있다. 파아티 · 파알리아멘트 · 프레스, 정당과 의회와 신문, 이 3가지 「피」중에서 그중에서 프레스, 신문(新聞)만 자유가 있고, 신문만 공정한 보도를 한다고 할 것 같으면 그 나라는 절대 망하지 않는다 할 정도예요.

"언론의 자유를 택할 것이냐, 나라를 택할 것이냐 하면 서슴없이 언론의 자유를 택하겠다"고 미국 건국(建國)의 원로 중의 한 사람이었던 토마스 제퍼슨이 말했어. 보는게 아니지만 신문 없어요. 더구나 국내신문 하나도 없단 말이예요. 누가 농담으로 말하기를 지금 동아일보(東亞日報)가 아니라 「동아 타임즈」, 「뉴욕 타임즈」처럼 외국신문이다, 이거예요. 전부 외국기사만 쓰니까. (웃음) 무슨 「워싱턴 포스트」를 「중앙 포스트」, 중앙일보(中失日報)가 아니라 「중앙 포스트」라 이거예요.

이 신문들이 국내 기사 쓰는 것은 전부 박정권 잘한다, 박대통령 사진 안 난 날 없고, 박대통령 기사 안 난 날 있느냐, 이거예요. 이래가지고 완전히 신문이 아니라 관보란 말이예요. 우리 들은 관보를 돈주고 사보고 있는 거예요. 지금 비판의 자유가 없어. 이런 짓을 하고 있어.

결국 "비상사태 선언이다. 이북이 쳐내려온다." 하는 것은 한마디로 말해서 그때 실미도 사건(實尾島 事件)이요, 사법파동(司法波動)이요, 광주대단지 사건(廣州 大團地 事件)이요, 조세저항(祖稅抵抗)이요, 칼 빌딩 사건이요, 막 터져 나왔어. 박정권의 부정부패에 대한 숙청을 요구하고 국민들이 자기 권리주장을 하니까 박정권이 겁이 난다, 이거예요. 양차 선거해 보니까 국민들이 엉뚱하니 지지 안해. 이렇게 되니까 자신이 없어. 이래서 박정권이 자기 정권을 유지하기 위해서 가장 손쉬운 것이 金日成, 가장 말하기 좋은것이 공산당이여. 그러니까 곧 쳐내려 온다고 거짓말 해가지고 이런짓 한 거다, 이거예요. 다시 말하면 비상사태라는 것은, 총력안보라는 것은 대한민국이 비상사태가 아니라 박정권이 비상사태고, 대한민국을 위한 총력안보가 아니라 박정권 자체를 위한 총력 안보라는 것을 여러분이 알아야 한다, 이거예요. (「옳소!」· 박수)

슬기로운 지혜로 四强保障 얻어야

이러한 엉뚱한 짓을 해가지고는 우리가 전쟁을 억제 하는데 절대로 도움이 안된다, 이거예요. 결국 이런 짓 해가지고는, 불장난 해가지고는 金日成이가 전쟁 일으키는데 하나의 구실밖에 안준다, 이거예요. 김일성이는 정말로 그것을 역이용(逆利用) 할 수가 있다, 이거예요. 그렇게 되면 세계가 볼 때 우리가 전쟁 먼저 했다고 몰아 세워도 우리가 그 구실을 주고 있는 거예요.

여러분! 보시요. 지금도 6 · 25를 세계에서는 남쪽에서 쳐올라 갔다고 생각하는 사람들이 굉장히 많습니다. 일본에 가면 대부분의 지식인들이 지금도 그렇게 글 쓰고 있어요. 이런 상태여.

이러한 국내적 공존, 그리고 국제적 공존을 위해서는 내가 선거시기에 얘기한 4대국에 의한 한국에서의 부전보장(不戰保障)을 우리가 추진해야 돼. 아까도 말했지만 한국에서 직접 전쟁을 할 능력이 있고, 한 나라들이 어느 나라냐? 우리 외에 청일전쟁 때 중국과 일본이었습니다. 노일전쟁(露日戰爭) 때 로서아와 일본이 전쟁을 했어. 6 · 25 때 미국도 한국서 전쟁을 했어. 결국 이 네 나라가 한국서 전쟁을 했고, 지금도 이 네 나라 중에 세 나라, 미국과 소련과 중공은 남북 양쪽에 대해서 군사 동맹 맺고 있고, 일본도 사실상 헌법에 무장이 금지되어서 그렇지 남한의 안전과 밀접한 관계를 갖고 있는 것은 사또 · 닉슨 회담(會談)의 성명을 보더라도 여러분이 알 수 있다, 이거예요.

그렇기 때문에 이 4대국(四大國)은 한국에서 전쟁을 일으킬 수도 있고, 전쟁을 안 일으킬 수도 있고, 전쟁을 막을 수도 있다. 내가 지금 알기에는 미국과 소련은 서로 암암리에 짜가지고 남북양쪽에 군사원조를 하되 그 군사원조가 서로 남쪽과 북쪽에서 쳐들어 오는 것을 막는 데는 족하고, 쳐들어 가는 데는 부족할 정도로 밖에 안준다, 이거예요. 둘이 짜고 그렇게. 하고 있어요.

이렇게 해서 지금 이미 한국에서 전쟁억제를 위해서 양쪽이 협조를 하고 있어. 중공도 여기에 의사를 표시하고 있어. 일본도 물론 그렇습니다. 또 한국의 통일도 이 네 나라가 협조를 할 때 비로소 통일이 순조롭게 되는 것이며. 그렇지 않고는 어쩔 수 없이 우리가 영향을 받아가지고 통일이 대단히 어려워진다. 그거는 이조 말엽에 우리가 이 강대국가들의 영향을 받아가지고 결국 최후에는 미국의 태프트 육군장관(陸軍長官) (후에 대통령이 됨)이 일본의 가쓰라 수상(首相)을 만나 가지고 소위 「태프트 · 가쓰라 밀약(密約)」을 맺었어. 둘이 우리도 모르는 사이에 비밀리에 "미국은 필리핀 먹어라. 우리는 한국 먹겠다." 이래가지고 갈라 먹었다, 이거예요. 그래서 한국은 억울하게, 할 수 없이 을사보호조약(己巳保護條約) 맺고 한일합병(韓日合併)당한 거예요.

東西의 지도자들이 주장하는 四强의 協調

그렇기 때문에 우리는 똑바로 보고 이런 강대국가들이 가는 방향을 잘 이용할 줄 알아야 해! 이것이 나라를 책임진 사람들의 할 일이다, 그 말이예요. 이럼으로써 우리는 이 4대국가가 공동책임을 지고 한국에서 전쟁을 억제하고, 공동책임을 지고 한국의 통일에 협조하도록 서로 이해를 대립시켜가지고 한국에 손을 못 대게 하는 그런 슬기로운, 이 「체크 엔드 발란스」라는 이러한 정책을 촉진해 나가야 할 것이다, 이렇게 내가 주장을 하고 있는 것입니다. 내가 선거 때 이 말을 했을 때도 공화당은 굉장히 반대를 했습니다. 그러나 그후로 보십시오. 내가 주장한 이 4대국 문제(四大國 問題)는, 이 아세아에 있어서의 4대국의 협조가 있어야 된다라는 문제는 周恩來와 제임스 레스턴의 말에도 4대국 불가침조약(四大國不可侵條約) 문제가 나왔어. 닉슨 대통령과 사또 수상도, 4대국의 협조가 있어야만 아세아에서 평화가 있다고 말했어. 「뉴욕 타임즈」지는 지난 2월 20일자 사설에서 아세아 특히 한국에서의 평화는 4대국의 협조가 있어야 된다고 그랬어. 엇그제도 보면 주일미국대사(駐日美國大使)를 지낸 하바드대학의 라이샤워 교수가, 이분이 처음에는 나의 4대국 부전보장론(四大國不戰保障論)을 반대 했어. 그러더니 작년에 내 집에 와서 한 두어 시간 나하고 이야기하고 간 뒤로는 이번에 미국에서 하바드의「게리가 위원회」에 나가서, 공청회에서 한국에서 4대국이 협조해서 전쟁을 억제해야 한다고 그렇게 말했어. 일본의「아사히 신문(朝日新聞)」도 나의 이러한 주장을, 거가의 부주필이 나하고 이야기하고, 하나의 방침으로 채택을 하고 있어. 지금 박대통령은 이 나의 4대국 전쟁억제보장론을 정초에 연두 기자회견에서 심히 공격을 하고, 무려 19분이나 이 문제 가지고 비난을 하면서 "그런 말하는 사람은 얼빠진 사람"이라고 말합디다. 만일 내가 얼빠진 사람이라면 아마 세계에는 닉슨 대통령 이하 얼빠진 사람 투성이일 것입니다. (웃음) 여러분이 두고 보면 알겠지만 이 문제는, 한국의 진실한 안전보장은 그런 길로 나가게 된다는 것을 여러분이 시간을 두고 보면 알 거예요.

작년 선거 때 내 말을 어느 정도 곧이 들었는지 모르지만 그후로 세계가 돌아간 것이 그대로 내가 말한 것과 크게 틀리지 않다 하는 것을 많은 사람들이 알고 있습니다. 朴正熙씨 보다는 조금 더 앞을 본다고 알고 있습니다. 그렇기 때문에 여러분이 이 문제를 더 두고 보면 알 것입니다.

고려해야 할 南北 동시 유엔 加入

동시에 나는 우리가 현실적으로 이 냉혹한 국제적 현실, 또 우리가 처한 현실을 바로 보아야 한다, 이렇게 생각하고 있습니다. 남북간의 분단된 이 상태는 우리 민족이 원하는 바가 아니지만 30년 계속되었고, 앞으로도 당분간 계속되는 것을 막을 수가 없다, 이거예요. 또 아까도 말했지만 남북간의 현실, 독재적 현실은 한반도의 통일을 그렇게 빠른 시일 안에는 불가능하게 만들고 있습니다. 따라서 우리는 유엔에서 북한이 출석하느냐 못하느냐 하는 문제가 있고, 아마 금년 9월에도, 만일 이번에 한국문제 토의가 다시 1년 보류되지 않으면, 북한의 유엔 출석문제(出席問題)가 표결될 것입니다. 내가 지난번에 미국가서 미 국무성의 마샬 그린 차관보(次官補)를 만나가지고 이 북한출석 문제를 물었을 때 그 사람 말이 "중공의 태도 여하에 달려 있다. 이제는 미국도 더 이상 막을 힘이 없다." 이것입니다.

일본은 일단 금년에도 보장하는 정책을 세우고 있지만 만일 표결로 들어갈 때에는 작년에 중공문제를 그렇게 했다가 낭패를 보았기 때문에 일본이 기권할 가능성이 많아. 영국이나 불란서는 오히려 북한의 출석에 찬성할 가능성이 많습니다. 표결하면 북한이 유엔에 나올 가능성이 많다, 이거예요.

유엔에서 침략자로 규정했던 중공이 당당히 3분지 2 찬성으로 가입하고 유엔 안전보장이사회(安全保障理事會)의 상임 이사국이 됐어. 그런 마당에 북한보고 유엔에 못 나오게 할 그런 명분이 안 서게 되어 있다, 이거예요. 세계에서 그 말이 안 먹혀들어가, 이제는.

뿐만 아니라 나는 우리가 구태여 북한이 유엔에 나오는 것을 막기 위해서 막대한 국비(國費)를 쓰고 정력을 쏟아가면서 할 필요가 없다, 이거예요. 우리가 지금까지 20여년 동안 북한이 유엔에 나오는 것을 막았어. 매년 표결해서 이겼어. 작년만 보류하고 20년 동안 이겼어. 20년 동안 이겼지만 무슨 소득이 있었느냐, 이거예요. 결국 막대한 우리들의 정력과 국비를 소모한 것 외에는 아무 소득이 없었다, 이거예요.

유엔에서 우리가 이겼다고 해서 김일성이는 우리 한테 미안하다고 단 한마디라도. 절한 일이 있느냐? 단 10원이라도 무슨 보상을 해준 일이 있느냐? 이래가지고. 세계를 돌아다니면서 우리 동족끼리 욕하는 것 밖에 안되었어. 5만이나 10만 인구 가지고 유엔에 가입한 새까만, 나라 이름도 잘 모르는 사람들, 유엔 복도를 맨발로 걸어 다니는 사람들, 이런 사람들한테까지 가서 머리 숙이고 절하고, 돈주고, 선물하고 이래야 한다, 이거예요. 이따위 짓을 우리가 왜 여태 해왔느냐? 결국 우리가 고개 숙이면 숙일수록 우리의 국제적 지위만 낮아진다, 이거예요. 그리고 남이 볼 때는 동족끼리 서로 욕하는 치사스러운 사람으로밖에 안 보인다, 이거예요. 이럴 필요없다, 이거예요. 동시에 우리는 통일될 때까지 우리가 독일의 예에 따라서 남북간에 유엔에 가입하는 것을 고려해 보아야 한다, 이거예요.

지금 이 정책은 남북이 다 반대하고 있어. 그렇지만 우리가 유엔에 가입하는 것이 무슨 통일에 장애가 되느냐? 우리가 유엔 가입할 때 남북이 통일되면 언제든지 한 나라 된다. 서로 좋은 얘기 아니냐, 이거예요.

지금 소련 연방(聯邦) 같은 것은 소련도 가입하고, 우크라이나도 가입하고, 백(白)러시아도 가입 하고 있어요. 유엔 가입이라는 것이 그렇게 우리 통일에 장애물이 될 수 없어. 뿐만 아니라 언제 될 줄 모르는 통일 놓고 유엔 가입 안하고 있으면, 남한의 3천 2백만만 하더라도 세계에서 20째 되는 국가여. 세계 130개 국가 중에서 20째 인데 이게 130째 제일 꼴치 붙어가지고 도처에 고개만 숙이고 다닐 필요가 뭐가 있느냐, 이거예요.

우리가 유엔에 가입하면 앞으로 공산국가와도 외교를 할 수 있고, 통상도 할 수 있고, 지난번에 金慈璟씨 등 모스크바 가려고 하다가 못 갔지만 그때는 당당히 갈 수 있어. 안 보냈다가는 큰일나. 아세아 우리 자유국가(自由國家)들하고 10여 국가가 합치면 중공하고 소련이 맨날 유엔에서 기웃대. 우리한테 표 달라고 고개 숙이면 우리가 큰소리도 할 수 있어.

왜? 우리가 이렇게 세계에서 천대 받고, 이렇게 해서 맨날 윽박지르고, 마치 무슨 병신 취급당하고, 이러면서 우리가 이러한 상태를 계속할 이유가 없다, 이거예요. 이것은 어리석은 생각이여.

이러한 쓸데없는 명분, 환상에 사로 잡혀가지고 있는데 불과하다. 이거예요. 물론 우리가 가장 바라는 것은 통일이지만 그것이 시간이 걸리고 불가능할 때는 이런 의미에서 이와 같은 정책을 취할 필요가 있다, 이렇게 생각을 하고 내가 여러분에게 분명히 말할 것은 앞으로 2, 3년 안가서 나의 이러한 주장이 현실문제로, 지금 반대하고 있는, 대한민국 정부도 반대하고 있는, 김일성이도 받아 들이지 않을 수 없는 그런 시대가 온다는 것을 여러분이 아시고 그때는 여러분이 나의 이런 말을 다시 한번 생각해 주시기 바랍니다.

南北交流로 同胞愛 回復

다음에 제 2 단계로는 이러한 국내적 · 국제적 공존이 성취되면 우리는 남북간에 평화적 교류를 확대시켜 나가야 할 것입니다.

지금 적십자회담을 하고 있습니다. 이것이 성공되기를 아까 말씀과 같이 바라는 것입니다. 동시에 우리는 더 많은 교류를 위해서 체육교류 문화적 교류, 예술, 방송, 종교교류(宗教交流)까지 확대시켜 나가야 할 것입니다.

공산권 하고도 외교하려고 하지 않느냐? 하물며 우리 민족끼리 남북 간에 교류를 못할 게 없다, 이거예요. 나는 이러한 남북간의 교류를 확대시키기 위해서, 또 남북간의 전쟁을 억제 하기 위해서 남북간에 정부 레벨이 아닌 민간 레벨에서 남북간에 어떠한 협의기구를 만들어 가지고 거기서 다루어 나가는 것도 하나의 방법이다, 이렇게 생각을 하고 있습니다.

이러한 남북의 교류는 통일을 위한 절대적인 요건이며, 통일이 되려면 우리는 서로 남북이 동질성을 유지해야 돼.

우리가 이렇게 앉아서 말이 통하고, 내가 무슨 말을 해도 여러분이 같이 웃고, 여러분이 일제히 박수칠 수 있는 것은 여러분과 나와 모든 사람들이 동질성을 갖고 있기 때문이여. 농담도 같고, 생각도 같고, 음식도 같고, 우리들의 습관도 같기 때문에 말이 통하는 거여. 지금 남북처럼 정부체제로부터 모든 것이 다르고 이래가지고는 통일을 하더라도 같이 살아야 살 수도 없게 돼 있어. 그렇기 때문에 접촉해 가는 과정에서 서로 남북이 상호간에 영향을 주고, 이래가지고 누가 이기고 진 것이 없이 자연스럽게 영향을 주는 가운데 자꾸 가까와 지는 거예요. 그러는 가운데 서로 동포애가 회복되고, 또 믿음이 생기고, 증오심이 가셔지고, 이렇게 해서 통일이 되어야만 우리가 안심하고 살 수 있다, 이것입니다.

지금은 공산당이라고 하면 악마와같이 보이고, 저 놈한테 눈만 팔았다가는 눈알까지 빼 갈 놈이다. (웃음) 어린애들은 공산당이라고 하면 마치 무슨 도깨비같이 보고, 이래가지고 사람이 아닌 것 같이 이렇게 생각하고 있지만 공산당도 사람이여, 우리와 같이.

變化하는 共産陣營

여러분! 공산당이라고 해도 결국 같이 부딪쳐 보면 완전히 다른 점도 있지만 별것도 아닌 거여. 지금 동구라파(東歐羅巴)하고 다니는 것 보시요. 처음에는 일본이나 미국이나 마찬가지여. 스탈린시대 소련 보시요. 그러던 것이 소련이 지금 어떻습니까? 처음에는 가족제도를 부인하다가 지금은 대가족제도를 장려하고 있어. 이래가지고 소련서도 교회에 사람들이 나가고, 혁명한지 60년이 지나도 교회를 부인할 수가 없어. 젊은이들은 이제는 전부 생활의 향락에 머리를 쓰고, 동구라파에 가면 여기하고 똑같이 미니 스커트 입고, 고고춤 추고, 이 래가지고 젊은이들이 자유롭게 데이트해서 자유롭게 교제하고, 일본신문을 보니까 체코와 폴란드 갔다온 기자가 말했는데 소련 같은 데서도 과거에는 결혼도 전부 당(黨)의 허가가 있어야 했어. 남녀교제도 허가했었어. 만약 허가없이 했다가는 자격이 박탈되고 시베리아로 쫓겨 났었어. 지금은 젊은이들끼리, 자유롭게 만나. 어떤 예를 들어주는데 한 쌍의 젊은이가 둘이 동거생활을 하고 있어. 그런데 결혼은 안한다는 거예요. 결혼 안할 조건으로 동거 생활하고 있어. 그래가지고 그 신문기자 만났을 때 남자가 여자한테 말하기를, 둘이 함께 살면서, "너는, 장차 이런 남자가 너의 것이 될 것이다"는 말을 했다는 거예요. (웃음) 말하자면 이럴 정도로 소련도 많이 변했다는 것입니다.

공산주의라는 것도 결국 서로 부딪치고 특히 자유세계와의 접촉을 통해서 자유의 바람이 들어 가면 크게 변화되는 것이다. 그런데 공산당으로서 그것을 안할 수 없는 것이 자유를 억압하고 언제까지나 그대로 끌고 가면, 지금 중공이나 북한같이 초기 단계의 농업경제(農業經濟) 같으면 가능하지만 고도의 기술을 발휘하는 이 기술경제의 단계로 들어가면 자유를 억압해가지고는 기술의 창달이 없다, 이거예요. 그렇기 때문에 공산당도 억압을 못하는 거여. 다 완전한 것 같아도 무언가 보면 새 구멍이 있어, 구멍이 보이게 돼 있어.

이래서 우리가 두려워 하지 않고 자신을 가지고 공산주의와 부딪쳐가면, 우리의 자유바람이 북한으로 불어가게 해가지고 북한을 변화시킬수도 있는거여. 이렇게 생각하고 있습니다.

이렇게 해서 서로 동질성이 보일 때 통일이 되는 것인 만큼 이러한 평화적 교류는 지극히 중요한 것이고 적극적으로 추진시켜 가야해. 이래서 이러한 평화적 교류가 경제적 교류까지 확대되어서, 이렇게 해가지고 내가 추측하기에는 빨라서 5년, 아마 한 10년쯤 가며는 남북간에 국제정세의 변화와 더불어 상당한 변화를 해서 지금 생각해서 옛날 같은 그러한 상태가 될 것입니다. 완전히 달라진 상태하에서 그다음에 제3단계로 정치적 통일은 여러가지 방안이 있습니다. 유엔 감시하의 남북총선거(南北總選擧), 남북연방제(南北聯邦制), 중립국 감시하에서의 총선거. 또 한국의 중립화 등등 여러가지 있어요. 내가 이번에 우리 나라의 저명한 통일문제연구가하고도 토론했습니다만 내가 그분과 의견을 교환한 결과 그분도 전적으로 동감이었습니다.

三大原則 전제로 自主統一 지향

우리는 이 통일문제에 대해서 지금 미리 이런 통일방안이어야 한다, 이것을 고집할 필요는 없다. 이것은 아직도 시일이 있고 세계의 변화와 국민의 자유로운 구상과 결심을 들어보고, 지금 국민은 남북간의 통일에 대해서 자유로운 의사표시를 한번도 못하고 있어. 그 의견을 들어보고 그래가지고 가장 남북의 국민들이 그 의견을 지지하고 또 세계의 여건 속에서 가장 합당한 통일방안은 무엇이냐, 이것은 우리가 시일을 두고 서서히 연구하는 것이 오히려 신중하고 현명하고 유익한 방법이다, 이렇게 나는 생각하고 있습니다.

다만 한 가지 분명한 것은 우리는 통일에 대해서 3가지 원칙은 포기 할 수 없다. 하나는 평화적통일, 하나는 자유있는 통일, 하나는 민주주의적 절차에 의한 통일, 이 세 가지는 절대로 포기할 수 없어. 이것이 통일에 대한 우리의 기본원칙 입니다.

이러한 원칙을 가지고 국제적 협조 밑에, 국제협조라는 것은 유엔도 될 수 있고 강대국가도 될 수 있어. 우리 민족이 자주적으로 통일해 나가는 이런 길이 필요할 것입니다. 나는 이 기회에 유엔 감시하의 남북 총선거의 우리의 방안은, 이것은 재고되어야 한다는 것을 여러분에게 분명히 말씀드립니다.

유엔 감시하의 남북총선거라는 것은 그당시의 유엔이 미국의 유엔이었어. 그때는 미국이 마음대로 했어. 그러나 지금은 유엔도 크게 달라졌습니다. 중공이 미국의 반대에도 불구하고 3분지 2 지지로 가입하는 그런 상태여. 따라서 우리가 그러한 유엔에 대해서, 한국이 어디가 붙어있는지 잘 알지도 못하는 그런 유엔을 믿을 수 없다, 이거예요. 여러분이 아프리카의 나이로비라는 나라 아십니까? 나이로비가 어디 있는지 아는 사람 몇 없습니다. 그 사람들은 우리를 그렇게 생각하고 있어. 한국에 글자가 있느냐? 한국 사람이 일본말 하느냐, 중국말 하느냐? 이렇게 묻고 있어. 그런 사람들한테 우리의 통일을 맡길 수 있습니까? 맡길 수 없다, 이거예요. 그렇기 때문에 우리 민족이 자주적으로 통일해 나가자, 이거예요.

다만 국제정세를 무시할 수 없기 때문에 국제정세 완화에 적응해 나가야 한다, 이렇게 생각하고 있습니다.

이제 시간도 없고 해서 결론의 방향으로 말씀하면 이러한 3단계의 통일안, 이것은 우리 한국의 현실에 비추어서 안정성 있고, 가장 착실하고, 그리고 국민이 납득할 수 있는, 국제적 지원을 받을 수 있는 통일방안이다, 이렇게 굳게 믿고 있습니다.

나는 앞으로 내가 국정을 책임지게 되면 이런 방향으로 통일을 추진함으로써 국민 여러분에 대해서 이 정부와 이 대통령을 믿고 나가면 우리는 틀림없이 통일이 된다는 그러한 희망과 기대를 갖는, 그리고 여러분이 두려움없이 살아가는, 여러분 자유에 대해서 신념을 갖고 우리의 통일을 추진할 결심이라는 것을 여러분 앞에 분명히 밝히는 것입니다. (박수)

집약된 國民意思가 진정한 힘

그런데 여기서 중요한 것은 아무리 3단계 통일방안(三段階 統一方案)이 그렇게 훌륭한 통일방안이라고 가정하더라도 여기에 절대적인 조건이 하나 있습니다. 그것은 무엇이냐? 우리에게 힘이 있어야 돼. 내게 힘이 없으면 어떠한 통일방안도 소용이 없어. 내가 여기에 앉아 있는 이 친구와 씨름을 할 때 내가 아무리 우수한 기술을 갖고 씨름에 대해서 연구를 했다 하더라도 내가 힘이 있어야 그 기술을 써먹을 수 있지 힘도 없이 바람만 불어도 픽 자빠지는데 그 기술 가져보았자 무슨 소용있느냐, 그 말이여. 이와 같이 전제조건이 중요한 것이예요. 그 힘이라는 것은 대한민국 자체가 이 통일방안을 추진하고, 자유를 지키고, 金日成으로 하여금 쓸데없는 생각을 못하게 하는, 또 金日成이 그러한 합리적인 통일방안을 받아들이지 않을 수 없는 그러한 힘을 우리가 가지고 있어야 한다, 이거예요. 그러면 그 힘이 무엇이냐? 그 힘은 군대도 아니요, 무력도 아니요, 가장 앞선 것은 3천만 국민이 납득하고, 3천만 국민이 하나의 응결체로서 집결하는 그러한 민주주의적 집결이며 이러한 집결을 가지려면 국민이 납득할 수 있는, 국민이 지지할 수 있는 정치와 내정개혁(內政改革)을 해야 돼. 정부의 하는 일이, 대한민국이 하는 일이, 이것이 옳은 일이다,

이것을 지지하자, 우리는 지금 행복하다, 우리가 외국보다 얼마나 낫냐, 이것을 실감해야 해.

그것은 우리가 독일에서 볼 수 있습니다. 서독이 그렇게 여유만만하게 나오고 심지어 동독이 무어라고 말하느냐 하면 "베를린 장벽(障壁) 쌓을 때까지 많은 사람이 동독에서 서독으로 갔다." 마치 이북에서 이남으로 500만이 넘어온 것같이. "그러니 그 노동력이 너의 쪽으로 갔으니까 그 노동력에 대한 배상금을 내라." 이런 얼토당토 않은 떼를 쓰니까 서독이 무어라고 하느냐 하면 "좋다. 배상해 주마. 그럴테니 우리 터놓고 살자." 지금 서독은 무어라고 나오느냐 하면 "돈주어도 좋으니 서로 트고나 살자."이거예요. 공기만 터주면, 들어가면 내 것이다, 이거예요. (웃음).

이렇게 자신을 가지고 있어, 빌리 브란트의 동방정책도 결국 그 자신(自信)에 입각해서 하고 있는 거예요. 우리가 이북에 대한 문제도 그런 자신없이는 해나갈 수 없다, 이거예요.

월남을 보십시오. 지난번에 미국이 월남 통킹만을 봉쇄하고, 하이퐁 항(港)을 봉쇄하고, 지금 폭격을 하고, 야단을 하고 있어. 한국의 국민 중에서도 잘했다고 생각하는 사람 많아요. 나도 그것을 나쁘다고 말하지 안해.

그러나 나는 한 가지 생각이 따로 있어. 저래도 못 이긴다, 이거예요. 아무리 폭격해 보았자 못 이겨요. 그렇게 해서 이길 것 같으면 지금까지 미국 육군이 60만이나 가서 월남에서 5년이나 싸우지 않았소? 하루에 1억 불씩, 1년에 300억 불씩 돈을 썼어. 공군·해군이 언제는 폭격 안했소? 저 따위로 하니까 못 이겨.

나라 망치는 獨裁와 腐敗

그런데 이제 육군 다 빼고 공군폭격 정도 가지고 이깁니까? 베트콩은 정글 밑에 기어다니는데 이길 수가 없다, 이거예요. 그러면 왜 못 이기느냐. 북쪽 월맹도 같은 베트남 민족(民族)이고 남쪽 월남도 같은 베트남 민족인데 어째서 못 이기느냐? 못 이기는 이유는 간단해. 북쪽은 국민의 마음을 어떻게 하든지 잡았고, 남쪽은 못 잡고 있어. 왜 그러느냐. 북쪽의 공산주의는 처음부터 철학이 있어. "독재한다. 공산주의는 노동자의 독재다. 근로대중(勤勞大衆)의 독재다." 이래가지고 "독재한다"하고 독재하고 이래가지고, 그들의 이론이 어떻게 일방적인지 모두머리에 집어 넣었어. 집어 넣었기 때문에 신자(信者)가되었어. 광신자가 되었어.

남쪽에서는 "민주주의다. 우리는 자유가 있다. 독재를 반대하는 것이다. 자유 때문에 싸우는 것이다." 이렇게 국민들한테 말하고 있어. 그래놓고 하는 짓은 공산주의 뺨칠 정도의 독채를 하고 있다, 이거예요.

민주주의는 경쟁의 자유가 있고, 반대의 자유가 있고, 야당의 자유가 있다, 이거예요. 그런데 대통령 선거 하는데 티우라는 사람, 법 만들어서 남 못 나오게 해가지고 혼자 나가서, 혼자 뛰어서 1등해가지고, 그래가지고 대통령 하고 있어. (웃음) 그게 무슨 민주주의요? 그렇기 때문에 월남은 말만 공산주의 독재와 자유의 싸움이지 실지로는 독재와 독재의 싸움이다, 이거예요.

그런데 이 독재는 말하는 것하고 내용하고가 다르니까 국민이 납득할 수가 없어. 머리가 정상적인 사람은 납득할 수가 없어. 정신병자가 아닌 이상. 그래서 국민의 지지를 못 받아. 거기에다가 부패했어. 이래가지고 고관대작들은 자기 자식들을 외국으로 보내고, 뇌물받아다가 은행에 돈 만들어 넣고, 비행기 표 준비해가지고 외국으로 도망갈 준비나 하고, 이런 짓을 하고 있어. 이래가지고 국민생활은 돌보지 않고, 내가 월남에 가보니까 비참하기가 말할 수 없어. 낮에 사이곤 항(港) 부두에 가보니까 엘에스티(LST)배를 타고 있는데, 군인들이 이동을 하고 있어. 군인이 가는데 가족들이 전부 따라 타고 있어요. 어머니, 아내, 애들, 강아지 새끼들까지 다 데리고 가고 있어. 왜 그러느냐 했더니 군대가 가는 데로 따라간다는 거예요. 그래가지고 전투가 수원(水原) 쯤서 열리면 여기 서울 쯤에는 가족들이 있는 거예요. 그래 여기에서 밥끓여 막고 그러는데 이렇게 해야 싸움이 잘된다는 거예요. "어째서 그러느냐"했더니 데리고 다녀야 가족 지키기 위해서 전투(戰鬪)를 잘한다는 거예요. (웃음)

이런 비참한 나라에서 어떻게 해서 전쟁에 이깁니까. 기가 막힌 일이예요. 그리고 우리 군대 5만 명이 가서 고생해 보았자 헛고생이란 말이예요. 미국이 도와주어 봤자 소용없어. 더구나 그 사람들은 반공정신(反共

精神)이 없어요. 우리와 달라요. 백인에 대한 반감 이외엔 없다, 그 말이예요. 그러니 어떻게 그 사람들이 이기느냐. 지는 게 당연한 거예요.

공산당이 훌륭하고 좋아서 지는 게 아니라 이쪽서 질짓 다 하고 있다, 그 말이예요. 중국에서 蔣介石정권이 그래서 망한 거예요. 이것은 남의 일이 아니라 우리 일이여. 우리가 지금 하고 있는 꼴을 보시오. 민주주의 한다 해놓고 지금 독재나 하고, 이래가지고 아까도 말했지만 무슨 5 · 16 혁명해가지고, 쿠데타 해가지고 곧 민간인에게 넘겨준다고 하더니 넘겨주기는커녕 두 번 해먹었으면 그만이지, 세 번 해먹으려고 개헌까지 하고, 세번 해먹고 나서는 "절대로 이번만 하고 그만 두겠다." 장충단공원에서 사람 모아놓고 눈물 흘리면서 "이번이 마지막이다" 하더니 지금 또 하려고 또 개헌하려 한다, 이거예요. 이런 짓이나 하고 있으니 이것이 무슨 민주주의입니까?

「三不」이 둔갑해서 「三不可」로

민주주의는 한 사람이 영구집권(永久執權)하는 것, 이것이 민주주의가 아닙니다. 내가 선거 때 총통제(總統制) 말할 때 여러분들 설마했지만 지금 현실적으로 나타나고 있지 않으냐, 이거예요. 이래가지고 무슨 얘기를 들어보니까 공화당에서 잠깐 그 꼬리만 냈다가 도로 집어넣었지만 지금 준비하고 있어. 국회의원은 6년제, 6년제로 해서 2년 늘려주어야 국회의원들이 말 잘 듣는다, 이거예요. 그래가지고 대통령은 7년 한다는 거예요. 중국의 蔣介石총통이 6년인데 그보다 1년 더 해먹겠다는거요. (웃음)

그래가지고 완전히 얼간이고, 국민들 자유억압(自由抑壓)하고, 이래가지고 조금만 불평하면 영장없이 막 끌어가서, 중앙정보부로 끌려가서 실컷 두들겨맞고, 나와가지고도 맞았다는 소리도 못한다, 이거예요. (웃음) 이런 암흑사회여.

金鍾泌이라는 사람, 국무총리 되어가지고 기자회견에서 "삼불을 일소하겠다." 삼불이 무어냐? "불신(不信)과 불법(不法)과 부정(不正)을 일소하겠다." 공약했어요. 어제로써 1년이 되었어. 1년 동안 삼불(三不)이 없어지기는커녕 오히려 더 늘어났어. 그래 요새 보니까 삼불이라는 것이 뭐냐. 그게 아니라 눈을 갖고도 보지 마라, 귀를 갖고도 듣지마라, 입을 갖고도 말하지 마라, (웃음 · 박수) 말하자면 불가견(不可見) · 불가청(不可聽) · 불가언(不可言)의 삼불이여. (웃음) 이렇게 되어 버렸어요.

아까 언론 얘기는 金漢洙동지가 말했다시피 지금 언론이 완전히 자유가 없어. 어저께 우리가 朴正熙 대통령에 대한 「경고성명(警告聲明)」, 이래가지고 냈다, 말이예요. 그래서 여기에 앉아 계시는 尹濟述선생께서 신민당 부당수로서, 당수는 누어계시기 때문에, 낭독을 했어. 그런데 어떤 신문이고 「박정희대통령에게 경고성명(警告聲明)」이라는 제목조차 못 냈어. 전부 무슨 「공화당에 경고성명」 또 무슨 「정부에 경고성명」 이렇게 「박정희 대통령」이라는 글자조차 못 쓴다, 그 말이여. 이게 무슨 민주주의 국가요! 무슨 자유가 있느냐 말이예요. 이것이 박정희씨 나라지!

아마 지금 모든 야당 사람들이 모두 당하고 있지만 명색이 민주주의 국가에서, 그것도 대통령하고 맞서서 경쟁해 가지고 국민의 40%의 표를, 부정한 것 다 빼고도 이 정부가 계산해 준 것만 하더라도 내가 46% 얻었다, 이거여. 金大中 자신이 잘난 것보다도 국민이 잘난 거요. 朴正熙씨가 대통령 해먹는 것도 630만 표, 국민의 덕택이지만 내가 차점한 것도 540만 표, 국민의 덕택이다, 그 말이여. 자기 표 630만 표 큰 줄 알면 내 표 540만 표도 귀중한 줄 알아야 한다, 이거예요.

그런데 요사이는 또 표 많이 얻은 것이 죄가 되어가지고 사람을 살 수 없게 만든다, 말이여.

작년 5월 24일날 5 · 25선거 직전에 목포에서 광주로 비행기 탄다고 올라오던 중 14톤 추럭을 갖고 내 자동차를 받아 버렸어! 그래가지고 교통사고가 나서 바로 내 뒷차에 탔던 사람들은 즉사했고, 나에게는 지금까지도 몸이 완전치 못한 중상을 입혔어요.

요새 이 사람들, 신문사에 압력을 가해서 "金大中이에 관한 것은 좋든 궂든 쓰지말라. 金大中이라는 이름은 쓰지 말라. 이름만 봐도 국민이 생각한다." 이거예요. (웃음 · 박수)

이렇기 때문에 저는 작년 대통령선거 때 법에 의해서 텔레비젼에 나간 것 외에 지금까지 한번도 나가본 적이 없어요. 그런데 어떻게 잘못되어가지고 지난번 아세아 영화제(亞細亞 映畵祭)에 초대를 받아 불가피하게 나가게 됐어요. 그런데 안량스럽게도 나를 우리 한국 배우들 옆에 앉혀 놓았어. 그래서 자연히 텔레비젼이 배우들 비치느라고 나를 비쳤다는거여. (웃음) 나를 비추기 위해 비치는 것이 아니라……그때 그 덕으로 텔레비젼에 내 얼굴이 조금 나왔다는 거예요. (웃음)

나는 몰랐지요. 배우들만 비친줄 알았는데 나도 들어갔다는 거예요. 그때 본 사람들이 "당신 텔레비젼에 나왔더라"고 해서 알았어요. 나중에 알아보니까 그 텔레비젼 회사에 중앙정보부서 와가지고 "어째서 金大中이를 두 번이나 나오게 했느냐?" (웃음 · 박수) 이래서 그 회사 아주 식겁을 먹었다는 거예요. (웃음)

내 측근을 脅迫彈壓하는 中央情報部

그래! 명색이 국회의원이고 대통령 후보였던 사람을 일부러 데려다 무슨 말을 묻진 못할망정, 그래 다른 배우들 나오는데 개평으로 좀 나왔다기로(웃음) 그것 가지고 트집잡을 일이 뭐 있느냐, 이 말이예요. (웃음 · 박수)

요새 경제인들, 아마 수백 명이 중앙정보부에 끌려가고 있어. 이래가지고 "金大中이 한테 돈 주었지?" 돈 주지도 않는 줄 알면서도 끌어간다는 거예요. 이렇게 협박해서 돈 못 주게 만든다, 이거예요.

그것은 여러분도 아시다시피 곧 신민당전당대회(新民黨全黨大會)가 시작되는데 내가 돈 생겨가지고 당수(黨首) 할까봐 그러는 거예요. 당수 안 시키기 위해서, 그래가지고 나의 반대파를 결과적으로 도와주려고 하는 그러한 짓을 하고 있어요. 심지어 신민당 내에까지 들어와서 갖은 장난을 다하고 있어. 내가 차마 내 당의 일이라서 내 입으로 말할 수 없어요, 이런 짓을 하고 있다, 이거예요. 노골적으로 지방 같은 데서 신민당 당원 붙잡고 김대중이 지지하는 대의원이 중앙에 못 올라가게 하면 돈을 얼마든지 줄테니 몇 명 안 올라가게 할 수 있느냐……이런 흥정까지 하고 있어요. 나와 가까운 국회의원들 불러다 놓고 협박을 하고 그 약점을 찾아가지고 괴롭히고, "왜 이러느냐"고 말하면 "金大中계에서 떨어져라. 김대중계 떨어지면 너는 괜찮다." 정보부 간부가 당당하게 유인하고 있어요.

정부의 장관들. 나하고 가까운 국회의원들 만나 가지고 "왜 김대중계 해가지고 내가 도와주고 싶어도 못 도와주게 합니까?" 정부장관들 국장급이상이면 전부 리스트, 표가 있어요. 표가 있어 가지고 "누구누구가 김대중계인데 이 사람들이 무슨 부탁을 하면 봐주지 말아라." 이렇게 아주 지령이 내려와 있어요. 여기 金漢洙 동지가 그것을 입수해가지고 나한테 보여준 일이 있어. 지금 이런 짓하고 있다, 이거예요. 여기 이것이 그것입니다. 복사한 것이요. (복사된 서류를 청중에게 보여줌)

우리 비서 한 사람이 향토예비군에 못 나갔어. 여러분들도 어쩌다가 못 나갈 때 있지 않소? 그걸 구속했어. 그래 목포경찰서로 끌고갔다, 말이예요. 구속해 가지고 오후 5시에 경찰에서 검찰로 보냈는데 5시반에 기소해 버렸어. 이래가지고 정보부에서 와가지고 판사에게 압력을 가하고……향토예비군 안 나간 것은 기껏하면 한 5천 원 벌금 물면 되는거여. 그런데 이 사람이 지난 4 · 27선거 때 김포 · 강화 사건(金浦 · 江華 事件)에 관련되어 가지고 3년 집행유예 먹었는데 이건 단 열흘만 실형 먹어도 3년 살아야 한다는 거예요. 그때 그뭏까지. 막 중앙정보부에서 압력넣어 가지고 실형을 때리도록 했어. 그러나 다행히 판사가 기개가 있어서 5천 원 벌금 물고 35일간 고생하고 엇그저께 나왔어요.

이러한 압력은 이루 말 할 수가 없어요. 나는 어델 가든지 자동차가 따라다녀. 내가 듣기에는 4대가 교대로 따라다닌다고 들었어. 아뭏든 내눈으로 확인은 못했지만 여하튼 따라다닌다 말이여. 그대신 신변은 절대로 안전하지요. 그 사람들이 따라 다니니까. (웃음)

不法도 나를 탄압하는 데는 合法

우리 집 주위는 앞에 3층 집, 곁에 2층 집이예요. 여러분들 중에 와보신 분은 알겠지만 땅밑에 푹 내려가서 아주 형편없는 후생주택인데 이것을 감시하기 위해서 옆에 3층 집, 2층 집 빌려 가지고 망원경 가지고 언제든지 우리집 보고 있다, 이거예요. 아마 그 덕택으로 도둑놈은 절대로 우리 집에 안 들어와요. (웃음) 왜 그러느냐 하면 우리 집은 맨날 감시 당하고 있는데 어떻게 들어 오겠오.

전화하면 언제든지 도청당하고 그리고 내 가까운 사람들, 당원이라도 중앙정보부에 막 끌려가서 두들겨 맞고 나와. 어떤 사람이 최근에 끌려갔어. 그래 멀쩡한 죄 뒤집어 씌워가지고 몰다가, 안되니까 마지막에는 뭐라고 말했느냐 하면 "이 자식아, 여기가 어딘줄 아느냐? 金大中이가 말한 것처럼 남자를 여자로 바꾸는 것 외에는 불가능이 없는 바로 그 중앙정보부란 말이다." 이래가지고 결국 최후에는 "우리에게 협력해서 그곳 비밀 빼내 오너라." 지금 이런 식으로 하고 있다, 이거예요.

우리가 시골의 당동지(黨同志)들이나 혹은 지방의 유력한 사람들한테 우편물 보내면 전부 우편물에서 뺍니다. 이것도 훈련 받아가지고 그런 짓 해요. 이래가지고 김대중이가 보내는 우편물, 몽땅 빼내다가 남산(南山) 중앙정보부(中央情報部)에서 불질러 버리고 있어. 전부 소각해 버려. 그러니 실컷 우표딱지 붙여도 결국 가기는 어디로 가느냐 하면 모두 남산으로 간다. 그 말이예요. (웃음) 이런 식으로 하고 있어요.

이렇게 예를 들자면 한이 없어. 이것이 여러분 아까도 말했지만 명색이 대통령 선거에 자기 하고 싸웠고, 자기의 라이벌로 국민에게서 그만큼의 지지를 받은 사람한테 대한, 또는 원내(院內) 89석이나 의석을 가진 제 1야당의 대통령후보였던 사람에 대한 이 정부가 하는 태도냐. 이것이 독재정치가 아니고 무엇이냐, 그 말이예요. 나같이 명색이 국회의원이요 야당 대통령후보를 지낸 사람한테 이런 짓 할 때, 하물며 명색없고 이름없는 국민들이 이 정부한테 얼마나 당하고 있는가를 여러분 다같이 한번 생각해 보자, 이거예요. (「옳소!」· 박수)

나는 다만 이런 것에 대해서는 끄덕도 안해요. 그리고 끄덕도 안할 뿐 아니라, 내 농담이 아니라 진짜 중앙정보부에 대해서 감사하고 있어요. 이 사람들이 나를 이렇게 하니까 국민이 알기를 이 정권이 나를 제일 무서워 하고, 또 이 다음에 대통령 나오려고 하니까 겁이 나서 그러는 모양이다, 이렇게 자연히 선전해 주고 있어 돈 안 들이고 선전된다, 그 말이예요.

그따위 못된 짓하면 마음대로 다 될줄 알아도 결국 민심이라는 것은 어느 대목에선가 진상을 알고만다, 이거예요. 만일 독재자가 정보정치로써 무엇이든지 다 해낼줄 알았으면, 독재자가 권력만 가지면 천세 만세 무엇이든지 해먹을 줄 알았으면, 진시왕(秦始王)아 왜 망하고, 나폴레옹이 왜 망하고, 히틀러가 왜 망했느냐, 이 말이예요. (「옳소!」· 박수)

共産黨 안잡고 野黨잡는 情報部

이 사람들은 입으로는 반공한다고 떠들어 대면서 중앙정보부가 뭐하는 데냐, 그 말이여. 중앙정보부를 무엇 때문에 만들었어? 여러분이 입고 있는 옷, 신고 있는 구두, 차 한 잔 마실 때 내는 세금가지고 그런 짓 하라고 중앙정보부를 만들었느냐, 이거예요. 중앙정보부는 공산당 잡으라고 만든 거예요. 대한민국을 공산당으로부터 지키라고 만든 거예요. 중앙정보부가 공산당 잡고 있느냐? 안 잡고 있어요. 중앙정보부 하는 짓은 야당 때려잡고, 김대중이 잡는 일만 하고 있다, 이거예요. 내가 듣기에는 중앙정보부에도 양심적인 사람들이 있어. 정말로 공산당과 싸우자는 사람도 있다, 그 말이예요. 그 공산당과 싸우는 부처의 예산은 연년이 줄어든다는 거예요. 이래가지고 야당 때려잡는 3국, 6국의 예산만 자꾸 늘어나 그 쪽에 근무하는 사람들은 수가 생겨 정말로 공산당과 싸우는 양심적인 정보요원들은 지금 오늘의 세상을 한탄하고 있어. 이것을 내가 잘 알고 있다, 이 말이예요. 이 나라에 경찰서마다 정보과가 있어요. 경찰서에 따라 다르겠지만 한 20명씩 정보요원이 있습니다. 정보요원 중에 5명 정도가 내근하고 15명이 남는데 그중에 15명이 전부 정치사찰(政治査察)하고 았다, 그 말이예요. 단 5명이 겨우 공산당 잡으러 다녀. 이 사람들도 신원조회니 뭐니하고 나면 공산당을 잡을 시간이 없어. 정보과에서 공산당 안 잡는다, 이 말이예요. 이래가지고 정보형사들이 쓰는, 말단 형사들한테 주는 몇 푼 안되는 말단의 정보비를 다 잘라 먹으니까 그것도 안돼、지금 이따위 짓을 하고 있어요. 공산당 잡으라는 돈을 가지고 야당사찰(野黨査察)이나 하고, 심지어 요전에 울산에서, 울산에 있는 시민들이 한때 공산당들이 자주 출몰하고 우리 나라에 쾌속정이 필요하다고 해서 쾌속정 「울산호」를 만들라고 1,450만 원을 거둬줬어. 그렇게 거두어 주니까 정보부에 서 1,000만 원 먹어버리고, 한 500만 원 가지고 엉터리 배를 만들었어. 더구나 엔진을 서독제(製) 사다가 25놋트 나가도록 지으라고 하니까 일제시대 썩은 전차 엔진을 놓아가지고(웃음) 이래서 한 7마일 밖에 안 나가. 그것도 그나마 오다가 울산항 입구에서 고장이 나가지고 지금까지 서 있다, 그 말이예요. 쾌속정 울산호가 아니라 「달팽이 울산호(蔚山號)」가 되어버렸어요. (웃음) 이것이 소위 이 정권이 하고 있는 반공정책이예요. 이러한 짓을 하면서 마치 자기네들만이 반공을 하고, 국가를 보위하고 있는 것 같이, 야당은 마치 공산당 앞잡이같이, 이따위 짓으로 몰아세운 이런 정권이 계속 유지되어 가지고는, 국민이 무엇 때문에 김일성이 하고 싸우느냐, 이것을 의심하지 않을 수 없다, 이거예요. (박수) 박대통령이 한번 나가면 대통령이 아니라 황제여. 지난번에 대구에서 8,000여 명 교육자 모아놓고 무슨 교육자 대회를 하는데, 대통령이 오거든 적당히 예의만 갖추면 되는데, 전날부터 사람 모아놓고 그중에는 대학교 총장도 있고 국민학교 교장도 있고 이 나라에서 그래도 교육계 지도자들이 모였는데, 이분들을 앉혀 놓고 문교부 장관이라는 사람이 "내가 대통령이다"하고 연습을 하는 거예요. 대통령이 어정어정 걸어들어 오면 모두 일어서서 박수하는 것을 연습했어요. (웃음) 대통령 연설문을 미리 나누어 주어가지고 곳곳에 점찍어 놓고 "이 대목은 박수해라, 1분 박수해라, 여기는 2분 박수해라. "(웃음) 이런 짓을 하고 있다는 말이예요. 이런 짓이 민주주의 국가에서 하는 짓이요? 아마 미국에서 닉슨 대통령이 이런 짓을 하다가는 코방망이 맞을 것이예요. (웃음) 어디 이런 법이 있느냐, 말이예요. 이러한 짓들을 하고 있어요. 요사이 이러한 독재정치를 할 뿐 아니라 지금 이 사람들이 하는 짓을 보면 작년 12월 6일 비상사태 선포(非常事態 宣布) 해가지고 곧 김일성이 쳐내려 온다고 떠들어대더니 요즈음은 그 소리 쑥 없어지고 완전히 새마을 운동이예요. (웃음)

비상사태(非常事態)가 그냥 새마을 운동으로 되어 버렸어요. 말마다 새마을 운동이여. 그러나 이러한 큰 경제정책을 실천하려면 무엇보다도 국민의 지지와 납득이 필요한 거예요. 적어도 충분히 사전에 계획을 세워가지고 국민의 대표인 국회에서 예산을 통과시켜야 돼. 지난번 예산심의 때는 새마을커녕 헌마을도 없었다, 그 말이예요(웃음). 그러던 것이 갑자기 하루밤에 산신령이 내려와서 대통령에게 현몽을 했는지 모르지만(웃음) 새마을 운동이다, 이렇게 떠들고 야단이예요.

모르지만(웃음) 새마을 운동이다, 이렇게 떠들고 야단이예요.

세계에서 地方自治 안하는 유일한 나라

지금 이래가지고 시골서 막 밀어대는데 새마을 운동 표어를 보면 「자조(自助) · 자립(自立) · 협동(協同)」이예요. 스스로 돕고, 스스로 서고, 그리고 남한테 의지하지 말고 자기일 자기가 해 나가면서 협동해라, 이거예요.

자조 자립하게 해주어야 할 것 아니냐, 이거요. 군수 면장 전부 임명해가지고 군수 면장이 가서 지휘 감독 하는데 어떻게 자립이 돼. 남이 하라는 대로 하는데, 내가 여기 어느 분 집에 가 "장농은 저기다 놓아라. 장독은 여기다 놓아라. 오늘은 쌀이 없으니 국수 끓여 먹어라. 나무 때지 말고 연탄 때라. 돈은 예금하라." 이렇게 하면서 "네 일은 네가 해라"(웃음 · 박수) 이렇게 한다는 게 말이 되오?

이따위 짓을 하고 있어요. 진실로 자조 자립 하려면 새마을 운동 할 마음이 밑에서부터 우러 나와야 돼. 그러려면 지방자치(地方自治)부터 해야 돼.

여러분! 미국의 민주주의가 모범적인 민주주의인데 어떻게 해서 이룩되었오? 처음에는 적은 수의 사람들이 모여서 살아. 그래서 집짓고 더 모이면 그게 「타운」이 돼. 말하자면 거리가 되죠. 그러면 거기서 자기들끼리 선거해가지고 보안관을 뽑아. 그래가지고 보안관 가슴에 뱃지를 달아주어. 그러면 이 보안관이 큰소리 해요.

이러한 타운이 몇 개 모이면 「카운티」 우리말로 군(郡)이 됩니다. 그 다음에 군이 여러 개 모이면 「스테이트」, 주(州)가 됩니다. 이러한 주(州)가 모여가지고 중앙정부가 서서 미국이 이루어졌기 때문에 「유나이티드 스테이츠」, 합중국(合衆國)이라는 겁니다. 이렇게 여러 주가 합쳐서 한 나라를 만든 거예요.

민주주의라는 것은 지방자치가 뿌리예요. 그런데 우리는 지방자치 안 한다, 이거예요. 세계에서 민주주의 한다면서 지방자치 안하는 나라는 누차 내가 말하지만 우리 나라뿐이여. 아프리카의 새까만 나라도 다하고 있어. 우리만 안하고 있어요.

우리에게 이러한 민주주의가 있느냐, 이거예요. 이렇게 해서 면장이나 군수가 새마을운동을 지배한다는 것은 관이 지배하는 거예요. 대통령이 지배하는 거예요.

농업협동조합은 엄연히 간부들을 농업협동조합원들이 선출하게 되어 있는데, 제멋대로 임시조치법 만들어가지고 임명한다, 그 말이예요. 이래가지고 농민이 진실로 원하는 농업에 전문적인 사람들로 하는 것이 아니라 공화당 선거운동(共和黨 選擧運動) 잘한 사람으로 한다, 이거예요. 이 사람들이 간부가 돼 있어요. 여기에 농촌출신들 있으니까 내 말이 거짓말이면 지적하시요. 사실 아니요? (「옳소!」, 박수) 그런 짓 하고 있어요. 이래놓고 무슨 자조 자립이냐, 그 말이요.

뿐만 아니라 지금 농촌의 문제점은 어디 있느냐? 오늘날 우리 나라는 불경기다 해가지고 물건이 안 팔리고, 정부가 안간힘을 써서 은행에서 아무리 돈을 내놓아도 경기가 회복이 안돼. 지금 가게들은 열어 놓고 있지만 실제로는 닫고 있는 거나 마찬가지예요. 외상 때문에 할 수 없이 남의 빚 때문에 문열어 놓고 있는 거예요.

그런데 그러한 불경기의 큰 원인은 농촌에 구매력이 없기 때문이예요. 지금 도시는 구매력이 거의 포화상태예요. 선풍기도 도시에서는 살만한 사람들 다 샀어. 농민이 빈곤하고 농촌에 구매력이 없어서 물건이 안 팔리는 거예요.

농촌의 구매력이 살아나려면 농민의 수입이 늘어날 투자를 해 주어야 한다, 이거예요.

지붕改良보다 農民所得增大부터

이렇기 때문에 쌀농사 보리농사는 수지맞게 해주어야 하고 기타 축산이라든가 하는 것도 수지맞게 해주어야 한다, 이거예요. 작년에 내가 쌀 한 가마에 만 원, 보리 한 가마에 5천 원 주장을 하고 예시가격제(豫示價格制)를 주장했던 결과인지도 모르지만 지금은 곡가가 상당히 올랐어요. 그러나 사실 도시에 사는 여러분의 입장에서는 곡가가 비싸지만 농민은 헐해. 이것은 이중곡가제(二重穀價制)를 해가지고 농촌에선 비싸게 사주고, 도시 사람들에게는 싸게 팔아주고 이렇게 해야 하는 거예요. 이래야 농촌의 부흥이 급속히 되는 거예요. 가령 지금 젖소들을 먹이는데, 젖소를 많이 먹여 젖은 나오는데 팔 데가 없다, 그 말이예요. 그래가지고 젖이 썩어서 강물에다 버리고 있어요. 젖소를 장려할 때는 당연히 우유를 처리할 공장을 만들어야 하는 거예요. 이것은 경제건설의 근본이여. 양복 만들려면 단추만드는 것과 마찬가지다, 이거예요. (웃음) 그렇게 안했다, 그 말이예요.

여담입니다마는, 전기가 남아서 145만 킬로와트가 공중으로 나가고 있어요. 그런데 대한민국 농촌은 아직도 7할이 전기불 안 들어가. 기가 막힐 일이예요. 동력이 부족해서 매년 2억 불어치나 외국에서 석유를 사오고 있어요. 전력은 넘치고 있으면서 석유사다 때고, 농촌은 전기 안 들어가고, 도대체 이런 경제건설이 어디 있오? 발전소 만들면 따라서 배전시설도 만들어 나가야 돼. 발전소만 만들어 놓고 배전시설 안 만들면 무슨 소용있느냐, 그 말이예요.

朴정권은 이러한 경제건설을 여태 해왔는데, 결국 농촌도 새마을운동하려면 농민들의 수입증대와 직결되는, 가령 사료를 좀 싸게 해준다든지, 좋은 사료를 만들게 한다든지, 닭금을 보장하거나 돼지금을 보장해주어야 해요. 지금 돼지가 외국에 수출되니까 이런 것을 해주어서 농민수입이 늘어나게 하고 수입이 늘어나면 자연히 자기집 지붕도 기와로 입히고 집도 고치고 할 것 아니냐, 그 말이예요. 그런데 빼짝 마른 집에다 지붕만 고쳐 놓았어. (웃음 · 박수) 이래가지고 영양실조로 몸은 빼짝 마른놈한테 양복만 입혀가지고 "야, 일등 신사다! " 이런 짓을 하고 있다, 그 말이예요.

그래가지고 재미는 누가 보고 있느냐? 시멘트 장사와 슬레이트 장사가 보고 있다, 이거예요. (웃음) 시멘트 한 부대에 작년에 230원하던 것이 지금은 400원이예요. 이래가지고 막 해먹는다, 그 말이예요. 슬레이트는 값을 올리다 못해서 그것도 너무 올리기 미안하니까 이제는 그 두께를 얇게 해가지고……이거 아마 2년도 못가서 다 깨질 것이요. 지금 그런짓하고 있다, 이거예요.

이러한 새마을 운동하면서 결국 농민들은 갈치 제 꼬리 잘라먹는 줄 모르고, 자기들이 바친 세금이 돌아온 줄 모르고, 거저 준다고 고맙다고 생각하는 사람도 굉장히 있겠지요. 이런 식으로 해가지고는 결코 농촌이 부흥될 수 없다, 이거예요.

새마을 운동은 자발적인 農民意思로

정말로 농촌을 부흥시키려면 농민이 원하는 사람에게 모든 일을 맡기고, 공무원이 간섭하지 말고, 이래가지고 농업협동조합을 자주화시키고, 지방자치제 실시하고 그리고 돈을 그 사람들이 원하는 방향으로 쓰도록 또 농민의 생산과 직결될 수 있도록 해야 합니다. 초가집 2, 3년 더 있으면 어떻습니까? 초가집 때문에 쓸데없는 짓 하니까 결국 거꾸로 가고 있다, 이거예요.

동시에 새마을운동이라는 것은 정말로 새 마음(心) 운동부터 시작해야 돼. 그것도 위정자의 새 마음부터 시작되어야 돼. 국민에게 봉사한다는 자들이, 농민을 위한다는 자들은 뒷구멍 에서 온갖 나쁜 짓 다 하면서, 호의호식하고 고층누각에 살면서 새마을운동은 농민에게만 뒤집어 맡기고 농민들에만 "고생 참고 열심히 일하고 정직하게 살고 내힘으로 잘살라"는 말이 나와? 자기는 월급갖고 안 살고 거짓말로 도둑질 해가지고 10만 원짜리 월급쟁이가 2억, 3억 집에 살고, 수십억 부동산 투자하고, 한 마리에 100만 원, 200만 원 짜리 개 갖고, 여편네 손에 3천만 원, 5천만 원짜리 다이아 반지 끼우고, 골프장에 다니면서 새마을운동 해라?

만일 이 정권이 국운을 걸고, 진실로 이 사업을 하려면 자기들이 도둑질해서 산 집 팔고, 여편네 다이아 반지 팔고, 이렇게 해서 새마을운동에 투자하는 동시에 30만 평, 50만 평 토지에서 골프치고 있는 골프채 모조리 불태워 버리고 그 땅을 농민에게 돌려주라, 이거예요. (「옳소」 박수)

이렇게 했을 때 비로소 국민은 정부를 믿고 혼연일체(渾然一體)가 되어 우리의 새로운 진로가 개척되는 것입니다.

自由와 生活과 良心에 대한 三大保障 있어야

우리가, 우리 모두가 원하는 통일을 위해서는 먼저 세 가지 보장이 있어야 돼. 자유에 대한 보장, 생활에 대한 보장, 양심에 대한 보장이 있어야 돼.

자유도 없이 독재하는데 왜 공산당과 싸우느냐, 이 말이예요. 공산당하고 싸울 사람이 누가 있어? 같은 동족끼리 자유를 지키기 위해서 싸워야지, 내게 자유가 없는데, 내가 독재 받으면서 왜 공산당과 싸워! 그런 싸움 백전백패예요. 생활의 보장이 있어야 일선에 가서 총을 들고 싸워도 "내 가족들은 이 순간에도 국가에서 돌보고, 나라가 돌봐서, 사회가 돌봐서, 노력하면 살 수 있다. 내 형제간들이 지금 굶지 않고 먹고 있다." 이래야 총을 들고 金日成 공산당과 싸울 생각이 나지, 총들고 있는 시간에도 "이 시간에 내 여편네가 도망가지 않았느냐? 어린애는 어떻게 하고 있는가? 우리 어머니는 병들었는데 약도 못 쓰고 지금 어떻게 하고 있는가?" 맨날 이런 걱정하고 있는 사람이 어떻게 해서 싸움할 기력이 나느냐, 이 말이예요. 이런 사람보고 싸우라는 것은 싸우라는 사람이 잘못이다, 이거예요.

그렇기 때문에 더구나 한쪽에서는 국민을 위한다는 자들이 도둑질해다가 호의호식하고, 국민을 그렇게 버려두고 또 한쪽에서는 2억, 3억짜리 집에서 여름에는 냉방장치, 겨울에는 난방장치, 집 안에는 해수욕장, 정원수 한 그루에도 백만 원, 2백만 원 이렇게 살고 있고, 다른쪽에서는 저 청량리 밖, 金芝河씨 시에도 나오다시피 중랑교촌 판잣집촌에서 그 똥냄새인지 무슨 냄새인지 24시간 맡아가면서 방 한칸에 5백 원도 못된 삭월세 방도 못 들어가고, 이런 동포들, 돈이 없으면 급성 맹장염에 걸려도 병원 앞에서 죽는 사람들, 이래놓고 국민들 보고 "공산당하고 싸우자" 말이 되느냐, 이거예요.

이런식으로 이 나라 정부를 끌고 나가가지고 우리는 공산당이 위대하고 공산당이 훌륭해서 우리가 못 이기는 것이 아니라 우리 스스로 우리 도끼로 우리 발을 자르기 때문에 우리는 공산당한테 이길 수 없다는 것을 朴정권은 분명히 알아야 한다, 이거예요. (「옳소!」, 박수)

정직하고 부지런하면 成功하는 社會를

또 우리에겐 양심의 자유가 있어야 돼. 민주주의는 독재를 거부하고 양심의 자유가 있다, 이거예요. 하나님을 믿을 자유가 있어야 돼. 민주주의적 시민사회라는 것은 경제성장율이 10%가 안되고 3%가 되어도 좋아. 국민소득이 1,000불이 아니고 100불이 되어도 좋아. 국민들이 "이 사회가 정직하고 부지런하고 그래서 열심히 모든 일을 해나가고 신용을 얻고 칭찬을 받고 바른 일 하면 성공한다. 나쁜 놈은 이 사회에서 절대로 성공할 수 없다. 이러한 정직하고 부지런한 사람이 성공하는 사회, 내가 이렇게 노력하면 오늘은 이 고생을 하지만 내일은 오늘보다 더 좋아지고 모래는 내일보다 더 좋아진다." 이런 희망있는 사회만 만들어 주면, 그러한 양심을 가지고 떳떳이 살 수 있는, 자식들 한테 "안심하고 양심갖고 살아나가라. 그런 사람만 이 사회에서 성공한다. 교도소에는 진실로 이 사회가 용서할 수 없는 불량한 사람이 아니면 안 들어 간다." 생활을 위해서 마지못한 사람, 배경이 없어 약한 사람, 억울한 사람들이 끌려 들어가지 않는 그러한 사회를 만들면 우리는 훌륭한 사회를 만들었다고 말할 수 있는 겁니다.

일본이 국민소득이 1천 불이건 미국이 3천 불이건 그것 상관없다, 이거예요. 사람은 꼭 쌀밥 먹는 사람이 행복하고 보리밥 먹는 사람이 불행하라는 법은 없어. 돈 2백만 원 가진 사람이 1백만 원 가진 사람보다 배가 행복하라는 법도 없어. 문제는 자기 마음에 평화가 있고, 자기 마음에 기쁨이 있고, 자기 마음에 희망이 있을 때 그 사람이 행복한 사람이예요.

우리는 이 나라를 그런 방향으로 끌고 나가야 한다, 이거예요. 그런데 지금 이 나라는 양심가진 사람은 미친 놈이여. 정직하다는 것은 실패의 원인이며, 부지런한 사람은 성공하려고 해도 아무런 소용이 없어. 어떻게 하든지 못된 것 잘하고, 어떻게 하든지 권력을 잘 이용하고, 어떻게 하든지 뒷구멍 장난 잘하고 이래야 된다, 이거예요.

부모가 자식보고 "정직해라, 양심적이 되라"하는 것은 "너는 사회에 나가서 망해라"하는 말하고 똑같다, 이거예요. (웃음)

이러한 사회를 가지고 우리가 어떻게 해서 이 나라의 장래에 희망을 걸

수 있느냐, 이런 사회를 가지고 어떻게 성공할 수 있느냐. 이걸 우리가 알아야 한다, 이거예요. 그렇기 때문에 나는 여러분에게 조금전에 金芝河씨의 얘기를 했습니다만 지금 金芝河씨 같은 사람은 일본과 유럽 같은 데서 소련의 솔제니친, 그 저항시인(抵抗詩人)보다 더 높이, 그 예술적 가치가 평가되고 있어요. 심지어는 멀지 않아서 노벨 문학상을 받을지도 모른다 하는 정도로 평가를 받고 있어요.

여러분은 金芝河씨의 이름조차도 잘 몰라. 金芝河씨가 저렇게 되니까 일본과 세계의 유명한 문인들이, 프랑스의 싸르트르까지 동원되어 가지고 金芝河씨에게 자유활동을 주라고 서명운동까지 벌어지고 있어요. 한국에서 그런 위대한 인물이 나온 거예요.

이 사람이 천주교 신자인데 공산당을 분명히 반대하고 대한민국을 내 몸같이 사랑하기 때문에 비판했어. 그랬다고 해서 지금 이 사람이 본의 아니게 중앙정보부에 끌려가서 고초를 겪고 멀쩡한 사람이 마산 요양원에 가서, 원치도 않는데 끌려들어가서 나오지도 못하고 있다, 이거예요. 이런 세상이예요.

연세대학교 金東吉교수는 학생들을 징계하니까 반대 하고, 그분이 이북에서 내려 왔는데, "내가 이북에서 내려 올 때는 공산당하에서는 하고 싶은 말도 못하기 때문에 하고 싶은 말을 하기 위해서 대한민국에 내려왔다." 이거예요. "내 양심에 비추어 대한민국에서 하고 싶은 말을 하기 위해서 내려왔는데 내가 왜 말을 못하느냐?" 이렇게 해서 말 몇 번하고 글 쓰다가 중앙정보부에 끌려가서 말도 못하고 글도 못 쓴다, 그 말이예요. 그런 사람 심정이 지금 어떻겠오!

"내가 이북에다 부모형제를 모두 두고 내려 온 것이 잘한 것이다." 이렇게 생각을 하겠어요? 이남에 내려온 가치가 있다고 생각 하겠어요? 우리는 이러한 기가막힌, 양심을 갖고 살 수 없는 오늘의 현실, 양심 가진 자가 어리석은 자요, 양심 가진 자가 패배자요, 양심 가진 자는 살아갈 수 없는 이 사회를 하루빨리 고치지 않고는 우리는 공산당한테 이길 수 없고, 대한민국의 국민으로서의 행복도 없다는 것을 여러분이 분명히 알아야 한다, 이거예요. (옳소!」, 박수)

우리 국민은 自信을 가져야

나는 대단히 불초한 사람이지만 국민 여러분의 성원을 받고 작년에 그런 막중한 지지를 받았어요. 내가 부덕하고 능력이 부족해서 여러분의 그 뜨거운 성원에도 불구하고 정권교체를 하지 못했습니다. 나는 이것이 결코 빈말이 아니라 내 스스로도 부족했고 내가 속했던 당도 부족했어. 그래서 국민이 바라는 그 정권교체를 못해가지고 여러분께 이 고초를 겪게 하고 있는 것을 생각하면 내가 내 일신의 안일을 생각할 수 없어. 나는 내 동지들한테 항상 하는 말이지만 “국민을 존경할 줄 알아라. 내 국민을 자랑할 줄 알아야 한다,” 이거예요. 세계에서 한국 국민같이 이 비참한 역사를 거듭해온 민족도 없습니다. 중국대륙 옆에서 3천 년 동안 시달림을 받았어. 그러나 우리는 결코 중국민족한테 굴복하지 않고, 강약(強弱)이 부동해서 때로는 속국이 되었지만 우리의 독자성을 지금까지 유지해 왔어. 몽고족이 원나라를 만들어서 중국천지를 지배하고 구라파까지 갔지만 오늘날 몽고족이 어디도 없어요. 몽고인민공화국(蒙古人民共和國)에 겨우 백만 남았어. 만주족이 청나라를 만들어서 300년을 지배했지만 오늘날 만주족은 아무데도 없고 만주는 동북(東北) 5성(省)으로 들어가 버렸어.

월남(越南) 가봐도 반 이상이 중국화 됐어. 티베트나 신강성(新疆省) 가도 마찬가지여. 그러나 우리는 그렇게 시달림 받으면서도, 우리가 싸워서 굴복해가지고 비록 속국이 되었었다 하더라도 결코 우리 민족의 본질은 중국한테 주지 않고, 말부터, 생활부터, 음식부터, 의복부터, 모두가 중국하고 다르다, 이거예요. 이 점은 우리가 우리 민족에 대해서 자랑을 가져야 돼.

일본한테 36년 당했지만 우리는 추호도 우리 민족의 본질을 뺏기지 않았어. 지금 세계에서 이조(李朝) 500년 그렇게 당하고, 일제 이래 이렇게 당하고도 해방 이후 되풀이 되는 이 비정 속에서도 자기의 살길을 찾겠다고, 그래가지고 희망을 잃지 않고 나가는 이러한 국민이 없다, 이거예요.

이것은 나 혼자 자랑하는 것이 아니라 우리 한국에 오는 외국인들이 한결같이 하는 얘기예요. 이런 더운 방에서, 이렇게 불편한 자리에서 세 시간, 네 시간 연설을 듣는 국민도 세계에 없다, 이거예요. 이것이 우리 국민들의 위대한 점이예요.

우리는 결코 희망이 없는 국민이 아닙니다. 노동력으로 보더라도 한국 국민만큼 머리가 좋고, 부지런하고, 교육 많이 받았고, 군대에 가서 기술 훈련 단체훈련 받은 이런 우수한 노동력을 가지고 있는 후진국가가 세계에서 한국밖에 없어요. 중남미에 가도, 동남 아세아에 가도, 아프리카에 가도, 노동력은 많지만 머리가 나쁘고 게으르고 무식해서 쓸모가 없어요.

우리는 올바른 집권자와 올바른 정권만 맞이할 것 같으면, 이 국민의 폭발력 같은 에너지에다가 바른 방향만 잡아가지고 궤도 위에 올려 놓으면 무서운 힘으로 돌진해 나갈 힘을 우리 국민이 갖고 있다는 것올 여러분이 알아야 한다, 이거예요. (「옳소!」, 박수)

그렇기 때문에 내가 우리 국민을 존경하고 자신을 갖는 것은 여러분에 대해서 형식적으로 하는 말이 아니라 내가 세계를 돌아보고 내 나름으로 우리 민족을 연구해본 결과예요.

나는 여러분과 더불어 내 행동으로써 고락을 같이 할 작정 입니다. 나는 아직도 내 손에 골프채를 잡고 그린필드를 걸어 다니면서 옆에 똥통지고 가는 농민에게 "농민이여, 내가 당신의 벗이외다!" 할 때 과연 농민이 이 말을 믿느냐, 이거예요. 골프는 좋은 운동입니다. 그러나 모든 농민과 노동자들이 골프칠 때 나도 같이 할 작정입니다. (박수)

나는 지금 여러분과 똑같은 후생주택에 살고 있지만, 이 국민의 생활이 바른 방향으로 풀어져 나가지 않는데 나 혼자만 좋은 집 살 수 없다, 이거예요. 나는 이것을 조금도 자랑하는 것은 아닙니다. 필리핀의 막사이사이 대통령(大統領)이 대통령 되어가지고 관저에 들어갈 때 그 사람도 역시 후생주택에서 보따리 싸가지고 나갔어요. 그것이 바로 국민을 소중하게 생각하는 정치인의 당연한 태도이지 조금도 자랑할 게 없는 것입니다.

自由는 국민이 戰取하는 것이다

나는 여러분에 대해서 지난번에도 말했지만 정말로 내 생명을 걸고, 내가 비록 지금도 24시간 동안 언제나 생명의 위협을 받으며 살고 있지만,

사람이라는 것은 어차피 한번은 죽는 거고 내가 국민을 위해서 내 목숨을 바친다고 할 것 같으면 나는 그것을 다시 없는 값있는 죽음이다, 이렇게 결심을 하고 있습니다. (박수)

물론 누구도 고생하고 싶은 사람이 없고, 죽고 싶은 사람도 없습니다. 그러나 누군가가 그렇게 목숨걸고 국민을 위해서 싸우지 않는 한 이 나라에 민주주의가 오지 않고, 우리의 자유통일이 오지 않는다, 이거예요.

나는 확실히 믿기를 내가 여러분의 선두에서 싸우는 한 여러분은 이 나라 민주주의에 자신을 가지고 나가기를 바라는 것이고, 내가 이 나라에 건재하는 한 여러분은 여러분의 자유와 행복을 위해서 싸우는 사람이 있다는 것을 확실히 믿어야 할 것이고, 동시에 金大中이가 쓰러지더라도 金大中이가 뿌려논 그 씨를 제 2의 金大中, 제 3의 金大中이가 나와서 여러분 앞에서 싸울 것이라는 것을 나는 확신하고 있습니다. (박수)

국민 여러분도 용기를 갖고, 신념을 갖고, 자신을 가져야 합니다. 아까 金漢洙동지가 부탁한대로 여러분도 여러분이 할 일을 해야 돼. 용기있는 국민만이 자유와 행복을 향유할 자격 이 있습니다. 옳은 일을 누구는 옳을 줄 모릅니까? 옳은 일을 행할 용기가 있어야 돼.

오늘날 미국이나 영국이나 불란서 사람들이 저렇게 행복하게 사는데 그 선조들이 자유를 위해서 얼마나 많은 피를 흘렸습니까! 우리도 피를 흘려야 돼. 그래서 독재자가 나오려 해도 국민이 무서워서 다시는 못 나와야 돼. 독재자가 金大中이가 무서워서 못 나온다면 金大中이 없어지면 나올 수 있어요. 그러나 국민이 무서워서 못 나오면 영원히 못 나오는 것이예요.

미국 같은 나라에서 독재자가 못 나오는 이유가 그래서예요. 국민이 강해질 때 우리는 진실한 자유를 차지할 수 있고, 민주주의를 차지할 수 있는 것입니다. 이 안에 많은 신민당 동지가 있다고 할 것 같으면 우리는 큰 반성을 해야 돼. 우리가 양심적으로 생각해서 오늘날 이 나라에서 국민의 자유를 위해서, 진실로 민주주의의 통일을 위해서 싸울 사람이 과연 누구요? 신민당 외에 또 누가 있습니까? 국민이 신민당 외에 그 책임을 맡길 정당이 있습니까? 국민은 모든 정당을 다 버리고 우리에게 표를 주었오. 탄압 속에서 우리에게 표를 주었오. 그런데 우리는 우리가 할 일다 하고 있느냐? 반성을 해야 돼. 우리는 우리 책임을 다 하고 있는지, 못하고 있는지를 반성해야 돼. (「옳소!」, 박수)

이 반성은 우리 자신부터 해야 돼. 우리는 이러한 반성을 통한 새로운 결단과 새로운 행동, 그리고 새로운 당의 체제없이는 국민의 지지를 영원히 상실하고 말 것이라는 것을 분명히 알아야 한다, 이거예요. 이때에 우리가 생각하지 못하면 우리는 늦다는 것을 알아야 돼.

국민 여러분!

오늘은 현충일(顯忠日)입니다. 우리는 꽃다운 청춘에 조국을 위해서 사랑하는 부모와 아내와 자식을 놓고 인생의 3분지 1도 못 살고 죽어간 영령들을 생각해야 됩니다. 그 사람들은 조국의 민주주의와 조국의 통일을 위해서 목숨을 바친 것이예요.

다행이 남아 있는 우리들이 현충일에 묵념하면서 그 영령들에 대해서 "내 대신 죽은 영령들이여! 내가 당신의 뜻을 받들어서 조국의 자유와 조국의 통일을 위해서, 이 불행한 국민을 위해서 내가 국민으로서의 할 일을 다 하고 있으니 안심하시요. 고히 잠드소서. 앞으로의 일을 내게 맡기시요." 이렇게 떳떳이 말하고 묵념할 수 있는 사람이 몇 명이나 있습니까. 우리는 양심으로부터 스스로 반성하고 그러한 영령들의 죽음을 헛되지 않도록 해야 할 것입니다.

"우리도 전쟁에 나가서 잘못되어 죽었다고 생각하면, 교도소 가고, 중앙정보부에 끌려 가는 게 뭐가 대단하느냐," 모든 국민이 그런 결심을 할 때는 朴正熙씨가 대한민국 전체를 교도소로 만들 수 있습니까? 중앙정보부 사람이 몇 명 이기에 3천만 국민을 다 끌어갑니까?

우리는 그러한 결심을 가지고 오늘 이 현충일을 맞이해야 할 것 이고, 조국의 통일을 위해서 쓰러진 그 영령들에 대해서 우리가 이 통일문제를 논의함에 있어서 우리들의 결심을 굳게 해야 할 것이라고 강조하면서 저의 말씀을 마치고자 합니다.

장시간 감사합니다. (박수)

希望을 갖고 살자

이 글은 제 7대 대통령 선거가 끝난 뒤 미 · 영 · 불 · 독 · 일본 등 5개국을 순방하고 돌아온 金大中 선생이 1972년 3월 11일 서울 종로구 경운동에 있는 수운(水雲)회관 강당에서 열린「귀국보고 강연회」에서 행한 연설의 전문이다. 이 강연회는 4 · 27 대통령 선거 이후 처음으로 열린 것으로서 많은 수난과 일화를 남겼었다.

살아있는 4 · 27精神

존경하는 시민 여러분!

먼저 무엇보다도 여러분에 대해서 작년 선거 당시 베풀어 주신 막중한 지도와 편달에 감사의 말씀을 올리고 또한 오늘 이와 같이 장내뿐 아니라 밖에 더 많은 시민들이 저의 말을 듣고자 와주신 데에 대해서 무한한 감사를 드려마지 않습니다.

오늘 우리 강연대회(講演大會)를 방하해기 위해서 이 정부는 참으로 야비하기 짝이 없는 가지가지의 방해를 했습니다. 우리가 장소를 넓은 데를 얻지 못하게 할 뿐 아니라 심지어는 어느 신문이고 내가 강연한다는 가십 한 토막까지도 못 쓰도록 압력을 가했습니다.

그뿐 아닙니다. 이것이 어제 날짜의 신문(동아일보)입니다. 여기에 전혀 광고(廣告)를 나가지 못하게 하고, 기사를 못 나가게 하기 때문에 우리가 돈을 주고 광고를 냈어요. 신문 1판이 이렇게 나갔는데 이 광고가 나가자마자 2판은 뜯어 버렸어요. 우리가 돈주고 낸 광고조차 신문사에 압력을 가해가지고 정보부(情報部)에서 이렇게 뜯게 만들었다, 이 말이예요.

金大中이가 대한민국에 무슨 몹쓸 짓을 했고, 金大中이가 무슨 역적행위(逆賊行爲)를 했는지는 모르지만 합법적으로 하는 강연에 내 돈 주고 낸 광고조차 자기들 멋대로 와서 뜯어버려? (박수)

그리고 심지어 내 비서실 차장(次長)과 우리 당원 둘이가 길거리에서 삐라를 주었다고 지금 끌려가서 나오지 못하고 있습니다. 길거리에서 우동장수, 설렁탕 장수, 엿장수 얼마든지 풀어주어 다 괜찮았는데 김대중이가 오늘 강연한다는 삐라 몇 장 주었다고 끌려가서 못 나온다, 이말이예요.

이 사람들이 이렇게 신문 가십 못쓰게 하고, 광고 막고, 비라뿌린 사람을 잡아가면 오늘 이 자리에 사람이 안 와서 텅텅 빌 줄 알았다, 이거예요. 그러나 여러분 보세요. 여기에 시민들이 가득차 있을 뿐만 아니라 밖에도 이 몇 배의 사람이 와 있어요. (「옳소!」· 박수)

이것은 무엇을 말하느냐? 朴正熙씨가 아무리 방해를 해도, 이 정권(政權)이 아무리 방해를 하더라도, 비상사태(非常事態)를 가지고 국민을 누르더라도 대한민국 국민의 자유에 대한 결의와 의지는 누구도 굽힐 수 없을 뿐 아니라 작년에 그 열화(熱火)같이 일어났던 우리 국민들의 민주주의에 대한 열망은, 비록 71년은 지났지만, 4 · 27의 정신은 영원히 살아 있다는 것을 증명 한 것이 아니고 무엇이냐, 그 말이예요. (「옳소!」. 박수)

超憲法的으로 國法을 無視

옛말에 「춘래불사춘(春來不似春)」이라는 말이 있습니다. "봄은 왔어도 봄 같지 않다." 과연 지금 봄이 왔습니다. 그러나 이 나라에는 차가웁고 어두운 바람이 계속되고 있습니다.

지금 우리는 대한민국 헌정사상(憲政史上) 처음보는 독재에 시달리고 있습니다. 이런 독재는 경험해 본 일이 없어요. 엉뚱하니 전쟁이 일어난다고 떠들어대가지고 지금 국민들이 경제활동(經濟活動)을 포기하고, 기업들이 위축되어 가지고, 직장이 없고, 생활고는 심해지고, 물가는 마구 뛰고, 살길이 없어요.

여러분!

대한민국은 법치국가(法治國家)예요. 대통령은 국민의 공복(公僕)이예요. 대통령은 취임할 때 국민 앞에 선서하고 "이 나라의 국헌과 모든 법을 준수하겠다"고 약속을 했어요. 이것은 절대적인 의무예요.

그럼에도 불구하고 비상사태라는 터무니없는것 선언하고, 이래가지고 「국가보위특별조치법(國家保衛特別措置法)」이라는 것을 만들어서. 헌법의 어느 조항에도 대통령에게 그와 같은 권한을 줄 수 있는 조항은 없음에도 불구하고, 초헌법적(超憲法的)으로 국법을 무시하고, 대통령에게 예산을 멋대로, 자기 마음대로 하게 하는 권한을 주었어요. 국회도 필요없습니다. 언론자유(言論自由)를 제한할 권한, 지금 이 나라의 신문기자들은 정부에서 발행한 허가증 가지고 신문기자 노릇을 하고 있어요. 「프레스 카드」라고 해요. 중앙정보부는 신문사에 와가지고 일일이 편집에 대해서 간섭을 하고, 야당에 대해서 아무것도 보도를 못하게 해! 야당에 대해서 보도할 자유는 야당이 싸움한다는 것을 보도할 자유밖에 없어요. (웃음)

노동자들이 자기의 권리로서 주장하는 쟁의(爭議)를 못하게 하고, 국민의 재산을 마음대로 징발(徵發)할 수 있도록 하고, 국민의 재산을 10년 또는 20년간이나 징발하고도 거기에 대한 보상조치(補償措置)를 요구하는 재판도 못하게 하고 있습니다. 더구나 국회가 헌법에 의해서 소집됐어. 4분의 1이면 소집할 수 있고, 3분의 1이면 국회를 열 수 있는 것입니다. 그럼에도 불구하고 야당이 3분의 1이상 출석해도 의장이 사회를 안하고 공화당(共和黨)이 나오지를 않아. 나는 세상에 수많은 여당이 수가 적은 야당이 무서워서 국회에 안 나오는 것은 처음 보았다, 이 말이예요. (웃음)

이와 같이 헌법을 유린하고, 헌법에 없는 권리를 대통령이 갖고, 언론자유와 야당과 국회와 국민의 모든 자유를 억압하고, 암흑독재정치(暗黑獨裁政治)를 강행하고, 이런 짓을 하고 있는 이 사실이야말로 내가 선거때 예언한 바 그대로입니다. "이번 선거에 우리가 정권교체를 못하면 총통제(總統制)로의 길을 가는 것"이라고 했습니다. 朴正熙대통령이 말하기를 "나는 총통(總統)이 무엇인지도 모른다"라고 말했어요. 여러분, 총통이 무엇인지 모르면 내가 가르쳐 주겠어요.

이와 같이 헌법에도 없는 권한을 대통령이 멋대로 가져가고 민주국가(民主國家)의 기본질서인 국민의 자유를 짓밟고 국회를 유린하고, 한사람이 독재적 권리를 자행한 이 사실이야말로 이 나라가 총통제도(總統制度)의 길을 가고 있는 것이 아니고 무엇이냐 하는 것을 나는 여러분들에게 말하지 않을 수 없다, 이거에요. (박수)

金日成에게 지는 反共

朴正熙 대통령은 작년 12월 6일 비상사태(非常事態)라는 것을 아닌 밤중에 홍두깨같이 발표했어요. "金日成이가 쳐내려온다. 내일 모래 쳐내려온다." 공화당사람이 말하기를 "금년 겨울이 위험하다. 金日成이가 3월 15일이 60회 환갑인데 서울에서 환갑지낸다." 어떻게 김일성이 하고 연락이 잘되고 있는지 모르겠어요. (웃음 · 박수)

재작년 겨울에는 이 사람들이 말하기를 명년에는(작년이지요) "4월~5월이 위험하다"고 했습니다."왜그러냐 하면, 4월, 5월에는 풀이 돋아나니까 그래서 위험하다." 이북에서 쳐내려오니까(웃음)

그러더니 작년에는 또 "금년 겨울이 위험하다. 왜 위험하냐. 금년 겨울에 임진강(臨津江)이 어니까 위험하다."……여러분, 언제는 임진강이 안 얼었소? 아마 이 식으로 가면 금년 겨울쯤 또 "명년 여름이 위험하다. 여름에는 강이 안 얼어서 바다로 헤엄쳐 올 수 있으니까 위험하다. "(웃음)

朴正熙 대통령은 지난 1월 11일 기자회견을 했어요. 2시간 반 동안 말을 했습니다. 그런데 이 양반이 하는 얘기를 들어보고 깜짝 놀랐어요. 무엇이라고 말하느냐. "우리가 군사적으로는 김일성이한테 진다. 무력에는 해볼 수 없다." 한 나라의 대통령이, 국민의 재산과 생명을 맡아가지고 있고, 국가와 민족을 보위(保衛)할 최고책임자, 3군의 사령관이 무력에는 진다고 그랬다. 말이예요.

여러분! 김일성이가 내일 모래 쳐내려온다는데 무력으로 지면 다 끝난 것이 아니냐, 그 말이예요.

5 · 16 당시에 이 사람들은 합헌적으로 국민이 뽑아놓은 정권을 뒤집어

엎을 때에 무엇이라고 말했읍니까? "이 정권 가지고는 반공(反共)이 안 된다. 마치 침몰직전(沈沒直前)의 배와 같다. 張勉정권은……따라서 반공을 위해서 내가 쿠데타를 했다. 공산당(共産黨)이 못 쳐내려오게 하기 위해서, 공산당한테 이길 나라를 만들기 위해서 쿠데타를 했다." 이렇게 말했습니다.

그 사람들은 반공을 국시(國是)의 제1의(第一義)로 한다고까지 떠들었습니다. 반공을 국시의 제일의로 한다 해가지고 합헌적인 정권을 뒤집어 엎고 10년 동안 정권 잡아가지고 세계역사에 유례가 없을 정도로 강력한 대통령의 권한, 지방자치(地方自治)를 하지 않고, 위는 국무총리로부터 말단은 동회 서기까지 멋대로 임명하고 목 자를 수 있는 권한을 가지고 있는 것은 세계에서 대한민국의 朴正熙 대통령 뿐이어요. 미국의 닉슨도, 일본의 사또도, 영국의 히드도, 누구도 지방자치 때문에 못해. 朴正熙씨의 대통령권한(大統領權限)이라 하는 것은 닉슨 대통령 권한 같은 것은 뺨치고 도망갈 정도로 강해! (웃음 · 박수)

이런 권한을 가지고 국민들을 군대에 나오도록 징병 하고, 향토예비군(鄕土豫備軍)을 만들고, 연간 총예산의 약 30% 가까이 국방예산(國防豫算)에 쓰고, 야당과 언론과 국민은 군대에 나오라면 군대에 나가고, 예산을 통과시키라면 예산을 통과시켜. 다했다, 이거야.

반공법(反共法)이라는 것을 만들어서, 세계에 유례가 없이 가혹한 반공법, 자기가 목적이 없더라도 결과적으로 김일성이에게 이(利)로우면 잡혀 들어가는 반공법, 이러한 엄청난 제도하에서 10년 동안 나라를 멋대로 끌고온 사람이 이제 와서는 공산당한테 이길 수 없다?

反共失敗 책임지고 總辭退 마땅

만일 朴正熙씨에게, 이 정권 사람에게 일편(一片)의 양심이라도 있다고 할것 같으면, 이제 비상사태 선포해가지고 야당이 나쁘다, 국회가 나쁘다, 언론이 나쁘다, 누가 나쁘다고 책임전가(責任轉嫁)할 것이 아니라 10년 멋대로 한 朴正熙씨 자신이, 이 정권 사람들이 반공 잘못한 책임지고 국민 앞에 총사퇴(總辭退)하는 것이 마땅하다. 이것이야요. (박수)

그것을 국민에게 책임을 뒤집어 씌우고……

여러분, 작년 겨울부터 여러분들, 5차 이북 공산당 당대회(黨大會)하는 영화 보셨지요. 그 영화가 무슨 영화요? 김일성이 선전영화(宣傳映畵)예요. 공산당을 이 이상없이 돋보이게 만든 선전영화예요.

반공한다는 대한민국 천지에서 정부가 잘못을 저질렀어. 김일성이 선전했어. 그 영화는 우리가 찍어온 것도 아니고, 누가 외국 사람이 찍은 것도 아니고, 이북 공산당이 자기들 선전하기 위해서 만든 영화여. 그것을 갖다가 돌렸다, 그 말이예요.

만일 우리 민간인이 이러한 영화를 돌리기는커녕 갖고만 있어도 벌써 사형(死刑)이예요.

그 영화 본 결과가 어떻게 돼? 물론 그것을 보고 반공해야 쓰겠다고 결심이 굳어진 사람도 있지마는 상당수의 사람들은 "야! 공산당 무섭다." 공포심만 일어난다, 이거여. 무섭다는 생각 가지고는 못 이겨! 또 그 영화라는 것은 그럴듯하게 찍었기 때문에 보면 무섭게 되어 있다, 이거예요. (웃음)

또 "김일성이도 거 괜찮구나, 똑똑한가 보다." 이런 사람도 생겨 난다, 이거예요. 김일성이 똑똑하게 보도록 만든 영화보고 그렇게 생각할 수 있는 것도 무리가 아니다, 이거예요. 이런 짓을 이 정부가 하고 있다, 이것입니다.

南侵할 수 없는 金日成

이 사람들은 "김일성이가 남침해 온다." 나는 여러분에게 말하겠어요. 이북의 김일성이는 지금부터, 26년 전부터 기회만 있으면 대한민국을 공산화(共産化)하려고 하고 있어. 또 앞으로도 기회만 있으면 26년이나 260년 동안 할 것이예요.

그러나 내가 여러분께 말할 수 있는 것은 김일성이는 지금 못 쳐들어와! 왜 못 쳐들어오느냐?

첫째로 金日成이가 지금 쳐들어오면 저! 우리가 이긴다, 그 말이예요. 우리는 60만 국군이 있을 뿐만 아니라 지금 상당한 방비(防備)가되어 있어요. 나는 국방위원(國防委員)이기 때문에 그 사정을 잘 알아요.

더구나 여기에 지금 4만의 미군(美軍)이 있고, 미공군기지(美空軍基地)가 도처에 있고, 미해군(美海軍)이 우리 주변에서 바다에 떠 있고, 심지어 한국 내에는 핵무기(核武器)까지 있다고 알려져 있어요.

여기에 金日成이가 밀고 내려 왔다가는 金日成이는 진다, 이거예요. 이것은 내 개인의 판단만이 아니라 영국의 유명한 전략연구소소장(戰略硏究所所長)이라든가 프랑스의 유명한 세계적인 정치학자인 레이몬 아롱 같은 사람들은 다 그런 말을 하고 있어.

또는 金日成이는 지금까지 20년 동안 대한민국에서 미군철수(美軍撤收)하라고 주장을 했어요. 이제 미군이 나가고 있어요. 2만 이미 나갔어! 나갔는데 金日成이가 왜 나가는 미군 붙잡기 위해서 남침(南侵)을 하겠느냐, 이거예요. 그렇게 김일성이가 유치하고 어리석은 사람이 아니예요.

또한 金日成이가 전쟁을 하려고 하면 소련과 중공(中共)의 지지가 있어야 돼. 지금 중공과 소련은 극도로 사이가 나쁘지만 한 가지, 대한민국에서, 한반도에서 전쟁이 일어나지 않기를 바라는 이것만은 일치해요.

왜 그러냐? 만일 여기에서 전쟁이 일어나면 일본이 즉각적으로 재무장(再武裝)한다, 이거예요. 일본이 재무장한다는 것은 소련과 중공으로서는 가장 두려운 일이예요. 그렇기 때문에 이 사람들은 전쟁을 절대적으로 반대하는 입장에 서 있어요.

이것은 과거에 「푸에블로 호(號) 사건」이라든가, 또는 중공에서 周恩來가 「뉴욕 타임즈」 부사장(副社長) 제임스 레스턴을 만나서 한 얘기라든가, 이번 또 미중공성명서(美中共聲明書) 같은 것을 본다 하더라도 우리가 그 저류(底流)를 엿볼 수 있는 것입니다.

金日成이는 전쟁할 수도 없고, 전쟁하지도 못한다, 이거예요. 여러분! 내 말이 맞는가, 이 정부 말이 맞는가 앞으로 4월 15일까지 한달밖에 안 남았으니까 두고 보자, 그 말이예요.

美國서도 反對하는 非常事態 宣布

나는 물론 우리가 국방(國防)을 튼튼히 하고 반공태세(反共態勢)를 갖추는 것을 절대로 반대하는 것은 아닙니다. 해야 돼! 해야 되나 엉뚱한 판단을 해가지고 국민들한테 협박을 하고, 국민들한테 그릇된 판단을 주어가지고, 이래가지고 국민을 그리로 인도한다는 것은, 이것은 나라를 망치는 길이요.

왜 그러면 박정권이 이런 짓을 하느냐? 그 사람들도 金日成이가 안쳐내려오고. 못 쳐들어오는 것 안다, 이거예요. 안다는 증거를 내가 여러분한테 대지요.

지금 판문점(板門店)에서 적십자회담(赤十字會談)하고 있어요. 상당히 진전이 되고 있어요. 여러분 지금 현재 적십자회담이라는 것은 남북 가족찾기 운동이예요. 남북간에 약 1천만 명이 면회하고 왔다 갔다 해야 할 얘기여.

만일 내일 모래 전쟁이나 터진다고 할 것 같으면 1천만 명이 어떻게 왔다 갔다 합니까. 그런 회담할 필요없다, 이거예요.

이북에 대해서, 金日成이에 대해서 만일 金日成이가 내일 모래 쳐들어올 태세를 정말로 갖추고 있다 할 것 같으면 "너 한쪽에서는 적십자회담(赤十字會談) 하자고 하면서 한쪽에서는 이따위 짓하니, 너 나쁜 놈 아니냐. 이래가지고 네가 어떻게 평화를 말하고 민족을 말하느냐"고 따져야지 지금 적십자회담해서 무슨 소용있느냐, 이거예요.

박정권은 알고 있기 때문에 국민한테도 아웅 하면서 저쪽과는 회담하고 있는 것이예요. 만일 정말로 쳐내려온다고 할 것 같으면 서울 지금 도처에서 땅을 파고 지하철(地下鐵) 만들고 있는데 저따위 짓 할 필요가 없는 것이예요. 한강(漢江) 북쪽에다 지하철 만들어서 남쪽에 있는사람 전부 북쪽으로 끌어들일 이런 짓을 내일 모래 전쟁 터질 나라가 한다면 그것은……정신이상이요. (웃음)

더구나 저것은 100억 이상의 돈을 들여가지고 몇 년 걸리는 짓을 정부가 하겠느냐, 이거예요. 한강 북쪽에다 지하철은커녕, 빌딩은커녕 판자집 하나 못 짓게 해야 돼. 정말로 쳐내려온다면……그리고 이쪽 사람 전부 남쪽으로 소개(疎開)해야 돼. 전부 다 안다, 이거예요.

그러면 왜 이 짓을 하느냐? 세계에서 이 비상사태 선포(非常事態 宣布) 했을 때에 공산당이 쳐 내려온다고 생각한 나라가 하나도 없어요. 미국 국무성(國務省)에서는 심지어 즉각적으로 성명을 발표해가지고 "우리는 金日成이가 전쟁 준비를 하고 있는 것은 알고 있지만 지금 이 시간에 쳐들어온다고는 절대 보지 않는다" 성명서(聲明書)를 발표했어요. 일본의 전신문들이, 세계의 신문들이 "이것은 朴正熙씨가 내정(內政) 때문에 이런 일을 하고 있다."다 썼어요. 아무리 감추어도 속은 나타나는 것이요.

朴政權이 진짜 非常事態

결국 이 비상사태라는 것은 양차(兩次) 선거 끝나고 보니까 국민이 엉뚱하게 야당을 지지해. 대통령선거 630만 대 540만으로 이긴 것으로는 되어 있지마는 자기들이 해먹은 속, 다 안다, 이거예요. 나는 내가 여하튼 선거 끝나고 나서, 무슨 내가 정신적 대통령(精神的 大統領)이니 육체적 대통령(肉體的 大統領)이니 그런 소리 안해. 안하지마는 부정을 얼마나 했다는 것은 자기들이 잘 안다, 이거예요. 여기에 와 있는 외국의 공관들도 본국에 보고서 내기를 "공정선거(公正選擧) 했으면 졌다"고 다 되어 있어. 내가 알고 있어요.

그러니 국민이 무섭다. 얼굴만 보면 저놈, 다 나한테 표 안 찍었을 것…(웃음).

야당국회의원(野黨國會議員)은 역사에 유례없이 89석 최고로 많이 얻었어.

국회 열어놓고 보니까 재판관(裁判官)들이 들고 일어나고, 노동자들이 KAL빌딩에 와서 달려들고, 동대문에서 상인들이 세금 못 내겠다고, 비싸다고 달려들고, 의과대학(醫科大學)병원 인턴들이 달려들고, 대학교 교수들이 학문의 자유 보장하라고 나서고, 광주대단지(廣州大團地)에서 우리 가난한 동포들이 들고 일어나고 이런다, 이거예요. 학생들이 "부정부패(不正腐敗) 일소하라. 선거 때 약속대로 하라"고 데모한다, 이거예요.

심지어 공화당 국회의원까지 朴正熙씨 말 안 듣고 내무장관 불신임(不信任) 때 야당과 같이 찍어가지고 吳致成씨 목 잘라버렸어요. 기가 막히다, 이거예요.

더구나 인천 저쪽 바다에 있는 군인들이 대우가 나쁘다고, 그래가지고 서울까지 몰려왔어. 이런 모든 것을 보니까 영 이 정권의 발뿌리가 마구 흔들린다, 말이예요. 마치 지진(地震) 위에 서 있는 무슨 빌딩이나 같애. 언제 무너질지 모르겠다. 이거예요.

그렇기 때문에 이 정권이 겁이 나서 생각해 보니까 써먹을 자료는 없고 10년 전에 써먹었던 반공 다시 한번 써야 되겠어. (웃음)

이래가지고 비상사태 선포한 것입니다. 따라서 내가 여기에서 여러분께 분명히 얘기하는 것은 아까도 말했지마는, 우리는 이 국방을 튼튼히 하고 언제나 공산당에 대해서 경계해야 하지만, 그러나 최근에 과거 보다도 공산당의 도발건수(挑發件數)가 줄었어. 이것은 현 정권이 발표한 숫자에 있어요. 물론 우리가 주의는 해야 하지만 과거 주의(注意) 보다도 더 비상사태는 아니예요.

이럼에도 불구하고 현 정권이 이와 같은 비상사태를 선포해가지고 마치 金日成이가 내일 모래 쳐 들어올 것같이 해서 국민을 공포 속에 몰아넣고 이러한 독재정치(獨裁政治)의 길로 끌고가는 것은 대한민국이 비상사태라기보다는 朴正熙 정권의 비상사태이기 때문에 이런 사태를 선포했다는 것을 여러분은 알아야 한다, 이 말이예요. (박수)

大勢는 現狀維持와 平和共存

저는 이번에 세계 5대 우방국가, 일본, 미국, 영국, 프랑스, 독일 그리고 지나는 길에 스웨덴과 덴마크, 일곱 나라를 돌고 왔습니다.

여러분께 이제부터 세계가 어느 길로 가고 있느냐 하는 것을, 제가 본 바를, 또 세계 각국의 정부의 지도자, 국회 지도자, 대학교 교수들, 언론인들, 공산권전략(共産圈戰略) 이런 문제 전문가들, 여기서 일일이 거론하지 았겠습니다마는, 각국의 지도자들을 만난 판단, 그리고 이 사람이 평소에 가지고 있던 소신과 모든 것을 종합해서 말씀을 드리겠습니다.

지금 세계는 한마디로 말해서 어떤 방향으로 가고 있느냐. 「스테이터스 퀘오」 현상유지(現狀維持), 현재 상태를 그대로 인정하면서 평화의 길을 걷자, 이런 방향으로 가고 있습니다.

"구라파에서 동구라파(東歐羅巴)는 공산권, 서구라파(西歐羅巴)는 민주주의, 이것을 서로 그대로 인정하자. 그래서 소련은 서구라파쪽에다가 쓸데없는 짓 안하고, 그대신 서구라파에서는 동구라파에 대해서 쓸데없는 짓 하지 말아라. 체코에서 소련에 반대한 운동이 일어난 것을 우리가 무력으로 진압했어. 우리 권리는, 우리 국권은 우리가 지켜야 쓰겠다." 이러한 식의 방향이 지금 세계가 가는 방향입니다.

여기에는 비관의 여지도 있지마는 여하튼 "이 핵무기(核武器)가 극도로 발달해서 만일 전쟁이 터지면 일조에 수억의 사람이 목숨을 잃어야 하는 이 무서운 시대에 여하튼 최선을 다해서 우리가 일단 전쟁이 없는 방향으로 하자." 이것이 세계의 흐름인 것이요, 또 이것을 세계 인민들이 지지하고 있습니다.

그래서 소련은 구라파에서도 대폭 양보를 했어요. 「베를린 문제」에 있어서 동구라파, 동독(東獨) 내부에 외딴 섬같이 있는 이 베를린이 동독것이라고 이때까지 소련과 동독은 주장했어요.

그러나 마침내 소련이 굴복해가지고 "영국과 미국과 불란서가 점령하고 있는 그 지역은 서독이 지배하는 것을 인정한다." 정식으로 4대 국가가 도장을 찍었습니다.

전후에 26년 동안 언제나 전쟁의 씨를 안고 대결되어 오던 문제가 해결이 되었어. 이것을 해결 할 때에 동독의 공산당 당수 울부리히트라는 사람이 듣지 않으니까 25년 동안 집권하고 있던 사람을 소련에서 쫓아내버렸어. 이래가지고 말 듣게 만들었어.

그것은 소련이 그런 희생을 하더라도 동구라파에 대한 공산권 전제(專制)를 자기네가 유지하겠다는 생각인 것입니다.

따라서 동시에 동서독일(東西獨逸)은 이제 통일의 기회란 것은 아주 멀어졌습니다.

소련은 이렇게 「베를린 문제」를 해결했을 뿐만 아니라 그 대가(代價)로서 "구주안전보장체재(歐洲安全保障體制)를 만들자." 그것은 아까 말한 바와 같이 "현상동결(現狀凍結)해가지고 평화를 유지하는 것을 구라파에서 하자." 이렇게 제안을 했습니다.

지난번에 브레즈네프가 파리에 가서 퐁피두 프랑스 대통령을 만나서 금년 말이나 명년에는 이 구주안전보장회의(歐洲安全保障會議)가 열리게 되어 있어요.

또 독일은 나토(NATO)에 가입해가지고 우리 민주주의 진영에 굳게 군사적으로 단결해 있으면서도 일편으로는 소련 폴란드와 불가침조약(不可侵條約)을 맺고 있어.

이렇게 해서 동독에 대한 통일, 또는 일단 양보한 문제가 되어 있는「오데르 나이세 선(線)」에 대한 국경선 인정(國境線 認定)에서 현실적인 정책을 독일이 취하고 있습니다.

내가 이번에 독일에 가서 독일 내독성(內獨省) 장관, 차관 만나서 4시간 동안 회담을 했습니다마는 그 사람들 얘기는 "명년 4월에 구라파에서 미, 영, 불, 소 4대 국가가 독일에 대한 전쟁종결선언(戰爭終結宣言)을 하면 명년에는 유엔에 가입하겠다." 이런 얘기를 하고 있습니다. 동서독(東西獨)이 같이 유엔에 가입해. 이것도 현상을 그대로 인정하자 하는 그 정책인 것입니다.

이러한 정책은, 이러한 세계의 흐름은 지금 아세아에도 비쳐오고 있습니다. 중공을 20여 년 동안이나 인정하지 않던 서구의 많은 나라들이 유엔에 가입시키고, 이번에 닉슨 대통령이 중공을 갔어요.

그것도 "있는 사실은 있는 사실대로 인정하자. 싫고 좋은 것은 별도문제고, 싫다고 해서 있는 것을 없다고 할 수는 없지 않느냐." 이러한 현실정책(現實政策)의 하나의 표현으로 그렇게 된 것입니다.

더우기 이번에 닉슨의 중공방문(中共訪問)은 중대한 세계사적 의의가 있습니다. 이것은 중공과 미국이 지금까지 극도로 서로 대립을 했어. 아마 원수와 원수끼리 만나도 그 이상 더 만날 수 없을 정도로 대립했어요.

중공은 소위「덜레스 시대(時代)」부터 온「콘테인먼트 폴리시」공산권봉쇄정책(共産圈封鎖政策)에서 중공을 봉쇄하고, 이래가지고 중공을 독립시키고, 종당에는 가능하면 蔣介石 정권으로 하여금 중국대륙(中國大陸)을 반격시키려는 정책을 이제는 포기한 것이예요.

이렇게 해서 세계는 "전쟁에서 문제를 해결할 것이 아니라 우리 앞에 가로 놓여 있는 모든 문제를 테이블에 앉아서 말로 해결하자. 주먹과 총과 칼로 해결하는 것이 아니라 대화를 통해서해결하자." 이러한 대원칙

(大原則)이 중공과 미국 사이에 이제 수립되었고, 이것은 다시 후퇴 할 수가 없는 것입니다.

이것은 마치 과거에, 2차 대전 후에 50년대 냉전싸움을 하다가 1959년 캠프 데이비드에서 아이젠하워 대통령이 후르시초프하고 만나서 그 이후로 미소공존시대(美蘇共存時代)가 온 것과 마찬가지, 그 이상의 중대한 의의가 있는 것입니다.

美 · 中 接近은 金日成에게 重大한 打擊

이러한 미국과 중공의 접근은 아세아 전체에 큰 영향이 있고, 특히 우리 한국에 대하여 절대적인 영향이 있습니다. 중공은 6 · 25사변 당시에 한국전(韓國戰)에 개입하고 100만의 대군을 들여 왔어. 작년 4월에 周恩來는 평양을 방문해서 金日成이와 공동성명(共同聲明)을 발표하고 "한반도에 있어서, 金日成이가 미제국주의(美帝國主義)를 몰아내고 남한을 뒤집어 엎는 그 전쟁에 있어서 중국이 후방기지(後方基地)다. 중국은 이것을 적극 지지한다." 공동성명을 발표했어요.

그러던 중국이 아세아에서 미국과 싸우는 공산진영의, 말하자면 두목이 "저놈은 죽어도 그대로 안 두겠다"고 「우리의 철천지 원수」라고 떠들던 중국이 이제 닉슨 대통령을 중국에 초청했다는 이 사실은 이북의 金日成에게 중대한 타격과 영향을 주는 거다, 이것입니다.

周恩來는 작년에 미국의 「뉴욕 타임즈」의 주필(主筆), 부사장(副社長)인 제임스 레스턴이 갔을 때에 "한반도에 있어서는, 한국에 있어서는 양쪽에 휴전만 했지 평화가 없다. 그러니 양쪽이 평화협정(平和協定)을 맺어가지고, 관계국참여(關係國參與)하에 평화협정을 맺어가지고 평화적으로 한반도에서 전쟁을 억제하고 평화를 유지하자." 이런 말을 했어요.

이것은 과거에 金日成이가 대한민국을 인정하지 않고, 박정권을 인정하지 않던 그런 터무니없는 정책에 비한다고 할 것 같으면 상당한 전환이 온 것이예요.

"이러한 영향은, 이번에 중공과 미국의 접근은, 한국에 있어서 전쟁억제(戰爭抑制), 긴장완화(緊張緩和), 이러한 방향으로 커다란 영향이 올 것이고 이것은 우리 나라를 위해서도 다행한 일이다." 나는 그렇게 생각하고 있습니다. 물론 이러한 문제는 결국에 이번에 5월달에 닉슨이 소련에 가서 소련하고 또 합의를 보아야 합니다.

그러나 소련은 미국의 그러한 한반도에 있어서의 주장을 거부할 수가 없어요. 왜? 소련은 이미 구라파에서 아까 말과 같이 현상유지(現狀維持)하에서 평화를 선도적으로 주장하고 있을 뿐만 아니라 아세아에 있어서의 아세아 안보체제(亞細亞 安保體制)를 주장하고 있습니다.

그러면 "아세아에서 현상동결하면서 평화유지(平和維持)하자." 여러분이 아시다시피 인도 차이나 삼국(三國), 월남, 라오스, 캄보디아 이 세나라들은 전쟁이 지금 한창이어서 전방도 후방도 없어요. 줄치기가 굉장히 어려워.

그러나 한국은 뚜렷이 휴전선이 있어요. 여기에서만 우리가 전쟁을 억제한다고 할 것 같으면 한국은 현상을 유지하면서 평화를 유지할 수 있다, 아주 쉽다면 쉬운 여건(與件)인 것입니다.

따라서 지금 미국의 그러한 정책, 또 중공의 그러한 주장, 여기에 대해서 소련은 반대할 수가 없고 만일 소련이 이것을 반대할 것 같으면 구라파에서의 주장이 완전히 뒤집어져. 일본은 이미 미국과 그런 정책을 합의하고 있습니다.

世界가 찬성하는 4大國 不戰保障

여러분! 내가 선거 때에 4대국부전보장론(四大國不戰保障論)을 주장했습니다. 박정권이 맹렬히 이것을 비난을 했어요. 朴正熙 대통령이 지난 정초에, 정월 11일날 텔레비에서 한 것을 보니까 내 그 4대국 보장론을 꼭 19분동안 욕을 해. 이래가지고 이분이 한참 욕을 하다가 흥분하니까 "그런 소리 지꺼린 놈, 얼빠진 놈"이라고까지 말한 것을 내가 들었습니다.

아마 여러분이 어제 오늘 신문 보았을 것이예요. 일본의 사또 수상이 「아세아에 있어서 4대국의 불가침조약(不可侵條約)」을 제안했습니다.

여러분! 금년도의 우리나라 신문을 보면 세계의 석학이라는 사람들이 전부 "아세아에서의 평화는 4대국 협조(協助)가 있어야 된다"고 돼 있어. 닉슨 대통령이 "아세아에서의 평화는 4대국이 협조해야만 된다"고 했어. 「뉴욕 타임즈」가 똑같은 소리 하면서 "한국에 있어서의 전쟁을 억제 하려면 4대국이 협조해야 된다"는 사설(社說)을 지난 2월 20일 자로 썼습니다. 또 일본 「아사히 신문(朝日新聞)」은 거기에 부주필(副主筆)이 나한테 두 번이나 5시간에 걸쳐서 이 4대국 부전보장론(不戰保障論)에 대한 설명을 듣고 「아사히 신문」의 하나의 방침으로 채택하겠다고까지 나한테 말했습니다.

만일 그런 것 얘기한 사람이 얼빠진 사람이라고 한다면 세계에 얼빠진 사람 투성입니다. (박수)

時代 錯誤的인 鎖國政策

여러분! 미국과 중공의 이번 접근, 이걸로써 물론 모든 문제가 해결되지는 않습니다. 앞으로도 미국과 중공은 상당히 대결도 할 것 이고, 공산주의와 민주주의라는 것은 영원히, 그것은 완전한 합치는 될 수 없는 것입니다. 캠프 데이비드에서 아이젠하워와 후르시초프가 만나고 나서도 「쿠바 위기(危機)」도 있었고 「베를린 위기(危機)」도 있었어요. 여러분이 아시다시피 케네디 대통령 때에 쿠바 위기는 마치 전쟁 직전에까지 가져갔어요. 앞으로도 그런 사태가 있을 수 있어.

그러나 "세계의 커다란 흐름은 현상을 동결하면서 그 현상동결 위의 평화의 방향, 이러한 방향으로 가고 있다. 따라서 우리 한국에 대해서는 앞으로 전쟁억제, 긴장완화에 상당한 영향이 오는 동시에 우리들이 바라는 남북통일(南北統一)이라는 것은, 불행한 일이지마는, 또 국제적 여건이 상당히 멀어져가고 있다." 이것도 우리가 솔직하니 시인하지 않을 수가 없습니다.

우리는 세계의 정세를, 우리가 처해 있는 입장을 우리가 원하는 대로만 해석할 것이 아니라, 있는 사실은 있는 그대로 보고 거기에 대해서 우리가 정책을 세워야 할 것입니다.

나는 이러한 세계의 조류에 비추어서 우리는 세계의 나가는 길과 같이 나가야 돼.

물론 우리가 무조건 하고 모든 것을 따라나갈 수는 없는 것이지마는 세계의 커다란 흐름을 역행(逆行)하면서 우리만이 엉뚱한 짓 해가지고 그것이 성공할 수 있느냐, 그것은 종당에는 국민을 불행의 길로 끌고 갈 수밖에 없다, 이것입니다.

여러분! 아시다시피 이조말엽(李朝末葉) 에 대원군(大院君) 이라는 사람, 고생하다가 아들이 임금이 되어서 섭정(攝政) 이 되었습니다. 제법 똑똑한 사람이고 백성들의 사정도 알고 좋은 일 하려고 애썼어. 그런데 불행하게도 이 사람이 생각하는 방향이 시대하고 완전히 역행되었어.

그당시에도 우리가 살려면 빨리 개국(開國) 을 해가지고 서양의 발전된 문물을 받아들이고, 이렇게 해서 우리 나라를 부강하게 만들어서, 무역을 해서 돈을 벌고, 발전된 군비를 들여와가지고 우리 국방을 튼튼히 하고, 이렇게 해야 할 때에 완전히 거꾸로 했어. 시대착오적인 쇄국정치(鎖國政治)를 하고, 옆 나라 일본은 문을 열어서 세계에서 받아들이는데 우리는 완전히 닫아 놓고 세계에서 들어 오는 것 다 막아버렸어. 천주교 믿는 사람 데려다가 마구 죽이고, 이러한 엉뚱한 짓을 해가지고 자기 나름으로는 애국심을 가지고 했는지 모르지만 결과적으로는 이 나라를 다시없이 망쳤어요.

그렇기 때문에 나는 오늘날 이 정부에 대해서, 朴正熙 대통령에 대해서, 또한 우리 국민들 여러분에 대해서 우리가 애국심만 가지고 좋은 정치 되는 것이 아니다 라는 것을 우리가 알아야 한다, 이거예요.

만일 애국심만 가지고, 사랑하는 마음만 가지고 모든 것을 할 수 있다고 할 것 같으면 어린애가 병이 들었을 때에 그 병을 최고로 잘 고칠 수 있는 사람은 어머니예요. 어머니는 자식 이 병들어 죽으려고 하면 내 몸과 정말로 바꾸려고 생각해요.

그러나 그 어머니가 못 고치고 의사가 와서 고친다, 이것입니다. 기술이 있어야 돼. 물론 의사도 성의가 있고 기술이 있어야 잘 고쳐. 그렇기 때문에 우리는 애국심과 더불어 세계의 가는 방향에 대해서. 우리가 나가야 할 길에 대해서, 외교가 무엇이라는 데에 대해서. 정치가 무엇이라는 데에 대해서, 우리가 똑바로, 우리가 똑바로 이것을 투시(透視)하고,

이래가지고 민족의 앞날을 내다 보고, 남이 생각하지 못한 앞을 짚어가면서 정책을 세워야만이 나라가 살아 나간다, 이거예요.

大勢에 발맞추어 實利추구

여러분!

그렇기 때문에 나는 한 나라의 대통령 된 분은 무엇보다도 오늘날 이 격변하는 세계의 정세……과거에는 우리가 25년 동안 그저 미국이 가는 길만 따라가면 되었어요. 미국이 동(東)으로 가면 동으로 가고 서(西)로 갈 때 서로 가면 되었지만 이제부터는 우리가 우리의 앞길을 고쳐 나가야 할 뿐 아니라 지금 우리의 우방인 미국이……여러분! 보십시오. 미국 같은 그런 나라가 세계의 일등 국가, 가장 강한 나라의 대통령이 그렇게 미워하고, 그렇게 멸시하던 중공에 가서 毛澤東이를 만나고 周恩來를 만나. 이것을 우리가 배워야 한다, 이거예요. 세계의 국민을 살리고. 자기 나라의 이익을 위해서는 어제까지 원수로 삼던 사람도 찾아가는데 하물며 같은 국내에서 야당의 대통령 후보가 얘기 하는 것은 무조건 무엇이든지 반대하고 얼빠지고. 머리가 돌았고, 이런 식으로 비난한다는 것은 나라를 위하는 길이 아니다, 이거예요.

따라서 나는 오늘날 우리가 살려면 세계의 가는 길을 똑바로 보아가지고 세계의 가는 길과 보조를 맞추고 우리의 우방국가(友邦國家)와 같이 가야 된다, 이것이예요.

왜 우리가 중공이 유엔 가입 하고 미중회담(美中會談)하는 것을 트집잡고 욕할 필요가 무엇 있느냐, 이거예요. 우리가 욕한다고 중공이 들어갔던 것이 쫓겨 납니까? 우리에게 손해밖에 없다, 이거예요. 지금 동남아세아 각국들이 중립을 주장하고, 중공에 대해서 욕하던 것을 입을 다물어. 그것은 공산주의가 좋아서 그런 것이 아니라 세계가 지금 그런 식으로 하면 —— 결국 이제는 중공이 유엔의 5대 강국 중의 하나로 들어갔다, 이거예요, —— 내 손해라, 이거예요. 그렇기 때문에 내 손해될 짓, 나라에 손해될 짓 안하는 것이다, 이거예요.

이러면 우리가 지금까지 사실 중국하고 보면 오랜 역사에 중국에 대해서, 한국과 중국은 어디보다도 밀접한 관계가 있어. 우리가 중공하고 그 동안 적대시(敵對視)했어. 적대시한 그 이유 중에는 우리의 통일을 방해했을 뿐 아니라 우리의 우방국가인 미국과 일본이, 특히 미국이 중공을 극도로 반대했어. 냉전시대(冷戰時代)니까 그랬어. 우리도 따라했다. 이거예요.

지금은 세계가 바꾸어졌어. 우방이 바꾸어지면 우리도 바꾸어져야 돼. 우리 혼자 남아가지고 소련도 중공도 적(敵), 미국하고 일본하고는 멀리 떨어지고, 우리 혼자 태평양 가운데에서 혼자 악쓰고 떠드는 것 같은 그러한 정책을 해가지고는 안된다, 이거예요.

이러한 의미에서 이 시간이야말로 우리는 과거의 자세를 크게 전환시켜서 정말로 국가에 이익이 되는 것이 무엇이냐, 국민을 위해서 국가의 영원한 이익을 위해서는 집권자가 어떠한 자세를 취해야 되느냐, 하는것을 골돌히 생각을 해야 하고, 그런 의미에서 이번에 닉슨 대통령의 중국 방문은 그 자세 자체부터 우리가 크게 배울 점이 있다는 것을 여러분에게 말씀드리는 것입니다. (박수)

석 달 앞도 못 보는 朴政權

여러분이 잘 아시다시피 이 정부는 지난 선거 때에 내가 많은 정책을 제시했습니다. 한 가지도 찬성 안했어. 내가 "남북교류(南北交流)를 해야 한다. 공산권에 대해서도 우리가 외교의 길을 열어야 한다." 이런 얘기를 했어요.

요새는 그것이 상식이지마는 그때는 상당히, 말하자면, 새로운 제안이었어요. 이 정부는 무엇이라고 말했느냐? "터무니없는 소리다. 어떻게 해서 남북교류를 할 수 있느냐. 김일성이가 곧 쳐내려오는데 공산권교류(共産圈交流) 얘기하자는 金大中이 사상이 이상하다. 이러하니, 선거때 돌아 다니면서 김일성이가 피리를 불면 김대중이가 춤을 추고, 김대중이가 북을 치면 김일성이가 장단을 맞춘다."(웃음)

그러고 떠들어대더니 대통령 선거(大統領 選擧) 끝나고 나니까 석 달이 못 되어서 "남북교류하자. 공산권에 대해서도 외교하도록 해야 쓰겠다."

이래가지고는 무역한다고 지금 다니고 야단이예요. 도대체 석 달 뒤에 할 짓을 왜 그렇게 반대하느냐, 이거예요. (웃음)

이 정권에는 그 많은 공무원들, 세계 각국에 대사(大使) 공사(公使)가 있고, 공화당에는 방대한 정책기구(政策機構)가 있는데 그래 공부도 안 했느냐, 그 말이예요. (웃음)

이래가지고 단 석 달 앞을 내다보지 못하고 그렇게 반대하고 욕을 하더니 요새는 판문점에 가서 공산당하고 무릎 맞대고 회의하고 있지 않느냐, 이 말이예요.

과연 이러한 사람들이 나라의 정권을 잡을 자격이 있느냐. 모르고 그렇게 반대했다 할 것 같으면 이런 사람들한테 정권 맞겼다가는 나라가 위험할 것이고, 그것이 옳은 줄 알면서도 선동을 위해서 반대했다고 할 것 같으면 이런 사람의 자세야말로 국정(國政)을 맡을 자격이 없다, 이거예요. 여러분들, 그렇게 생각 안합니까? (「옳소!」, 박수)

戰爭抑制를 위해 緊張緩和부터

나는 앞으로 우리 남북문제(南北問題)에 있어서는 세 가지 통일의 단계를 가져야 한다, 이렇게 생각을 하고 있습니다.

제 1단계는 전쟁억제 긴장완화의 단계, 우리는 만일 이번에 남북이 또 전쟁을 하면 남북은 완전히 재가 될 것이고, 수백만의 국민이 죽어야 할 것이고, 이렇게 해서 남은 2차대전 후에 30년 동안에 벌써 천리나 갔는데 그등안에 한번 전쟁하고 두 번 전쟁하고 나면 이제는 다시 남북간에 일어설 기력도 없고 따라갈 힘도 없어요. 이제는 미국도 그렇게 도와주지 않고, 도와줄 힘도 없고, 이래서 우리는 영원히 구제받지 못할 입장으로 들어갑니다.

우리는 이제 과거 이박사가 생각한 것과 같이 공산당은 완전히 전멸하고 우리만이 남는 그러 한 통일도 불가능해. 물론 공산주의자가 자기만 살고 우리를 멸망시키는 그러한 통일은 죽어도 용서할 수가 없어. 결국 우리는 세월을 두고 서로 접촉해 가는 과정에 남북의 모든 5천만동포가 서로 지금까지 가지고 있던 적대감(敵對感)과 불신과 의혹을 씻고, 동포애를 회복하고, 사랑과 신뢰 속에 평화적으로 공존하는 통일의 나라를 우리가 가져와야 한다, 이거예요. (박수)

그러기 위해서는 제일 첫번째 필요한 것은 우선 싸움을 안해야 돼. 만일 싸움을 하게 되면 영영 그만이예요.

그래서 우리는 한쪽으로는 저쪽에서 만일의 경우 쳐내려온다고 하더라도 그것을 막을 수 있는 군비를 튼튼히 하고, 따라서 한미방위조약(韓美防衛條約)을 그대로 유지하고, 여기에서 미국의 조속한 철군이 행해지지 않도록 우리가 요구를 해야 돼요.

우리 국군은 정예화(精銳化)시켜야 돼. 그러면서 한편으로는 남북의 긴장완화(緊張緩和), 평화유지, 특히 4대국이 뒤에서 전쟁시킬 수가 있는 힘이 있어. 또 전쟁할 때에 무기 대주면 전쟁이 커져. 또 사실 이대로 놓아두면 앞으로 한반도에서 일본과 중국이 또 한번 제 2의 청일전쟁(淸日戰爭) 할 가능성이 있어. 왜? 일본은 지금 만일 대한민국의 부산과 목포까지 지도가 빨개진다고 할 것 같으면 일본의 안전보장을 유지 할 수 없다, 하는 것이 일본의 기본국방개념(基本國防槪念)이예요.

그렇기 때문에 이북이 밀고 내려오는 것은, 절대로 남한까지 공산화 되는 것은 용서할 수 없다, 하는 국방정책을 가지고 지금 있어요.

또 중공은 만일 일본이 지금 남한에 군사적으로 발을 붙여 올라오면 제 2의 만주사변, 제 2의 일지사변(日支事變)해서 대륙으로 쳐들어온다, 이렇게 생각을 하고 있어요.

그렇기 때문에 서로 그러한 상태가 이대로 계속이 되어 가면, 한국에서 일본도 중국도 그런 짓 할 수 없다는 조치가 되지 않는다고 할 것 같으면 여기에서 제 2의 청일전쟁이 날 우려가 있다, 이거예요.

물론 소련은 중공이 한반도를 지배하는 것을 절대로 반대해. 중공과 소련은 대한 민국이 그대로 유지되기를 오히려 전략적 입장에서 바라고 있어요. 미국은 26년 동안이나 돈 들이고, 사람 들이고, 갖은 고생한 대한민국 땅을 엉뚱한 놈들이 먹는 것 좋아할 턱이 없다, 이거예요.

그렇기 때문에 한국에 있어서는 이 4대국가가 한국의 부전보장(不戰保障)을 할 수 있는 여건과 요소가 있는 것이예요. 이미 닉슨의 중공방문(中共訪問) 이라든가, 또 쌩클라멘트에서 「사또 · 닉슨 회담(會談)」이라든가, 앞으로 5월 달의 닉슨의 모스크바 방문. 이것이 무슨 꼭 한국에서 이렇게 하자고 공동성명내고 도장 안 찍더라도 한국에서 4대국가가 공동협력해서 전쟁이 안 일어나도록 하자. 하는 방향으로 이것이 나갈 테니까, 여러분 두고 보라, 이거예요.

그래서 제 1단계는 전쟁억제, 긴장완화, 이래서 우리는 적어도 이북에 대해서 "우리가 무력에 의한 침략은 하지 않는다. 무력에 의한 통일은 하지 않는다. 이북이 전쟁을 해오지 않는 이상은 우리가 전쟁 안한다." 이러한 태도를 천명할 필요가 있어요. 이러한 부전선언(不戰宣言)을 할 필요가 있어요.

동시에 우리는 소련이건 중공이건 모든 나라에 대해서 "그쪽에서 우리를 괴롭히지 않는 한 우리가 적대하지 않는다"하는 그러한 평화선언(平和宣言)을 할 필요가 있습니다.

이래서 우리는 침략자에 대해서는 생명을 걸고 싸우지마는 우리가 남을 먼저 해치거나 괴롭히지 않는다는 이러한 평화 애호적인, 부전적인 정책을 세울 필요가 있다, 이것이 남북통일 3단계에서 첫째로 중요한 것이다, 하는 것을 여러분께 말씀드립니다.

南北交流의 확대

둘째로 우리는 남북간의 교류를 확대시켜 나가야 합니다.

기자교류, 체육교환(體育交換) 혹은 편지교환, 예술인들, 문화인들, 왕래를 해. 이렇게 해서 서로 이북도 가고, 이북서 여기에 오고, 라디오도 서로 듣고. 이러한 가운데에서 우리가 차츰 상대방에 대해서 이해를 갖게 되고 또 적대감이 감소됩니다.

내가 이번 영국에 가서 영국의 「런던 타임즈」의 유명한 미스트 해리슨 극동문제담당 논설위원(極東問題擔當 論說委員)하고 장시간 애기했습니다. 그 사람 애기가 그것이예요. "결국 지금 남북간에 이렇게 대립하고, 남북간에 이렇게 긴장만 조성한 정책은 세계에서 지지받지 못한다. 어느 쪽이 먼저 이니시어티브를 취해 가지고 그래 가지고 전쟁을 봉쇄시키고, 평화의 방향으로 유도하느냐, 이것이 중요하다." 이러한 애기를 한 것을 들었습니다. 사실 그렇습니다. 우리는 아까도 말했지만 철저하니 전쟁에 대한 대비는 하되 표면적으로는 적극적으로 평화공세를 해야 돼. 지금 김일성이가 그런 방향으로 하고 있어요. 일본이나 외국 가보면 김일성이가 얘기한 것이 그냥 전 신문 톱을 장식하고, 이래가지고 마치 김일성이는 아주 평화 이외에는 아무것도 생각 안한 것같이 되어 있어요. 그런데 우리는 비상사태니 뭐니 해가지고 마치 전쟁이나 하고 싶어 하는 나라와 같이 되어 있어요. 따라서 나는 현재의 적십자회담이 성공하는 동시에 앞으로 그런 교류를 확대시키고 최종적으로는 경제적 교류까지 우리가 발전시킴으로써 아까 말한 바와 같이 동포애를 회복하고, 불신과 의혹을 씻고, 이렇게 해서 우리가 몇 년 동안 해가는 과정에 남북간의 따뜻한 우리들의 동포의 정이 오고 가는 그러한 여건을 조성하도록 우리 삼천만 국민들이 노력을 해야 한다, 하는 것을 내가 주장하는 것 입니다. (박수)

政治的 統一 指向

그리고 제 3 단계로는 정치적 통일을 꾀해야 합니다. 그러나 이것은 지금 현재 남북간의 극단의 대립과 30년 동안 전연 이질적으로 발전되고, 정치적 경제적 사회적 제도, 이러한 여건으로 해서 또 국제 정세로 보아서 아까 말씀한 바와 같이 이 통일이 그렇게 빨리, 쉽게 올 걸로는 보지 않습니다. 또 이 통일방안에 대해서는 그동안 많은 얘기가 남북간(南北間)에 오고 가고 있습니다.

유엔 감시하의 남북총선거(南北總選擧), 중립국 감시하의 남북총선거 혹은 중립화……그러나 지금 우리가 앞으로 적어도 몇 년 이상 걸릴 일을 지금부터 무슨 통일 방안이다, 이렇게 내세우는 것은 시기상조(時機尙早)일 뿐 아니라 우리의 통일방안이 어느 것이 좋으냐 하는 것을 결정하는 것은 우리 국민이예요. 그런데 우리는 남북간에 아직도 자유롭게 정당들이, 정치인들이 통일방안을 내놓고 국민의 비판을 받고 국민하고 의견을 교환할 수 있는 기회를 갖지 못했어요. 따라서 "이 통일방안에 대해서는 앞으로 우리가 1단계, 2단계를 거쳐가는 과정에 안(案)을 내가지고 남북간에 서로 국민의 의견을 들어 가면서 방안을 내세우는것이 좋다.

지금 너무 빨리 그런 문제를 가지고 들고 나간다는 것은 오히려 부작용이 생길 가능성이 많다." 이렇게 생각을 하고 있습니다. 아울러 제가 여기에서 얘기하고자 하는 것은 우리는 통일문제에 있어서 중요한 것은 몇 월 몇 일날 통일되느냐……1년 빨리 되느냐, 1년 늦게 되느냐, 그것도 물론 중요하지만 그보다 더 중요한 것은 남북간에 정권을 잡고 있는 사람들이……남북간의 정치의 지도자들이 국민이 볼 때에 저 사람이 정말로 통일을 원하고, 저 사람이 자기 위치를 유지하기 위해서 입으로는 통일을 떠들면서 실제로는 반대하는 것이 아니라 정말로 저 대통령을 따라가고, 저 지도자를 따라가면 날짜는 몇 월 몇 일이라고 명백히 얘기할 수 없지만 통일이 되는 것만은 틀림없다, 남북간에 평화적 통일이 틀림없이 이루어진다는 신념과 믿음과 희망을 가지고 따라갈 수 있도록 지도자들이 이 통일에 대한 자세를 국민 앞에 뚜렷이 하는 것이 중요하다고 하는 것을 내가 여러분에게 말씀드립니다. (박수)

世界的으로 고립된 朴政權

박정권은 지금 국내에서만 국민한테 큰소리치고 있지만 세계로부터 고립되고 도처에서 실패하고 있습니다. 여러분이 아시다시피 미군이 철수한다니까 우리 외무부장관, 국무총리, 절대로 철수 안한다고 했어요. 왜 안하느냐? "사전협의하도록 되어 있다." 금과옥조(金科玉條) 같이 떠들었어요. 내가 국회에서 국무총리한테 말했어요. "여보! 당신 그렇게 말하지만 미군철수하는 정책은 서울에서 정하는 것이 아니라 워싱턴에서 정하지 않소? 그러니 나도 모르지만 당신은 워싱턴에 대사(大使)도 있고 정보 가지고 있을 테니까 당신 판단에 따라서 정말로 안 나갈것 같으면 그대로 반대하시오! 우리가 지지하리다. 그러나 당신 판단에 이것이 아무래도 안되겠다……내가 볼 때에는 아무래도 안될 것 같애! 그러니 그렇게 생각이 되거들랑 우리들보고는 떠들라고 그러고 당신네들은 뒷구멍에서 잘해 보아라. 우리가 그러면 너희 말 들을 터 이니 미국이 지금, 닉슨 대통령이 한국에서 「닉슨 독트린」 성공했다는 하나의 모델 케이스를 만들려고 하고 있고, 여러가지 조건으로 보아서 그렇게 되어 있어. 지금……그러니 그 말을 들을 터이니 그대신 나간 뒤로 한국에 대한 군사원조(軍事援助) 문제, 또 나머지 군대들이 그러면 여기에서 그렇게 빨리 안 나간다고 하는 보장, 이러한 것 좀 철저히 해 보아라 말이야. 그래 우리 대한민국의 이익은 우리가 둘이 짜고 해야 할 것이 아니냐. 여당 야당이 어디에 있느냐, 말이야. 그러니 당신네들은 그렇게 교섭하고, 우리는 안된다고 마구 떠들고, 이것 한번 해 보자, 말이야." 그러니까 뭣이라고 말하는고 하니 "절대 못 나갑니다." 그럴 필요가 없다." 이것이예요. 그래 하도 큰 소리치길래 그런줄 알았다, 말이야. 우리 국방부장관이라는 사람이 하와이로 회의하러 가면서 뭣이라고 말 했느냐 하면 "내가 이번에 하와이에 가서 만일 미군철수(美軍撤收) 문제를 저지 못하면 제 2의 李儁열사 노릇을 하겠다." "앗따, 이것 누가 또 배 하나 가르나 보다." (웃음)

그래서 기대를 했어요. 웬걸! 나중에, 여러분 보시다시피 미군은 멋대로 다 나가버렸어요. 2만 명이나 예정했던 대로……한 사람 발 못 잡았다 말이요. 국방부장관 하와이 가더니 배는 그만 두고 손가락 하나 안 자르고 왔어요. (웃음) 이렇게 우리 외교라는 것이 허망해! 지금 일본에 가보면 기가막힌 현실입니다. 일본이 대한민국과 한일협정(韓日協定)을 맺어가지고 대한민국을 한반도에서 유일한 정부로 인정을 했어요. 그런데 자금 일본에 가보면……여기에 가보신 분도 많이 있고 하겠지만 일본의 신문에 보면 금년은「한국의 해」라고 그럽니다. 그 사람들 말로「죠센노 도시(朝鮮の年)」라고해요. 그래가지고 일본신문 며칠만에 한번씩 대서 특필해서 한국기사가 납니다. 그런데 나면, 일본에 아마「아사히 신문」이 6백만 부가 나갈 거예요.「마이니찌(毎日)신문」,「요미우리(讀賣)신문」다 3, 4백만 부씩 나가요. 이러한 신문들이 쓴 한국기사 10개 나오면 김일성이 좋다는 기사예요. 김일성이 나쁘다는 기사 한번도 못 보았어요. 대한민국 좋고, 朴正熙 대통령 좋다는 기사 작년에 적십자회담(赤十字會談) 제안할 때 이외에는 없어요. 아주 기가 막혀.지금 이래가지고 북(北)하고 일조의원연맹(日朝議員聯盟), 국회의원이 240 몇 명이예요, 회원이…….

한일의원간담회(韓日議員懇談會) 한다니까 사람 20 몇 명 나왔더라, 이거예요.

지금 이런 상태예요. 일본에 있는 「조총련(朝總聯)」 의장이란 자가 김일성이한테 무슨 영웅훈장인가 받아가지고, 이래가지고 일본서 축하회를 하는데 오오꾸라 라는 호텔에 천여 명 사람이 모여 들었습니다. 이번에 김일성이 환갑잔치에 일본의 무슨 국회의원, 일본의 지방 현지사(縣知事), 시장 모두 이런 사람들이 지금 선물을 거두어서 니이가다(新潟)에서 배로 실어서 이북으로 가져가게 되어 있어요. 엄청난 숫자란 거예요.

일본에서 무슨 여론조사를 했는데 대한민국 좋다는 것은 단 1%도 없고, 이북이 좋다는 것은 1%가 나왔다는 것이예요. 이것이 우리 우방국가의 현실입니다. 지금 일본에서는 완전히 대한민국이 고립되어 있어요. 일본의 공명당(公明黨)이나 민사당(民社黨)은 공산당과 완전히 다름에도 불구하고 공명당 당수가 곧 이북 가요. 당수가 안 가면 간부가 가도록 신청서 받고 있어요. 내 공명당 서기장, 당수 다 만나서 대한민국에도 오라는 얘기했지만 이쪽에서는 그런 외교를 못 펴고 있어요. 공명당이나 민사당 같은 야당은 커녕 자민당에 대해서조차, 내일 모래 그만둘 사또 파(派)의 일부, 사또의 형님, 기시 그 양반 중심으로 한 세력 빼놓고는 자민당(自民黨) 손도 못 대고 있다, 이거예요.

만일 내 말이 거짓말인가, 외교하는 사람 누구한테든지 여러분 물어보시오. 이래가지고 지금 이북하고 일본하고는 야금야금 길을 터가면서, 이렇게 해서 결국은 대한민국을 무시한 채 이북과 모든 교류를 확대시켜 가고 일본에서는 대한민국이 고립되고 있어. 내가 알기에는 우리 대통령 이하 정부에서도, 일본에 있어서의 「이북(以北) 붐」, 이것을 굉장히 걱정하고 있는 것으로 알고 있습니다. 사실 걱정하게 되어 있다, 이것입니다. 그뿐 아니라 놀라운 것은 그저께 신문을 보니까 그렇게 철석같이 믿었던 미국이, 그것도 미국의 국무장관이 이북하고 관계개선을 하겠다, 이렇게 말했어요. 대한민국과 물론 사전협의는 한다고 되어 있어요. 사전협의라는 것은 말 한마디 하면 사전협의예요.

싸우는 것이 나의 義務

지난번 철군(撤軍) 때도 똑같애. 지금 이렇게 해서 김일성이가 미국에 대해서도 굉장한 공세를 펴고 있어요. 대한민국은 미국서 전쟁이나 좋아하고, 독재하고, 부패하고, 이런 정부, 미국 국회의 절대다수의 사람, 미국의 여론으로부터 지탄 받고, 내가, 내가 작년에 대통령후보가 되어 미국가서 미국 상원외교위원장(上院外交委員長) 풀브라이트라는 사람을 만났더니 일언지하(一言之下)에 하는 소리가 무엇이라고 하면 "당신 대한민국 같은 그런 군사독재(軍事獨裁)의 나라에서 대통령 된다고 나가느냐?" 그런 소리를 해요.

그래서 내가 그 양반한테, 아무리 국내에서는 朴正熙씨가 좋다 나쁘다 싸우지만 외국에 나가면 내 나라 말을 누구든지 듣기 싫다, 이것이예요. "여보, 당신네 나라에서 워싱턴 이하 독립전쟁(獨立戰爭) 할 때에 독립전쟁하면 꼭 성공한다고 보장받고 했소? 해야 할 일이기 때문에

한 것 아니오. (웃음 · 박수) 나도 마찬가지요. 「민주주의라는 것은, 자유라는 것은 자기 국민의 피와 땀과 눈물을 통해서만 얻을 수 있다.」 이것도 당신네 나라의 위대한 민주주의 지도자 토마스 제퍼슨이라는 사람이 말했오. 나, 그래서 그런 줄 안다. (웃음 · 박수) 그렇기 때문에 나는 내가 대통령이 될지 안될지 모르겠다. 그러나 싸우는 것이 내 의무이기 때문에, 민주주의를 위해서 싸우는 것이 우리 국민들의 뜻이기 때문에, 또한 우리는 지금부터 10년 전 4월혁명에서 위대한 학생들이 일어서서, 당신이 아시다시피, 李承晩 독재를 뒤집어 엎은 혁혁한 역사가 있기 때문에, 나는 우리가 민주주의에 대한 소신(所信)은 가지고 싸우면 기어이 이긴다는 신념을 가지고 또 오늘 내가 이기지 못하고 쓰러지면 그 후계자가 기어이 이긴다는 신념을 가지고 나는 싸우고 있는 것이다." 이렇게 말했어요. (「옳소!」 박수)

"越南派兵은 傭兵" 풀브라이트 謝過

그래가지고 내 좀 여담입니다마는 내 풀브라이트 의원(議員) 만났을 때

에 그분, 사실은 바쁜 분이, 한국 사람은 우리 대사(大使)가 1년 걸려서 만나자고 해도 만나 주지를 않아요. 아주 문제를 삼지 않아요. 그런데 나를 만나 준 것도 상원 외교위원회(上院 外交委員會)하다가 중지를 해놓고 나를 만났어요. 그래 만나 준 것도 고마운데, 내가 말을 하고, 내가 또 꼭 여기까지 맺혀있는 말이 꼭 하나 있어서 그것을 하고 왔어요.

그것은 "내가 당신한테 한 가지 말하고 싶은데 당신, 그 신문보면 대한민국의 월남 파병이 라는 것은 용병(傭兵)이다. 우리가 돈주고 산 것이다. 이런 소리를 당신이 하고 다녔는데 —— 그 사람, 그 말 많이 했습니다 —— 당신 그런 말 할 수 있느냐. 세상에 저 죽고 싶어서 전쟁가는 놈이 어디 있느냐, 그 말이야. 우리도 죽기 싫고 전쟁도 아주 싫다. 그런데 우리가 월남에 안 갈래야 안 갈 수 없는 것이 너희 미국이 가자고 그랬단 말이야. 그런데 만일 너희 말 안들으면「한국에 있는 미군 철수한다. 원조 끊는다」하니까 할 수 없이 끌려 갔다, 이것이예요.

뿐만 아니라 대한민국의 정부는 어떻게 되었건, 또 너희 정부는 어떻께 되었건 우리 젊은 청년들은 월남 갈 때에 우리가 월남에 가서 이렇게 싸우면, 공산주의와 싸우면 세계 국민들이 우리를 다 손가락질 한다고 하더라도 미국만은, 자기들하고 어깨를 나란히 한 미국만은 우리를 고맙다고 할 것이다. 이렇게 생각을 하고 있다, 이거예요. 그래가지고 민주주의를 위해 싸우다가 30도 못된 젊은 청년들이, 지금 꽃과 같은 청년들이 죽었다, 이것이예요. 수천 명이 목숨을 잃었어! 그 청년들에 대한 당신의 대접이, 미국에 대한 그런 지극한 호의를 가지고 숨져간 그 젊은이들에 대한 당신의 대접이, 겨우 돈받고 팔려간 용병이라는 그것이 옳으냐, 이거야! 나는 당신의 말에 대해서 해명을 듣고 싶다." 내가 말했습니다.

그랬더니 역시 그분은 나보다도 대정치가(大政治家)고, 그래도 그릇이 있는 사람이기 때문에 내 말을 듣더니 "당신 말이 옳다. (웃음) 내가 말한 진의도 당신 나라의 청년을 모욕하기 위해서 그런 것이 아니라 당신네 정부와 우리 정부가 그런 되어먹지 못한 정책을 했다는 의미에서

말한 것이 당신네 나라 청년들에 대해서, 더구나 죽은 사람에 대해서 모욕이 되었다면 그것은 내 본의(本意)가 아니다." 이렇게 말한것을 듣고 참 그래도 월남(越南) 땅에서 죽은 우리. 청년들에 대해서, 그것이 아무

도움이 안되지만, 한 국민으로서 내가 말 한마디라도 그 영(靈)을 위로 했다, 이런 생각을 가지고 돌아 왔습니다. (박수)

사또 떠나고 나팔 불기

여하튼 내 말이 좀 옆으로 나갔지만 지금 그렇게 미(美) 국무장관이 말하고 있어요.

우리 외무부장관이 또 미국 대리대사(代理大使) 불러다 놓고 얘기하고 나더니 "미국이 절대로 이북하고 접촉 안한다."또 엉뚱한 소리 하고 있어. 이 사람의 말은 도대체 믿을 수 없다, 이것입니다.

우리 외무부장관 같은 사람, 지난번에 중공 유엔 가입(加入) 할 때에 무엇이라고 말하고 갔느냐? "중공 유엔가입 절대 못한다." 이것이예요.

이 사람이 또 동경에서 기자들한테 말하기를 "그것은 우리 대한민국이 막을 수 있다." 중공 유엔가입을……(웃음). 왜 막을 수 있느냐. "우리가 20년 동안 매년 아프리카 중동(中東) 모두 외교를 해가지고 그 표를 거두어 놓은 것이 있어. (웃음) 그러니 이번에 그 표 쥐고 미국 도와주면 대한민국 덕택으로 이번에 중공 유엔가입 못한다." 이러고 큰소리쳤다, 그 말이예요.

그런데 중공, 유엔에 3분의 2 가지고 가입해버렸어요. 돌아올 때에 기자들이 물었대요. "당신, 중공 유엔 가입 안된다고 하더니 어떻게 되었느냐."고 이러한 사고방식의 사람들이 지금 외교를 하고 있는 것이예요. 아스팍(ASPAC) 이라는 것을 만들어가지고 막대한 돈을 썼어요. 아세아태평양동맹회의(亞細亞太平洋同盟會議)다, 여러분, 지금 보시다시피 그것을 해체하느니, 말레지아는 뭐 안하느니, 결국 그것이 앞으로 유명무실하게 없어지게 된다, 이것입니다. 이렇게 대한민국 정책은 도처에서 실패해요.

인도네시아에 7년 전에 쿠데타가 발생해 이북 대사관이 있다가 대사관 봉쇄하고 완전히 이북하고는 원수가 되었어. 우리가 총영사관(總領事館) 설치하고 5천 300만 불이나 지금 투자하고 있어요.

그런데 인도네시아에 이번에 이북의 외무부차관, 김용택이라는 자가 뛰어가서, 10일 동안 달라 붙어 대통령도 만나고, 외무부장관도 만나고 이래가지고 이북하고 인도네시아하고 무역도 확대시키고, 유엔 대책(對策)도 협의하고, 아주 친절하게 되어버렸다, 이거예요. 그러니까 이제야 당황해서 우리 장관이 뛰어 간다, 이것이예요. 사또 뜨고 난뒤에 나팔 부는 거요. (웃음)

결국 이렇게 되면 동남아세아(東南亞細亞) 일대가 같은 방향으로 끌려가게 된다, 이것이예요. 유럽에서 대한민국에 대한 평가, 朴正熙대통령에 대한 평가는 차마 여기에서 소개할 수 없는 정도예요.

이래서 우리 대한민국이라면 세계에 어떤 인상을 주고. 있느냐. 싸움이나 좋아하고 전쟁만 났다고 하면 한몫 끼자고 그러고……(웃음) 마치 무슨 명동 깡패가 싸움만 나면 가서 달려들 듯이 말이야……(웃음) 이래서 사람 죽이기 좋아하는 나라로 지금 알고 있어요. 평화에 대한 역행(逆行), 이래가지고 국내에서는 엉뚱한 독재나 하고, 그리고 높은 자리에 있는 놈은 부자가 되어가지고, 이래가지고 썩은 나라, 이런 식으로 지금 되어 있어요. 朴正熙 대통령은 「승공(勝共)」, "공산당한테 이긴다." 떠들어대고 있어요.

自由를 누릴 때만 勝共이 可能

여보시오! 공산군한테 이긴다는 것은 말만 가지고 되는 것은 아니다. 이것입니다. 공산당한테 이기려면 이길 짓을 해야 이겨. 도대체 공산당하고 우리가 무엇 때문에 싸우느냐. 이북의 공산당도 대한민국 국민이요, 우리도 대한민국 국민이예요. 말도 같고, 옷도 같고, 음식도 같고, 다 같아. 성도 김해(金海) 김씨, 전주(全州) 이씨야! 모두……(웃음)

그런데 왜 우리가 이렇게, 심지어 소련하고도 외교하고, 동구라파하고도 장사하자면서 김일성이 하고만 이렇게 원수지느냐? 그 이유는 우리의 이 자유 때문에 그러는 것이예요. 김일성이는 독재하기 때문에 그러는 것이예요. 가장 큰 이유는 그것이예요. 여러분도 알 것이예요. 이북에서 509만이나 넘어온 것이 자유 때문에 넘어온 것이예요.

그런데 만일 대한민국에 자유가 없이 독재를 해가지고, 이래가지고 국회는 문 닫아 놓고 열지 않고, 신문은 정부가 쓰라는 것만 쓰고, 야당이 강연하려면 돈주고 광고도 못 내고, 이런 식으로 한다고 할 것 같으면, 이렇게 해서 국민들이 무슨 말하려면 앞 뒤 보고 해야 하고, 선거한다고 하면 부정선거(不正選擧)해서 국민이 생각한 것하고 결과는 엉뚱하게 다르고, 이런 짓 한다면 이것이 무슨 공산당하고 싸우는 의미가 있느냐, 이것이예요. (「옳소!」 박수)

獨裁者는 國民이 支持 안해

이 사람들은 이번에 「인도 · 파키스탄 전쟁(戰爭)」이라고 하니까, “인 · 파 전쟁(戰爭) 보아라! 무슨 20일 전쟁이라든가 15일 전쟁하면 큰일난다.” 마치 우리 나라에서 똑같은 일이 벌어지는 것같이 얘기하고 있어요.

그런데 나는 거꾸로 의미는 다르지만 “보아라! 인 · 파 전쟁 보아라!” 내가 말하고 싶다, 이것입니다. 그것은 무슨 소리냐? 여러분, 보시오. 파키스탄의 대통령은 그당시에 아야 칸이예요. 10년 동안 계엄령(戒嚴令), 비상사태(非常事態) 선포했어요. 대통령은 군인이야. 육군대장이예요. 이래가지고 비상사태 선포한 군인이 정권잡고 있고, 인도는 무엇이냐, 민주주의 해가지고 지방자치하고 주(州)에 따라서는 공산당이 정권잡고, 수상은 여자예요. 이런 민주주의 하고, 여자가 수상 하고, 한쪽에서는 군인 육군대장이 대통령하고, 10년 동안 비상사태하고, 그래서 15일만에 졌다, 그 말이예요. 제 땅에서 제가 졌어! 이것이야말로 공산당한테 이기는 길은, 외적에 대해서 이기는 길은 어떤 정권이 가장 강하냐 하는것을 단적으로 말한 것이 아니냐, 이거예요.

여러분들! 이스라엘 봅시다. 우리 나라에서 툭하면 “이스라엘, 이스라엘”하고 이스라엘 본따야 한다고 하는데, 그런데 그 사람들은 본따야 될 것은 안 따고 딴 소리만 하고 있어!(웃음)

이스라엘의 국민은 250만이예요. 또 이스라엘의 수상(首相)은 75살먹은 늙은 할머니예요. 이런데 250만밖에 안되는 이스라엘이 60배가 되는 1억 5,000만 아랍하고 싸워서, 마치 호랑이하고 쥐새끼하고 싸운 격인데, 쥐새끼가 언제든지 이긴다, 말이예요. (웃음)

미국에서 이런 재미있는 얘기가 있어요.

이것은 하나의 우스개 얘기인데 두 나라를 상징적으로 말해주고 있어요. 전쟁이 터져서 한집에 이스라엘 학생(學生)하나 하고 아랍, 에집트 학생 하나 하고 둘이 하숙을 하고 있었는데 이스라엘 학생이 짐을 챙기면서 간다고 그러더라는거예요. 1967년인가요? 전쟁 터졌을때에, 「6일 전쟁(戰爭)」터졌을 때에…….

왜 가느냐고? 아, 우리 나라에서 전쟁이 터졌으니까 싸워야 될 것 아니냐"고. 그래 나가더라는 것이예요.

조금 있으니까 에집트 학생이 또 봇짐을 싸면서 간다고 그러더라는 것이예요. "어디를 가느냐?" "나 어디 저 먼데로 간다." "먼데 어디로 가느냐?" "아무도 모르는 데로 간다." "아니 너희 나라 전쟁이 터져서 이스라엘 학생은 가는데 너는 왜 안 가느냐?" "아, 우리 나라야 낫셀이 자기가 독재하면서 자기 멋대로 하니까 자기가 전쟁해야지 왜 우리가 하느냐." (웃음)

여러분! 이것이 얼마나 우리에게 큰 교훈을 주는 얘기냐, 이것이예요. 이것이 얼마나 우리에게 중요한 얘기냐, 이것이예요.

이런 독재정치하면서 공산당과 싸우자? 대한민국이 자유가 있으니까, 金日成이는 독재하니까 싸우자? 그런 말을 들을 국민이 우리 나라에 있소?

국민을 무시해도 분수가 있어야지.

고래는 옆에 두고 잡는 것은 송사리

또한 朴正熙대통령은 이 선거, 지난번 대통령 선거 마지막 때에 뭐라고 말했어요? "이번만 하고 절대로 안한다"고 그랬어요. "이 다음에는 안할 테니까 한번만 보아 달라"고 눈물을 흘리면서 말했어. (웃음) 그런데 지금 되어가는 꼴 보면 이번만 하고 그만둘 사람 같지가 않다, 그 말이예요. (웃음)

나는 이 비상사태 선포도 거기하고 관계가 있다, 이렇게 보고 있어요.

또한 朴正熙 대통령은 지난번 대통령 선거 마지막 때에 "내가 이번만

정권을 잡으면 무슨 부정부패를 일소하겠다. 이번이야말로 송사리건 고래건 다 잡겠다." (웃음)

이렇게 말했어요. 그러더니 지금 선거 끝나고 나서 부정부패 일소하고 있느냐? 송사리만 몇 개 잡고 고래는 전부 옆에 놓고 있다, 말이예요. 고래 중에도 큰 고래일수록 옆에 가 있어. 국민들이 이름까지 지적 하면서 숙청하라 해도 안해. 엊그저께 외환은행장(外換銀行長)이라는 사람이 돈 먹다가 잡혀들어 갔어요. 들어가면서 하는 소리가 뭐냐하면 "왜 나만 가느냐." (웃음 · 「옳소!」 · 박수)

그러니까 결국 이 나라에서 부정을 했다고 잡혀가는 사람은 재수 나쁜 놈만 잡혀 가는 거요. 또 자기들 내부끼리 세력다툼하는 데에서 밀린쪽 놈만 잡혀간다, 말이예요.

세력쥐고 있는 놈, 아무리해도 안 잡혀 가. 외환은행 로스안젤리스 지점(支店)에서 무슨 사고가 생겨, 지금 2백만 불이 회수불가능(回收不可能)이라는 것이예요. 약 8억의 돈이 지금 받을 길이 없어. 그런데 사실은 외환은행장이나 저런 부장(部長) 정도가 그것을 못한다, 말이예요. 그런 것, 더 큰 곳에서 눌러서 했어요. (박수. 「옳소!」)

그런데 큰 곳에서 누른 큰 고래는 지금 꺼떡없이 뛰어다니고 있고 저런 송사리들만 걸려들어 가는 것이예요.

내가 알기에는 뉴욕의 외환은행지점(外換銀行支店)도 지금 텅텅 비어 버렸어. 일본의 외환은행지점은 내가 일본가서 들으니까 60억 돈이라는데 한사람이 47억 먹어버렸어요. 이래가지고 지금 외환은행 동경(東京) 지점이 빈털털이예요. 한 사람이 47억을 먹었단 말이예요. 이렇게 먹었지만, 요것 1억 몇 천만 원보다 몇 10배 먹었지만 꺼떡없이 소화 잘되고 배 슬슬 누르고 있다, 말이예요. (웃음) 그것은 뒤가 든든하니까 그래요 이런 짓을 지금 하고 있다, 그것입니다.

또 이러한 부정부패라는 것은 지금 전국 도처에서 마찬가지예요. 장관 뭐 해가지고 한달에 돈 10만 원 월급받아서, 지난번 선거 때에 내가 얘기 했지만, 10만 원씩 받은 것 1년 모아야 120만 원, 10년이면 1,200만 원, 100년이라야 1억 2,000만 원, 그래도 장관이나 무슨 높은 자리 공화당 사람 2, 3년 하고 나면 2억, 3억짜리 집이 생기고 몇 10억 부동산이 생기

고, 무슨 재주에 몇 10만 평 밀감 밭이 있고. (웃음)

무슨 여기 신갈리니, 무슨 저기 어디엔가 청평이니, 무슨 말죽거리니, 이런 큰 땅은 전부 그 사람들 것이예요.

시내에 우뚝 우뚝 솟은 20층, 30층 짜리 빌딩 다 가지고 있고, 무슨 재주인지 모르겠다, 그 말이예요. (웃음)

대한민국에 아직 장관 100년 한 사람 하나도 없는데. (웃음) 그런데 지금 그런 재산을 가지고 있어. 꺼떡 없어요. 재수 나쁜 사람만 걸린다, 이것이예요.

세계에는 무정부주의(無政府主義)를 지지하는 사람도 있고 공산주의를 지지하는 사람도 있어. 여러 가지 정치제도(政治制度)를 지지하는 사람들이 있지만 세계에는 어떠한 나라건, 옛날이건 지금이건, 세계의 40억인구 전부가 썩은 정치를 지지하는 사람은 하나도 없어요. (박수 · 「옳소!」)

따라서 내가 얘기하고자 하는 것은 이와 같은 부패하고 썩은 정치가 시정(是正)되지 않고는 우리는 공산당한테 절대로 이길 수 없을 뿐 아니라 대한민국은 결국 공산당 밥이 되고 만다는 것을 우리가 알아야 한다, 이것이예요. (「옳소!」 · 박수)

企業은 망해도 企業主는 잘 살아

현재 보아도 그렇지 않소? 건설했다고 떠들어대더니 지금 건설한 결과가 무엇이요? 막대한 빚을 들여서 외국에서 갖다 논 공장들이 불실기업체(不實企業體) 투성이예요. 매일같이 신문에 나고 있어요. 이래가지고 은행관리로 들어가고 있어요.

그런데 대한민국이 이상한 것이, 여러분은 가령 구멍가게 하나 하더라도 구멍가게가 망하면 여러분도 같이 망한다, 말이예요. 농사짓는 사람이 농사가 안되고 말면 자기도 망해. 입에 밥이 안 들어와. 그런데 대한민국 기업체라는 것은, 이것은 기업체가 망하는데 기업주는 안 망한다, 말이예요. 그래가지고 기업주는, 기업체는 망해서 은행관리(銀行管理)로 집어넣고 자기는 뒷구멍의 돈을 가지고 떵떵거리고 잘 살아.

저번에 어떤 영화배우, 무슨 총쏘고 한 사건 있지 않아요? 그런데 30살 먹은 영화 배우하고 25살먹은 어린애가 함께 살았다, 그 말이예요. 그런데 제 아버지 회사가 동립산업(東立産業)이라는 것이예요.

이것 이상한 것이 5·16으로 부정축재에 걸려가지고 회수당했던 것, 그 사람한테 다시 내 주었어. 내줄 때에 우리가 국회에서 반대했지만 내주었다, 말이예요. 내주어가지고 정부에서 막대한 돈을 주어 지금 잘안되니까 은행관리로 들어갔어요. 이렇게 했단 말이예요. 또……망했는데 그 아들은 2천만 원인가, 집 가지고 살고 있고, 돈이 남아서 영화배우 무슨 애인으로 만들어서 3백만 원도 주고, 2백만 원도 주고 이래가지고 그 집에 가서 자면서 총쏘다가 그 사건났다, 말이예요. (웃음)

내 政策 實現하는 朴政權

이것이 대한민국 현실이요. 지금 기업체들 쓰러지고, 농민들은 거덜이 나고. 여러분들, 이번에 정부가 무슨 고미가정책(高米價政策)한다, 농촌이 조금 생기가 돌고 있어. 또 예시가정책(豫示價政策)을 한다, 그래서 명년 보리 가격을 미리 예시했어. 그것이 전부 내가 얘기한 정책이예요, 선거 때에. (「옳소!」·박수)

여러분!

거짓말이면 내 언제든지 문서 줄테니까 보시오. "내가 쌀 한 가마니에 만 원 보장이 되어야 한다. 보리 한 가마니는 5천 원 주어야 한다. 그리고 보리갈이는, 가을에 미리 가격 정해 주어 가지고 안심하고 보리갈이 하도록 해주어야 한다." 그것 내가 다 정책냈다, 이거예요.

지금 그대로 하고 있는 것이예요. 그러나 저 사람들 하는 식으로, 농업협동조합(農業協同組合)이라는 것은 완전히 관료제도(官僚制度)로 만들어가지고, 위에서 임명해가지고 농업협동조합장이라는 것은, 이것은 농민이 지지한 사람이 아니라 공화당이 지지한 사람이예요.

이래가지고 공화당 선거운동 잘해야 농업협동조합장 할 수 있어. 이래서 농민은 쓰지도 안하는 돈, 농민 도장(圖章)가지고 제가 멋대로 찍어서 돈 썼다가 못 갚으면 농민 집에다가 딱지 붙이고, 이런 일이 도처에서 지금 생기고 있어요. 저따위 농업협동조합을 저대로 두어가지고…농민이 스스로 자기 운명을 자기가 개척하도록 협동조합을 농민에게 맡겨 주지 않고는……지금 새마을 운동이나 해가지고 시멘트 장사, 시멘트나 팔아 주어 보았자 농촌은 절대로 갱생할 수 없다는 것을 내가 여러분들에게 말합니다. (「옳소!」· 박수)

不正腐敗로 蔣介石도 망했다.

또한 우리는 공산당한테 이기려면 이와 같은 독재를 제거하고, 자유를 주고, 부정부패를 일소해서 공산당이 뚫고 들어갈 틈을 없애야 돼.

오늘날 蔣介石씨 가 중공에 밀려서 저렇게 비참한 꼴이 되었어요. 그 이유는, 장개석씨가 공산당보다 몇 배 세었어. 2차대전 이후에 스탈린도 장개석 지지했어. 그런데 이렇게 쉽게 망했어요. 망한 이유가 무엇이냐. 蔣介石씨 군대가, 정부가 썩었기 때문입니다.

심지어 이쪽 부대가 공산당하고 싸우다가 사단장(師團長)이 저쪽하고 내통해가지고 "우리쪽에 대포가 몇 개, 총이 몇 개 있는데 돈 얼마 줄래?"(웃음) 그러면 "얼마 주마." 그러면 "어떻게 줄래?" "어데 은행에다 네 이름으로 예금해 주마." 그래서 예금통장 갖다 주어. 그러면 "내일 몇 시에 너희가 공격해 오너라. 우리가 한 3시간 빵빵 쏘았다가 놓고 갈테니 가져 가거라." 이런 짓 했다, 그 말이예요.

그래서 공산당은 蔣介石 국민당정부(國民黨政府)군대가 가지고 있는 총 가지고 싸워서 전쟁했다, 이거예요. 이런 사실을 우리가 알아야 한다, 이거요.

지금 우리가 공산당하고 싸우는 데 있어서 우리 군대는, 요새 신문에 난 것만 보아도 여러가지 사건이 나. 참으로 걱정스러워.

이런 것도 군인들이 정말로 "내가 자유를 위해서 싸운다. 정말로 이 나라에 썩은 정치가 없다. 내가 이렇게 전쟁에 나와 있더라도 나라가 내 가족들을 돌보아 주고 있다. 내가 목숨을 걸고 이 나라를 지킬 가치가 있는 것이다." 이렇게 생각하게 만들었을 때에 비로소 국방이 되는것이지 군대가 60만이 있고, 향토예비군이 230만이라는 이 숫자만 가지고 되는 것

은 아니라는 것을 알아야 한다, 이거예요. (옳소)

非常事態를 단호히 解除하라

국제적으로 우리는 아까말과 같이 세계에 발을 맞추고 우방에 협조를 해야 돼. 내가 이번 미국 가보니까 심지어 「워싱 턴 포스트」지(紙) 같은 신문에서는 이 정부에 대해서 심한 비판을 가하고 스텔리 카노라고 —— 나도 만났습니다마는 이번에 중공에 닉슨 대통령 따라갔다 왔어요 —— 그 사람이 「워싱턴 포스트」지 에 글을 쓰기를 "어제의 우방이 내일의 적도 될 수 있다." 이렇게까지 경고를 하고 있어요.

"지지를 받지 않고서는 나는, 우리는 국민의 지지를 받지 않고는 공산당한테 이길 수도 없고 또한 대한민국의 외교가 국제적으로 발전될 수 없다는 것을 다시 한번 여러분과 깊이 명심해야 하겠다. 현 정부에 대해서 충고하고 싶다." 이 말씀을 드리는 것입니다.

그러기 위해서 내가 주장하는 것은 여러분과 더불어 朴正熙씨에 대해서 요구하고 싶고, 여러분과 더불어 생명을 걸고 강조하고 싶은 것은 지금 국민들로 하여금 독재 속에서 신음케하고 이 부정 부패에 대해 공산당과 싸우는 이유를 망각케 하고서 국민이 비판 한마디 못하고, 오늘날 경제가 엉망이 되고, 실업자가 늘어나고, 물가고(物價高)가 뛰고, 장사가 안되고. 이런 상황하에 있음에도 불구하고 국민의 여론을 들어가지고 국정을 바로 잡으려고 하지는 않고, 그저 국민을 억압해서 말 못하게 하고, 신문이라는 것은 朴正熙씨가 국민에게 알리고 싶은 것만 알리고, 모든 신문이 정부의 관보(官報)하고 똑같고. 어느날 신문마다 朴正熙씨가 톱으로 안 나오는 날 없고, 이런 것을 할 것이 아니라 나는 朴正熙씨가 정말로 이 국민의 장래를 생각하고, 공산당한테 망하지 않는 나라로 만들고, 정말로 김일성이에 대해서 두려운 생각을 한다고 할 것 같으면 하루속히 대한민국이 수립된 국시(國是)에 입각해서 국민에게 자유를 회복하고, 민의에 입각한 정치를 하기 위해서도, 세계로부터 고립을 면하고 신임을 받기 위해서도 오늘날 이 터무니없는, 이 용서할 수 없는 헌법에 위반되는 비상사태를 단호히 해제하라는 것을 여러분과 더불어 요구하지

않을 수 없다, 이것입니다. (박수)

가장 優秀하고 勤勉한 우리 國民

이제 시간도 없고 해서 결론을 짓는 방향으로 하겠습니다. 나는 이번에 세계 각국을 돌아보고 "우리 한국국민이 절대로 세계에서 떨어지는 국민이 아니다."

물론 우리 국민은 장점도 있고 단점도 있습니다. 그러나 평균해서 보았을 때 대한민국 국민은 싹수가 있다, 이것입니다. (웃음)

내가 일본의 후꾸다(福田) 외무대신(外務大臣)하고 호텔에서 한 시간 반, 둘이서 회담한 일이 있습니다. 그때 그런 말을 했습니다.

"당신네들, 일본 도꾸가와(德川) 300년이라는 것이 아주 좋은 시절이 아니냐? 명치(明治) 100년도 전쟁 때 몇 년 빼놓고는 좋은 시절이야. 그러나 우리 국민들은 이조 500년 동안 좋은 임금이라면 한둘밖에 없었어. 이조 이후에는 지금까지 고생했어. 600년을 이렇게 시달리고도 지난번 선거 때 보아라, 서울의 내 연설에 백만 명이 모이지 않았느냐. 이것 세계에 예가 없는 일이야, 세계역사에 없는 일이야. 그것도 제대로 모인 것이 아니다, 이거여. 내가 연설한다고 하니까 공무원, 학생, 국영기업체다 붙들어 놓았어. 향토예비군 비상소집하고, 서울의 극장은 다 문열어 놓고 거저 들어가라 하고, 통반(統班)마다 잔치 벌리고, 이런 식으로 했어. 이렇게 했으나 백만 이상 모이지 않았느냐? 이것은 한국 국민들이 金大中이가 잘나서가 아니라 자유와 평화와 경제적 정의(正義)와 국제적 유대를 주장한 나의 정책에 대해서 자기들의 운명을 개척하겠다고, 살길을 열어 보겠다고 모이는 것이다, 이것이여.

당신들이 그것을 모르고 한국 국민의 뜻에 어긋나는 정책을 앞으로도 계속했다가는 일본은 한국 국민으로부터 무서운 규탄을 받는다는 것을 알아야 한다."는 것을 내가 말했다, 이거예요. (박수) 사실 그렇습니다.

나, 이번에 미국도 가보았는데, 물론 몇 번 갔습니다마는, 이번 가보고 또 놀랬습니다. 미국에 약 10만 명 우리 교포들이 있는데, 작년에 한 만 명이 갔습니다.

이 사람들이 지금 거기에 처음에는 대학교 졸업해가지고 석사 학사 박사하면 그저 취직이나 하고 그래. 우리 나라 사람들이 참 평이 좋습니다. 취직하면 열심히 일하고, 사고가 없고, 그런데 이제는 돈벌이에 눈이 떠가지고 미국에서 가발(假髮) 장사, 식료품 장사 막 해가지고 돈을버는데 유태인이 그렇게 악착같지만 요새는 우리 한국사람들이 유태인보다 더 악착같애. 그래서 자꾸 부자가 생겨 나고……그리고 내 아는 사람도 과거에는 5만 불짜리 집 샀어도 자랑하던 것이 이번 가니까 15만 불짜리, 20만 불짜리랑 굉장한 집 사가지고 집자랑하고 집으로 놀러 오라고 합디다. 이렇게 한국 국민들이 어디가든지 지금 살려고 애를써요.

여러분! 독일사람이 무슨 근면하고, 독일 국민이 부지런하고, 모범적이고, 열심히 일하고……그것 옛날 얘기야. 독일에 가보면 독일 국민도 어떻게 게으러졌던지 공무원들이 일을 안해. 노동자들은 직장에 나가면 테레비놓고 보면서 아침밥 먹고나서 10시 넘으면 티 타임이라 해서 차 한 잔 먹고 놀고, 점심먹고 나서 오후 3시되면 또 티 타임이야. 이래가지고 일 안한다,말이예요.

작년에 독일 경제성장율(經濟成長率)이 2%밖에 안돼요. 우리 간호원들이 지금 독일에 약 5천 명 있는데 이떻게 평이 좋든지 끝나고 돌아가려면 서로 붙잡아 못가게……그래도 싫다고 본국에 돌아오면 초청장(招請狀) 다시 써주면서 갔다가 생각나면 또 오라고 해. 왜 그러냐? 열심히 일하고 친절하고, 독일 간호원 같은 사람들은 환자한테 불친절하고 그저 시간만 되면, 5시 땡 소리만 나면 감던 붕대도 놓고 그냥 도망가는 정도야. 그런데 한국사람들은 그렇게 친절하고, 시간에 좀 자기가 늦더라도 보아주고, 영 환자에 대해서 안되었으면 토요일날 일요일날 노는날도 와서 돌보아주고, 이래서 그렇게 평이 좋아가지고 거기에서 또 그런 관계로 해서 결혼한 사람도 상당히 있어요. 지금 세계에서 한국 국민만큼 이렇게 머리가 좋고. 부지런하고, 교육 많이 받았고, 또 군대에 가서 단체훈련(團體訓練) 기술훈련(技術訓練) 받은 이러한 우수한 노동력 가지고 못 사는 나라는 한국뿐이여! 동남아세아나 아프리카는 아예 무식하고 게으르니까 도리가 없어요.

우리가 못 사는 것은 政治의 잘못 때문

여러분!

세계에서 자원이 풍부해서 잘 사는 나라는 몇 없습니다. 미국 정도예요. 브라질이라든가 인도네시아라든가, 혹은저기 뭐, 아프리카 여러 나라라든가, 중동 지방 같은 것, 땅에서 막 석유가 그저 한도 없이 쏟아져 나와. 그래도 못 살아. 그런데 사람은 많은데 개발해가지 고 못 사는 나라는 세계에서 하나도 없어요. 일본 보시오! 2차대전에 완전히 쓰러졌던 나라가 이제는 세계에서 셋째예요.

내가 스웨덴이라든가, 덴마크라든가, 혹은 네덜란드라든가, 각국에 가보아도 인구가 불과 7, 8백만, 천만, 이런 나라, 우리 나라 3분의 1도 안 되는 사람들이 순전히 머리 가지고 잘 살아. 네덜란드 같은 나라는 튜립 꽃 하나 가지고 1년에 1억 불을 벌어요. 이렇게 지금……여러분들, 우리 넥타이 같은 것, 이런 것이 우리 한국서 국제시장(國際市場)에 낼 때에는 막 만들어가지고 한 개에 300원, 400원에 팔아요. 그러나 넥타이 제대로 만들어 가지고 같은 천이지만 디자인 잘하고 국제유행(國際流行)에 맞추어서 나가면 넥타이 한 개에 30불짜리도 있고, 50불짜리도 있다, 말이예요. 50불이면 넥타이 한 개에 2만 원이이예요. 이렇게 돈벌이 할 수 있는데 한국사람은 그 능력이 있고, 재주가 있는데 왜 안되느냐? 지금까지 수출한 사람들이라는 것은 물건 팔아서 돈버는 것이 아니라 외국에서 원자재 사다가 그놈 면세해준 것, 국내에서 팔아가지고 돈번다, 그말이야. 수출이라는 것은 완전히 구실이요. 그렇기 때문에 머리안 쓴다, 이거예요.

이래서 나는 우리 국민들이 절대로 희망이 있는 국민이다. 절대로 남한테 안 떨어져. 내 여러분에게 우스운 얘기지만 세계 각국 다녀 보아도 얼굴 생긴 것이나 체격이나 우리 국민들도 세계에서 빠지지 않습니다. 여자, 더구나 여자는요, 물론 미국이나 다른 나라 가면 아주 특별히 예쁜 여자들이 있습니다. 그러나 대부분이 못 생겼어. 그런데 그런 나라에 비하면 우리 나라 여자는 거의 다 중상(中上) 잘 생겼어요. 그리고 외국에서 한번 한국 왔다 간 사람들은요, 한국여자 잘 생겼다고 하는 소리 안하는 사람이 없습니다. 지금 우리가 조금도 자신(自信)을 못 가질 것이 없다, 이거예요.

이런 영리하고, 착하고, 머리 좋고, 잘 살려고 애쓰는 이 국민 가지고 우리가 못 살고 이 고생하는 것은, 이것은 아무 이유도 없어. 첫째는 국토가 양단된 데 있고 둘째는 역대(歷代) 26년 동안이나 정치가 잘못 되어서 그렇게 되었다는 것을 우리가 지적하지 아니할 수가 없어요.

옳은 일하면 世界가 칭찬해

이번에 일본에 가고. 미국에 가고 구라파에 갔더니 작년 양차선거(兩次選擧), 대통령 선거에 대해서 그렇게 칭찬할 수가 없어요. 내가 외국국가 얘기기 때문에 어느 나라, 정부 누가 얘기했다, 이 말은 여기에서 할 수 없지만 여하튼 아까 말한 그런 나라의 장관, 차관, 이런 사람들이 입에 침이 마르도록 칭찬해.

"작년에 정말로 당신들은 훌륭하게 싸웠다. 과거에 야당(野黨)이라고 하면 그저 썩었다, 독재다, 이런 소리나 하던 것이 작년에는 정책을 내세워가지고 국민에게 정책을 발표했어. 그렇게 높은 선거수준(選擧水準)을 보여 주었어. 그래서 국민들은 그 정책을 통해서 자기 운명을 생각하고, 또 참여하게 만들고, 이렇게 해서 한국 선거수준은 높은 선진국가(先進國家) 못지않게 끌어 올렸다. 앞으로 대한민국에서 누가 대통령 후보로 나오더라도 이제는 그러한 정책대결(政策對決), 세계의 앞날을 내다보고 민족의 장래를 생각해 가면서 세운, 그 정책대결을 하지 않고는 국민의 지지를 못 받을 것이다." 이런 얘기하는 것을 들었어요. 또한 "당신이 작년에 그렇게 싸워가지고 朴正熙 대통령으로 하여금 마지막에 가서 이번만 하고 그만두겠다, 이렇게 말시킨 것은 당신들의 위대한 승리라고 본다. 동시에 그러한 불리한 여건, 돈도 없고 조직도 없고, 여러가지 불리한 여건, 또 당신들이 말한 가지가지의 부정 속에서도 그렇게 많은 표가 나왔는데 당신이 작년에 우리하고 만났을 때 그렇게 표 많이 얻을 줄 사실 알았느냐?" 이런 얘기 하는 것까지도 나는 들었습니다.

우리가 싸우고, 우리가 옳은 일하면 세계가 알아준다, 이것이예요.

어째서 우리가 졌냐? 정말로 국민의 지지가 없어서 졌느냐. 국민은 지지했지만 부정 때문에 졌느냐, 이것도 세계가 다 알고 있어. 나는 여기에서 이 정부가 나쁘고, 대통령이 나쁘고, 공화당이 나쁘다기 전에 내가 —— 이것은 조금도 가식(假飾)이 아닙니다 —— 우리 야당이 여러분의 막중한 성원을 받아서 여러분들이 그 불리한 여건 중에서 야당을 지지해서 양차선거에 그와 같은 성원을 보내 주었음에도 불구하고 우리가 여러분의 뜻에 보답하지 못하고 여러분을 오늘날 이 괴로운 궁지에, 또 이 나라를 이렇게 어려운 지경에 가져오게 한 데 대해서는 우리 내부에서는 金가가 나빴다, 李가가 나빴다 말할 수 있지만, 국민 여러분에 대해서는 내가 당을 대표해서 대통령에 나갔던 사람으로서 가장 그 책임을 통감하고 심각한 사과 말씀을 이 자리에서 드리겠습니다.

나를 가장 괴롭히는 朴政權

사실 우리가 만일 작년에 그 수많은 사건, 사법파동(司法波動)이다, 세금사건(稅金事件)이요, 노동자사건(勞動者事件)이요, 수많은 사건, 심지어 정부가, 군인들이 서울까지 쫓아오면서 그와 같은 난동을 저지른 사건을 오후 2시 25분에 다 죽여 놓고 오후 3시에 이북에서 간첩이 쳐내려왔다고 엉뚱한 거짓말하고, 비행장까지 봉쇄하고, 이따위 짓 하는 것 조차도 우리가 제대로, 국민이 원하는 대로 해결을 못했어. 이러한 모든 책임에 대해서 다시 한번 여러분에게 사과를 드리면서 여러분의 질책을 감수할 수 밖에 없다 하는 말씀을 아니 드릴 수 없습니다.

나는 작년에 대통령후보(大統領候補)에 나갔고, 아까 말씀과 같이 여러분의 막중한 성원을 받았습니다. 그런데 이 정부는 나에 대해서 지금 말할 수 없는 박해를 가하고 있어요. 남이 강연회하면 신문들이 예고기사(豫告記事) 써도 가만두고, 내가 강연회하면 정반대예요. 내 전화 24시간 도청(盜聽)합니다. 미행하고 하다못해 점심 때 불고기 집에 가서 밥만 먹어도 "여기 시경(市警) 정보과(情報課)인데 金大中이가 누구누구와 밥 먹느냐?" 여기 한정식 집에 가서 밥먹으면 "그 방에 누구누구 들어갔느냐?" 뭐라고 말할 것입니까? 미안하고 챙피해서 남의 집에 밥도 먹으러 갈 수 없어요. (웃음)

신문에는 金大中이라는 이름 석 자도 내지마라……이렇게 억압을 받고 나한테 단돈 10만 원 돈 준 사람, 돈 주지 않고도 돈 주었다고 해서 얼마나 많은 사람들이 지금 봉변을 당하고, 세금을 물고, 구속을 당하고 있느냐, 이 말이예요.

내가 작년 국회의원 선거 막판에 목포에서 광주 올라오다가 자동차 사고를 당했습니다. 내 차가 지나가고, 뒤에 택시가 하나 따라오고, 그 뒤에 내 수행차가 왔어. 택시가 사이에 끼어들어 왔어.

저기서 오던 14톤 트럭이 내 차를 보고 바로 90도 각도로 달려 들었어. 우리 차가 빨리 피했기 때문에 뒤에 5분의 1만 쳤어. 만일 5분의 2만 쳤으면 나는 거기에서 죽었어요. 또 다행히 살려고, 옆으로 튕겨나갔지만 거기가 언덕이 아니고 논인데 논으로 바로 이렇게 갖다가 마치 안아다 놓듯이 해서 그래도 그 정도로 되었어. 내 바로 뒤 택시에서는 사람이 앞뒤에 여섯 탔다가 앞의 셋은 그대로 엔진 밑으로 들어가서 그 자리에서 죽고 나머지 셋은 중상을 입었어요.

신문에도 못 나게 해. 언론 보도관제(報道管制)시켜 버렸어요. 그래가지고 내가 병에 걸려가지고 아직도 완쾌하지 못했지만, 이렇게 아주 작년부터 금년까지 갖은 고초를 겪었습니다.

그런데 이 정부 사람들은 이것을 기화로 해가지고 전국에 말을 돌리기를 뭐라고 했느냐 하면 처음에는 무슨 내가 "암(癌)에 걸렸다" 그러더니 그다음에는 무슨 내가 "척추가 영 못쓰게 되어 버렸다, 재기불능(再起不能)이다"그러더니 그 다음에는 "아편중독(阿片中毒)에 걸렸단다. (웃음) 선거에 그렇게 뛰어 다니고 초인적(超人的)으로 다닌 것을 보아라. 그것이 아편 질렀으니까 그렇게 뛰어다니지 보통 몸 가지고 어떻게 다니겠느냐. (웃음) 그래서 지금 아편독(阿片毒)을 빼느라고 그러고 있단다."(웃음) 이렇게까지 모함을 해요.

전국민들이 걱정을 해가지고, 참 수없는 걱정과 문안을 받아서 감사하기 짝이 없습니다마는, 그렇게 했습니다.

한번은 죽는 것 값있게 죽을 터

외국에 가서, 일본에 있는 교포(僑胞)들, 나하고 식사 한끼만 해도 그냥 일본에 있는 주재정보부(駐在情報部)에서 와서 "왜 金大中이 하고 밥 먹느냐?" 그래 객지에서 내 고향 동포끼리 만나서 밥 한끼 먹는 것까지 시비(是非)야. 내가 호텔에 있으면 스파이 붙여 가지고 내 말한 것, 무슨 엉뚱한 소리하면서 녹음하려고 하다가 작년에 일본에서 큰 사건이 생겼습니다.

외국에서는 야당의 당수(黨首)라고 할 것 같으면, 또 야당의 대통령 후보라고 할 것 같으면 그 사람이 비록 낙선(落選)이 되었다고 하더라도, 그래도 그 사람이 잘나서가 아니라 그 사람에게 표를 찍은 국민을 생각해서라도 대우를 하는 거요.

朴正熙씨가 자기가 630만 표, 54%의 표를 얻었다고 할 것 같으면 나도 朴正熙씨가 계산해 준 표만 하더라도 46%, 540만 표를 얻었어. 나 金大中이는 아무리 하더라도 좋지만 나에게 찍은 540만 표의 국민을 생각하더라도 이런 짓을 할 수 없다, 이거예요. (박수)

여러분!

나는 오늘 이제부터 또 전라북도 내려가서 내일 참석할 데가 있기 때문에 여러분에게 긴 말 드릴 수는 없습니다마는, 나는 여러분에게 말합니다. 나는 이미 생사(生死)를 초월한지 오래예요. 작년에 대통령 선거 나갈 때 내가 그때 이미 목숨을 내놓았었어! 내 선거 끝나고 나서 여러분 국민 앞에, 내가 "하늘과 국민 앞에 부끄러움이 없다" 감히 외람되게 내가 그런 말을 했지만 나는 진심(眞心)이요. 내가 정말로 작년에 생명을 내놓고 싸웠어. 그것은 대통령 선거 때만 아니라 국회의원 선거 때도 그랬어요. 그렇기 때문에 하루에 10번, 13번 연설하고 다녔어. 아침밥만 여관에서 먹으면 점심 저녁은 언제든지 차 안에서 밥을 먹었어요. 이렇게 하면서 내 생명이 다할 때까지 내가 싸웠어! 그것이 나의 의무고, 또 나 같은 사람 연설 하나 듣기 위해서 시골에서 50리 길, 70리 길을 걸어와 가지고 3시간, 4시간 기다린 그 동포들의 얼굴! 나 하나한테 기대를 걸고, 그 매마른 얼굴에 그래도 눈에 광채를 내면서 박수친 그 동포들을 생각할 때 나는 이 시간에 죽더라도 내가 이 동포를 위해서 내 할 일을 다 해야 되겠다는 결심을 가졌던 것입니다. (박수) 나는 내가 정치에 투신해서 일곱 번 형무소에 끌려갔고, 이 박정권 밑에서도 두 번이나 끌려갔어요. 6 · 25 때에는 공산당한테 잡혀가서 사형(死刑) 직전에 약 200명 중에서 120명이 학살되고 80명이 탈옥하는 데에 나도 거기 끼어서 살아나 왔습니다. 나는 이미 22년 전에 죽었던 목숨이고, 내 지금 말하자면 개평으로 살고 있는 것이예요. 사람이 누구나 박해받기를 좋아하는 사람은 없고, 누구나 형무소 가기를 좋아하는 사람도없고, 더구나 죽기를 좋아하는 사람도 없습니다. 그러나 또 아무리 죽고 싶지 않다고 하더라도 사람은 한번은 죽어, 삼천갑자 동방삭(東方朔)이가 진실로 있었는지 없었는지 모르지만 여하튼 삼천갑자 동방삭이도 죽고 지금은 없어! 우리는 어느때인가는 죽어! 그렇기 때문에 나는 내가 무슨 대단한 결심을 한 것이 아니라, 사람이 죽으려면 대연각 호텔에서 잘못 자다가 죽기도 하고, 고속버스 타고 가다가 뒤집혀서 죽기도 하고, 무슨 남영호 배 타다가 죽기도 하고 이렇게 죽어요. 내가 이번에도 외국다니면서 비행기를, 열차를 수없이 타 비행기에서 가만히 밑을 내려다보면 저 밑에 구름이 있고, 또 구름 저 밑에 땅이 있어요. 이것 한번 어떻게 되면 죽는 것이예요. 그것을 생각하게 돼요. 내 아주 여러번 생각 했어요.

"사람이라는 것은 언제 어떻게 죽을지 모르는 것이다. 그러면, 사람은 어차피 죽는 것이라면 값있게 죽어야겠다. 인생이 두 번 있다면 한번쯤은 연습으로 살고, 한번쯤은 진짜로 산다고 하지만. (웃음) 인생이 한번밖에 없는 것이라면, 그 한번밖에 없는 인생을 정말로 값있게 조국(祖國)과 국민(國民)을 위해서 자기의 양심에 부끄럽지 않게, 내 후세(後世) 사람들이 나를 가리켜서 李完用이 자손같이 부끄러워서 일본으로 도망가는, 그런 자손이 안되게 사는 것이 값있게 사는 것이다." 내 이렇게 결심했어요. (박수)

나의 悲願은 祖國의 完全한 統一

내가 여러분에게 말씀드리는 것은, 나의 소망은 오직 우리 국민에게 희망과 자신(自信)을 주는 정치! "이 세계 어디에서라도 부끄럽지 않는 떳떳한, 내 국민들을 위해서 이런 불행과 이런 고통을 이 이상 더 하지 않고, 여러분들 얼굴에 희망의 광채가, 앞날에 대한 행복에 찬 그러한 웃음이, 우리 국민의 얼굴에 나오는 그 정치를 내가 한번 해야 되겠다." 또 외국에 있는 수십만 우리 교포들이 —— 심지어 일본에서는 지금 비상사태 선포한 뒤로 일본에 귀화하려는 교포가 갑자기 늘어났어요 —— "이제 틀렸다." 이것이예요. "기다리고 기다렸지만 이제는 안되겠다. 이제는 차라리 일본놈이 되어버려야 되겠다." 그래서 일본에 지금 귀화신청(歸化申請)한 것이 약 10만 명 이라는 것이예요. 이렇게 지금 되고 있어요.

일본에 있는 교포들이 말하기를 "이북(以北)은 일본에 돈 보내준다고 하지만 우리는 돈 필요없으니 제발 일본놈들 앞에서 가슴펴고 내 조국이 대한민국이라고 말할 수 있는 좋은 나라를 만들어 달라." 이것이 우리 동포들의 부탁이예요. 내가 그런 나라를 만들어야 하겠다 하는 것이 나의 결심이예요.

또한 나는 우리 국가, 신라통일(新羅統一)이래 처음으로 이렇게 분단이 되고, 이래가지고 지금 아직도 남북이 100만 명 이상이 총칼을 들고 대치하고 있어요. 역사에 처음있는 일이예요. 같은 동족끼리 쏘면 죽는 총과 대포를 지금 100만 이상이 들고 있어.

이 무서운 사실을 우리가 극복해가지고 우리 동포끼리 서로 남(南)쪽도 살고 북(北)쪽도 살고, 우리의 자유를 희생하지 않고 평화적으로 공존하고, 평화적으로 통일하는, 그러한 통일을 내힘으로 국민과 더불어 여러분의 선두에서 내가 어떠한 희생을 하더라도 성취해야 되겠다. 이것이 나의 비원(悲願)이요. (박수)

여러분!

민주주의라는 나무는 국민의 피를 먹고 자라는 것입니다. 국민이 희생하지 않고, 국민이 용기를 내지 않고는 민주주의는 성취될 수 없어요.

金大中이 하나가 아무리 용기를 내 본들, 야당 국회의원(野黨 國會議員) 몇 사람들이 아무리 결사적으로 싸워 본들, 국민이 감싸주지 않고. 국민이 일어나지 않고는 되지 않는 것입니다. 오직 최후의 결정권자(決定權者)는 국민이예요. 용기(勇氣)는 처칠이 말한대로 「모든 지성(知性) 중에 최고의 지성」이야.

우리가 지금 결핍된 것이 있다고 말할 것 같으면 우리 국민들에게 용기가 아직도 부족해. 왜 좀 우리가 떳떳하게 "자유가 필요하다. 공산당과 싸우는 것은 자유를 위해서 싸우는 것이다." 이런 말을 우리가 왜 못 하느냐, 이것이예요.

여러분이 경찰관이나 정보원(情報員) 앞에서 말한 것 들어보면, 공화당 사람들한테 전화하고 정부에 편지도 하고 이러면서 "이것이 무슨 짓이냐?" 왜 여러분! 말 못하느냐, 이것이예요.

만일 여러분들이 여기온, 지금 약 —— 이 방에만 하더라도 2천 명의 사람이 있는데 —— 여러분이 편지 한 통만 써도 2천 통이 아니냐, 이거예요. 1년에 여러분이 세 번씩 쓴다고 하더라도 6천 통이예요. 국민의 소리가, 6천 통이 공화당과 정부에 밀려갈 때 무시할 수 없다, 이것이예요. (박수)

世界에서 尊敬받는 國民될 수 있다

여러분!

우리는, 내가 일본에서 3·1절에 일본 히비야 공회당에 나갔습니다. 관동지방(關東地方)의 약 4천 명 교포가 모였습니다. 그 교포들이 이 정권에서 내세운 비상사태 지지하라는 것, 프랑카드를 거부했어요. 그리고 본국 정부에서의 이 독재, 부패, 일본민단(日本民團)에 대한 정부의 간섭, 이것을 규탄할 때 우뢰와 같은 박수가 터진 것을 보았어요. 일본에 있는 우리 교포들이 그렇게 민주주의와 싸우고 있어요.

내가 동경에 있었더니 우리 청년들이, 한국청년동맹(韓國靑年同盟)이 있는데, 나가노껭 이라는 데에서 수련회(修練會)를 하면서 나보고 좀 꼭 와 달라고, 어떻게 간절히 전화를 하던지 내 새벽 차를 타고 갔습니다. 약 8백 명의 남녀 회원들이 모여 있어요.

여러분이 아시다시피 일본에는 조총련(朝總聯)이 있어가지고, 조총련은 백 몇십 개의 학교를 만들었습니다. 우리 애들을 전부 교육시키고 있어요. 이래가지고 공산당의 일꾼을 만들고 하는데, 대한민국은 학교 3개 밖에 없어요. 할 수 없이 일본학교(日本學校) 다녀야 돼. 한국말 잘못해, 내 말을 제대로 알아듣는 애들이 반이 안돼요. 띄엄 띄엄 무슨 말인지 알아 듣는데 3분의 2 정도밖에 안돼. 나머지 3분의 1은 아주 절벽이예요.

그런데 내가 거기에 들어갔는데 이 애들이 열광하면서 박수 치는데 내 박수도 많이 받아 보았지만 그렇게 긴 박수는 처음 받아 보았어요. (웃음)

이래가지고 내가 한 시간 동안 연설하는 동안에 자꾸 옆에 사람한테 무슨 말 하느냐고 묻고, 이래가지고 이 애들이 막 울었어요. 거기에서…… 북해도부터 구주(九州)까지에서 온 애들이 그래요. 비록 본국말은 제대로 못하지만 나라에 대한 애국심, 대한민국에 대한 그들의 애착심, 이것은 우리보다도 더 뜨거워. 왜? 아무리 일본말을 해도 일본 사람이 우리를 멸시(蔑視)하는 것은 마찬가지야. 우리가 멸시 안 받는것은 본국이 잘되어 주어야 멸시(蔑視)를 안 받아. 내가 그 애들하고도 얘기했습니다. "보아라! 지금 중공에서 닉슨하고 周恩來, 毛澤東이가 만나고 있다. 세계의 운명을 바꾸고 있다. 대한민국의 사람은 아무리 잘났어도 —— 안할 말로 내가 닉슨보다 열 배 잘나고 毛澤東이보다 백 배 잘났어도 —— 우리는 저렇게 할 수 없다. 왜? 우리는 약한 나라이기 때문에 그렇다. 세계 운명을 좌우할 수 있는 나라는 못돼. 그러나 우리가 세계 운명을 좌우할 수 있는 가장 센, 가장 힘이 강한 나라는 될 수 없지만 우리가 세계에서 가장 존경받는, 가장 훌륭한 나라는 만들 수 있는 것이다." 내가 그렇게 말했어요. (박수)

"스위스를 보아라. 덴마크를 보아라. 스웨덴을 보아라. 우리보다 더 작은 나라지만 전부 존경받고 있다. 따라서 우리도 그런 나라 만들자. 뿐만 아니라 우리는 남북(南北)을 합치면 5천만입니다. 인구로 보면 세계에서 열두짼가 열 세짼가 돼. 세계 130 몇 개 국가 중에서 우리가 1할 이내에 들어간다. 우리가 결코 만만한 나라가 아니다. 우리는 그러한 앞날에 희망을 갖고 살자." 이런 말을 했습니다.

國民은 나라의 主人, 希望을 갖고 살자

오늘 여러분에 대해서도 마지막으로 내가 하고 싶은 말은, 내가 많은 말을 했지만, "최후에 이 나라의 운명을 좌우하는 것은 여러분이요. 우리 국민이요. 우리 국민이 자기의 운명에 대해서 하나 하나 생각을 하고 우리들의 살길을 위해서, 우리들의 후손(後孫)에 희망있는 나라를 주기 위해서, 우리가 용기를 내서 희생을 무릅쓰고 싸울 사람은 싸우고, 거기까지 못 가는 사람은 희생까지는 안하더라도 우리가 할 수 있는 여러가지 길을 택해가지고 우리들의 의사가 대통령을 움직이고, 이 정권을 움직이기를 바라는 것입니다."

나는 결코 朴正熙 대통령이 나쁜 사람 되기를 바라는 것도 아니예요. 朴正熙 대통령이 제 2의 李박사의 운명으로 가기를 바란다면, 또 대통령 된 사람마다 전부 그렇게 나쁜 사람 되어 버리면 나라가 꼴이 안돼요. 따라서 나는 朴正熙 대통령이 그의 임기를 마치고, 또한 이 나라에서 그야말로 수행원 하나 없이 명동이나 종로 거리를 걸어다녀도 아무 걱정 없는 그러한 일생을 마칠 날을 진심으로 바라는 사람이예요.

다만 내가 개인적으로 朴正熙 대통령에 대하여 아무 원한이 없음에도 불구하고 내가 이렇게 말한 것은 박정희 대통령보다 내가 내 국민을 더 사랑하고, 공화당보다는 내가 내 민족의 운명을 더 걱정하고, 비록 박정희씨와 공화당으로부터 미움을 받고 어떠한 박해를 받는 한이 있다 하더라도 나는 내 국민의 이익을 위해서, 내 국민의 장래를 위해서, 고립되고, 망해 가고, 세계로부터 버림받고, 이 불행 속에서 허덕이고 있는 내 동포와 나라를 위해서는 내가 열 번 쓰러지면 열한 번 일어나고, 백 번 쓰러지면 천 번 일어나서 여러분들 선두(先頭)에서 싸워야 한다는 나의 결심이기 때문에 내가 이런 주장을 하는 것입니다. (박수) 거듭 여러분은 이 시간부터 분발을 바랍니다.

여러분이 나라의 한 주인으로서, 여러분이 이 나라 운명을 우리가, 내가 쥐고 있다고 생각하시고 앞으로 이 암혹독재(暗黑獨裁)를 헤치고 우리의 민주주의를 되살리기 위해서 여러분 한 사람 한 사람이 새로운 결의를 해주시기를 부탁하고, 그러한 의미에서 여러분이 찬성하시는 분은 대단히 외람되지만 다시 한번 박수가 있어 주시기 바랍니다. (박수)

거듭 오늘 이런 불편한 자리에 여러분이 이와 같이 나와주신 것을 감사드리고, 특히 죄송한 것은 밖에서 들어오시지 못하고 그대로 돌아가신 분들에 대해서 미안한 심정을 금할 수 없다는 말씀을 드리고, 여러분이 돌아가시면 제가 여러분께 여쭌 말씀 중에, 그래도 백 마디 중에 한마디라도 취택할 점이 있으면, 여러분의 이웃에게 우리가 서로 전해서, 그래서 우리가 먼저 알고…….

우리 주위에 알리고 이렇게 해가지고 우리의 할 일은 다같이 행하도록 부탁 말씀 드리고, 또 우리가 언제 이런 기회가 있을지 이 여건하에서 모르겠습니다마는, 그러나 우리가 희망을 잃지 말고, 여러분 다같이 건강하시고, 우리 국가의 앞날을 위해서 응분(應分)의 노력을 해 주시기를 바라면서 저의 말씀을 그치겠습니다.

감사합니다. (박수)

제 3 부

大衆은 알고 있다

1. 兩大 選擧를 마치고
2. 完全犯罪의 不正選擧
3. 이미 身命을 祖國에 바쳤다
4. 하나님과 良心 앞에 부끄럼 없이 싸웠다
5. 걱정되는 民族國家의 앞날
6. 5백만 票의 孤軍奮鬪

兩大 選擧를 마치고

이 글은 대통령 선거와 국회의원 선거를 치른 뒤 1971년 6월 2일 金大中후보가 발표한 대국민(對國民) 성명의 전문이다. "이번 양대(兩大)선거는 비록 완전범죄의 부정선거로 인해 정권교체나 과반수 의석 차지에는 실패했지만 한국 정치의 희망에 찬 장래를 입증하는 데 있어 우리의 건국사상 가장 획기적인 선거였다"고 그는 확신했다. 우리는 여기서 어떠한 곤경에도 굴하지 않는 그의 신념을 읽게 된다.

나는 먼저 대통령 및 국회의원 선거에 있어서 우리 당과 나에게 보내주신 국민 여러분의 열화와 같은 성원에 대해서 최대의 감사를 드리는바이다. 아울러 나의 불의의 부상에 대한 국민 여러분의 간곡한 위문에 대해서도 감사해 마지 않는다.

나는 이번 양대선거(兩大選擧)는 비록 완전범죄적인 부정선거로 인해서 정권교체나 과반수 의석(過半數 議席) 차지에는 실패했지만 한국민의 위대한 민주적 자질과 한국정치의 희망에 찬 장래를 입증하는 데 있어서 우리의 건국사상(建國史上) 가장 획기적인 선거였다고 확신한다.

양차 선거기간 중 나는 나의 최선을 다해서 싸웠으며, 특히 정책대결에 있어서 여당을 압도하고 국민적 지지를 얻는 데 있어서 초유(初有)의 붐을 형성할 수 있었던 점은 우리의 높은 선거수준을 국내외에 과시한 것이었다고 자부하는 바이다.

이번 선거에서 여야가 각기 두렵도록 반성해야 할 것은 우리 국민이 얼마나 지혜롭고 준엄한 심판자인가하는 점이다. 변절자, 민족분열자, 권모술수분자에 대해서 철퇴를 내리는 동시에 여당의 개헌음모(改憲陰謀)를 분쇄하고 야당의 몰락을 구제해서 역사상 최고의 여야 균형의 국회를 형성해 주었다. 참으로 절묘의 결정이라 할 것이다.

朴正熙 대통령에게 바란다

나는 이번 양대선거의 결과에 비추어 朴正熙 대통령에게 다음의 네 가지를 깊히 유의하도록 요구하는 바이다.

첫째, 박대통령은 국민이 결코 그의 장기집권(長期執權)을 바라지 않는다는 사실을 통감해 야 한다. 국민은 3선개헌도, 세 번 당선도 모두 반대였다. 다만 부정선거가 이를 강제로 조작한 것뿐이다. 이번 국회의원 선거결과도 朴正熙씨의 영구집권 위협에 대한 반대가 절대적인 영향을 준 것이다. 박대통령은 이와 같은 사실에서 깊은 교훈을 받고 금후의 처신 있기를 바라는 바이다.

둘째, 민주주의에 대한 국민의 강렬한 욕망을 정시(正視)해야 한다. 우리 국민은 민주적 근대화가 아닌 개발 독재형의 근대화를 배격하며, 대중적 분배가 따르지 않는 소수집권층을 위한 비민주적 경제건설을 반대하며, 국민의 자유와 기본권리를 희생시키는 나치스적인 반공을 원치 않는다.

박대통령은 앞으로 4년 동안 언론의 자유신장, 반공법의 개정, 지방자치의 실시, 학원 자유의 보장, 그리고 경제적 독점의 지양과 대중부담의 경감 등 민주적 개혁에 성의를 다하는 것만이 그의 유일한 성공의 길이라는 점을 명심해야 할 것이다.

셋째, 박대통령은 앞으로 3대 임기가 시작되면 무엇보다도 부정부패 일소에 대한 그의 공약을 실천해야 한다. 이는 비단 4 · 27선거에서만의 공약이 아니라 5.16 이래의 그의 공약인 것이다.

박대통령은 오늘날 국민의 부정부패에 대한 분노가 얼마나 격렬한 것이며 또한 국민이 요구하는 것이 결코 말단공무원의 비위 처단이 아니라 집권의 상층부. 특히 박대통령의 지척의 측근자들의 부패축재(腐敗蓄財)

에 대한 과감한 숙청에 있다는 점을 명심해야 할 것이다.

넷째, 외교정책과 자세에 대한 전환이 필요하다. 지금 국제정세는 하루가 10년 같은 변화를 보이고 있다. 공산주의를 근본적으로 제거하려던 50년대의 덜레스적인 전면격리(全面隔離)의 반공의 시대에서 60년대의 미소 공존과 중공봉쇄의 부분격리반공(部分隔離反共)을 거쳐서 이제 70년대는 중공과도 공존의 시대로 접어들고 있다. 즉 공산주의와의 투쟁은 단절의 강을 긋고 대면없는 싸움에 열을 올리느니 보다는 직접적인 접촉 속에서 자유의 장점을 십분 발휘 하는 것이 더욱 효과적이라는 점을 깨닫게 된 것이다. 일방 아세아에 있어서의 평화는 중공을 포함한 미·일·소·중의 4대국의 협조 속에서만 이룰 수 있다는 것도 닉슨 대통령이나 일본정부 당국자가 이제는 공언하게 되었다.

대통령은 지금까지 취해온 반공과 전쟁지향적인 외교정책에 일대전환을 가해서 미국과 일본 등 자유우방과 보조를 같이 하지 않으면 한국의 국제적 고립과 영락을 면할 길이 없으면 결국에는 북괴로부터 커다란 수모를 당하게 된다는 점을 명심해야 한다.

내가 대통령 선거 기간 중 누차 제안한 기자, 체육, 서신 등 남북교류의 실시, 평화애호국가로서의 선언과 4대국 전쟁억제 보장(四大國 戰爭抑制 保障) 요구 그리고 공산국외교의 추진 등에 대해서 선거 때의 찬반의 경위를 떠나서 선거운명을 책임진 입장에서 심각한 배려있기를 바란다.

新民黨의 앞으로의 進路

신민당은 지난 해 9월의 대통령후보 지명과 4·27 대통령 선거를 통해서 민주정당으로서의 능력과 정책 정당으로서의 우월성 그리고 젊고 발전하는 정당이 갖는 매력을 십분 발휘했다고 본다.

그러나 파벌정당으로서의 약점과 비근대적인 조직을 벗어나지 못한 정당으로서의 무력도 크게 드러냈다. 이제 우리는 당내 민주주의와 정책 발전에 더욱 주력하는 동시에 강력한 지도자 아래 당의 근대화에 총력을 집중하지 않으면 결코 국민이 바라는 집권태세를 이룩할 수가 없다.

국민은 5·25총선을 통해서 신민당에게 단순히 강력한 야당의 지위만을 보장해 준 것이 아니라 조속한 집권태세의 확립도 아울러 요구한 것이다.

이제는 투쟁만이 문제가 아니라 구체적으로 국민의 자유와 생활권을 지키는 업적이 따라야 하며 차기 집권정당으로서의 청사진이 따라야 한다. 그러기 위해서는 당의 체제정비가 무엇보다도 선행해야 한다.

전당대회는 당헌대로 조속히 개최되어야 한다. 당의 지도체제나 지도자의 선택은 신민당의 전통이자 자랑인 민주적 절차에 따라서 처리되기를 희망한다. 이 점에 대한 내 개인의 입장은 좀 더 중론을 듣고 심사숙고한 연후에 밝히겠다.

反民主的인 學生强壓 중지하라

방금 정부나 일부 대학 당국자가 취하는 학생강압을 보면 이성을 상실한 반민주적 행동으로 일관하고 있다.

민주국가에서는 학생들의 사회참여는 헌법이 보장하는 기본권리다. 그들은 교련반대의 권리도 있고 4 · 27선거의 무효를 주장할 권리도 있다. 다만 그 처리는 법과 여론에 의해서 결정된다.

그럼에도 불구하고 정부당국은 마치 그들을 국가적인 범법자같이 강압하여 유독가스의 사용, 부당한 휴교, 불법적인 구속, 그리고 비교육적인 제적 등 실로 독재정권의 진면목을 여지없이 노정하는 처사만을 되풀이하고 있다.

나는 이와 같은 사태가 시정되지 않는다면 앞으로 중대한 정치문제가 될 것이며 이 나라 정국을 극한으로 몰고 갈 근원이 될 것이라고 미리 경고하면서 박대통령의 전면적인 시정조치가 즉시 취해지도록 요구하는바이다.

完全犯罪의 不正選擧

- 4 · 27 대통령 선거의 眞相은 이렇다 -

이 글은 4 · 27 대통령 선거 직후인 4월 29일 신민당에서 발표한 성명 전문이다. 신민당은 이 성명에서 "이 선거는 중앙정보부에 의해 계획되고, 지령되고, 감독된 완전범죄의 부정선거였다"고 주장했다.

"4 · 27대통령 선거는 조용한 선거였다"고 박정권은 자랑한다.

그렇다!

중앙정보부에 의해서 계획되고 지령되고 감독된 완전범죄(完全犯罪)의 선거였으며, 전국력(全國力)을 동원하여 한개 야당을 때려잡은 소리 없는 암살의 선거였다.

그러나 아무리 주도하게 계획된 범죄에도 증거는 있는 법이며, 아무리 면밀하게 진행된 하수(下手)에도 지문은 남아 있는 법이다.

하물며 이번 공화당 정권의 부정선거에는 3천만의 눈이 이를 지켜 보았으며 수백만의 피해자들이 입은 뼈저린 상처가 아직도 아물지 않고 있는 것이다.

다만 그것이 소리 없이 진행되었고 너무도 기술적으로 자행되었기 때문에 국민들이 부정을 당하고도 아직 그 전모를 충분히 파악치 못하고 있을 뿐이다.

이러한 실정에 비추어 우리 당은 이번 대통령 선거에서 행해진 부정의 양상을 우선 그 개 략이나마 밝힘으로써 대한민국 역사상 유례가 없이 궐기했던 전국민의 정권 교체에 대한 열망이 왜 그토록 무참히도 짓밟혀 버린 것인가의 이유를 명백히 하고자 하는 바이다.

공화당 정권은 원천적으로 野黨 選擧不能의 상태를 만들었다

1. 보도의 통제…중앙정보부는 국민과 대통령 후보와의 가장 중요한 매개체가 되는 신문 방송의 야당에 대한 기회균등을 완전 봉쇄하는 일방 국립방송을 위시하여 수많은 보도기관을 어용화하고 허위보도케 함으로써 야당후보가 국민에게 자신의 주장을 제대로 알릴 길을 막아 버렸다.

몇몇 신문과 방송에는 야당의 유료광고조차 취급하지 못하게 만든 실정이었다.

2. 선거자금의 봉쇄…金大中후보가 지명된 이래 중앙정보부는 전 경제인의 장부와 금고를 장악하고 심지어 부인들의 「겟돈」까지 수사하여 야당계로 자금이 단 10원도 들어올 수 없도록 철두철미 봉쇄했다.

이번 선거기간 중 공화당은 현금으로 쓴 선거비용만도 3백억 이상을 사용했는데 신민당은 법정금액인 9억 2천만 원의 반도 쓰지 못한 형편이었던 것이다.

3. 야당조직의 파괴…공화당 정권은 지방자치를 실시하지 않음으로써 야당의 조직이 당초부터 성장할 수 없게 했을 뿐 아니라 그나마 있는 조직도 이를 매수해서 내통케 하거나 아예 탈당케 하는 등 지구당이 참관인조차 완전하게 세울 수 없는 지경에 이르게 한 것이다.

공화당 정권은 官權과 國庫를 선거운동에 전면 투입했다

1. 공무원의 선거운동…선거기간 중 전국의 공무원과 준공무원이 법의 금지규정(禁止規定)을 공공연히 어기고 선거운등에 총동원 되고 모든 관청은 중앙부터 지방까지 텅텅 비어버린 실정 이었음을 국민들은 누구나 알고 있다.

전국의 공무원 40만명을 위시하여 국영기업체의 종업원, 통반장 등 백만이 넘는 불법 운동원이 한 사람 앞에 한 표만 부정을 했다고 해도 백만 표가 된다.

2. 국고의 악용…박정권은 금년예산에 이례적으로 늘린 지방 교부세 천억과 각종 건설사업비, 예비비, 국영기업체 예산 등을 선거운동을 위해서 총동원하여 지방사업, 공무원 출장, 매수 등에 불법 사용했다.

이번 선거는 行政選擧와 腐敗選擧의 극치를 이루었다

1. 선거운동의 주체는 행정기관…이번 선거의 특징은 朴正熙후보의 선거운동의 주체는 행정기관이고 공화당은 보조기관에 불과했다는 점이었다.

즉 각 시군마다 파견된 중앙정보부 조정관이 경찰과 전 행정기관을 장악하여 일사불란하게 선거운동과 매수 그리고 부정투표 부정개표를 진행시켰다.

참으로 선거가 아니라 하나의 행정사무의 진행이었다 할 것이다.

2. 유례없는 매수행위…공화당은 삼백억이 넘는 선거자금과 막대한 밀가루 시멘트 고무신 등을 가지고 전면적인 매표 행위를 자행했으며 공무원이 직접 통행금지 시간 이후에 호별 방문하면서 이를 살포했으며, 투표 당일은 현장에서 공공연히 매수 행위를 저질렀다.

名簿抹消, 重複登載, 기권강요 등으로 3백만 票의 不正投票를 조작했다

1. 친야계(親野系) 유권자 말소…공화당 정권은 작년 가을 이래 3~4차에 걸쳐 유권자의 성분을 조사하여 이를 친여(親與), 중립(中立), 친야(親野)로 파악한 후 금년 초의 선거인명부 작성시 친야계를 고의로 명부에서 탈락시켰다.

전국 9,403 투표구에서 매 투표구당 백명 목표로 제거함으로써 1백만 명의 투표권을 빼앗은 것이다.

투표 당일 전국 도처에서 벌어진 아우성은 여기 원인이 있는 것이며, 그들은 항의하는 유권자에게 왜 열람하지 않았느냐고 도리어 호통을 치는 실정이었다.

2. 기권강요…유권자 중에서 야당에 투표할 유권자를 협박 매수하여 주민등록증 보관, 투표통지표의 인수 등으로 기권을 강요했다.

이것도 최소 50만 표에 달한 것이다.

3. 중복등재의 성행 …앞서 말한 야당계 유권자를 누락시킨 대신 공화당 열성분자나 매수분자(買受分子)를 중복등재 했으며 투표 전일까지 내무부 장관 지시로 남발된 주민등록증으로 이중 삼중의 등록이 성행되었다.(서울 종로, 영등포 갑, 영등포 정 등에 각기 만여 표의 허위 전부(轉簿) 사실 있음) 이러한 중복등재(重複登載)가 128만 표에 달한다는 것인데 투표 당일 공화당의 28만명에 달하는 투표요원이 각 투표구를 뛰어다니면서 이를 처리했다.

두렵고도 비통할 地域感情의 선동이 공공연히 자행 되었다

1. 공화당 연사들의 지역감정 선동…李孝祥 국회의장은 "쌀에 뉘가 섞이면 안되듯이 경상도 후보 이외의 표가 경상도의 표 속에 섞이면 안된다"고 연설하였는가 하면 李萬燮의원은 "경상도 사람이 경상도 후보 안 찍으면 미친놈"이라고 선동하고 다녔다.

2. 민족분열의 흑색선전…4월 24일 경부터 경남북 일대에서 「호남인은 뭉치자 !」는 전단이 나돌고 김후보의 벽보사진 밑에도 이런 낙서가 기입되었으며, 심지어 김후보 이름으로 영남에 있는 호남 향우회 인사들에게 "영남세력을 배척하고 호남인은 단결하자 ! "는 거짓 인사장이 작성되어 경상도 전역에 살포되었으며, 달성 고령 등지에서는 유선방송(有線放送)을 통해서 지역감정이 공공연히 선동되었다.

3. 공포 속의 야당계…26일에 이르자 다시 경상도 일대에서 경찰, 공무원, 공화당 간부들이 야당계 인사들을 찾아와 "전라도 金이 집권하면 우리는 다 죽는데 너는 이를 지지하니 경상도에서 나가라. 내일 투표소로 나가지 않거나 양자택일하라 ! "는 극단적인 공포분위기를 조성 했다. 그 영향은 지대했다.

國營放送까지 동원하여 開票不正을 위한 心理戰이 전개되었다

1. 압도적 우세조작…개표 초에 공화당 우세 지구만 개표하고 허위사실

까지 첨가하여 마치 朴正熙 후보가 8대 1, 10대 1로 우세한 양 계속 방송케 함으로써 전국의 야당참관인을 실의에 빠지게 하여 매수와 부정개표를 진행시켜 버렸다.

2. 부정개표의 자행…김후보 표를 박후보의 것으로 허위계표한 사실이 전국서 발생하였다.(부산 동구 100표, 울산 2천여 표 등)

투표당일 행해진 몇 가지 不正의 類型 중 현저한 것만 적어본다

1. 참관방해…경북 달성군에서 참관인으로 가던 고대생 安모군 외 2명이 경찰관에 납치되어 서울로 강제추방됨(상주, 화주, 목포, 금산, 대전, 서천 그리고 특히 경북 일대)

2. 사전투입…부산 영도군 동삼동 투표구에서는 투표자 수 1,175명인데 투표용지는 1,195장(영등포구, 성동구, 부산 중구 등)

3. 무더기표 투입…충남 서천군 마소면 2투표구에 서 200표 발견(제주, 영일, 울산, 성동 을, 수원, 종로, 대구 동, 청송, 영덕, 부천, 성동 병, 김해, 하동, 홍성, 영등포 병 등 전국 각지)

4. 릴레이 투표…경북 영일군에서 인주색과 붓대롱이 투표소 비치분과 다른 것이 130장 발견 되었는데 이는 밖에서 찍어 가지고 와서 투입한 릴레이 투표분(동대문 을, 양양, 부산 중, 부산 동래 갑 등 완전히 전국적인 현상)

5. 투표함 바꿔치기…부천군 용주면 투표함의 내봉함과 자물쇠에 선관위원의 봉인이 없으며 봉함한 종이가 십여 시간 후까지 젖어 있어 함바꿔치기가 탄로됨.

6. 투표용지 유출…화성군 1,706장, 고창 100장, 성동 을 218장, 나주 522장 등 도처에서 외부로 유출되어 부정투표에 사용됨.

7. 투표시간 단축…상주군 모선면 2투표구에서 하오 3시에 투표완료 선언하여 미투표자 백여 명이 투표시켜 달라고 농성하는 것을 강제해산.

8. 사후 조작투표…달성, 고령, 청송, 영일 등 경북 일대에서 투표종료 후 야당참관인을 축출 또는 매수하여 수천 장씩 박후보 앞에 기표하여 투입.

9. 김후보투표까지 무효화…마포구 동교동 1투표구에서 선거관리위원장이 1,600여장에 사인(私印) 아닌 직인(職印)을 찍어 김 후보가 투표한 것까지 포함 무효화(영등포 갑, 동대문 을, 안동, 청양, 성북 갑, 등 전국 각처)

朴正熙후보는 94만 표를 이겨서 당선되었다 한다. 그러나 부정은 3백만표에 달한다.

과연 진짜 승리자는 누구인가?

이미 身命을 祖國에 바쳤다

미증유의 열화 같은 국민의 궐기도 불법 부정에 무참히 짓밟히고 좌절감에 빠진 국민 앞에 金大中 후보는 낙심 말고 조국의 민주소생(民主蘇生)을 위해 새로운 결의와 분발을 바란다는 성명을 1971년 4월 29일에 발표했다. 이 글은 그 성명을 전재한 것이다.

이번 4 · 27 대통령 선거에 전국의 지식인, 종교인, 언론인, 그리고 학생들까지 범국민적으로 민권수호와 공명선거를 간절히 바라서 이에 적극적으로 참여하여 朴정권의 원천적이고 고도화된 온갖 불법과 부정, 그리고 매수, 테러, 공포 분위기에도 굽히지 않고 나를 지지해준 온 국민들에게 진심으로 감사를 드린다.

장기 부패 정권에 종지부를 찍고자 사상 유례 없이 궐기했던 국민의 열망은 무참히도 좌절된 것같이 보인다. 이번 선거에서 朴正熙 후보는 백만 표 차로 승리 했다고 발표되었다. 그러나 누구나 인정하듯이 공화당 정권이 저지른 부정이 백만 표만 되겠는가?

수많은 부정사실 중 다음의 몇 가지는 논쟁의 여지 없이 뚜렷하다.

① 공화당은 법정선거자금인 9억 2천만원의 몇십 배, 몇백 배를 불법 사용해서 전국적인 매수행위를 자행했다. 반면에 신민당은 법정금액의 반도 쓰지 못했다.

② 관권이 총 동원 되어서 선거운동에 불법 투입되었다.

③ 국가예산이 선거운동을 위해서 사용되었고 지방사업 등에 득표용으로 악용 되었다

④ 야당계 유권자가 대량 탈락 되었고 반면에 친여 유권자가 2중 3중으로 중복 등재되었다.
⑤ 투표 당일 릴레이식 투표, 대리투표, 무더기표 투입, 공개투표, 참관인 축출 등 부정투표가 전국적으를 행해졌다.
⑥ 개표에서 초기에 여당측의 압도적 우세를 가장시켜놓고 각지에서 부정을 자행했다.

이상 지적한 사실은 누구도 부인할 수 없는 명백한 사실이며 따라서 백만 표 차이를 몇 배 초월한 부정이 여기서 조작된 것이다. 朴正熙 후보의 승리는 결코 정당한 것이 아니다.

나는 개인적으로는 지극히 담담한 심정이다. 그러나 이번 선거에서 보여준 국민의 평화적 정권교체에 대한 애절하고도 열화와 같은 열망이 이와 같은 불법 부정으로 짓밟히고 이제 다시는 선거에 의한 정권교체는 바라볼 수 없는 시점에 3 · 15 부정선거를 무색케한 불법 부정선거의 결과를 묵인할 수 없다. 나의 앞으로의 행동에 대해서는 당과 협의 결정을 보면서 밝히 거니와 한 가지 분명 한 것은 나의 신명은 이미 조국과 국민을 위해서 바친 것이다. 최후까지 나의 책임과 신념을 다할 것을 명백히 하는 바이다.

국민 여러분께서도 당면한 결과에 낙심 말고 조국의 민주주의 소생을 위해 새로운 결의와 분발 있기를 바라는 바이다.

1971년 4월 29일

하나님과 良心 앞에 부끄럼 없이 싸웠다

이 글은 4 · 27 대통령선거가 끝난 뒤 동교동(東橋洞) 자택으로 金大中후보를 찾아 인터뷰한 71년 4월 29일자 「동아일보」 기사의 전문이다.

한국 보수야당(保守野黨)에서 40대 기수란 새 물결을 타고 야당 대통령 후보로 그동안 초정력적(超精力的)으로 공화당 朴正熙후보와 싸워 전례 드문 야당 붐을 불러 일으켰으나 끝내 패하고 만 신민당 金大中 후보는 아직도 투지에 차 있다. 29일 시내 동교동 자택에 밤늦게 귀가한 그의 얼굴은 그동안 1백여 회의 유세 때문에 몰라 볼 정도로 새까맣게 타 있었고 움푹 파인 두 눈동자만 유난히 반짝였다. 방문객에 몰려 미처 패배의 쓰라림을 되씹을 겨를도 없는 듯한 그는 29일에도 아침부터 金泳三 의원을 비롯, 밀어닥치는 방문객을 맞느라고 부산했고 오전 오후에 당사(黨舍)의 회의에 참석하는가 하면 많은 국내외 기자들을 만나는 등 그의 하루는 분주했다.

"최소한 2백만 票는 不正"

『개인적으로는 내가 할 수 있는 최선을 다해 싸워 하나님과 양심에 부끄러움이 없으며, 지금은 낙선의 고민보다는 그저 담담한 심정입니다. 다만 이 나라의 민주주의의 장래가 암담하여 나의 고민은 낙선 그것보다 앞날에 대한 걱정으로 차 있습니다.』

그는 지금의 심경을 이렇게 털어 놓았다. 그는 또『이번 같은 초유의 국민궐기를 가지고도 정권 교체가 안된다면 이 나라는 희망이 없고 야당을 유지하는 방법이 없지 않습니까. 이 사태를 타개할 길이 무엇이냐에 나의 온갖 생각과 고민이 잠겨 있습니다』라고 개탄했다.

패인(敗因)을 한마디로 말한다면?

『그것은 부정선거입니다. 공화당의 부정이 표차로 나타난 94만 표뿐이겠습니까. 최소한 2백만 표는 넘을 것입니다.』

선거기간 중 당내 협조는?

『물론 진선진미했다고 할 수는 없고 경우에 따라서 불만족스런 것이없다고 말할 수 없었으나 柳당수 이하 전 당원들이 잘해주어 감사하게 생각하죠.』

共和黨 방해로 資金調達 봉쇄

이번에 가장 어려웠던 일과 즐거웠던 일은?

『선거자금 조달은 피눈물 날 정도로 어려웠습니다. 우리는 법정금액인 9억 원의 절반도 못 썼으며 처음에는 경제인들에게 대해 원망도 많이 했지만 나중에 그들에게 가해지는 형언할 수 없는 박해를 듣고보니 오히려 동정이 갔습니다. 따라서 공화당의 이번 야당 정치자금 봉쇄는 100%로 성공했죠. 그리고 가장 즐거웠고 긍지를 느낀 때는 부산, 서울유세가 대성공, 정권교체를 확신했던 때 입니다. 공화당은 과거 그렇게도 정책대결하자고 내세웠으면서도 정작 정책대결을 솔선한 것은 나였으며 공화당은 그렇지 못했습니다. 이런 점에서 나는 우리 선거사를 발전시키는데 큰 공헌을 했다고 자부합니다.』

地域感情 촉진시킨 건 큰 罪惡

선거운동에서 역점을 둔 점은?

『유세의 현장 반응보다 듣고 난 후 유권자들이 신념에 찬 지지를 보내

주는 것을 중시했으며 책임있는 정책공약(政策公約)에 역점을 두었습니다. 그리고 각계 각층의 이해와 관계되는 정책과 표 지키기에 중점을 두었죠. 그러나 나는 득표작전에 성공했으면서도 수표(守票)작전에 실패했다고 보아요.』

지역적인 표의 편존(偏存)에 대한 소감은?

『朴정권은 5 · 16 후 지역감정을 줄곧 촉발시켜 왔습니다. 그전에는 경상도니 전라도니 하는 말이 없었으나 5 · 16 후 그들은 선거 때마다 이 지역감정을 써 먹었고, 더우기 이번 선거에서는 가장 악질적으로 이용했습니다. 예를 들면 이번에 공화당은 경북에서 26일 오전까지도 가만히 있다가 오후부터 투표 날 새벽까지 야당지지자와 참관인들을 찾아다니며, "이번 선거 전은 「하와이」와 「문둥이」 싸움이다. 전라도 사람이 단결했는 데 경상도 사람이 전라도 사람을 위해 앞장서다니 너는 반역자다. 네가 사는 길은 꼭 한 가지, 내일 선거장에 안 나가는것이다. 그 사람들은 져도 정권을 안 내놓는다"는 등 소문을 퍼뜨렸습니다. 전라도에서는 朴후보 표가 섭섭잖게 나왔으며, 그것은 지역감정을 초월한 것으로 당연한 일입니다. 공화당이 조장한 지역감정은 용서할 수 없는 죄악이며, 그 후유증이 얼마나 클까 정말 가슴이 아픈 일이죠.』

어느샌가 그의 목소리는 높아지고 있었다.

공화당이 이번에 어떻게 해서 이겼다고 생각하는지?

『첫째는 원천적인 부정입니다. 언론통제와 야당의 정치자금 봉쇄, 그리고 지방자치제를 실시하지 않았기 때문에 지방에서의 야당활동이 불가능했고, 두 번째로 공화당 외에도 공무원 40만 명을 비릇, 국영기업체 직원, 통반장 등 1만명을 동원, 관권선거를 한 것입니다. 이들은 선거 운동을 할 수 없는 사람들인데도 선거운동을 했는데 한 사람이 한 표만 얻어내도 2만 표가 아닙니까. 또 공무원들은 2개월 동안 완전히 자리를 비워놓고 선거운동만 하고 다니지 않았읍니까. 세째는 국고를 유용, 선거운동에 쓰고 유령유권자를 조작, 야당성향 유권자들을 고의로 선거인 명부에서 누락시키는 반면 128만표나 이중 삼중의 유권자 중복 등재를 했으며, 이런 중복투표를 하러다닌 공화당원만도 28만 명입니다.』

金후보는 이밖에 ① 공화당이 300억을 뿌려 매표(買票) 행위를 자행하고 밀가루 시멘트를 뿌려 표를 교환했으며, 지역공약을 남발했고, ② 부정투표, 무더기, 대리, 릴레이, 공개투표가 행해졌으며, ③ 지역감정을 조작했고, ④ 삼천포 등 공화당 우세지역을 먼저 개표, 이를 방송으로 알려 선거가 여당에게 유리하게 다 끝난 것처럼 허위선전 함으로써 야당 참관인의 사기를 떨어뜨려 참관을 포기케 한 것 등이 공화당의 승인(勝因)들이라고 주장했다.

그는 이어 『村대통령이 이번이 마지막 기회라고 말한 것이 승인이라고 말하는 사람이 있으나 이것은 감상적 효과는 있을망정 결정적인 것은 아니라』면서 『그 이유는 朴대통령의 14년간 집권에 표 안 찍기로 결심한 사람은 앞으로 4년간만 더 집권하고 그만둔다고 해서 다시 표찍지는 않을 것이기 때문』이라고 풀이했다.

앞으로 진로와 거취문제는?

『투쟁방향에 대해서는 당의 결정에 따르겠습니다. 우리 나라 정치의 앞날이 암담해 고민 중이죠. 우리 나라는 해방 이래 최대의 위기에 처해 있으며 민주주의의 소생을 위해 내가 할 수 있는 일이 무엇인가 하는 생각 이외에 딴 생각은 없습니다.』

냉정했던 大學生 知性 존경

전국을 돌아다니면서 특별히 느낀 점은?

『우리 나라 국민들은 세계적으로 우수하며 자랑스럽다고 느꼈습니다. 특히 청년들은 현실참여의 용기를 가졌으면서도 이것을 혼란으로 끌고가지 않는 지성을 가졌다는데 감명을 받았으며 대학생들이 교련 반대 데모를 하기로 했으나 선거에 혼란을 가져올까 염려하여 참관인으로 나선 것을 높이 평가합니다. 그리고 농촌지방에서 내가 유세시간에 5~6시간 늦어도 40리, 50리 길을 달려온 청중들이 나의 연설을 듣겠다고 기다리고 있었다는 사실은 그들의 나라 살림에 대한 관심과 우리의 발전에 대한 무한한 가능성을 보여준 것입니다. 언제나 그런 것처 럼 지도자들이 나쁜 것이지 국민이 나쁜 것은 아닙니다. 국민을 부패로 타락하게 만든 것도 지도자들이지 결코 국민은 아닙니다.』

한국이 좋아 한복 입는다

선거기간 중 간혹 한복을 입었는데 그 이유는?

『거기에 정치적인 이유는 물론 없고 한국적인 것을 이상하게 좋아하기 때문입니다. 나는 호텔에서도 한식 방에 들고 한식(韓食)을 먹습니다. 그렇다고 배타적인 것은 아니고 서구적인 것도 이해합니다. 민주주의와 경제발전도 한국적인 것을 토대로 발전시켜야 됩니다.』

金후보가 얻을 수 있었던 가장 큰 계층의 표밭은?

『전반적으로 각계각층의 지지를 받았는데 특히 청장년과 지식인, 학생층이 많았다고 봅니다.』

개인은 죽어도 民族은 못 죽어

국민과 朴正熙 후보에게 하고 싶은 말은?

『국민의 성원에 감사하며 5천 년 역사상 전례 없는 국민의 궐기에도 정권교체를 이룩하지 못한데 진심으로 미안하고 위로의 뜻을 전합니다. 개인은 자살해도 민족은 자살할 수 없어요. 무언가 돌파구를 찾기 위해 또다시 최후까지 일어서 달라고 부탁하고 싶습니다. 나는 내가 앞으로의 거취를 결정짓기 전에 국민의 소리가 무언가, 그것을 알고 싶으며 나는 국민을 위해 모든 것을 바친 몸이니 끝까지 국민을 위해 싸울 것입니다. 과거보다 더 자중하고 더 현명하게...............

朴후보는 나의 말이 통할 사람이 아니기 때문에 할말이 없으며. 내 개인으로는 朴대통령에게 축하의 화분을 보낼 수 없는 선거전이 된 것을 슬프게 생각할 따름입니다.』

어느샌가 자정이 넘었다. 그는 잠자리에 들어야겠다고 일어섰다.

걱정되는 民族國家의 앞날

이 글은 "4 · 27선거는 역사에 대한 반역이고, 미래(未來) 극복에 대한 실패이며, 누구의 승리도 없는 모두의 패배만이 기록되었을 뿐"이라고 비통해한 1972년 4월 30일자 「동아일보」의 「오늘과 내일」이라는 칼럼에 실린 기사의 전문이다.

슬프다.

분노하라. 속죄(贖罪) 하라. 4 · 27이여!

글로벌이즘(世界主義)을 말하고, 다국적기업(多國籍企業)을 환영하고, 국제협력과 우주시대란 미명을 들추는 현대에서 반쪽나라 3천 5백 만마저 통일에서 뒷걸음치고 드디어 민족분열의 죄를 저지르려 하는가.

우리는 정말 근대화를 말하고 도약을 넘어섰다고 자만할 수 있을까. 차라리 부정선거가 선거 후유증이라면 민주주의와 공명의 문제라고 치부해 둘 수도 있겠다. 그러나 경상도와 전라도란 「지역감정(地域感情)」이 국가대사를 흐려놓은 맹랑한 반역 앞에 이제 한 시민으로서, 국민으로서 「민족국가」의 앞날을 가슴깊이 걱정하지 않을 수 없다.

어째서 경북의 어느 마을에선 金大中후보보다 10배나 많은 차이로 朴正熙후보의 몰표가 나오는가. 만일 이상적인 공명선거의 분위기였더면 전라도에선 박후보가 똑같은 차이로 김후보에게 패배했을 것이란 가정이 왜 손쉽게 동의되는가.

사회과학도로서 읽어본 경제개발과 근대화를 다룬 책들은 경제적 능률이전에 우선 제 1장에서 「민족국가」로서의 일체성과 통일을 강조하고 있다. 이런 이야기들은 아직 부족연맹(部族聯盟)의 탈을 못벗은 나라들이거나 「이중경제(二重經濟)」나 「복합사회(複合社會)」론이 전제하는 서구의 「분할통치 」 식민정책의 유산을 안고 있는 동남아 중동 아프리카 후진국을 주로 염두에 두는 것으로 알고 있었다. 적어도 이들 후진국에 비해 우리가 자랑할 수 있었던 것은 인종, 언어, 문화, 운명에 있어 민족공동체로서의 일체성만은 유례없이 앞섰다는 것이었다. 그것이 「근대민족국가」 형성과 근대화의 기초라고 자랑해 왔다.

그러나 진정한 근대화의 머리와 심장이 텅빈 성장이 결국 반근대화(反近代化)의 막다른 골목길로 몰아가는 것은 아닌가.

"애국심을 어떻게 생각하십니까?" 벌써 6년 전 어느 정력적인 경제장관에게 던져본 질문이다. "그거 동물적인 것 아닙니까? 개인의 욕망, 명예, 부귀……그런 본능을 말하다 보면 가끔 애국 이야기도 한두 마디 해야되는……"

그렇다. 「정신」과 「윤리」의 기초나 반성이 없이 동물적 본능이, 이권주의(利權主義)만이 날뛰는 가운데 진정한 민족국가의 발전은 질식하고 있는. 것이다.

신문보도를 보면 공화당의 집계반(集計班)에서는 대승하는 영남의 개표 속보에 "역시 팔은 안으로 굽는다"고 환호성을 올렸다고 한다. 정말 안으로 굽다가 아예 팔이 부러지면 어쩔 셈인가. 전라도에서 "예상외로 저조했다"고 자학하는 호남 사람의 넋두리도 들었다 . 정말 그 자학이 좌절로 폭발할 때 좋아할 자 누구인가.

통일과 안보가 이번 선거의 정책 이슈였다지만 지방색(地方色)으로 끝장이 난 4 · 27의 결과를 놓고 과연 정치인들이 이슈를 떠들 체면이나 있는가 묻고 싶다. 부끄럽지도 않은가. 선거 중에 난무한 지방색의 흑색 선전들을 들으면 얼굴이 뜨겁다. 시대의 결과를 책임지는 것이 정치인 이라면 아무리 후보 자신들은 지방색의 죄가 없다 해도 4. 27의 결과에 치욕과 부끄러움의 자책을 느껴야 할 게다.

그리하여 역사에 반역하고 민족의 여망을 거역하여 「지역감정」을 조직적으로 이용하거나 역이용한 기관이나, 앞장서서 불지르고 다닌 소위 지도적 정치인들을 국민 앞에 사죄시키라. 국민의 세금으로 녹을 먹으면서 군수들을 모아 놓고 지방색을 부채질 한 도지사가 있다니 그런 자는 즉각 해임하고 행정적 법적 책임을 물어달라. 근대화를 가르쳐 온 교육자 출신의 국회의원이란 자가 경상도 대통령을 호소한 죄를 물어 지역 국회의원 공천부터 떼는 정치도의의 본때를 보여 달라. 「적전상륙(敵前上陸)」이라니 반쪽짜리 나라 안에 또 적국이 따로 있나. 명색 명사들이 여야를 초월하여 만든다는 것이 「푸대접 시정위원회」였던 작풍을 뿌리뽑자. 수천만 군중 앞에 지역감정의 불을 지르며 다닌 자들은 논공행상(論功行賞)이 아니라 벌을 주어라. 지역 감정의 흑색 비라와 선전을 계획적으로 자행한 기관의 책임자를 문책하라.

진정 반성과 자책에서 우러나온 성의 있는 조치로 승화된 일체감을 향한 열망을 새로 불러 일으키지 않는 한 예산심의, 공장입지(工場立地) 도로, 항만건설, 은행융자, 예술제, 내각구성……사사건건 경상도 전라도 지역 안배와 논쟁을 벌이다 말 것이고 대한민국이라는 배는 대양(大洋)으로 전진하지 않고 산으로 역류하고 말 것이다.

1,200년 전 삼국은 통일을 이루었고 면면한 조국의 인내와 끈기가 지켜져 왔는데 풍요의 70년대를 바라본다는 오늘, 근대 민족국가의 간판을 단 이 나라가 지방색을 다시 들추어 역류와 전락을 기록한다면 우리 후손들에게 어떻게 머리를 들 수 있겠는가.

지방색으로 후퇴한 4 · 27은 역사에 대한 반역이고, 미래 극복에 대한 실패다. 누구의 승리도 없는 모두의 패배만이 기록되었을 뿐이다.

슬퍼하라. 분노하라. 속죄하라. 4 · 27이여!

5백만 票의 孤軍奮鬪

金大中후보는 처음부터 싸워야 했다. 정치적 후진국의 야당후보였다는 사실, 당수와 후보가 분리된 지도자간의 파벌의식이 너무나 강한 신민당 후보였다는 사실에 기인한다. 이 글은 「월간 중앙」 71년 12월 호에 실린 「71년을 움직인 사람들」이라는 기사를 전제한 것이다.

황야의 氣焰

지난 4·27 제 7대 대통령 선거에서 신민당의 金大中후보는 5백 39만여 표를 얻었으나 공화당의 朴正熙후보에게 90여만 표의 차이로 패하고 말았다. 선거에 출마하는 후보자의 입장에서보면 당선이 지상의 목표이기 때문에 얼마만한 표의 차로 졌다는 것은 사실상 큰 의미가 없을지도 모른다. 그러나 金후보의 경우는 단순한 패배만은 아니었다. 물론 金후보의 5백여만 표 가운데는 金후보나 신민당을 지지하는 표가 많았겠지만 朴正熙 대통령의 3선반대 표와 도시 빈민층의 불만 표도 상당한 비중을 차지했을지 모른다. 그러나 金후보의 5백여만 표는 대통령 선거사상 야당 후보르는 초유의 최다수 표였다는 점에서, 또 삼분오열(三分五裂)의 파벌로 일관해 온 신민당의 병적 생리 속에서 그만한 국민의 지지로 건전한(?) 양당제도의 기반을 마련한 점에서 평가할 만하다. 뿐만 아니라 5·25 국회의원 선거에서 신민당이 원내 과반수 선에 도전하는 안정세력으로 진출함으로써 민주주의의 마지막 보루를 지킬 수 있게 된 것도 대통령 선거의 결과와 밀접한 연관이 있었다는 사실을 상기할 때 金후보의 5

백여만 표는 한층 중요한 의미를 가진다.

金후보는 처음부터 어려운 조건에서 싸워야 했다. 그것은 정치적 후진국의 야당후보였다는 사실에서도 그러했지만 당수와 후보가 분리되고 지도자 간의 파벌의식이 너무나 강했던 신민당의 후보였다는 사실에도 기인했다.

金大中씨가 전국적인 유망주(有望株) 로 정계의 각광을 받기 시작한것은 1967년 국회의원 선거 당시 목포 선거구에서 여당후보였던 金炳三씨와의 대결에서 승리한 후부터였다.

이로서 金씨는 5 · 16 직전의 보궐선거에서 당선된 것까지 합쳐서 3선의 관록을 보이면서, 당 대변인, 혹은 국회의 경제통(經濟通)으로 활약, 자신의 세력을 확대했던 것이다.

구민주당계의 정통임을 자처하고, 민주당계의 원로인 朴順天, 洪翼杓, 鄭一亨씨의 도움을 얻으면서도 독자적인 세력을 형성했고, 비주류계의 실력자로 등장했던 것인데 특히 1969년 5월 신민당 전당대회에서 당 요직의 개편이 있은 후, 金泳三, 金在光씨와 더불어 소장층 지도자로 그 세력을 굳혀 갔었다.

고무적인 스타일

작년 9월 신민당 임시 전당대회에서 柳珍山 당수가 지명한 金泳三씨를 누르고 金大中씨가 대통령 후보로 뽑힌 것은 그의 저력이 과시된 것 이었다. 그러나 비록 「패자는 승자에게 승복한다」는 약속이 있었다 하더라도 金후보의 등장은 당내 보수세력의 반발을 받았다. 이러한 반발내지 이해관계의 대립은 전당대회의 소집시기, 당 운영위원 선출, 기타선거체제 확립에 혼선을 가져 왔고 4 · 27선거를 불과 얼마 앞두지 아니한 유세 종반전에 이르기까지 金후보는 당내 보수세력의 적극적인 후원을 받지 못했던 것으로 알려졌었다. 당수와 후보의 이원적 구조 및 지도층의 단결의 결여가 일사분란한 공화당의 지도체제와 조직에는 비교 할 수 없을 만큼 취약했던 것이다. 그렇기 때문에 金후보는 조기 선거운동을 강행하지 않을 수 없었고 자연히 인기전술을 중심으로 한 선거유세를 통하여 국민들에 대한 직접적인 설득에 나서지 않으면 아니되었던 것이다.

金후보의 선거유세는 두 가지 측면에서 고찰될 수 있다. 긍정적인 면으로는 金후보가 서구적 정치 스타일을 구사했다는 사실이다.

유세의 효과가 선거에 미치는 영향을 선진국의 예로 보면 극히 적은 것이지만, 「정당 대 정당」의 대결이라기보다는 「인물 대 인물」의 대결인 한국적인 선거풍토에서 金후보의 유세 스타일은 상당히 고무적이었다고 할 수 있다. 반면에 부정적인 측면은 金후보가 공약을 너무 남 발한 것 일 것 같다. 물론 金후보가 공약을 계속 발표함으로써 4·27선거를 일찌기 보지 못한 정책의 대결로 이끌어 간 것은 보수정당만을 가진 우리의 현실에서 퍽 흥미로운 일이 아닐 수 없다. 그러나 金후보의 공약 중에는 비현실적인 것도 없지 않았으며 또 공약발표의 시기가 부적당함으로 인하여 오히려 역효과를 보기도 하였던 것이다. 예컨대 선거의 중요한 쟁점이었던 안보에 관한 논쟁을 보면 金후보는 4대국에 의한 안전보장책과 예비군 철폐를 주장함으로써 여당과 정부를 궁지에 몰아 넣기도 했지만 그것을 너무 일찌기 발표했던 까닭에 충분한 반격의 시간적 여유를 여당에게 주었던 것이다. 또한 장기집권과 부정부패의 문제에 있어서도 야당의 집중공격이 크게 주효하지 못한 것은 전자는 朴대통령이 「마지막 선거」임을 호소함으로써, 후자는 야당 자체가 부정부패자의 명단발표 등에서 초지(初志)를 굽힘으로써 문제의 초점이 흐려졌기 때문이었다.

戰鬪에 이기고 戰爭에 지고

그럼에도 불구하고 선거유세 종반에 접어 들면서 야당이 신승을 할지도 모른다는 예상, 혹은 여당이 이기더라도 지극히 근소한 차이일 것이라는 예상 속에서 야당 붐을 일으킴으로써 공화당을 당혹케 한 것은 장기집권에 대한 국민의 회의도 관련이 있었겠지만 金大中 후보 개인의 다이나먹한 선거유세의 결과였다고 해도 좋을 것이다.

4·27선거가 끝나자 공화당은 "이번 선거가 시종 조용하고 깨끗하게 치뤄졌음을 자부한다"고 발표했음에 반하여 신민당은 그것이 "고요를 가장한 콤퓨터적 부정선거"라고 반박했다. 사실 4·27선거는 3·15선거와

같이 투개표에 있어서 부정이 있었던 것은 아니기 때문에 비교적 조용한 선거였다고는 할 수 있다. 그러나 신민당이 선거의「원천적 부정」을 규탄할 수 있었던 것은 집권당과 집권당이 아니라는 여건의 차, 조직 및 자금의 차, 선거인 명부작성에 있어서 부정을 지적한 것이었다.

뿐만 아니라 행정기관, 대기업체 등이 직접 간접으로 여당을 위하여 선거에 개입한 것은 비록 그 개입의 정도와 범위는 측정할 수 없었다 해도 공명선거를 저해한, 말하자면 金후보에게 불리할 여건이며 요인이었다.

그러나 이와 같이 처음부터 불리한 싸움에서 金大中후보가 5백여만 표를 얻음으로써 집권당에 육박한 것은 결과적으로 강력한 야당의 세력을 과시한 것이었지만 평화적 정권교체를 요체로 하는 민주주의에 있어서 여러가지 음미할 문제를 남기었다는 점에서도 그 의의가 크다고 할 것이다.

4 · 27선거가 끝난 후 한 정치학자는 공화당이 비록 "전투에는 이겼어도 전쟁에는 이기지 못했다"고 평한 적이 있다. 이 말이 지니는 함축적인 의미는 한국의 정치현실을 보는 관점에 따라 다소 차이는 있겠지만 金大中 후보의 5백여만 표가 단순히 패자의 득표수만은 아니었다는 의미에서도 이해될 수 있을 것이다.

제 4 부

行動하는 良心

行動하지 않는 良心은 惡의 편

—「3 · 1 民主救國宣言사건」上告理由補充書 —

이 글은 「3 · 1 민주구국선언 사건」으로 3년 동안 옥고(獄苦)를 치른 金大中선생이 서울형사지방법원에서 10년 구형에 8년 징역을, 서울고등법원에서 5년의 징역형을 선고 받고 대법원에 상고(上告)한 후 변호인단이 제출한 상고이유서에 자신의 의견을 보충한 것이다.

「3 · 1 민주구국선언」은 1976년 3월 1일 서울 명동 대성당에서 열린 3 · 1절 기념미사에서 尹潽善 전 대통령과 성직자, 교수, 법조인 등 각계 민주인사 12명의 이름으로 성명을 발표하여 그중 18명이 긴급조치 위반으로 구속 또는 불구속 기소된 사건이다.

1. 動機 및 目的

원판결(原判決)이 3 · 1 민주구국선언(이하 3 · 1 선언이라 약칭)의 동기 및 목적이 정권욕(政權慾)에 급급한 나머지 외세(外勢)를 끌어 들여 현 정권을 굴복시키고 민중봉기를 일으켜 정권을 탈취하려는데 있었다는 검찰측 주장을 채택하지 않으면서 무죄 선고를 하지 않은 것은 심리미진(審理未盡)에 연유한 것이니 파기해 주시기 바랍니다.

이유 : 이 나라의 인권문제(人權問題)가 국내외의 큰 관심거리며, 시비의 대상이 되어 왔음은 다 아는 사실이다. 거기에다 이번 3 · 1선언 관련자에 대한 대량 검거와 기소가 있자 국민과 세계의 이목이 집중되었다.

정부는 이를 합리화하고 자신을 방어하는 데에 엄청난 주장을 들고 나왔다. 대통령, 법무부장관, 서울지검 검사장이 각기 외국 기자회견, 국회 증언, 사건 진상 발표문을 통해서 3 · 1선언의 동기 및 목적이 "피고들이 국제 여론을 악화시킴으로써 정부를 그 압력에 굴복시키는 일방, 대내적으로는……4 · 19혁명과 같은 학생, 종교인, 근로대중 및 일반서민 등의 대규모 민중봉기가 일어날 것을 기대하여" 3 · 1선언을 하게된 것이라고 주장했던 것이다. 1, 2심에 있어서의 공소장도 공소사실의 대전제(大前提)로서 이를 주장하고 있다.

사실상, 정부가 이와 같은 어마어마한 주장을 당초부터 크게 떠들어 대지 않았던들, 3 · 1선언문 내용만 가지고는 그와 같은 대량검거 및 기소를 합리화시키지 못하였을 것이다. 정부의 처사는 졸렬한 정치탄압으로 빈축을 샀을 뿐이다.

정부의 주장은 공소단계(公訴段階)부터 그 허점을 드러냈다. 만일 피고인들의 동기와 목적이 그렇다면 어찌하여 내란죄나 동 예비음모죄로 기소하지 못했는가 하는 반론이 나오게 된다. 더우기 재판의 과정과 결과는 정부의 주장이 전혀 근거 없는 거짓말이었다는 것을 더욱 뚜렷히 입증했다. 무엇보다도 검찰은 1, 2심의 전과정을 통해서 그와 같은 중대 공소사실을 뒷받침 할 아무런 증거도 내놓지 못했다. 반면에 피고인들은 수많은 반증을 들어 검찰 주장이 거짓임을 입증했던 것이다. 본인은 다른 피고들의 동의를 얻어 2심 법정의 심리 도중 "만일 우리가 그와 같은 동기 및 목적으로 3 · 1선언을 했다는 증거를 댄다면 우리는 자진해서 항소를 취하하겠다. 정부는 자기네 선전 목적을 위해서 그와 같은 허위 사실을 우리에게 뒤집어 씌워놓고 우리의 검찰에 대한 증거제시 요구를 묵묵부답으로만 넘어갈 수는 없다. 재판부도 이를 당연히 조사 해 달라"고 요구했으며 다른 피고인들과 변호인들도 같은 취지의 주장을 기회 있을 때마다 1, 2심 전과정에 걸쳐 했던 것이다. 그러나 검찰은 아무런 항변도 하지 못했다. 할 말이 없었던 것이다. 결국 재판부가 1, 2심 다같이 검찰 주장을 받아들이지 않음으로써 그간 정부의 선전과 검찰의 공소가 모두 거짓말이었다는 것이 법적으로 확정되었다. 이 점 우리는 재판부의 판결을 평가하며 감사한다.

그러나 우리는 이것으로써 재판부가 할 일을 다했다고 보지 않으며 만족할 수가 없다. 첫째로 재판부는 검찰 공소의 대전제이자 3 · 1선언 사건 전부라고 볼 수 있는 이 문제를 피고와 변호인단의 집요한 요구에도 불구하고 왜 진상규명을 회피했는가? 재판부는 당연히 검사에게 공소 사실의 입증을 요구했어야 한다. 검사의 입증이 없으면 직권조사를 실행하여 흑백을 가렸어야한다. 중대한 태만이요 기피라 아니할 수 없다. 둘째, 재판부는 그와 같은 태도였기 때문에 검찰이 주장하는 “외세유인과 민중봉기획책”을 채택하지 않으면서도 피고 18명 전원에게 유죄중형을 선고했다. 피고인들에게 검찰이 주장한 그러한 동기 및 목적이 없는 이상, 3 · 1선언은 피고들이 주장한 애국적이고 건실한 동기 및 목적에서 행한 것이 될 것이다. 최소한 긴급조치 아래서도 허용되어 온 정부비판의 시국성명(時局聲明)에 지나지 않는다. 3 · 1선언과 같은 유의 성명은 1975년 5월에 긴급조치 9호가 선포된 이후에도 각 야당 지도자의 기자회견 내용 및 성명문, 그리고 본인의 1975년 8월 15일의 해방 30주년에 즈음한 성명 등 많이 발표되었다. 그리고 어느것도 법적 문제가 되지 않았다(헌법개정을 정면으로 주장한 金泳三 신민당 총재의 성명은 예외). 그런데 재판부는 그와 같이 터무니 없는 공소사실의 주장으로 국민과 사법부를 우롱하고 피고인들의 인권을 함부로 유린한 검찰을 꾸짖고, 무죄선고함이 마땅할 터인데 전피고인에게 모조리 유죄 중형을 선고했음은 부당하고 어처구니 없는 일이다. 이는 무엇보다도 재판부가 이 건(件) 심의에 있어서 가장 중대한 의미가 있는 3 · 1선언의 동기 및 목적의 진실된 사실의 심리를 전혀 하지 않음으로써 올바른 사건 진상의 구명과 정확한 심증을 얻지 못한 데 큰 원인이 있었던 것이다.

재판부는 공소사실에서 검찰이 주장한 동기 및 목적에 대한 심리를 미진히 하고 판단을 유탈하였을 뿐만 아니라, 피고들의 동기 및 목적 주장에 대해서도 같은 태도를 취함으로써 결국 피고인들은 범죄행위를 저질렀으되 무슨 동기나 목적으로 그러한 일을 했는지 알 수 없는 판결을 내린 것이다.

피고들이 3 · 1선언을 하게 된 동기는 선언문의 첫머리에 분명히 적혀 있다. 즉 “오늘로 3 · 1절 쉰 일곱 돐을 맞이하면서 우리는 1919년 3월 1일 전세계에 울려퍼지던 이 민족의 함성, 자주독립을 부르짖던 그 아우성이 쟁쟁히 울려와서 이대로 앉아 있는 것은 구국선열들의 피를 땅에 묻어버리는 죄가 되는 것 같아 우리의 뜻을 모아 민주구국선언을 국내외에 선포하고자 한다"고 분명히 그 동기를 밝히고 있는 것이다.

본인은 법정 진술에서 3 · 1선언의 목적은,

첫째, 3 · 1운동에 희생된 선열들의 넋을 위로하고 그에 보답하기 위해서다.

둘째, 오늘의 압제와 불평등과 불의 속에서 절망과 비탄과 울분으로 괴로와 하는 사랑하는 국민 대중을 위무 격려하기 위해서다.

셋째, 나라와 국민의 운명을 파멸로 이끌고 갈 뿐 아니라, 스스로의 불행도 자초하고 있는 현 집권층에게 간곡한 충고를 하고자 하는 충정에서다.

넷째, 한국의 인권탄압(人權彈壓)과 독재정치에 절망하고 우리에 대한 협조나 지원을 무의미한 것으로 체념하거나 주장하는 주요 우방의 많은 수의 국민에 대해서 그와 같은 성급한 결론을 시정시키는 반증을 주기 위해서다, 라고 그 목적을 밝혔던 것이다.

우리의 3 · 1 선언의 동기 및 목적은 이와 같이 애국적이고 건전했을 뿐만 아니라 선언의 방법도 지극히 평화적이고 합법적이었다. 3 · 1선언은 76년 3월 1일 밤 명동 천주교 대성당의 미사행사의 일부로 행해졌다. 선언문 낭독 중은 물론, 미사가 끝나고 산회 후까지 질서있게 무사히 끝났다. 선언문 낭독 이외에 어떠한 대중적 운동의 계획도 없었으며 실제 그 후 아무런 사고도 없었다. 이것이 소위 민중봉기를 획책했다고 검찰이 주장하는 3 · 1선언 전후의 상황에 대한 그 진상의 전부인 것이다.

이와 같이 평온한 가운데 3 · 1선언을 마친 원인은 무엇보다도 민주회복의 방법에 대한 우리의 평화적 신념에 연유한 것이다. 본인이 법정 진술한대로 유신헌법과 긴급조치는 불법 부당 한 것이지만, 그렇다고 폭력이나 불법으로 민주회복을 강행하려는 것은 현명하지도 타당하지도 못하므로 절대로 피해야 한다는 것이 우리의 소신인 것이다. 현재의 유신체제는 마땅히 본래의 민주체제로 환원되어야 한다. 그러나 그 방법은 폭력을 배제하고 평화적이고 합법적이어야 한다. 나의 비폭력주의는 샤타그라하(眞理把持)운동을 전개했던 간디같이 절대원칙은 아니다. 오히려 네루와 같이 전략적 견지에서, 이 시점에서는 비폭력주의(非暴力主義)가 가장 정확하고 현명하다고 믿고 있는 것이다.

그 이유는,

첫째. 지금과 같은 첨예한 남북대립의 상황 아래서 남한 내의 정치적 문제를 폭력 대결로 몰고 간다면 쥐를 잡으려다 독을 깨는 결과가 될 위험이 있다.

둘째, 그러한 폭력적 투쟁은 안보(安保)라는 구실 아래 정부에 크게 악용될 가능성이 매우 크다.

셋째, 폭력적 물리적 대결은 현 정권의 군사독재적 성격으로 보아서 그들이 가장 장기(長技)로 하는 점이며, 우리 민주회복 세력의 가장 무력한 분야이다. 따라서 그러한 투쟁방법은 그야말로 패배를 자초하는 어리석은 대책밖에 안된다.

넷째, 반면에 우리의 강점은 정론을 개진할 수 있으며, 국민과 정신적으로 조직적으로 하나가 되면서 뭉칠 수 있다는 점인 것이다. 이를 실현하는데는 먼저 지도적 입장에 있는 사람들이 일신의 안위를 돌보지 말고 자기의 신념을 계속 밝혀야 한다. 유신체제의 부당성과 그로 인한

국민의 자유와 권리의 말살, 경제적 대외예속(對外隷屬)과 빈부격차의 심화, 부패와 사회정의 파탄의 만연, 국제적 고립, 자발적 국민 참여에 의한 진정한 안보의 위기 및 민족의 염원인 평화적 민주적 자주적 통일 가능성의 퇴화 등을 두려움 없이 주장해야 한다. 우리는 나라의 파멸과 국민의 참상을 앉아서 볼 바에야 자신을 희생하는 것을 감수하지 않는다면 어찌 명색이 지도자라는 말에 합당할 것인가? 이와 같은 지도층의 정론의 전개와 자기 희생의 감수는 반드시 국민의 호응을 얻을 것이며, 국민과의 한 몸 같은 단결을 가져 올 수 있을 것이다.

지금도 정부가 민주회복(民主回復)을 주장하는 인사들의 주장을, 이 3·1선언을 포함해서 일절 국민 앞에 보도치 못하게 하며, 그들의 국민과의 접촉을 극력 방해하고 있는것은, 비록 모든 자유가 완전히 금압(禁壓)된 긴급조치 아래지만 실제 정신적으로는 국민들의 호응이 얼마나 큰가, 하는 것을 반증하는 것이라 할 것이다.

우리는 간다나 킹 목사가 한대로 지도층과 뜻있는 인사들이 비폭력 투

쟁을 통해서 줄지어 감옥에 들어갈 생각을 한다면, 3천 5백 만의 천분의 일인 3만 5천 명만 그런 각오가 있다면, 우리의 국민적 역량의 결집은 반드시 정부 당국자에게 큰 반성과 시정을 촉구해서 소기의 목적을 달성할 수 있을 것으로 확신하는 바이다.

여기서 특히 강조할 것은, 우리가 바라는 민주회복은 전국민의 이해와 지지와 참여 속에 이루어지는 국민민주혁명(國民民主革命)이라는 점이다. 3·1 운동과 같은 전국민적 에너지의 집결을 통해서 이룩하자는것이다. 이것만이 진정한 민주회복이요, 정확히 뿌리박아서 다시는 흔들리거나 침략 당하지 않는 민주희복인 것이다. 그러므로 우리는 외세의 간섭에 의한다든가, 군사 쿠데타에 의한다든가, 학생들만의 시위투쟁(示威鬪爭)에 의한다든가, 하는 것은 우리가 바라는 국민 민주혁명도 아니요, 평화적 방법도 아닌 것이다. 우리는 우리만이 옳다는 독선을 하지 않는다. 우리는 무엇이 국민을 위하는 길이며, 무엇이 애국하는 길이며, 무엇이 안보를 위한 최선의 길인가에 대해서 언제든지 현 집권층과 대화할 용의가 있다. 그리하여 누구의 불행도 없이 사태를 수습하여 우리의 정력을 지금 같이 무용한 데 쓸 것이 아니라 참된 국민의 행복과 조국의 통일을 위해 쓰고 싶다. 이상 지적한 동기와 목적, 그리고 민주회복에 대한 견해는 나의 정치적 신념이며, 믿는 사람으로서의 하나님에 대한 신앙의 고백이다. 다른 피고들도 본인과 그 견해가 같은줄로 믿고 있다. 검찰이 주장한 3·1선언의 동기 및 목적은 전혀 거짓말이고 우리의 본의와 너무도 배치되는 것이다.

재판부가 검찰의 주장을 채택하지 않은 것은 당연하고 감사하나, 이미 말한대로 그 거짓의 진상을 구명하지도 않고 피고측 주장에 대해서 아무런 판시도 없이 결국 아무 동기 및 목적 없는 사건에 대해서 유죄판결을 하여 재판의 상례(常例)에 어긋난 결과를 초래한 것은 심히 부당하고 유감스럽다.

2. 自然法的 범죄성립 阻却事由 주장

본인이 원심법정(原審法廷)에서 자연법(自然法) 원리에 의한 범죄성립의 저각사유(阻却事由)를 진술하고 이를 항소 이유로서 판단해 주도록 특히 요청했음에도 불구하고, 원심이 아무런 판시를 하지 않았음은 형사소송법 제323조(유죄판결에 명시될 이유) 2항의 명문규정을 어긴 것이므로 파기해 주시기 바랍니다.

이유 : 지금 우리 나라에서 채용되고 있는 서구(西歐) 법률에는 자연법사상(自然法思想)이 있다. 이는 일찌기 그리이스 로마의 정의사상(正義思想)과 기독교에 있어서의 "사람이 하나님의 모상대로 창조된 하나님의 아들 사상"의 두 개의 원류(源流)로부터의 합일체적 사상인 것이다. 전자의 대표적 사상가인 아리스토텔레스는 "모든 인간의 모든 법의 그 밑바닥에는 신성한 원시적 법이 놓여 있다. 이 법은 자연법, 말하자면 애초부터 정당한 것이며, 모든 인간의 모든 법의 입법과 판결을 비관하는 규범이며, 또한 이러한 것을 창조해 내는 원천이다"고 갈파했다. 기독교에 있어서는 말하기를 "사람은 하나님에 의해서 그 모상대로 창조 되었으며, 하나님은 우리의 아버지다. 따라서 우리는 하나님 앞에 평등하며, 하나님이 주신 인간의 기본권리는 누구에게 내줄 수도 없고 누가 침략 할 수도 없다"고 한다. 이러한 주장은 신구약 성서의 도처에 이를 찾아 볼 수 있다. 이와 같이 그 기본정신을 같이하는 두 가지 사상이 합치되어 일찍부터 천부인권사상(天賦人權思想)과 이를 보호하기 위한 자연법 사상을 형성하게 되었으며, 자연법의 실정법(實定法)에 대한 우위를 주장하게 된 것이다.

자연법사상은 2천여 년의 역사를 거치는 동안에 기복이 있었다. 그러나 자유와 인권이 인간 관심의 주제가 된 근대에 들어서면서 이 법률사상은 크게 강조되고 발전되었다. 특별히 20세기의 2차 대전 전부터 전체주의(全體主義) 국가들이 계속 나타나서 실정법의 이름 아래 함부로 국민의 기본권리를 유린하는 사태가 성행하자 자연법 주장은 한층 강해지고 그에 의한 저항권원리(抵抗權原理)와 더불어 현대국가의, 적어도 민주국가의 보편적 현실로 된 것이다. 이러한 주장은 이미 1776년의 미국의 독립선언문(獨立宣言文)과 1789년의 프랑스 인권선언문(人權宣言文)에 뚜렷이 나와 있다. 뿐만 아니라 1948년 12월 10일 제 3차 유엔총회에서 채택된 세계 인권선언의 전문(前文)과 모든 조문(條文) 가운데 "인간은 날

때부터 자유롭고 동등한 존엄성과 권리를 가지고 있다"는 제 1조를 중심으로 천부(天賦)의 권리의 불가양(不可讓)임과 불가침(不可侵)임을 강조하고 있다. 특히 전문 가운데는 "사람이 전제와 압제에 대항하는 최 후의 수단으로 반란을 일으키지 않게 하기 위하여는 인권은 법률의 정하는 바에 의하여 보호되어야 함이 절대 긴요하다"고 역설하고 있다.

참으로 인권은 시간과 공간을 초월한 권리이다. 하나님이 주신 초국가적 권리이다. 그러므로 프랑스 제 4공화국 헌법이나 서독의 폐생 헌법에서는 "압제에의 저항은 신성한 권리이며, 더욱 절실한 의무다"라고 규정했다. 미국, 영국 기타 민주 제국(諸國)에서는 비록 성문화되지 않않더라도 관습적으로 국민의 당연한 권리와 의무가 되어 있다. 인권이 초국가적 권리임을 말해주는 가장 적절한 예를 우리는 최근 목격하고 있다. 그것은 미국의 카터 정부가 소련과 동구 여러 나라의 인권침해 사태에 대해서 그 나라의 내정이라는 주장을 일축하고 대통령이 솔선해서 비판하면서 세계 인권선언, 헬싱키 조약의 인권조항 위배를 따지고 있다. 인권문제는 내정이니 국가니 하는 것이 방벽이 될 수 없음을 분명히 하고 있는 것이다.

유엔에 의해서 탄생되고, 미 · 영 등 민주우방들과 민주주의에 대한 이념을 같이 하고, 피를 흘리면서 이를 지켜온 한국이 그 인권문제에 있어서 예외가 될 수 없음은 당연한 이치라 할 것이다.

근대 민주주의가 발전해 오면서 비록 실정법에 위배된다 하더라도 자연법 원리에 따라서 실정법보다 우위에 있는 인간의 양심이나 신앙에, 의해서 실정법적 제약이 용인될 수 없다고 판단될 때는 자연법적 저항권이 용납 된다는 것이 민주국가의 통념인 것은 1심 판결에서도 지적한대로다. 더우기 민주헌법에 의하여 보장된 기본적 권리와 가치의 침해에 대해서는 실정법상의 저항권조차 인정되고 있는 것이다.

다 아는대로 유신헌법(維新憲法)은 구헌법이 보장한 국민의 권리와 개헌절차를 전적으로 침해하고 이루어졌다. 국민투표는 비상계엄령 아래 반대의 자유를 주지 않은 강박 속에서 이루어졌다. 유신헌법 아래서 국민의 민주적 제 권리는 거의 소멸되었다. 특히 언론의 자유, 학원의 자주성, 노동운동의 자유, 신앙과 양심의 자유가 거의 말살되었으며 국민의 뜻대로 정권 교체 할 길도 사실상 봉쇄되었다. 그럼에도 불구하고 우리는 이러한 유신헌법을 개정하자는 의사표시를 할 자유조차 없다. 지금 이 나라에서는 주권자의 당연한 권리인 헌법개정을 요구하거나 이를 대통령에게 청원하는 것이 모두 불법이며, 엄벌 사항인 것이다. 유신헌법이 새로이 써 넣은 긴급조치의 발동에 의해서인 것이다. 국회에서의 개헌결의는 대통령이 3분의 1 의석(議席)을 지명하게 됨으로써 그가 원치 않는 한 절대 불가능하다. 그리고 대통령은 일체의 개헌 주장을 배격하고 있다.

이러한 사태야 말로 1심 판결이 지적한 “이와 같은 저항권이 실정법상의 권리로 인정되기 위해서는 최소한 그 요건으로서 민주주의 헌법을 침해하는 불법이 명백하여 긴급을 요하고 법질서에 따른 보장수단이 법률상 또는 사실상 실현될 수 없는 상태에서 최후적이며, 보충적으로 행사되어야 하고, 법질서를 유지하거나 회복하려는 보수적 성격을 지녀야 한다는 점 등이 요구되며, 이와 같은 요건을 충족할 때 자연법상 또는 실정법상의 저항권의 행사로 비록 처벌 법규에 위배된다 하더라도 초실정법상 위법성 저각사유 또는 실정법상 위법성 저각사유(違法性 阻却事由)로서 정당화 되는 것이라고 일반적으로 논의된다”는 취지에 완전히 부합하는 것이라 할 것이다.

유신 이후 오늘까지의 사태는 첫째, “민주주의 헌법이 침해 당하는 불법이 명백하고 긴급한” 사태인 것이며, 둘째, 이미 지적한 대로 일체의 개헌 기도나 그 의사표시가 불가능하며 처벌대상이 된 지금의 사태는 판결문이 지적한 “법질서에 따른 보장수단이 법률상 또는 사실상 실현 될 수 없는 사태”인 것이며, 셋째, 따라서 우리의 3·1선언은 최후적이며, 보충적으로 행사한 최소한의 행위이며, 넷째, 우리의 목적은 법질서 아래 평화적으로 유신 전의 민주헌법의 회복을 목적으로 하는만큼 “법질서를 유지하거나 회복하려는 보수적 성격을 지녀야 한다”는 요구에 완전 합치한 것이다.

우리는 3·1선언이 긴급조치 9호에조차 위배되지 않는다고 확실히 믿고 있지만, 설사 재판부의 판단에 일부 위반이 있다 하더라도 이상에서 지적한 자연법원리(自然法原理)가 우리 헌법 전문, 동 제 1조 및 동 제42

조 "국민의 자유와 권리는 헌법에 열거되지 아니한 이유로 경시되지 아니한다"에 의해서 당연히 무죄를 선고했어야 한다. 그래야만 법을 지키자는 국민이 법을 안 지키는 권력자에 의해서 처벌되는 것으로부터 보호받는 법의 정의가 선양되는 길이었으며 민권과 법의 보루로서의 사법부의 사명을 다하는 길이 될 수 있는 것이다.

백보를 양보해서 1심 재판부가 지적한 다음의 주장을 받아들여서 검토하더라도 결과는 마찬가지다. 즉 1심 판결은 말하기를 "우리 헌법에는 자연법적 위법성 저각사유가 규정되어 있지 않으니 이를 처리할 수 없다. 그러나 실정법상 위법성 저각사유는 헌법 제42조 1 항, 형법 제 20조에 의해서 국헌을 침해하는 명백한 불법에 대한 다른 법적 구제수단을 행사할 수 없는 긴급한 사태에서 최후적으로 국헌을 유지 회복하려는 국민의 권리 행사임을 최소한 그 요건으로 하여야 할 것"이라고 지적했다. 이러한 주장에 의하더라도 앞서 지적한 네 가지 이유에 의해서 이 3 · 1선언이 실정법상 위법성 저각사유에 십분 해당된다 할 것이다. 그러므로 최소한 실정법상 저각사유에 의해서라도 무죄 판결을 내렸어야 할 것이다. 그러나 재판부는 모처럼 전개한 실정법상 저항권의 이론이 무색하게도, 아무런 이유의 제시없이 피고인들이 주장한 유신헌법과 그에 의한 긴급조치 9호는 악법 또는 불법으로서 그 정당성이 결여되어 있다는 주장을 받아들일 수 없으며, 따라서 그들의 행동이 실정법상 정당하다는 주장은 더욱 받아들일 수 없다고 판단하고 있다. 그러나 이와 같이 피고측의 주장에 이유를 대지 않고 배척한 것은 형사소송 법 제 2조 2항의 규정, "법률상 범죄성립을 저각하는 이유, 또는 형의 가중 · 감면의 이유되는 사실의 진술이 있을 때에는 이에 대한 판단을 명시하여야 한다"에 위배되는 것이다. 1심은 왜 피고인이 주장하는 위법성 저각사유를 받아 들일 수 없는가 하는 이유조차 대지 않았으며(특히 실정법상 저각 사유의 경우가 그렇다) 2심은 아예 언급조차 하지 않았다. 사법부가 이런 자세라면 국민은 헌법질서가 유린당했을 때, 강박에 의해서 민의가 조작되었을 때, 불법으로 성립된 헌법에 의해서 권리가 마구 침해당했을 때 누구한테 호소하고 어디에 가서 자기 권리를 찾을 것인지 묻고 싶다.

법은 정의요 양심이다. 법은 상식이요 순리다. 이러한 법만이 국민에게 필요한 것이며 그와 같이 법을 운용하는 사법부만이 국민에게 필요한 것이다. 건국 이래 가장 잔혹한 법의 질서와 권리가 집권층에 의해서 침해되고 있다. 따라서 국민의 자유와 권리도 그 어느 때보다 파괴당하고 있다. 이것이 유엔결의 아래 민주이념을 가지고 희망과 포부에 차서 출범한 대한민국 창건 30년 후의 모습이다. 이것이 6 · 25사변과 4 · 19 학생혁명을 통해서 수많은 희생은 바쳐 지켜낸 민주한국(民主韓國)의 모습인 것이다.

나라를 사랑하고 양심의 명령에 충실하게 살려는 자가 어찌 오늘의 현실을 보고 좌시할 수 있겠는가? 참다 못해서 평화적인 성명서 하나 발표한 것을 법을 어겼다 하여 정말로 국가의 헌법을 마구 침범한 정부가 부끄러움도 없이 이를 구속하고 기소한 것이다. 우리가 법을 어겼다해도 송사리가 그물코를 건드린 정도라면 정부는 고래가 그물을 송두리째 찢어버린 정도로 어긴 것이다. 그런데 1, 2심은 고래의 주장대로 송사리만이 법을 범했다고 중형(重刑)을 선고한 것이다.

3. 事實 왜곡

원판결은 사실왜곡죄(事實歪曲罪)를 판단함에 있어서 진실한 객관적 사실의 현출(顯出)을 되풀이 요구하는 피고인측의 주장을 묵살하여 전혀 심리를 미진히 한 채 유죄선언한 중대 과오를 범한만큼 파기해 주시기 바랍니다.

이유 :우리 피고인 18명은 긴급조치 9호의 사실왜곡죄에 의해서 유죄판결을 받았다. 그러나 재판부는 오랜 1, 2심 기간 중 한번도 검찰에 대하여 진실한 사실의 입증을 요구하지 않았다. 직권에 의한 조사도 하려하지 않았다. 피고인측의 증인, 증거 신청에 대한 채택에도 지극히 인색했다. 1심 재판부는 증거 제출을 되풀이해서 검찰에 요구한 본인등에 대하여 "검찰이 증거를 못 내면 무죄인데 왜 피고인들이 답답하게 서두르느냐?"고 공언해 놓고, 검찰 증거없이 유죄판결을 했으며, 2심도 이를 지지했다. 피고인들은 재판 과정에서 충분한 진술과 증거, 그리고 증인 진술을 통하여 3 · 1선언의 내용이 완전한 객관적 사실에 의한 것임을 의

문의 여지없이 입증했다. 그러나 검찰은 한마디도 항변하지 못했을 뿐 아니라 겨우 증거라고 내놓은 것이 "언론 자유가 압살당했다"는 우리의 주장에 대하여 신문구독자 수나 텔레비전 수상기 대 수의 증가 추세표를 내놓고, "종교 자유가 없다"는 데 대해서 신자수의 증가 추세를 가지고 반론하려는 따위의 동문서답식의 것이어서 전혀 기소사실을 뒷 받침하지 못했었다. 그러나 판결의 결과는 자기 주장을 입증한 자는 지고, 이를 전혀 하지 못한 자가 이긴 것이다. 전대미문의 기현상이라 할 것이다. 우리의 현재 심경은 "재판이란 것은 피고인들에게 유죄선고를 하기 위한 요식행위에 불과한 것이다"는 당초의 예상이 적중했다는 것이다. 그렇지 않고 만일 재판부가 사실심리에 충실하여 필요하면 직권조사까지 단행하는 열의를 가지고 임했던들 흑백의 판명은 너무도 쉬웠고 명백했을 것이다. 우리가 알기에는 아마 우리나라 재판사상 이번 경우같이 검찰이 자기의 공소사실을 뒷받침하지 못한 일도 없을 것이며, 피고와 검찰이 방어와 공격의 입장을 달리한 예도 드물 것이다. 또한 재판부가 이번같이 증거재판주의(證據裁判主義)의 형사소송법의 명문 규정을 무시한 재판 진행의 태도를 취한 일도 없었을 것이며, 만인이 납득 할 수 없는 판결을 하여 결과적으로 검찰 주장에만 충실히 동조한 예도 드물 것이다.

3 · 1선언의 내용 중 사실왜곡죄에 해당한다는 부분은 다음과 같다. "이 민족은 또다시 독재정권의 쇠사슬에 매이게 되었다. 삼권분립은 허울만 남고 말았다. 국가안보라는 구실 아래 신앙과 양심의 자유는 날로 위축되어 가고, 언론의 자유와 학원의 자주성은 압살당하고 말았다." "모든 산업과 노동력은 일본 차관기업과 외국자본의 착취에 내맡기고 농촌경제의 잿더미 위에 거대한 현대산업을 세우려고 한 것이 망상이었다." "동서(東西) 양진영 사이에 결정적 쐐기를 박고 세계사에 새 힘으로 대두한 제3세계를 거들떠 보지도 않고, 서방세계에만 의존하다가 서방세계에서마저 버림을 받고 말았다." "사법권의 독립을 요구한다. 사법부를 시녀로 거느리는 정권은 처음부터 국민을 위하는 뜻이 없다고 보아야 한다." "박정권은 책임을 지고 물러날 수밖에 다른 길이 없다. 경제파국을 미연에 방지하여 국제사회에서 아주 신임을 잃지 않도록 차관상환의 유예를 위해서도 정권교체는 불가피하다."

한국의 현실을 어느만큼이라도 알고 양심과 상식을 가진 사람이라면 이것이 속임없는 오늘의 우리 현실이라는 것을 인정할 것이다. 최소한 정부와 입장을 달리하는 비판자의 입장에서는 능히 말할 수 있는 성질의 것이라고 생각할 것이다. 재판관의 입장에서도 3 · 1선언의 동기 나 목적이 검찰이 말하는 외세 유인과 민중봉기를 위한 것이 아니라고 판단한 이상은, 피고들 주장대로 애국적이고 건전한 동기 및 목적에 의한 것이라고는 판단하지 않더라도 상례적인 정치성명(政治聲明)의 하나에 불과 하다고 봄이 마땅할 것이다. 그러한 정치성명은 긴급조치 아래서도 있어왔으며, 법적 문제, 적어도 사실왜곡죄는 구성한 바가 없음을 이미 지적했다. 사리와 전례가 그러함에도 불구하고 재판부는 사실왜곡죄를 적용해서 유죄 중형을 선고했다.

그러나 재판부는 사실을 왜곡했다고 하지만 무엇을 어떻게 왜곡했다고 판시하지 않았기 때문에 누구도 피고들이 사실을 얼마만큼 어떻게 왜곡했는지 모른다. "학원의 자주성과 언론자유가 압살되었다." "사법부의 독립이 없다."는 피고들의 주장이 사실왜곡이라는 것인데, 그렇다면 언론이나 학원의 자유, 그리고 사법부의 독립이 완전한데 왜곡했다는 것인지, 아니면 그러한 자유와 독립이 약간 침해된 것은 사실인데 피고들이 그것을 압살이라느니, 사법부가 행정 부의 시녀라느니 하는 것은 지나친 과장이라는 것인지 도무지 알 수가 없는 것이다. 본시 "왜곡"이라는 용어는 처음 나타난 법률용어로서 귀거리 코거리 식의 악용이 가능한 말이다. 재판부는 그 용어의 법률적 개념을 엄격히 설정해서 최소한으로 그 악용을 막아야 할 것 인데, 오히려 그 판결마저 이와 같이 막연하고 무책임한 것으로 만들었으니 한심하기 짝이 없다 할 것이다.

3 · 1선언의 내용이 결코 사실의 왜곡이 아니라 진실한 사실을 말한 것임은 정부의 태도에서도 뚜렷히 파악할 수 있다. 그것은 사건 이래 1년이 되도록 3 · 1선언의 내용을 일체 국민 앞에 보도하지 못하게 하며 피고들의 법정진술도 보도할 수 없도록 한 것이다. 만일 정부가 공소장에서 말한 대로 "유신헌법 시행 이래 안보우선 및 국민총화의 필요성을 자각한 국민들이 유신체제의 당위성을 인식하여 현 정부에 전폭적인 지지를 보이게 되고" "국민으로부터 아무런 호응을 얻지 못할 뿐 아니라 오히려 소

외당하게"되자 "정권욕에 급급한 나머지 4·19와 같은 대규모 민중봉기가 일어날 것을 기대하여" 3·1선언을 했다면, 왜 그와 같이 국민에게 알려지는 것을 두려워해야 하는가? 소외당한 자들의 왜곡된 선언문과 법정에서의 거짓된 주장을 낱낱이 국민에게 알리면 그들은 더욱 소외될 것이고, 정부는 더욱 더 유리해질 것인데 왜 못하는 것인가? 결국 피고들의 3·1선언과 법정진술이 정당하고 사실이니까 알려지면 그 결과가 두렵기 때문에 못한 것이다. 정부가 3·1선언을 사실왜곡이라고 증거도 없이 조작하여 기소한 것은 거기에 관련된 인사들이 평소부터 가장 미워하던 자들이기 때문에 죄가 되건 안되건 정치보복의 목적으로 체포 기소한 것이라고 믿는다. 외세 유인이니 민중봉기니 하고 우리에게 뒤집어 씌운 것은 국제적으로 고립되고 국민으로부터 그야말로 소외된 정권의 질시(嫉視)와 피해의식에서 나온 것이다.

사실과 사리가 이상 열거한 바와 같음에도 불구하고 원심 재판부가 검찰에 대해서 진실한 사실의 제시를 요구하지도 않고, 스스로 직권으로 조사하지도 않고, 판결문에 무엇이 진실이라고 판시도 하지 않고, 사실을 어떻게 얼마만큼 왜곡했다는 판단도 하지 않았다. 그저 문자 그대로 무조건 피고들이 사실을 왜곡했다는 것이다. 절도나 강도 등 파렴치범에도 증거와 이유를 대가면서 판결하는 마당에 확신범인 정치범에 대해서, 전직 대통령과 현역 국회의원, 그리고 신부, 목사, 대학 교수 등 지식과 인격을 갖춘 사람들에 대해서, 이유도 증거도 없이 무조건 유죄라는 식의 판결을 한 것이다. 이러고도 후일 이 재판을 연구 검토하는 사람들 앞에, 또는 역사 앞에 재판부는 무어라고 변명을 할 것 인가? 재판이 아무리 자유심증주의(自由心證主義)라 하더라도 이와 같은 폭력적인 판결마저 보장한 것은 아닐 것이다.

1년 간의 옥고 속에 이와 같이 불성실하고 무책임한 재판부로 인하여 공정한 재판을 받을 권리를 송두리째 침해당한 우리는 한편 분노하고 한편 사법부를 위해 통탄하고 있다. 대법원에 최후의 기대를 걸면서 우리가 피고로서 주장하는 것은 유죄 무죄가 문제가 아니라 그보다 앞서 "우리가 무엇을 어떻게 잘못했기에 유죄인가?"의 이유와 증거를 밝혀 달라는 것이다. 그래야 징역을 살아도 억울하지 않을 것이 아닌가? 사법부의 권위와 피고들의 인권을 위해서 대법원 당국의 현명하고 용기있는 판단을 구하는 바이다.

4. 維新憲法 改正

설사 3·1선언이 유신헌법 개정을 정면으로 주장한 것이라 하더라도 유죄가 될 수 없습니다. 법을 지키지 않고 불법으로 만든 유신헌법을 합법적인 구헌법(舊憲法)으로 환원해서 법을지키자는 것이 처벌의 대상이 될 수 없는 것 입니다. 원심은 민주적 법질서와 건국의 이념 그리고 헌법의 기본정신을 무시하여 법리해석(法理解釋)을 잘못한 과오를 범한 것이니 파기해 주시기 바랍니다.

이유 : 3·1선언은 유신헌법 개정을 정면으로 주장하던 당초의 초안을 고쳐서 긴급조치 9호에 저촉되지 않는 방법으로 내용을 바꿔 발표한것임을 검찰도 공소장에서 인정하고 있다. 그러나 설사 정면으로 헌법개정을 주장했다 하더라도 원심판결과 같이 유죄가 될 수 없다고 생각한다.

현대국가에서 정부가 권위를 가지고 국민을 통치하려면 정통성과 효율성이 구비되어야 한다는 것은 정치학자 간의 정설이다. 정부의 정통성에는 합법적인 집권과 국민의 자유로운 다수에 의한 지지의 두 가지를 필수조건으로 한다. 정부가 시행하는 법률이나 그 정책이 목적과 내용 및 결과에 있어서 국민의 권익향상에 일치한가 하는 여하가 효율성을 결정한다. 과연 유신헌법은 이러한 정통성과 효율성을 갖추고 있는가?

첫째, 정통성의 문제에 있어서 유신헌법은 전적으로 그 자격이 없다. 유신헌법은 합헌적 절차를 거쳐서 성립된 헌법이 아니다. 朴正熙 대통령은 1971년 7월 1일 제 9대 대통령으로 취임할 때, 당시의 헌법 제68조의 규정에 의하여 "국헌의 준수"를 국민 앞에 맹세하였다. 주권자에 대한 엄연한 서약이었던 것이다. 그러나 朴대통령은 1972년 10월 17일 돌연 비상계엄령을 선포하고, 나아가 법적 권한없이 헌법기능을 정지시키고. 국회를 해산하고서, 대통령이 임의로 정한 절차에 의해서 유신헌법을 만들었으니 합법적이 아닌 것이다. 더욱 유신헌법을 확정지우는데 비상계엄령 아래서 반대의 자유는 봉쇄하고 오직 "찬성, 계몽"만 범람했으니 강박에 의한 결정이지 국민의 자유의사(自由意思)에 의한 것이 아니었다.

둘째, 효율성 역시 정당하게 갖추어져 있다 할 수가 없다. 유신헌법은 그 목적을 당초에는 "국토통일을 조속히 성취하기 위한 것"이라 했다. "유신헌법을 반대하면 통일을 원치 않는 것으로 알겠다"고 한 정부의 엄포가 지금도 귀에 생생한 것이다. 그러나 어느새 유신헌법은 "반공과 안보를 튼튼히 하기 위한 것"이라는 전혀 딴 소리를 하게 되었다. 결국 유신헌법에는 일정한 목적이 없는 것이다. 유신헌법은 그 내용에 있어서 이미 법정에서 각조문을 들어 상세히 지적한 바와 같이 대통령 한 사람에게 무한 권력을 부여하고 그 영구집권을 보장한 반면, 삼권분립이 완전히 침해되고 국민의 기본권리가 대폭 제한 말살당하는 내용으로 충만하고 있다. 또한 유신헌법 시행의 결과는 심각한 사태를 빚어냈다. 국민은 지금 유례없는 무력과 공포 속에 있다. 언론의 자유, 의회정치, 그리고 사법부의 독립. 등은 모두 민주주의의 핵심인데도 불구하고 전면적인 침범을 당하고 있다. 국제적 고립은 날로 우심해 가고 국민의 자발적 단결에 의한 안보태세는 크게 흔들리고 있다. 경제적 불평등과 사회적 불의(不義)는 날로 심화되어 가고 있다. 무엇보다도 유신헌법 제53조에 의한 대통령 긴급조치의 발동은 그나마 유신헌법이 허용하는 국민의 자유와 권리조차 누릴 길이 없게 하고 완전히 민권부재(民權不在)의 암흑독재사회를 가져오고 말았다.

이와 같이 유신헌법은 정당성도 없고 효율성도 없다. 무엇을 가지고도 그 정당성을 내세울 수가 없는 것이다. 정부는 유신헌법 이래 말할 수 없는 불법하고 부당한 처사를 되풀이 해왔다. 무엇보다도 그들 자신이 준수하기로 맹세한 국헌의 침범상태가 시정되지 않고 있는 것이다. 이와 같은 엄청난 국법의 파괴 행위에 대해서 이를 시정하여 원래의 합법상태로 돌리자는 것이 어찌하여 처벌대상이 될 수 있는가? 만일 그러한 주장이 처벌대상이 된다면 이 나라는 법을 지키는 자가 법을 파괴한자에 의해서 처벌되는 나라이며, 작은 법을 어긴 자가 큰 법을 어긴 자에 의해서 제재당하는 나라밖에 아닌 것이다. 이러한 오늘의 역리(逆理)는 단연코 시정되어야 한다. 그 시정의 책임을 지고 있는 것이 사법부다. 법은 정의요, 양심이다. 법은 상식이며 순리다. "법지불행(法之不行)은 자상범지

(自上犯之)라는 오랜 격언이 동양에 있다. 누가 법을 지킨 자고 누가 어긴 자인가? 누가 국헌을 준수하자 하며 누가 이를 파괴했는가? 재판부는 당연히 이러한 시야에서 문제를 보았어야 한다. 재판부는 당연히 민주적 법질서와 자연법 원리, 그리고 헌법의 기본정신과 올바른 조문해석에서 3·1선언을 보았어야 한다. 그랬다면 긴급조치 가지고는 침범할 수 없는 보다 높고 기본적인 법리(法理)와 질서가 있었을 것이다. 거듭 말하거니와 법을 지키자는 자에게 벌을 주고 법을 어긴 자에게 상을 주는 그와 같은 재판은 이 경우에 있어서 결코 용납될 수 없는 법의 이치(理致)다.

5. 緊急措置 9호 비방

원심은 긴급조치 9호 비방죄(誹謗罪)의 법리를 오해(誤解)하였으며 그 위법성 저각사유(違法性 阻却事由)와 긴급조치의 헌법위반 사실을 심리하지 않았으니 파기해 주시기 바랍니다.

이유 : 첫째, 재판부는 긴급조치 비방죄의 법리를 그릇 해석했다. 공소사실인 "국민의 자유를 억압하는 긴급조치를 곧 철폐하고, 민주주의를 요구하다가 투옥된 민주인사들과 학생들을 석방하라고 요구한다"가 긴급조치 9호를 비방한 것이 될 수 없음은 별도 제출되어 있는 항소이유서가 지적한대로이다.

도대체 무슨 법률이고 그것이 좋지 않으니 폐지하자는 주장도 죄가 될 수 있는가? 명색이 주권자가 이런 말도 못한다면 그 법률은 누구를 위한 것인가? 세계 어디서나 이런 처벌 법규가민주주의를 국시로 하는 나라에서 있다는 것을 우리는 알지 못하며, 이것을 위법이라고 하여 유죄판결한 재판부가 있음도 알지 못한다. 긴급조치를 규정한 헌법 제53조는 다음에 설명한대로 이 나라 헌정사상 초유의 악법이다. 이로 인하여 국민은 문자 그대로 공포와 질식상태에 있다. 이런 속에서 신음하는 사람이 자기가 죽겠으니 목을 조이는 속박을 풀어 달라고 비명을 지르는 것조차 죄가 된다면 참으로 비인도적인 일이라 할 것이다.

긴급조치 해제를 요구해서 죄가 될 수 없음은 국민의 대변자인 국회의원이 헌법 제53조6항에 의해서 긴급조치 해제건의권이 있으니 그를 뽑는 주권자에게도 해제를 요구할 권리가 있음은 당연하기 때문이다. “국민의 자유를 억압하는”이라는 문귀가 비방이 된다고 주장할 수 있다. 그러나 헌법 제53조2항에는 “대통령은……국민의 자유와 권리를 잠정적으로 정지하는 긴급조치를 할 수 있다”고 규정하여 긴급조치 자체가 본질적으로 국민의 자유를 억압하는 것임을 명시하고 있다. 헌법대로 말했는데 어찌 비방이 될 수 있다는 말인가? 다음의 “민주주의를 요구하다가 투옥된 민주인사들과 학생을 석방하라고 요구한다”는 문귀는 긴급조치 해제 요구나 비방과 전혀 관련이 없는 별개의 주장임은 전후 문맥으로도 명백하다. 그런데 원심은 이것도 유죄의 판결을 한 것이다.

둘째, 유신헌법 제53조(대통령의 긴급조치)는 자연법적 위법성 저각 사유에 해당하는 가장 중요하고 대표적인 사례이다. ① 제53조는 그 1항에서 “대통령은 천재 지변 또는 중대한 재정 · 경제상의 위기에 처하거나 국가 안전보장 또는 공공의 안녕질서가 중대한 위협을 받거나 받을 우려가 있어 신속한 조치를 할 필요가 있다고 판단할 때에는 내정 · 외교 · 국방 · 경제 · 재정 · 사법 등 국정 전반에 걸쳐 필요한 긴급조치를 할 수 있다”고 규정했다. 즉 대통령 한 사람의 판단에 의해서 “중대한 위협을 받을 우려가 있다”는 매우 애매한 결정을 내릴 수 있으며, 거기에 따라 “신속한 조치를 취할 필요가 있다”는 것을 결정할 수 있으며, 마침내 "필요한 긴급조치”를 하는 것을 결정할 수 있다. 대통령의 생각 하나로 국정 전반에 걸쳐 어느 때나 어떠한 조치도 취할 길이 열려 있는 것이다. ② 동조 2항에서는 대통령은 필요하다고 인정하면 “국민의 자유와 권리를 잠정적으로 정지”하고 정부와 법원의 권한에 관하여 긴급조치를 할 수 있도록 규정하였다. 현재 3 · 1선언을 처벌대상으로 본 긴급조치 9호가 여기에 근거했을 것이며, 민청학련사건(民靑學聯事件) 때 민간인 피고들이 군재에 회부된 것도 여기에 법적 근거를 두었을 것이다. ③ 동조 3항에 의해서 대통령이 ①, ②의 긴급조치를 하였을 때는 “지체없이 국회에 통고하여야 한다”고 되어 있다. 그러나 통고를 받았다 해서 국회가 자동적으로 개회되지 않는다. 현재의 긴급조치 9호가 공포되었어도 수개월이나 국회는 정부와 여당의 반대로 열리지 않았다. 그러므로 국민은 국회를 통해 어떠한 의사표시도 할 수 없었다. ④ 동조 4 항은 “긴급조치는 사법적 심사의 대상이 되지 아니한다"고 되어 있다. 그러므로 국민은 긴급조치의 내용이 아무리 부당해도 법적으로 다룰 수 없을 뿐만 아니라 자기의 자유와 권리가 아무리 침범 당해도 어떻게 해 볼 도리가 없게 되어 있다. 참으로 민주국가에서는 상상도 할 수 없는 일이다. ⑤ 동조6항은 규정하기를 국회 재적의원 과반수의 찬성으로 긴급조치의 해제를 대통령에게 건의할 수 있도록 하고 있다. 야당이 재적 과반수의 찬성을 얻으려면 선거 당시(의석의 3분의 2만 선거, 3분의 1은 대통령 지명) 8할의 의석을 차지해야만 한다. 그러한 기적이 이루어져 해제건의의 결의가 국회를 통과되었다고 하더라도 긴급조치가 당연히 해제되는 것은 아니다. "대통령은 특별한 사유가 없는 한 이에 응하여야 한다"고 규정함으로써 건의를 듣고 안 듣는것은 어디까지나 대통령의 의중에 달려 있는 것이다. 이와 같이 긴급조치 제도는 대통령한 사람에게 부여한 초독재적(超獨裁的) 권한이 사법부나 입법부 기타 누구의 견제도 받음이 없이 행사된다. 균형과 견제라는 삼권분립의 원리는 여지없이 침해되고 있는 것이다. 민주주의의 위기가 아니라 민주주의의 파멸을 가져온 것이 헌법 제53조의 대통령 긴급조치 조항이다. 그러므로 법의 최후 보루인 사법부는 이와 같은 "민주적 헌법질서를 침해하는 명백하고 긴급한 사태"에 대하여 중대한 결단이 있어야 한다. 즉 자연법적(또는 실정법적) 범죄성립 저각사유에 의해서 피고인들에게 무죄를 선고했어야 할 것으로 믿는다.

세째, 중요한 것은 긴급조치 9호는 헌법에 의한 법률이 아니다. 그러므로 법적 효력이 없다. 원심은 이 점에 대해서 중대한 심리미진과 법리 오해를 한 것이라고 본다. 먼저 긴급조치 9호가 합헌적 법률이 아니라는 점이다. 헌법 제10조(신체의 자유)는 그 1항에서 "모든 국민은 신체의 자유를 가진다. 누구든지 법률에 의하지 아니하고는 체포, 구금, 압수, 심문, 처벌, 강제노역과 보안처분을 받지 아니한다"라고 규정했다. 법률에 의해서만 신체의 자유에 제한 내지 강제조치를 취할 수 있는 것이다. 그런데 헌법 제75조(입법권)는 "입법권은 국회에 속한다"고 명문규정하여 입법권이 국회의 독점적 권한임을 뚜렷이 하고 있다. 긴급조치 9호는 국회의 입법절차 없이 대통령이 선포한 것이다. 그러므로 법적 효력이 없다. 더우기 제53조 2항에는 "대통령은……정부와 법원의 권한에 관하여 긴급조치를 할 수 있다"고만 되어 있지 입법부는 포함되어 있지 않으므로 긴급조치가 입법부의 권한을 배제하고 법적 효력을 가질 여지는 전무한 것이다. 따라서 대통령이 헌법에 의하여 획득한 긴급조치권을 합법적으로 행사하기 위해서는 계엄법과 같은 절차법을 먼저 국회를 통해서 제정해야만 되는 것이다. 상식으로 보더라도 법치국가에서 입법권을 가진 국회가 시퍼렇게 살아 있는데도 행정부의 수반이 국정전반에 영향을 미치고 민권을 제한하며 국민을 사형까지 처할 수 있는 법률(긴급조치)을 마음대로 만들어 낼 수 있다면 입법부가 무슨 필요가 있을 것인가? 모든 법률, 특히 민권에 관련되는 형사법률은 그 제정에 신중을 가해야 한다. 먼저 상당한 시일을 두고 입법코자 하는 내용을 국민에게 알려야 한다. 국민의 여론올 반영해서 입법해야 하며, 그 법을 시행했을 때 국민에게 미칠 권리의무상의 변화를 미리 예견하여 그에 임하는 준비를 갖출 여유를 주어야 한다. 이것은 입법의 상례요 이 나라에서의 건국 이래의 관례다. 그러나 대통령 긴급조치만은 하루 아침에 국민 앞에 돌연 나타나는데, 그때에는 이미 어마어마한 법적 효력을 가진 실정법이 되어 있었던 것이다. 이것이 어찌 민주국가를 자처하며, 인권과 자유의 우월성을 가지고 공산주의와 대결하고 있는 자유대한의 법률제도라 할 수 있을 것인가? 이상에서 지적한대로 긴급조치 9호는 현 유신헌법에 비추어 보더라도 법률은 아니다. 법률이 아닌 이상 "헌법과 법률에 의하여(제10조)" 재판하는 법관이 긴급조치 9호에 의해서 재판할 수가 없다. 그러한 재판은 그 자체가 벌써 불법이며, 무효인 것이다.

긴급조치 9호는 설사 법적 효력이 있다 하더라도 이미 실효했다고 보아야 한다. 헌법 제53조 2항에 의하여 국민의 자유와 권리를 정지하는 긴급조치는 잠정적으로만 할 수 있게 뚜렷히 규정되어 있다. 잠정적이라는 말은 문자 그대로 잠시인 것이다. 1년이 될 수 없고 2년이 될 수없다. 그렇게 되면 이미 "잠정적"이 아니다. 현 집권층은 유신헌법을 작성할 때 프랑스 제 5 공화국의 헌법을 크게 참작했다고 주장한다. 드골 대통령이 1957년의 알제리 사태로 국내 치안이 위기에 처했을 때 긴급조치권을 발동했다. 그는 선포 당초에 20일 기간을 정했고 필요에 따라서 다시 20일을 연장하고는 해제했던 것이다. 이래야 "긴급"이라는 해당용어에 부합

할 것 이다. 우리도 길어서 2~3개월로 그쳐야 "잠정적"이라는 말에 합치할 것이다. 그래서 꼭 필요하다면 다시 기한 연장을 하거나 재선포를 하는 조치를 취하면 되는 것이다. 더우기 헌법 제53조를 보면 긴급조치 대상 중 국정 전반과 "정부와 법원"에 긴급조치를 할 때는 "잠정적"으로 한다는 제한조건이 없고 오직 "국민의 자유와 권리를 정지"할 경우만 "잠정적"으로 한다고 명기하고 있다. 이 점만 보더라도 동조의 입법정신 자체가 장기화를 허용치 않고 있을 뿐만 아니라 그와 같이 명문으로 국민의 자유와 권리에 대한 긴급조치는 잠정적으로만 할 수 있다고 다른 대상과 구별해 놓고 있다.

월남 패망 후 긴급조치 9호를 "국가 안보와 공공질서 유지"를 목적으로 선포했는데 그후 우리의 안보나 공공질서는 아무런 변화도 없었으며, 오히려 상당한 안정적 발전을 보이고 있는 것이 작금의 현상이다. 경제발전과 수출 증대도 이러한 안정기조에 힘입어 크게 성장하고 있음은 정부 발표에서도 명백하다. 도무지 긴급조치를 장기화 할 이유가 없는 것이다. 법률에 대한 해석권은 사법부의 고유의 권한이다. 재판부는 당연히 긴급조치의 "긴급"이란 법률용어와 "잠정적"이란 용어를 해석하여 그 정의를 내렸어야 한다. 그리하여 최소한 "잠정적"이라는 문귀만이라도 헌법 제53조의 입법정신과 법적 상식에 의해서 이를 정당하게 해석 규정해서 지금과 같이 터무니없이 장기화된 긴급조치의 실효를 선포하고 피고들을 석방했어야 할 것이다.

6. 國家安保

국가안보와 공공질서를 위해 공포된 긴급조치 9호 위반사건에 있어서 피고인들의 안보관(安保觀)과 그 정책은 이 사건심리의 기초가 되는 것입니다. 그럼에도 재판부가 그 점에 대한 명확한 판시를 하지 않는 것은 판결을 좌우할 만큼 중요사항에 대하여 판단을 유탈(遺脫)한 것입니다. 파기해 주시기 바랍니다.

이유 : 법정을 통하여 검찰은 주장하기를 "국가안보를 위해서는 국민의 자유를 제한하는것은 불가피 하다. 유신헌법과 긴급조치 9호는 안보를

위해 절대 필요하다"고 역설했다. 물론 우리도 국가안보를 중시하는 원칙에는 정부 이상으로 철저하다고 스스로 믿고 있다.

그러나 그 방법은 현 정부와 크게 다르다. 무엇보다도 우리는 안보를 위해서는 국민의 자유와 권리를 우리의 실정이 허용하는 최대한으로 보장해 주어야 한다고 주장한다. 그러므로 국민이 일상생활 속에서 향유하는 자유와 권리의 보장을 통하여 안보의 이유를 실감하고 자발적으로 안보에 협력 참여케 하는 것만이 진정한 안보의 길이라고 역설한다. 따라서 국민의 권리를 극도로 침해한 현 유신헌법이나 긴급조치 9호 같은것은 안보를 위해 매우 유해하며 안보를 위해서도 하루속히 개폐(改廢) 되어야 한다. 2차대전 이후 아시아에서 중국, 월남, 캄보디아 및 라오스의 4개국이 공산화 되었다. 공산군과 대항해 싸웠던 蔣介石, 티우, 논 놀 및 푸마, 노사반 등의 명분은 "자유와 민주주의의 수호"였다. 그러나 그들 누구도 국민에게 자유를 주고 민주주의를 발전시키려고 생각한 사람은 없다. 오히려 안보라는 구실 아래 국민의 인권을 마구 유린하고, 경제적 富를 소수 특권층에 집중시키고, 말할 수 없는 부정부패를 자행하는데 골몰하면서 오직 1인 영구집권과 독재권력 강화에만 급급했다. 말하자면 자유라는 양두(羊頭)를 걸고 독재라는 구륙(狗肉)을 판 것이다. 반면에 그들과 싸운 공산군은 국민에의 약속대로 공산주의에 충실했다.

아시아에서의 지금까지의 전쟁, 그리고 방금도 동남아(東南亞) 각국에서 행해지며, 한국서 대치중인 무력대결은 모두 민족 내부에서 같은 민족끼리 행해지는 내전이다. 이민족(異民族)과의 싸움이 아니다. 그러므로 싸우는 양진영은 민족감정으로 싸우는 것이 아니라 정치적 이념과 이해의 차이 때문에 싸우고 있는 것이다. 그렇기 때문에 아무리 총을 들고 싸워도 결국 정치 투쟁인 것이다. 어느 쪽이 정치적으로 더욱 좋은 제도며, 국민을 위해 유리한 결과를 가져다 줄 수 있느냐 하는 민심의 획득 경쟁인 것이다. 이것이 아시아 각국에서 행해져온 2차대전 이후의 각국 내전의 특징인 것이다. 앞서 말한 4개국의 공산화 과정에서 민주주의가 공산주의에 패배한 나라는 하나도 없다. 민주주의를 안했는데 패배가 있을 수 없다.

오직 독재적이고 부패한 정권이 국민으로부터 버림받고, 자멸한 것이다. 공산군은 임종의 자리에 와서 마지막 숨통을 끊은데 불과한 것이다. 또한 그들의 패배는 군사적 패배가 아니라 정치적 패배였다. 최신무기로 장비한 군대가 싸우지 않고 투항하면서 그 모든 무기를 공산군에게 넘겨주는 판이니 싸움이고 전투도 없는 것이다. 티우 군대가 마지막 패배할 때도 군대수에 있어서는 3배, 화력에 있어서는 7배가 공산군보다 우세했음에도 불구하고 한번 제대로 싸우지도 않고 마치 산사태가 난 것같이 무너져버린 사실을 우리는 잘 알고 있다. 장개석군(蔣介石軍)의 패망 때도 마찬가지였다. 왜 그와 같이 되었을까? 가장 직접적으로는 군대가 싸울 의욕을 갖지 않고 사기가 땅에 떨어졌기 때문이다. 왜 군의 사기가 저하되었을까? 그들의 부모형제인 국민이 사기가 떨어지고 자기 정부를 버렸기 때문이다. 국민은 왜 그와 같이 되었을까? 정부가 당초 약속한 자유와 민주주의는 실천하지 않고 독재와 부패만 일삼아서 국민을 못 살게 괴롭혔기 때문이다. 결국 정부에게 배신당하고 억압 착취당한 국민은 장차 공산치하에서 겪을 고통은 생각할 여유도 없이 방관, 비협력, 증오로 대하게 된다. 자기 국민, 자기 군대로부터 버림받은 정권이 망하는 것은 너무도 당연하다. 이것이 월남패망이 우리에게 준 진정한 교훈인 것이다.

6 · 25당시 우리 한국의 사태는 아주 대조적이다. 압도적인 공산군의 기습에 의해서 국토의 거의 전부를 잃은 속에서도 국민과 국군이 굳게뭉쳐 결국 승리를 전취한 것이다. 미군 기타 우방 군대의 참전을 든다면 이북에는 더 많은 중공군이 가세하지 않았는가? 또 월남서는 60만의 미군이 싸웠는 데도 왜 패배했는가 하는 반론이 있는 것이다.

근본적인 원인은 한국민이 자기 정부체제의 우월성을 확신하고 이것을 지키려는데 궐기했기 때문이다. 그당시의 정부는 그와 같은 조건을 보장했다. 수도가 부산까지 피난해가 있으면서도 국민의 모든 자유를 최대한으로 보장했다. 언론은 아무 두려움 없이 정부를 대대적으로 비판할 수 있었다. 국회는 완전한 자주성과 강력한 야당의 지배 아래 행정부에 대한 비판과 견제의 구실을 다했다. 민원(民怨)이 집중된 국민방위군사건(國民防衛軍事件)과 거창 사건(居昌 事件) 등을 폭로, 규탄하여 세론대로 그 원흉들을 정부가 처단하게 만들었다. 피난시절 최대의 정치적 부패사건인 중석불 사건(重石弗 事件)을 과감하게 규탄, 폭로하여 국민의 갈채를 받았었다.

전시중의 피난 수도 생활 속에서도 이 나라 역사상 처음으로 대통령 직접선거와 지방의원 선거가 실시되었다. 시장은 시의회에서 간선으로 뽑혔다. 국민들은 지위가 높거나 낮거나를 막론하고 다같이 전시와 피난생활의 고통을 감수함으로써 굳은 연대의식이 형성되었다. 그리하여 전선이나 후방이나 온 국민이 우리의 자유와 민주주의의 우월성을 실감하고 이를 지키기 위해서는 반드시 이 전쟁에 이겨야 한다는 결의에 충만해 있었다. 당시 우리의 사기는 충천하였다. 해협을 하나 건너서 일본인데 누구 하나도 피해간 사람이 없었다. 지도층부터 먼저 해외로 도피해가는 오늘의 현실과 비할 때 격세지감이 크다. 톨스토이는 그의 거작「전쟁과 평화」속에서 1812년의 나폴레옹 침략에서 조국방위를 위해 싸워서 이긴 러시아의 승리 원인을 이렇게 지적했다. "전쟁의 승패는 그 국민과 군대의 사기에 의해서 결정된다. 무기나 군대의 수는 다음 문제다. 러시아의 승리는 그 국민과 군의 사기가 드높았던 데 있다." (요지)

영국의 2차대전 당시의 영웅인 몽고메리 원수는 그의 명저인「지도자에의 길」에서 다음과 같은 요지를 역설하고 있다. "영국 청년들이 2차 대전 당시 그와 같이 놀라운 용기와 희생을 보인 것은 무슨 고상한 민주주의 이념이나 높은 도덕심에 의한 것이 아니다. 그들은 만일 전쟁에 져서 나치스 지배의 세상이 되면 지금까지 자기들이 누리던 모든 자유를 상실당하기 때문에 그것을 지키고자 싸워던 것이다." 여기 인용한 톨스토이나 몽고메리의 말이 바로 6·25당시의 우리 국민과 국군, 적어도 유신(維新)전까지의 그들을 두고 한 말이라고도 할 수 있다.

68년의 청와대 습격사건과 동해안에서의 공산게릴라 상륙사건, 그리고 다음해의 푸에블로 호(號) 사건 등 휴전 후 가장 중대한 국방상의 위기를 당해서도 우리 국민은 여유있고 자신만만하게 그 시련을 극복해냈다. 그 당시는 유신헌법도, 긴급조치도, 향토예비군도, 민방위대도 없었다. 그러나 국민의 사기는 하늘을 찔렀고 자발적 협력에 의한 안보태세는 철통 같았다. 그당시 우리 국민은 자기가 운명의 주인이란 자부가 있었다. 정부가 불만족스러우면 갈면 된다는 자신이 있었다. 라이샤워 교수가 "한국민은 10월 유신 전까지는 그들의 민주주의라는 것이 비록 불만족스럽더라도 공산주의로부터 지키는데 생명을 걸 가치가 있다고 믿고 있었다"고 지적한 것은 정당한 판단이라 할 것이다. 대한민국에 대한 긍정적 가치판단, 그리고 공산주의에 대한 부정적 판단 사이의 커다란 차이가 6 · 25사변 이래 20여년 동안 그와 같은 자발적 안보를 성공시킨 비결인 것이다. 이와 같은 한국민의 안보에의 능동적 협력과 참여는 세계에도 그 예를 보기 드문 일임에 틀림없었다. 자발적으로 협력하는 국민에게 안보를 위한다는 명분 아래 독재하고 위협할 필요가 어디에 있는가? 왜 아시아에서 공산군과 싸워서 성공한 단 하나의 예(例)인 자기의 길을 버리고, 실패한 월남이나 캄보디아의 길을 따라야 하는가?

오늘날 유신체제와 긴급조치 아래서 국민이 공포와 질실상태에서 신음하고 있다. 경제는 성장한다지만 성장하는 富는 정치권력의 비호 아래 몇 사람의 수중으로 집중되고 있다. 사회정의와 도덕은 땅에 떨어졌다. 국민은 우리 체제에 대한 자랑을 상실하고 날로 방관, 비협력, 기회주의, 그리고 반발로 흐르는 경향이 짙다. 거기에 유신 이래 더욱 심해진 국가안보(國家安保)는 정권안보(政權安保)를 위해 악용하는데 대한 국민의 의혹과 반발은 안보를 위한 또 하나의 큰 암영(暗影)인 것이다.

참된 안보의 길은 유신헌법도 긴급조치도 아니다. 남북간의 불가침조약만도 아니다. 안보를 위해서 다음의 네 가지가 꼭 구비되어야 한다.

첫째, 민주주의의 토착과 경제적 평등과 사회정의 실현의 토대 위에 국민의 자발적 참여에 의한 안보태세를 갖추어야 한다.

둘째, 미국 및 일본과 우호와 신뢰의 기조 위에 한 · 미 · 일 협력체계를 군사적(美國) 또는 비군사적 분야(美 · 日)에서 굳혀 나가야 한다.

작금의 사태, 즉 한국의 인권문제와 국제적 증뢰문제(贈賂問題)를 둘러싼 미 · 일 양국 내에 서의 시비는 이러한 견지에서도 지극히 우려할 일이다.

셋째, 통일지향적인 남북간의 평화공존체제의 실현이다. 이러한 실현은 두 가지 전제가 필요하다. 하나는 북한 공산정권의 입장에서 볼 때 첫째 항에서 말한 남한 내 국민의 자발적 단결이 완벽해서 평화적인 공존에 협력하는 이외에는 길이 없다고 판단되어야 한다. 다음에는, 이와 동시에 남북간에 장차 통일을 위해서 상호 만족할 수 있고 실현성 있는 통일에의 방안이 합의되고 일부 실천되는 것이다. 여기에는 정말로 민족적 양심과 성의를 가지고 임한다면 반드시 그 길을 열 수 있다고 생각한다. 내게도 약간의 방안이 있다.

넷째는 4대국에 의한 한반도에서의 평화보장에 대한 합의가 이루어지는 것이다. 지금 남북은 다같이 미 · 일 · 중 · 소의 4 대국과 군사동맹 또는 특수한 협력관계를 가지고 있다. 우리는이런 관제가 결단코 조선 왕조 말엽에 있었던 친청파 · 친로파 · 친일파(親淸派 · 親露派 · 親日派) 정립의 재판(再版)같이 외세를 등에 업고 동족상잔하는 추태로 되지 않도록 민족적 경각심을 크게 해야 한다. 그러기 위해서는 우선은 남북간의 평화를 위해서 4 대국의 협력과 보장을 받는 동시에 통일 후를 위해서도 4 대국 누구도 다시 한반도를 지배하지 못하며 한반도에서 무력을 사용하지 못한다는 보장을 받아야 한다. 또 이러한 보장은 4대국 상호간에도 서로를 구속하는 조약이 되어야 함은 당연하다. 우리는 불행한 지정학적 입장에 서있는 어쩔 수 없는 현실을 직시하고, 당면한 평화와 국가 민족의 먼 장래를 위해서 반드시 이를 실현시켜야 하며, 실현될 수 있는 국제정세라고 판단된다. 이상 네 가지 안보대책은 서로 유기적 관계가 있다. 따라서 전부가 다같이 이루어져야 한다. 그러나 그 핵심이되는 것은 첫째, 우리 자신의 역량 강화이다. 민주적 내정개혁에 의한 자발적 안보체제가 실현되었을 때 북한과 중국 및 소련은 우리의 존재와 주장을 무시 못할 것이요, 미국과 일본은 기꺼이 협력할 것이기 때문이다. 정부와 여당은 "안보에는 여야가 없다"면서 왜 우리의 안보대책에는 외면하고 질시하는가? 왜 참된 안보를 위하는 염원에서 발표한 3 · 1선언을 범죄로 보는가? 정부 여당만의 안보정책이 언제나 애국적이라는 그런 논리는 어디에 있는가?

법정심리를 통해서 우리는 우리가 믿는 안보정책을 성의껏 그리고 충분히 진술했다. 재판부는 우리의 주장이 옳은가, 아니면 검찰 주장대로 안보를 저해하는 국론분열인가를 가렸어야 할 것이다. 만일 국론분열이면 무엇이 어떻게 되어 국론분열인가를 판시했어야 한다. 반대로 안보를 위해서 유익한 또는 정당한 충정의 표시라면 상을 줄망정 벌을 줄 수는 없을 것이다. 이 재판은 일종의 안보재판(安保裁判)이다. 유신헌법도 안보를 위해 필요하다는 것이고 긴급조치 9호는 국가안보를 위해서 선포되었기 때문이다. 이러한 중대하고도 핵심적인 사항을 재판부가 판단하지 않는 것은 어떻게 보면 재판자체를 무의미하게 만든 것이다.

7. 宗 教 自 由

헌법 제16조 1 항은 "모든 국민은 종교의 자유를 가진다"고 규정하여 아무 유보(留保) 조건없는 절대적 자유를 종교에 대해서 보장하고 있습니다. 3 · 1선언은 미사 행사(行事)의 일부로 행해진 것입니다. 그러므로 종교행사(宗教行事)에 대해서 유죄선고를 한 원심판결은 헌법에 위배되는 행위이므로 파기해 주시기 바랍니다.

이유 : 유신헌법은 국민의 권리의 거의 전부를 유보적 자유로 바꾸었는데, 다만 종교와 양심의 자유만은 유보조건 없는 절대적 자유로 남겨두었다. 그러므로 종교적 행사는 처벌의 대상이 될 수 없다. 만일 처벌법규가 제정된다 하더라도 그것은 헌법위반이기 때문에 무효인 것이다. 종교행사에서의 강론이나 기도를 처벌한다면 구태여 헌법에 절대적 자유를 규정한 의의가 없게 된다. 원심판결은 "종교라 해서 법에 저촉되는 아무것이나 해도 될 수는 없는 것이 아니냐?"라는 의미로 처벌의 정당성을 주장하고 있다. 그러나 그러한 주장은 유신헌법 조차도 보장한 종교의 자유를 침해하는 소리다. 그러한 처벌을 하고 싶거든 먼저 헌법이 규정한 종교의 절대적 자유를 법률에 의한 조건부 자유로 고쳐야 한다. 그러나 그럴 필요는 없다. 종교의 절대적 자유가 보장되어 있다 해서 신부나 목사가 강론이나 기도중에 아무 소리나 함부로 할 수 있는것은 절대 아니다. 왜냐하면 그들이 하는 미사나 예배행위는 하나님께 드리는 예전이요 신앙고백이기 때문이다. 그들은 자기의 영혼과 양심을 온통 기울여서 설교하며 기도하는 것이다. 하나님과의 대화에서 어떻게 아무 소리나 함부로 할 수 있으며, 국가나 사회에 해로운 말을 할 수 있을 것인가? 만일 그런 짓을 한다면 하나님을 모독하는 것이며 자기의 신앙양심을 포기하는 결과가 되는 것이다. 무슨 소리를 해도 죄가 안된다 해서 성직자가 아무 소리나 함부로 할 것이라는 것은 있을 수 없는 기우인 것이다. 뿐만 아니라 만일 신부나 목사가 종교행사를 빙자하여 부당한 발언을 함부

로 할 때는 첫째, 듣는 신자들이 참지 않을 것이다. 그가 속하는 교회 당국도 결코 묵과하지 않고 책임을 물을 것은 명백한 일이다. 또한 만일 그가 국가나 사회를 해칠 의도가 있어서 신상을 빙자하여 그와 같은 언동을 했다면 그는 그 목적을 달성하기 위해서 반드시 교회 밖의 행동으로 옮길 것이다. 그러한 행동까지 종교자유라는 이 름으로 보호받는 것이 아님은 물론이다.

종교의 절대적 자유를 허용하면 얼른 보기에 크게 악용될 수 있는 것 같이 생각되지만 그렇지 않다. 그것은 성직자와 종교를 이해하지 못한 때문이며, 사물을 실제적으로 보지 않는데 연유한 것이다. 결론적으로 말해서 현 헌법 조문 아래서는 종교행사에서의 언동을 처벌할 수는 없는 것이 분명하다.

다 아다시피 3 · 1선언은 1976년 3월 1일 밤 명동 천주교 대성당에서의 미사행사의 일부로서 낭독된 것이다. 엄연한 종교행사다. 그러므로 이 선언내용을 위법시하여 처벌하는 것은 헌법 위반이다.

검찰은 "종교인들이 정치적 현실을 비판하고 드는 것은 헌법이 규정한 '정치와 종교는 분리된다'는 원칙을 위배하는 것"이라고 주장했다. 이는 정교분리(政教分離)를 잘못 이해한 데서의 주장이다. 정교분리란 중세에서와 같이 교회가 정치를 지배, 간섭하거나 정치가 종교를 직접 그 지배하에 두지 못한다는 이야기다. 종교가 정치를 비판하지 못한다거나 정치가 종교에 대해서 말하지 못한다는 것은 결코 아닌 것이다.

성서를 읽어 보면 도처에서 현실에 대하여 비판하고 그 시정을 촉구하고 있는 것을 쉽게 볼 수 있다. 특히 다같이 하나님이 창조하신 사람이 사람을 압박하고 착취한 데 대해서 억눌린 자의 권리를 위해서 준엄한 고발과 시정을 요구하는 선지자들의 생명을 걸고 하는 발언을 우리는 구약성서의 어느 곳에서나 쉽게 발견할 수가 있는 것이다.

예수님은 그 탄생부터 억눌린 자들의 해방을 위해서였다. 누가복음 1장 51절부터 53절까지에서 그의 모친 마리아가 예수를 잉태하였을 때 성령의 감도(感導)를 받아서 예수께서 이 세상에 태어나오시는 이유를 다음과 같이 말하고 있다. "그의 팔로 힘을 보이사 마음의 생각이 교만한자들을 흩으셨고, 권세있는 자를 그 위에서 내리 치셨으며, 비천한 자를 높이셨고, 주리는 자를 좋은 것으로 배불리셨으며, 부자를 공수(空手)로 보내셨도다."

예수는 평생의 대부분을 갈릴리 지방에서 보냈다. 갈릴리 지방은 유태나라 중에서도 특히 차별받은 지방이었으며, 특히 가난한 지방이었다. 당시 유대는 로마 지배 아래 있었다. 그러나 로마 총독은 반란의 진압을 목적으로 한 군대의 관리나 세금의 징수, 그리고 반(反)로마 정치 범에 대한 재판 등만 관장했다. 나머지는 최고법정에 위임하여 유태인의 자치에 맡겼다. 최고법정은 로마 정부와 긴밀히 협력하는 대토지 소유자이며, 대행상인 사두가이 파(派)와 야적(野的) 입장에 있는 도시 소시민 대표인 바리사이 파로써 구성 되었었다. 그 외에 압도적 다수인 소농민, 소작인, 날품팔이 노동자, 매음녀, 노예, 불구자, 병자 등은 참여가 거부되었으며, 커다란 차별 속에 인권이 인정되지 않는, 소위 그당시 말하던 "땅의 백성(암하레쯔)"이었다. 예수는 이 "땅의 백성"의 벗으로서 평생을 바친 것이다. 그는 그들에게 하늘 나라의 복음만 전한 것이 아니라 현세의 행복을 위해서도 그에 못지 않게 애썼다. 육신을 가진 동안 우리는 빵이 있어야 살며 몸이 건강해야만 한다. 예수는 갈릴리 호수 옆에 있는 산에 모인 4천 명 이상되는 군중에게 떡 일곱 개와 생선 두 마리를 가지고 이를 배불리 먹이는 기적을 보였다. 도처에서 수많은 문둥이, 앉은뱅이, 장님, 귀신든 자 등 그당시 사회에서 하나님의 벌을 받은 죄인 취급받던 병자들을 고쳐 주었다. 빵과 건강한 육신의 중요성을 강조하신 상징적인 행동이었던 것이다.

종교상으로 볼 때도 인간은 살아 있는 동안은 영혼과 육신의 통일체이다. 그러므로 정신적 행복과 물질적 충족은 똑같이 중요하다. 영과 육은 일체며 우열이 없다. 현세에서는 유물도 유심도 아닌 물(物)과 심(心)이 다같이 중요하고, 다같이 가치있는 것이며, 통일체의 완전한 일부분이다. 통일의 철학인 것이다. 인간의 행복을 위해서는 물과 심이 다같이 충족해야 한다. 정치적으로 이야기하면 자유와 빵이 다같이 보장되어야만 사람은 행복할 수 있 다. 하나님이 우리를 그렇게 만드신 것이다. 영혼의 충족만이 인간의 행복을 결정한다는 것은 편견이요 거짓이다. 지금까지의 종교가 지배계급과 타협하고 자신의 특권을 누리기 위해서 민중을 그릇 인도한 아편으로서의 과오를 범한 일면이 있었던 것을 우리는 부인할 수 없다. 그러나 그것은 참 기독교가 아니며 예수가 몸소 행동으로 보인 교훈과도 일치하지 않았다.

예수는 또한 눌린 자들인 "땅의 백성"들을 위해서 사두가이 파와 바리사이 파의 장로와 율법학자들의 위선과 탐욕과 특권을 맹렬히 규탄했다. 그들이 백성을 위협하고 착취하고 굴종시키는 도구로 악용되고 있는 율법(律法)과 성전(聖殿)과 안식일과 청결예(淸潔禮)의 일체의 권위에 도전했다. 그리하여 마침내 예수는 그들에게 더 방치해 둘 수 없는 정치적 위험분자로 판명되어, 로마 총독의 승인 아래 로마의 식민지 지배와 유대의 성전 지배 체제를 위태롭게 하는 정치범으로 몰려서 십자가형(十字架刑)을 받게 된 것이다. 예수는 그 죽을 때도 끝까지 차별받고 가난한 자들을 위해 그들을 돌보는 자만이 천국을 차지할 것이라고 엄격히 다짐했다. 마태복음 25장 31절부터 48절까지 그의 유언이 되는 마지막 가르침에서 예수는 말했다. 너무 길어서 그 요지만 옮기면 "내가 천사와 함께 모든 민족을 심판하러 다시 왔을 때 이렇게 하겠다. 즉 여기 우리 형제 중에서 지극히 작은 자 하나에게 그가 굶주릴 때 먹을 것을 주었고, 목마를 때에 마시게 해주었고, 나그네 되었을때 영접해 주었고, 벗었을 때에 옷을 입혀 주었고, 병들었을 때에 돌보아 주었고, 옥에 갇혔을 때 와서 본 자는 그것이 바로 나에게 한 것으로 알고, 나의 아버지가 창세(創世)부터 예비한 하늘 나라를 그들에게 상속할 것이다. 그러나 우리 형제 중 지극히 작은 자 하나에게 그와 같이 하지 않는 자는 나에게 하지 않는 것으로서 마귀와 그 사자들을 위하여 예비된 영원한 불속으로 떨어 뜨리겠다." 이렇게 예수는 분명히 유언하고 십자가에 달린 것이다. 예수는 그에 대해서 "주여, 주여"하는 자가 모두 천국에 가는 것은 아니라고 말했다. 그러나 이 지상의 지극히 작은 자 하나를 돌본 자는 천국에 가는 것이라고 약속했다. 기독교인이면 모두 천국에 가고 비기독교인이 지옥에 가는 것은 아니라고 본다. 오히려 기독교인이 예수의 뜻을 어겼을 때 더 큰 벌을 받을 것이다. 반면에 믿지 않는 자라 하더라도 성실한 정신과 양심에 충실하여 예수가 그토록 역설한 바와 같이 차별받고 가난한 자를 위해 애쓴다면 하나님은 반드시 그를 버리지 않으실 것이다. 비록 그가 눈으로 보지 못해서 하나님이 없다고 했더라도 하나님은 빙그레 웃으면서 "너는 내가 없다고 했지? 이제 있는 것을 알았겠구만" 하시면서 등을 밀어 천국문 안으로 넣어 주실 것이다. 하나님은 행위의 본질을 보시고 형식을 버리실 것이며 하나님의 사랑은 엄격하시면서도 한편 관대한 것이기 때문이다. 백성을 그토록 사랑하고 위했던 세종대왕, 박해받고 고통 당하는 민중을 위해 싸우다 죽은 李舜臣 장군이나 全琫準 장군의 영혼이 천국에 들어 가지 못했을 것 이라고는 도저히 상상할 수 없다.

인류를 오늘과 같은 높은 정신적 경지로 끌어올리고 문명을 이처럼 발전시킨 데는 종교의 힘이 절대적이었다. 서구사상과 그 문명, 그리고 오늘 세계적으로 보편화된 서구 민주주의를 기독교와 분리해서 생각할 수는 없다. 그러나 기독교는 구교나 신교를 막론하고 그 무한한 공로에도 불구하고 한 가지 큰 과오를 범했다. 그것은 예수와 초기 교회가 그토록 사랑하고 그들을 위해 싸운 억눌린 자와 가난한 자를 등한시 하고 봉건적 지배계급이나 자본지배계급을 비호한 것이다. 하나님은 카톨릭의 봉건지배계급 비호와 농노 등 "땅의 백성"의 권익경시(權益輕視)를 경각시키고자 프로테스탄트를 내셨을 것이다. 그러나 프로테스탄트는 자본가계급을 비호하고 노동자를 등한시 했다. 그리하여 마침내 하나님은 공산주의라는 시련을 우리에게 주셨을 것이다. 마치 괴테의 「파우스트」에서 하나님은 파우스트를 시험하고 단련하기 위해서 "메피스토펠레스"라는 악마의 시련을 주듯이 …….

공산주의는 종교다. 그 주의(主義)에 대한 맹신적 천국사상과 타주의(他主義)에 대한 무조건적 인 증오와 배척의 정신상태는 어떤 종교 신앙보다도 강력한 종교적 믿음인 것이다. 동시에 공산국가는 서구산업사회의 산물이요 정신적으로는 서구 기독교사회의 산물인 것이다. 맑스와 레닌은 기독교를 민중의 지배계급의 착취에 대한 각성과 분노를 마취시키는 아편이라고 규탄하면서 자기네야말로 기독교가 버린 눌린 자와 가난한 자 의 벗이라고 들고 나선 것이다. 그러므로 지금 기독교가 공산주의 위협에 직면해서 취할 길은 예수께서 하신 그대로 눌린 자와 가난한 자의 벗 노릇을 충실히 해서 공산주의자가 말하는 "아편"이 결코 아님을 실증하는 것 이다. 기독교가 그와 같은 방향설정을 할 때 우리는 단순히 "눌린 자와 가난한 자"를 물질적으로 풍족케 할 뿐 아니라 정신적으로 자유롭게 하며 영혼상의 구제까지도 성취할 수 있는 것이다. 이것만이 기독교가 오늘의 위기를 헤치고 다시 인류의 정신의 본고장이 되는 것이다. 그러므로 카톨릭교는 바티칸 공의회의 결의, 그리고 수많은 교황의 멧세지를 통해서 카톨릭의 현실참여와 "눌린 자와 가난한 자"를 위한 헌신을 역설하고 있는 것이 최근의 실정이다. 프로테스탄트 역시 각 교파별로 또는 세계기독교교회협의회(世界基督教敎會協議會)의 결의를 통해서 같은 취지를 거듭 주장하고 있음은 다 아는 사실이다.

3·1선언에 참여한 성직자, 신학자 및 신도들의 근본 동기는 이상 열거한 바와 같은 신앙 양심과 그리고 교황청과 세계교회협의회의 결의에 입각한 것이었다. 결코 정부가 말한 바 종교인의 본연의 사명을 이탈한 처사가 아닌 것이다. 오히려 기독교인의 본연의 사명에 충실한 현실참여였다. 다만 정치적 차원에서의 정부비판이 아니며 교회가 정권쟁취를 목적으로 하는 행동이 아니었기 때문에 정치 활동은 될 수 없다.

이와 같은 관점에서 볼 때 3·1선언이 종교행사의 일부로 행해진 것은 자연스럽고 당연한 것이며, 그와 같은 종교행사를 처벌한다는 것이 얼마나 큰 법적 사실적 잘못인가가 명백해질 것이다.

8. 結 言

이 3·1선언 재판에 임하는 본인의 심정은 원심법정의 최후진술에서 대략 이야기되었습니다. 그리고 수차에 걸친 법정진술과 이 상고이유 보충서의 각 항목마다 저 나름의 충정(衷情)이 피력되어 있습니다. 그러므로 여기서는 간단히 몇 마디만 말씀드리고자 합니다.

첫째로, 나는 우리 국민과 이 나라를 진심으로 사랑합니다. 나는 내가 모든 점에 있어 결코 남보다 월등하다고는 생각하지 않지만 국민과 나라를 사랑하는 정신은 누구에도 뒤지지 않는다고 감히 믿고 있습니다. 그렇기 때문에 현재의 고통과 희생을 감수합니다. 어머니가 자식을 너무도 사랑하기에 그에 대한 희생을 피하지 않습니다. 폭주해 오는 기차 앞에서도 선로에 뛰어들어 자식을 살리고 자기를 희생하는 것입니다.

유신체제는 한 사람의 독재적 영구집권을 위해서 국민과 나라를 파멸로 이끌어 가는 것입니다. 명색이라도 나라 일을 염려하는 사람이면 어찌 앉아서 국사가 잘못되는 것을 바라보고만 있을 수 있겠습니까? 더우기 나는 그럴 수가 없습니다. 국회의원을 4대나 봉직하고 71년의 대통령 선거에서는 야당 후보로서 국민의 커다란 지지와 수백만 표를 받았습니다. 가는 곳마다 이 나라의 민주주의의 수호와 국민의 행복을 위해서 신명을 바쳐 노력하겠다고 국민 앞에 맹세했습니다. 맹세는 지켜야 할 것입니다. 뿐만 아니라 나는 1973년 8월의 납치사건 때 죽음의 직전에서 하나님께 내가 우리 국민을 위해 할 일이 남았으니 살려 달라고 간구한 순간, 위기일발에서 살게 되었던 것입니다. 어찌 하나님에 대한 약속을 어길 수가 있겠습니까?

나는 역사를 읽을 때마다 우리 조상들에 대해서 경탄과 감사를 금치못합니다. 중국의 주변이 모두 그에 동화되었습니다. 몽고족들의 대다수도, 전만주족(全滿洲族)들도 한때 지배했던 역사가 부끄럽게 중국화 되어 버렸습니다. 오직 우리 한민족만이 엄연히 그 독자성을 유지해 온 것입니다. 화교가 동남아 각국의 경제를 모두 장악했는데 한국에서는 실패했습니다. 놀랄 만한 우리조상들의 자주성의 발휘라 할 것입니다.

3·1운동은 역사에 영구히 빛날 금자탑이며, 세계 어디에다 내놓아도 손색이 없는 위대한 민족의 행동이었던 것입니다. 나는 이런 조상들을 존경하고 사랑했기 때문에 결코 못난 후손이 될 수가 없습니다. 동시에 우리는 우리 후손들에게 우리가 물려받은 것과 같은 치욕과 고난의 유산을 넘겨줄 수는 없습니다. 수천 년 역사 중에 오직 한번 못난 조상 노릇을 한 조선왕조 말기의 우리 할아버지들의 못남 때문에 그후 우리 민족은 지금까지 백 년의 앙화를 입고 있는 것입니다. 참으로 무서운 업보(業報)라 할 것입니다. 우리는 결단코 그와 같은 못난 조상이 되어서는 안될 것입니다. 우리는 우리 후손에게 떳떳한 유산을 물려주어야 합니다. 그러기 위해서는 우리의 노력이, 눈물이, 그리고 희생이 필요한 것입니다. 우리의 희생은 결코 헛되지 않을 것입니다.

둘째, 우리가 이루고자 하는 나라, 후손에게 넘겨주고자 하는 나라는 어떤 나라입니까? 하나는 동학교조(東學敎祖) 崔水雲 선생이 말씀하신

대로 "사람을 하늘로 아는(人乃天) 나라"인 것입니다. 인권을 정부보다도 국가보다도 으뜸으로 아는 나라입니다. 하나님의 모상대로 창조되어서 다같이 하나님의 자식인 인간입니다. 하나님의 정의 속에 눌린 자와 가난한 자를 해방하고 다같이 하나님이 주신 세상의 행복을 평등하게 누리는 나라를 만드는 것입니다. 둘은 국민이 정치 경제 사회의 모든 분야에 주인으로서 참여하여 스스로 생각하고 스스로 그 결과를 감당하는 운명의 주인이 되는 나라입니다. 그들에게는 억압도 소외도 절망도 없습니다. 자유와 긍지와 희망이 있을 것입니다. 셋은 30여 년 동안의 분단 속에 민족상잔의 슬픈 역사를 안고 지금도 극한 대립상황을 벗어나지 못한 남북분단에 종지부를 찍고 1,300년 전의 국토통일을 다시 우리 대에 실현하며 사는 것입니다. 우리는 민주적 내정개혁을 통해 우리 자체의 역량을 튼튼히 하는 한편, 어떠한 일이 있어도 다시 무기를 동족의 가슴에 대는 일이 없도록 해야 합니다. 우리 자신의 민주역량만 강화되면 일본이나 이태리나 불란서, 그리고 서구 여러 나라의 공산주의가 변화하듯이 북한의 공산주의에도 반드시 우리에게 접근하는 변화가 생길 것입니다. 이는 역사의 필연입니다. 우리는 7 · 4 공동성명(共同聲明)이 합의한대로 사상과 이념과 체제를 넘어서 통일해야 하는데 그러려면 그를 감당해 낼 수 있는 우리의 체질을 강화해야 합니다. 평화적이고 자주적이고 민주적인 통일을 위해서도 지금 우리가 할 일은 민주적인 체질강화인 것입니다. 우리는 통일이 빨리 오지 않는 것을 슬퍼하기 전에 통일을 위한 준비를 하지 않음을 슬퍼해야 하고, 통일을 위한 자신없음을 슬퍼해야 할 것입니다.

셋째, 유신체제는 무슨 소리를 해도 민주주의를 위한 것도 아니고 국민의 복리증진을 위한 것도 아닙니다. 유신체제는 통일을 위한 것도 아니고 안보를 위한 것도 아닙니다. 유신체제는 한 사람의 영구집권을 위한 것입니다. 권력에 의해서 만들어진 진리는 권력이 없어지면 같이 소멸합니다. 하물며 지금 권력을 쥐고 있는 이 순간에도 긴급조치를 발동하고 체포 투옥하지 않으면 유지하지 못하는 진리가 도대체 얼마를 가겠습니까? 국민은 우매하고 유약한 것 같지 만 역사는 그들이야말로 가장 현명했고 불패(不敗)의 승자였다는 것을 증명하고 있습니다. 역사를 움직이고 역사를 형성한 것은 영웅도 권력자도 사상가도 아니라 바로 무수한 국민들의 힘이었던 것입니다. 그러므로 권력자는 국민의 마음속의 진리를 한때 덮을 수는 있어도 영원히 지워버릴 수는 없습니다. 그들의 가슴속의 정의를 한때 억압할 수는 있어도 영원히 부패시킬 수는 없습니다. 국민을 경애할 줄 모르고 국민을 얕본 권력자는 반드시 하나님과 역사의 징벌을 받아온 사실을 우리는 잘 알 수 있습니다.

우리는 현 집권자들을 미워하지 않습니다. 그들의 불행을 원치도 않습니다. 복수도 바라지 않습니다. 오히려 그들과 서로 만나서 나라와 국민을 위한 최선의 길에 대해서 가슴을 털어 놓고 이야기하고 싶습니다. 그리하여 가장 좋은 길을 택하도록 하고 싶습니다. 현 정부는 북한 공산당에게는 그토록 집요하게 대화하자고 독촉하면서 왜 남한 내에서의 정부비판세력과는 대화를 거부하는지 알 수 없는 일입니다. 나는 지금 우리가 대화하고 협의하는 것은 국민을 위해서나 서로를 위해서나 매우 필요한 일이라고 믿고 있습니다.

넷째, 마지막으로 사법부에 대해서 한마디 말씀 드리겠습니다. 이 나라에서 법조인(法曹人)의 위치가 얼마나 컸다는 것은 우리는 일제 시대 이래의 역사를 통해 잘 알고 있습니다.

국민의 그들에 대한 존경과 선망의 마음이 매우 컸다는 것도 분명한 사실입니다. 그러나 유감스럽게도 작금의 사법부에 대한 국민의 신념은 크게 동요되었습니다. 李承晩 정권하에서도 그 권위와 국민의 신망을 지켜온 사법부입니다. 가슴 아픈 현실인 것입니다. 1974년 이래의 선거법위반 사건의 공관과 이번 긴급조치 위반사건의 두 개의 공판에 피고인으로서 임해 보고 사법부가 놓여진 어려운 처지도 실감하게 되었습니다. 그러나 한편 사법관들이 법의 마지막 보루이며, 민권의 파수병으로서 자각과 사명의식을 얼마만큼 가지고 있는가에 대해서 불안을 금할 수가 없었습니다. 본인에 대한 선거법위반 1심판결에 있어서 외부기관이 재판관에 압력을 가하고 위협한 사실을 낱낱이 적어서 대법원장에게 그 시정을 요구했음에도 불구하고 아직껏 아무 조치가 없습니다. 뿐만 아니라 당시 지방법원의 책임자가 이러한 외부압력에 동조, 합세한 사실조차 우리는 알고 있습니다. 그는 그후 영전을 했습니다. 이 모든 것을 겪고 보는 본인의 심정은 지금까지도 비통하기 짝이 없습니다.

3 · 1선언 사건의 재판에 대하여는 나의 생각에 부당하다고 보는 재판부의 처사를 느낀대로 이미 진술했습니다. 다시 되풀이하지 않겠습니다. 내가 2심판결문을 보고 가장 절실하게 느낀 점은 기소한 검사가 판결문을 써도 그 이상은 쓸 수 없었다는 것이었습니다. 판시한 범죄 사실이 검사 공소장에 기록된 그대로 입니다. 수십 개의 기소사실 중 그래도 한 두 개쯤은 피고의 주장이 옳은 것이 있거나 검찰의 주장이 부당한 것이 있는 것이 상식이요 경험이 아니겠습니까? 하물며 이미 지적한대로 검찰은 사실왜곡죄로 기소해 놓고 진실한 사실을 전혀 내놓지 못했습니다.

피고는 자기들의 주장을 십분 입증했고 유력한 증인들이 이를 뒷받침했습니다. 그뿐 아니라 재판부는 검찰이 기소만 했지 전혀 입증하려고도 않는 사실까지도 유죄로 했습니다. 일례를 들면 재판부는 李海東, 鄭一亨, 金大中 등의 3 · 1선언이 어떻게 해서 명동성당에서 낭독되었으며, 왜 李愚貞여사가 낭독했는지 전혀 간여하지도 알지도 못한 사람들, 그러한 진술사실이 분명히 검찰의 조서에 있으며 이와 반대되는 아무 다른 증거도 없는 사람들에게도 그러한 행위에 가담하거나 그렇게 시킨 것으로 유죄판결을 내렸습니다. 검찰이 바라지 않는 것까지 유죄판결한 것입니다. 증인채택에 대한 재판부의 인색, 특히 법정에 나와서 언제나 방청하고 있으니 재정증인(在廷證人)으로 능히 채택할 수 있는 金芝河시인의 모친인 鄭千代子여사에 대한 근 10회에 걸친 증인신청까지도 아무 이유도 말하지 않고 모조리 기각한 것은 오히려 보는 우리가 민망했으며, 재정하는 누구에게나 이 재 판이 공정하지 않다는 것을 피부로 느끼게 했습니다.

3 · 1선언 사건은 결코 유죄가 될 수 없습니다. 이 사건은 정부의 가장 비민주적인 정치탄압이요, 가장 졸렬한 보복행위인 것입니다. 이 재판에서 우리에게 무슨 중형이 내려지건 우리들 피고인의 양심은 무죄입니다. 국민의 가슴속의 정의도 이를 무죄라고 외칠 것입니다. 역사의 심판도 무죄를 언도할 것 입니다.

오히려 이 재판은 사법부에 대한 재판이 될 것입니다. 사법부가 과연 법의 정의를 지키는데 어느만큼 충실했느냐 하는 재판인 것입니다. 법관이 헌법과 양심에 따라 독립해서 판결하고 있느냐 하는 재판인 것입니다. 사법부가 그 사명을 다하여 국민과 역사 앞에 책임을 다할 것이냐 하는 재판인 것입니다. 3 · 1선언 사건은 대법원의 확정판결만으로 끝나 버릴 사건은 아닐 것입니다. 이 사건은 반드시 장차 역사가나 필요한 사람들에 의해서 다시 검토될 것입니다. 유감스럽게도 1, 2심 판결은 정당하지도 못했고 완전하지도 못했다고 생각합니다. 바라건대 최고 법원에서 지금까지의 잘못을 시정하여 국민과 역사의 기대에 부응하고 스스로의 권위와 신망을 더욱 굳건히 해주시기를 간절히 기원하는 바입니다.

저의 이 상고이유보충서의 내용은 법률 전문가가 볼 때는 반드시 거칠고 치졸한 내용이 많이 있을 것으로 자인하고 있습니다. 그러나 법과 국민과 역사의 정의라는 시점에서 본다면 취택하지 않으면 안될 점이 반드시 있을 것으로 확신합니다.

오늘은 3월 1 일입니다. 우리가 3 · 1민주구국선언을 발표한 지 꼭 1년이 되었습니다. 나는 매우 나쁜 건강 속에 1년의 옥고를 치러왔습니다. 그러나 그 고통은 결코 나를 불행하게 만들지 못했습니다. 나는 우리 국민과 나라를 위하여 바치는 의로운 고통의 대열 속에 동참하게 된 나 자신을 무한히 감사하게 생각하고 있습니다. 또한 우리의 적은 노력과 고통이 이 나라의 인권과 민주회복에 대한 국민적 각성과 세계 벗들의 관심에 기대 이상의 큰 영향을 주고 있는 사실에 대해서도 감사하고 있습니다. 백 년을 두고 외국의 지도를 받아오던 한국의 기독교가 이제 세계적 관심과 존경의 대상이 된 점에서도 하나님의 큰 역사(役事)로 봅니다. 붓을 놓으면서 3 · 1선열들의 영령과 국민과 나라를 위해서, 그리고 사법부를 위해서 천주님께 기구(祈求) 드립니다.

獄中 書信

이 글은 「3 · 1민주구국 선언」사건으로 구속되어 진주교도소에 수감 중인 전 대통령후보 金大中선생이 부인 李姬鎬여사에게 보낸 옥중서신이다. 金大中선생은 카톨릭 신자로 세례명은 토마스이다.

信仰의 對話

당신에게!

이 편지를 보기 전에 면회가 있을 것이니 안부는 하지 않소. 이달은 특별히 신앙문제에 대한 나의 생각을 적어 보겠소. 그리하여 당신과 신앙의 대화를 갖는 동시에 홍일이, 홍업이 그리고 김옥두, 한화갑, 김형국 동지들의 신앙에도 도움이, 되었으면 좋겠소. 아직도 매우 부족한 신앙인 줄은 잘 알지만 자기 생각을 정리하는 셈치고 적은 것이니 읽고 의견들이 있으면 전해주기 바라오.

어떤 신학자는 예수의 그림상이 초기의 천국을 가리키는 모습, 중세의 왕으로서 심판하는 모습, 근대의 십자가 상의 모습과 양을 치는 모습, 그리고 현대의 수건을 허리에 두르고 제자들의 발을 씻기는 모습으로 변천해 왔다고 합니다. 이는 각기 그 시대가 찾는 예수상일 것입니다.

오늘의 예수는 종이신 예수인 것이며 이것은 또한 처음부터 그의 참 모습인 것입니다. 섬김을 받으러 온 것이 아니라 섬기러 오신 예수, 제일 낮은 자가 제일 높은 자라 한 예수, 누가복음 1장 51절부터 53절에 기록된 예수, 죄인이며 억눌린 자들을 구원하고 해방하기 위해 찾아왔으며 그들을 위해 헌신하고 싸우다가 십자가에 못박힌 예수인 것입니다.

토인비는 「역사의 연구」에서 "석가는 이 세상을 초탈(超脫)할 것을 가르쳤고, 공자는 이 세상에 머물되 지배자의 통치의 길을 가르쳤으나, 예수는 이 세상에 머물며 지배받는 민중의 해 방의 길에 몸바쳤다"고 했습니다.

예수의 가르침은 한마디로 사랑입니다. 하나님과 이웃에 대한 사랑, 그러나 하나님에의 사랑도 이웃 사랑을 통해서만 이루어 집니다. 천국의 길도 이웃 사랑으로만 가능합니다. 놀라운 것은 예수는 마태복음 25장 31-46절을 통하여 우리 형제 중에 제일 작은 자에게 선행을 한 자는 그가 하나님을 믿건 안 믿건, 자기 선행에의 하나님의 보상을 기대하건 말건, 하나님 쪽에서 인정해서 천국을 그들에게 차지하게 하시겠다고 선언했습니다.

사도 바울로는 가위 그리스도교의 제 2대 교주라고도 볼 수 있을 정도로 위대한 공적이 있습니다. 그러나 그는 지나친 말세(末世)사상, 말세주의에 기울어 예수님이 보이신 현세에서의 이웃 사랑을 통한 사회의 향상, 개선을 부당하게 경시한 것 같습니다. 이러한 바울로적 경향은 거의 2 천 년을 두고 계속되어 왔는데 이제야말로 우리는 예수님이 가르친 본연의 길로 복귀하지 않으면, 종이신 예수의 길로 우리 교회와 믿는 이들이 돌아가지 않으면, 공산주의와의 대결의 격랑 속에서 그리스도교는 어떠한 역할도 보람도 찾지 못할 것입니다.

어떤 철학자는 말하기를 "플라톤은 인간성을 악으로 보고 철인에 의한 교육과 지배를 통한 전체주의적 사회를 꿈꾸었고, 아리스토텔레스는 반대로 인간은 본래 선한 것이며, 자연법의 원리에 의한 사회의 개량을 생각했다"고 합니다. 그러나 그는 말하기를 "예수에 이르러 비로소 인간의 자유의지가 주장 되었으며 이것은 사상사적(思想史的)으로 굉장히 중요한 일"이라고 강조하고 있습니다.

사실 예수의 일생은 자유의지의 일생이었습니다. 그는 자유의지로 눌린 자를 찾아가 그들의 벗이 되었고, 자유의지로 압제자들의 율법과 안식일과 정결례 등을 내두른 민중억압과 착취에 대항했으며, 자유의지로 죽음이 기다리는 예루살렘에 입성했으며, 자유의지로 대사제의 심문에 죽음을 초래하는 답변을 했으며 , 자유의지로 십자가 형을 받았습니다. "누가 나에게서 목숨을 빼앗아가는 것이 아니라 내가 스스로 바치는 것이다. 나에게는 목숨을 바칠 권리가 있고 다시 얻을 권리가 있다"(요한 10 : 18)고 한 장대한 선언을 우리는 볼 수 있습니다. 뿐만 아니라 예수는 우리를 죄인의 입장에서 무조건 해방하고 하나님의 아들 즉 그 자신의 형제의 입장에 끌어 올림으로써 우리에게 자유의 권리를 준 것 입니다. 우리는 하나님의 아들이며, 따라서 당신과 나 1대 1의 동등 관계인 것입니다. 우리가 하나님의 역사(役事)에 동참한 것은 아들로서의 자유의지에서이지 종으로서의 강제는 아닌 것입니다.

그러므로 예수를 통해서 우리의 자유는 천부의 권리인 것이며 불가양(不可讓)이며, 불가침(不可侵)의 것이 되었습니다. 이러한 기독교 정신이 서구 민주주의의 큰 물줄기인 것이며 바탕인 것입니다.

저번에도 말했지만 나는 처음에는 이 말의 의미를 잘 몰랐으며 신학자들의 해석도 잘 납득이 안 갔습니다. 내가 판단하기로는 예수의 이 말은 "카이자의 것이라고 볼 수 있는 세상 일반의 권리, 즉 법을 지키고 세금을 내는 것, 또는 유태교 율법의 일상적 규칙을 지키는 것은 상대적인 정의로서 따르는 것이 좋다. 그러나 그러한 지배자의 권리가 아닌 하나님의 것인 신앙의 자유, 인간의 존엄성 등 절대적 정의에서는 생명과 바꾸더라도 카이자(지배자)에게 양보해서는 안된다." 이러한 교훈으로 나는 봅니다. 과연 예수는 부당한 줄 알면서 자신의 성전세도 냈으며, 병이 나은 자에게는 제사장을 찾아가 모세의 율법대로 예물을 바치라고 했습니다. 그러나 바리사이인과 율법학자들의 위선과 민중에 대한 인권침해에 대해서는 이를 하나님의 것에 대한 침해로 보고 단호히 투쟁했으며, 죽음도 사양하지 않았습니다.

기원 313년의 콘스탄티누스 황제의 「밀라노 칙령」으로 그리스도교가 합법화되기까지 로마에서는 수많은 기독교인의 희생이 있었던 것을 우리는 잘 압니다. 그때도 일반 로마시민들이 도무지 이해가 안 간 것은 기독교인들이 평소에는 정부의 말에 그토록 순종하면서 왜 고개 한번 숙이면 되는 카이자에의 경배를 반대하고 죽음을 택하느냐 하는 것이었습니다. 그들은 그것이 신앙의 자유에 대한 인간의 본질적 권리 즉 하나님의 것이라는 것을 이해하지 못했던 것입니다. 그리하여 예수와 그 후계자들의 슬기롭고도 단호한 행동은 마침내 예수를 십자가에 건 그 로마를 불과 300년 내에 정복하는 위업을 이룩한 것입니다. 이것은 또한 인류에 대한 영원한 교훈이기도 합니다.

이미 바울로를 예로 들어 이야기한대로 이 문제같이 우리가 오랫동안 잘못 생각해온 일은 없으며, 또 해로움을 크게 남긴 일도 없다고 믿습니다.

예수님은 천주경을 통해서 이미 "그 나라가 임하시며 아버지의 뜻이 하늘에서와 같이 땅에서 도 이루어지소서"하고 가르치셨습니다. 예수는 인간의 지상에서의 행복을 중시하여 병자를 고치시고 빵과 생선의 기적을 베푸셨습니다. 형제에게 밥 주고 물 주고 옷 준 사람이야말로 천국을 차지한다고 천명했습니다.

물론 천국이 우리의 최후 목적지이지만 그러나 이 지상에서는 아무래도 좋은 것이라고 예수는 가르치지 않았습니다. 현세경시(現世輕視), 그래가지고 결과적으로 불의의 지배자들의 편리에 봉사한 것은 그릇된 그의 후계자들의 과오인 것입니다. 도대체 눈에 보이는 현세에서 하나님의 정의가 실현 안되는데 , 이것은 제쳐놓고 아직 보지 못한 내세만 이야기하는 것은 오늘과 같이 인간이 현실적이고 실증적으로 된 세상에서는 빈축의 대상 이외에는 아무것도 없습니다. 미국의 위대한 심리학자인 에릭 프롬은 "오늘의 기독교는 무신론과 싸우는 것과 마찬가지로 오늘의 자본주의 사회의 인간소외, 기계 능률 동조성(同調性) 등의 우상숭배, 그리고 행복으로부터 버림받은 대중을 위해 싸워야 한다"고 강조하고 있습니다.

천국과 지상(地上)은 무관의 것이 아니라고 믿습니다. 어떤 철학자가 지적하듯이, 천국(天國)과 지상은 입방체(天國)와 저변(地上)의 관계라고도 할 수 있습니다. 지상이 바로 천국과 같을 수는 없지만 지상에 하나님의 정의 실현은 가능한 것이며, 적어도 교회가 이를 위해 노력조차 않는다면 종교는 아편이라는 빈축을 허언(虛言)이라고 반박할 수는 없을 것입니다.

예수는 "누구든지 자기 십자가를 지고 나를 따라 오지 않으면 내 제자가 될 수가 없다"고 했습니다. 자기 십자가란 무엇일까요? 그것은 이웃 사랑을 통한 하나님의 사랑이요, 이웃 사랑을 위해서는 목숨조차 바친 예수의 길을 가는 것입니다.

예수는 어떻게 보면 가장 큰 실패자였습니다. 마지막 처형될 때는 믿던 제자조차 버리고 도망갔습니다. 물론 그의 교훈은 생전에는 세상에서 전혀 받아들여지지 않았습니다. 그러나 2천 년이 된 오늘 예수만큼 위대한 성공자는 없습니다. 그의 희생은 결국 눈부신 자기 현현(顯現)이 되었습니다. 현세에서의 거대한 성공자들, 로마의 아우구스투스, 이집트의 이그티은, 진의 시황제 등, 지금 그 앞에 가면 너무도 초라하고 무색합니다. 인간은 본질적으로 패자의 운명 속에 태어났습니다. 왜냐하면 결국 죽어야 하기 때문입니다. 이 운명은 누구도 피할 수 없습니다. 다만 진리 속에 살다죽은 사람만이 그 진리를 통해서 자기를 나타내고(顯現) 자기를 완성합니다. 진리란 우리의 양심이 받아들이는 인간의 길인 것입니다. 양심의 길이란 인간의 길인 것입니다. 양심의 길이란 이웃 사랑의 길이며 우리를 창조하고 우리를 사랑하여 독생자까지 보내시고 희생시키신 하나님의 길인 것입니다. 그 하나님의 길을 위해 십자가를 진 사람은 예수와 같이 영원한 승자이며 지상의 행복자일 것입니다. 물론 그 길은 험하고 고난의 길이지만 결코 불행의 길도 아닐 것입니다.

진주교도소에서 金 大 中

모든 친척 · 친지 · 동지 그리고 나의 존경하는 변호사 여러 선배에게!

主님의 聖誕을 祝賀하오며 그분의 恩惠를 받도록 祈求합니다

크리스마스전에 이 글을 볼 수 있도록 이달은 편지를 앞당겨 씁니다. 밖에서 같으면 카드도 보내고 선물도 보내드릴 수 있지만 나는 옥중의 몸이라서 예수님에 대한 몇 가지 소감만으로 대신합니다. 항시 말한 바지만 나의 신앙 지식은 아주 얕은 것이므로 완전하거나 충분한 것도 결코 쓰지 못한다는 점을 알고 읽어 주기를 바랍니다.

비신자인 어떤 20세기 대석학은 말하기를 “하나님이 인간을 사랑하신 나머지 그의 친아들을 보냈다는 것은 종교사상 다른데서 찾아볼 수 없는 큰 특징”이 라고 말했습니다. 지구가 생겨서 약 20억 년, 지상의 생물이 나서 약 5~8억 년, 인류가 등장해서 약 5~100만 년, 구석기 시대의 4~50만 년, 그리고 신석기 시대는 지금부터 약 만 년 전에 시작되었으며 지상에 문명이 생긴 것은 5~9천 년 전이라고 합니다. 문명의 시대는 정주(定住) 농경시대이지만 종교적 으로는 과거 자연숭배 토템숭배로부터 초자연적인 절대적 존재를 믿기 시작한 시대인 것입니다. 그러나 오늘날이 고등종교가 탄생 한 것은 지금으로부터 2,500~3,000년 전부터라고 합니다. 역사학자 고고학자 인류학자는 일치해서 말하기를 원시종교건 초등종교건 고등종교건 인류의 역사는 종교를 중심한 역사(17세기 이후 현재까지를 제외하고)라는 것입니다. 그간 무수한 종교가 탄생하고 소멸해서 오늘은 불교 힌두교 이슬람교 기독교 4대 종교만이 남았습니다. 그러나 이 모든 수많은 어느 종교에도 신(神)이 직접 이 세상에 나타나고 인간과 같이 생활하고 마침내 그 인간을 위한 속죄의 제물로서 자기를 바친 그와 같은 엄청난 사랑의 교리를 담은 종교는 기독교를 제외하고는 없는 것입니다. 기독교와 연루한 유태교조차 거기서 말하는 메시아는 바리사이 파나 묵시록 파나 하나님의 사명을 받은 인간 메시아(다윗의 자손)이지 결코 하나님 그 자체의 강생은 아니었던 것입니다. 그러므로 하나님의 아들, 예수의 탄생은 비단 우리 신자들만의 대사건이 아니라 뜻있는 사람이 종교학적으로 보더라도 인간의 영혼 속에 이와 같은 종교가 자리 잡았다는 것은 특기할 만한 일대 역사의 대사건이라 할 수 있읍니 다.

예수의 일생은 비천과 치욕의 일생이기도 합니다. 말구유 속에 비천하게 태어났으며 비천한 갈릴리 사람이었습니다. 그의 탄생은 비천한 목동들에게 먼저 알려졌으며 멸시받는 이방인들에게 먼저 알려졌습니다. 그는 광야에서 40일 기도 후 맨먼저 비천한 사람들을 찾아갔으며 소작인 날품 팔이 소시민 세리(稅吏) 간녀죄인(姦女罪人) 등 그당시 사회에서 버림받은 소위 「암 하레쓰(땅의 백성)」의 비천한 자들이 되어 같이 비천한 생활을 하였습니다. 그는 이들 비천한 자들의 영적 구제와 인간다운 대접을 위해 이를 방해하고 착취하는 유태의 지배계급 및 율법주의 자들의 위선과 억압과 착취에 대항해 싸우다가 정치범으로 몰려 십자가 상에서 온갖 수모와 조롱 속에서 비천한 죽음을 당했습니다. 뿐만 아니라 그는 죽음에 있어서도 그의 마지막 유언은(마태 25 : 31-45) 비천한 자들을 위해서 헌신하도록 우리에게 당부하고 있습니다. 이러한 예수의 교훈이 초기 교회의 공동생활과 율리아누스 같은 반교회적인 로마황제가 두려워하고 시기할 만한 사회봉사의 기독교를 로마제국 내에 정착시켰습니다. 또 그 정신에 따라 13세기에 아씨시의 대문인의 아들인 성프란치스코가 문둥이, 극빈자들과 같이 생활하면서 그들을 도와주는 기독교를 만들었으며, 18세기 영국에서 당시 그 수가 격증하는 노동계층을 전혀 돌아보지 않던 국교회의 태도에 반발하여 그들과 벗하고 그들의 영혼 속에 하나님을 심는데 헌신한, 그리하여 오늘날과 같은 건전한 영국의 사회주의가 나올 수 있는 터전을 만든 존 웨슬리(메도디스트파 창시자)의 기독교가 나왔습니다. 그러나 유감스럽게도 보다 많은 기독교의 역사는 교회가 예수님의 교훈과는 달리 오늘의 「땅의 백성」들을 너무나도 등한시 했다는 것을 부인하지 못할 것입니다.

더우기 우리 한국과 같이 공산주의자와 누가 더 국민에게 행복을 더 많이 가져다 줄 수 있느냐 하는 20세기 최대 이슈에서 경쟁하고 있는 나라에서 만일 지금 우리 나라의 판자집이나 뒷골목이나 농촌의 오두막집에서 신음하는 동포들이 교회를 볼 때마다 "저기는 주일날 옷이라도 깨끗이 입고 연보 돈이라도 낼 수 있는 사람이 가는 곳이지 우리 같은 땅의 백성과는 상관없는 곳이다"라고 생각하고 있다면 우리 나라의 장래를 위해서도 두렵기 짝이 없는 일일 뿐만 아니라 예수님의 일생을, 그의 십자가의 죽음을 아무 소용없는 것으로 만들고 있는 것이 아니냐 하는 자책과 두려움을 금할 수 없는 것입니다. 분명히 이 나라에는 예수님의 비참한자를 위한 생애의 뜻을 받드는 많은 성직자, 수도자 그리고 교인이 있는 것은 사실이지만 오늘날 우리가 처한 미증유의 사상적 대결과 국가 경쟁과 비교해 볼 때 충분치 못한 것도 또한 분명합니다. 성탄절을 당하여 우리 믿는 사람 모두가 다시 한번 예수님의 비천한 생애의 의미와 교훈을 되새기고 새출발한다면 이는 예수님에 대한 최대의 성탄절의 선물이 되지 않을까 생 각해요. 현대의 저명한 카톨릭 신학자인 랍씽어는 "우리가 그리스도 신자가 된 것은 우리만이 구원을 얻기 위해서가 아니다. 우리가 그리스도인이 된 것은 역사를 위해서 그리스도적 봉사가 필요하기 때문이다"라는 매우 뜻깊은 말을 하고 있습니다.

나는 요즈음 만일 그리스도가 없었다면 오늘의 여성의 지위가 어떻게 되었을까 하고 상상해 봅니다. 그당시는 모세의 율법의 공인을 받아서 일부다처는 물론 남자는 언제나 이혼증서만 써주면 아내를 내쫓아서 사실상 생활권을 박탈할 수 있었습니다. 성서를 보면 솔로몬 왕은 후궁이 700이요, 시녀가 300이었다고 하며, 다윗 왕족은 수많은 처와 첩을 거느렸습니다. 이런 일은 비단 유다뿐만 아니라 이슬람 사회는 처를 넷까지는 교리적으로 합법이며 모하마드 자신이 그런 생활을 했습니다. 유교사회나 불교사회도 마찬가지입니다. 우리가 잘 아는 유, 불 양교의 이 나라에서는 일부다처가 허용됨은 물론 여자는 일생을 통해서 아버지나 남편과 아들의 지배를 받도록 윤리화되 었으며 여자의 투기(妬忌)는 칠거지악(七去之惡)속의 하나였습니다. 이와 같이 동서양 어디서나 여자는 남자의 노리개요 소유물이요 가지가지의 차별과 압박 속에 서 버림당하고 있었습니다. 이때 예수는 결연이 일어서서 그리고 위험천만하게도 모세의 율법을 폐기하는 발언을 했습니다. "누구든지 아내를 버릴 수 없고 자기 아내를 두고 다시 아내를 거느릴 수 없다"는 것을 선언했습니다.

이 놀라운 그리고 그당시 남자의 자유에 대해 상식을 뒤엎는 예수의 주장에는 그의 제자조차 "그렇다면 차라리 장가가지 않는 것이 좋겠다"고 항의했습니다. 그러나 이러한 예수의 일대 결단의 덕으로 서구의 모든 기독교사회에서 일부일처제가 확립되고 비 신자조차 그것이 당연한 사리로 받아들여졌습니다. 요즈음은 여권이 신장되고 여성의 경제적 지위도 높아져서 오히려 여성이 만능의 자유를 주장하여 이태리 같은 나라는 이것이 큰 정치와 사회의 문제가 되어 있지만 예수님 당시는 여성의 사회적 경제적 지위는 전무상태였으며 따라서 이혼을 당한다는 것은 그 생활자체의 완전파멸을 뜻했던 것입니다. 일부다처, 이혼의 금지는 역사적으로 볼 때 여성의 인권수호가 신장을 가져온 최대원인이었으며 이 점에 있어서 기독교의 공헌은 참으로 헤아릴 수 없는 정도입니다.

성탄절에 즈음하여 세계 모든 여성들은 기독교를 믿건 안 믿건 예수님의 탄생이 오늘의 그들이 놀랄 만큼 신장된 여권과 얼마나 불가분의 관계가 있는가 생각해 봄직한 일이라 하겠습니다.

토인비는 기로에선 서구문명의 앞날을 검토하면서 “오늘의 서구의 불행과 위기는 17세기의 계몽사상의 대두 이래 데가르트, 볼테르, 몽떼스키외, 룻소 둥이 신을 버리고 인간의 이성을 신에 대치시키려는 참월한 기도가 파탄한 데 있다. 20세기 인류의 최대의 문제는 정치도 경제도 사회문제도 아니고 바로 종교의 문제다. 인간이 참된 신을 되찾느냐 여하의 문제이며 그리 하여 자본주의와 공산주의의 물질의 우상숭배를 극복하며, 히틀러와 다름없는 공산주의의 맹목적 인간숭배를 극복하는데 성공 할 수 있느냐 여하의 문제이다”라는 의미를 그의 「역사의 연구」의 도처에서 설파하고 있습니다.(토인비는 기독교 신자가 아닙니다)

19세기 사람들은 당시 심각해진 자본주의 사회의 모순에 직면하여 다음의 세 가지만 해결되면 세상의 낙원이 된다고 믿었습니다.

① 영국의 챠이티스트 운동자를 위시하여 선거권리 주창자들은 1938년에 온코너가 예언한 바와 같이 인민헌장만 통과되면 반 년 이내에 낙원이 온다는 식의 낙관주의자였습니다. ② 로버드웬, 쌍시몽, 호우리에로부터 맑스에 이르기까지 모든 사회주의자는 노동자의 생활이 향상되고 사회주의 사회가 이룩되면 모든 인간의 불행과 부조리는 순식간에 해결된다고 했습니다. ③ 프로이트는 다시 말하기를 19세기 인간의 정신적 노이로제와 불행은 성의 억압을 해제함으로써만 해소될 수 있다고했습니다. 그리하여 마침내 19세기 말부터 20세기 초까지 이상 세 가지 문제가 당초의 주장자들이 생각하던 것보다도 월등하게 더 많이 이루어졌습니다. 이제는 모든 사람이 남녀 없이 선거권을 가지고 있습니다. 富의 분배는 놀라울 만큼 향상되어 선진국가의 노동자들은 완전한 생활의 안정을 누리며 심지어 수많은 사회주의 국가와 공산주의 국가까지 생겼습니다. 성의 해방도 넘칠 만큼 이루어졌습니다.

그러면 인간은 행복한가? 정반대의 것입니다. 미국의 저명한 심리학자인 에릭 프롬은 “19세 기는 「신은 죽었다」가 문제이지만 20세기는 「인간은 죽었다」가 문제다”라고 한탄하고 있습니다. 안드레이 스티본슨은 “우리는 이제 노예가 될 위험은 없지만 로보트가 될 위험 속에서 살고 있다”

고 갈파 했습니다. 오늘날 인간이 자기를 상실하고 남에 의해서, 그것도 보이지 않는 손에 의해서 좌우되는 소외현실은 인류를 유사 이래의 불행 속에 몰아넣었다는 것이 모든 학자와 모든 문명 비평가들의 일치된 견해입니다.

성탄절을 당하여 모든 기독교인은 오늘의 인류의 불행에 대한 기독교의 책임을 반성하고 토인비의 기대대로 20세기를 구출할 우리의 사명의 위대함을 통감해야 할 것입니다.

진주교도소에서 金大中

역사의 연구

당신에게……(전략)

아시다시피 토인비의 「역사의 연구」를 13권 중 9권까지 읽었고 또 우리 나라와 동서양의 역사책도 약간 읽었습니다. 그래서 오늘은 우리 나라의 역사를 통한, 우리 민족에 대한 나의 소견과 우리 역사 속의 오늘의 사명 등을 지면이 허락하는 범위 내에서 적어 보냅니다.

당신과 아이들, 그리고 공부하는 벗들의 참고가 되기를 바랍니다.

우리 역사를 읽고 또 다른 민족의 그것과 비교하여 볼 때 우리는 우리 민족이 소극적 자기 본질의 수호에는 매우 뛰어난 민족이지만 적극적 자기 운명의 개척에는 매우 실망적이었다는 것을 절실히 느끼게 됩니다. 그리고 하나님(역사)이 우리에게 요구한 것은 소극과 적극,두 가지를 함께 다 하도록 요구한 것인데 끝내 이루지 못한 것이 우리가 겪지 않으면 안될 민족적 불행의 원인이 되었다는 것을 말해줍니다.

동 아세아의 지도를 볼 때 우리 나라가 중국의 한 성(省)이 되지 않고 살아남은 것은 기적 같기도 합니다. 특히 한때 중국 대륙을 지배했던 몽고족이 외몽고에 불과 150만명만 남고 모두 중국화되고 있으며, 그나마 만주족은 청조 300년이 무색하게 씨도 없이 중국화된 사실을 볼 때 우리 나라가 중국의 정치적 지배를 받았을 뿐만 아니라 종교, 학문, 문화, 산업 등 모든것을 중국으로부터 천 수백년에 걸쳐 받고도 언어, 의복, 음식, 혈통이 완전히 다르며 문화내용에도 큰 차이가 있는 독자성을 유지했다는 것은 서구세계, 시리아 세계, 인도 세계의 각 민족의 변모상황을 볼 때 큰 특색이라 하겠습니다.

지금 동남아세아 각국 즉 공산화 전의 인도차이나 3국, 태국, 말레이시아, 싱가폴, 인도네시아 그리고 필리핀까지도 화교가 상권을 장악하고 있는데 중국인이 우리 나라에서만 실패했다는 것도 우리 민족의 강력한 자기자립 능력을 말해주는 것입니다. 무엇보다도 우리 민족만큼 철저한 단일민족도 드물다는 사실을 우리는 그간의 많은 이민족의 침입과 더불어 상기할 필요가 있을 것입니다.

소극적 자립에 뛰어났던 반면에 우리 민족이 적극적 개척이나 건설에는 매우 부끄러운 역사를 남기고 있다고 볼 수밖에 할 수 없으니 참 가슴 아픈 일입니다. 우리 민족만큼 총명하고 유능하며, 그리고 쓰라린 체험도 그렇게 많이한 민족에서 자기 특색의 위대한 종교도 학문도 예술도 문학도 나오지 않았다는 것은 기이한 일입니다. 그리스나 로마 인은 말할 것도 없고 북극의 섬 속에 갇힌 아이슬란드 인조차 「사가」라는 특유의 설화 문화를 남기고 있는 것을 볼 때 참 적적한 일이라 하겠습니다. 정치적으로도 마찬가지입니다. 삼국통일이란 것도 평양 이남의 통일에 불과하며 그것도 외세에 의한 것이었습니다. 당시 만주 동반부와 시베리아까지 뻗쳤던 고구려의 땅은 거의 전부 포기한 통일이었던 것입니다. 그뿐 아니라 고구려의 나머지 지역에는 발해라는 우리 민족의 국가가 大祚榮이라는 고구려 유민에 의하여 건국되어 227년간(699-926)이나 존속하여 고구려의 후신국가를 자처(일본의 국서에 기록되어 있음)하며 당나라와 일본과 빈번한 접촉을 하면서도 같은 민족끼리인 신라와는 양쪽 어느 쪽에서도 대화를 가지려 하지 않는 통탄할 협량으로 일관 했던 것입니다.

소용없는 이야기지만 만일 그때 신라와 발해가 같은 민족으로 서로 협력하는 길을 모색했던들 그후 역사는 아주 달라졌을 것입니다. 삼국 통일 이후 고려시대, 이조 말에 일제에게 병탐될 때까지 우리의 정치란 그저 강자(당, 거란, 여진, 원, 명, 청)앞에 무릎을 꿇고 굴종하는 연속의 천 3백 년이었습니다.

그간 고려 중엽 예종 때 尹瓘이 여진을 정벌하여 9성을 쌓고 여말 우왕 때 崔瑩장군의 만주고토 수복을 위한 요동출병이 있었으나 이 모두가 내부에서의 시기와 반란 그리고 세불리로 실패했는데 그 성패보다 우리 안에서 전자는 유신들의 시기, 후자는 李成桂의 반민족적 배신으로 민족의 의기가 꺾이고 말았다는 사실이 한스러운 것입니다. 이조는 처음부터 명나라에 자진 사대한 것으로도 알 수 있듯이 적극적 개척 하고는 아주 인연이 먼 정권이었습니다. 다만 首陽大君에 의한 무도하고 도리에 역행하는 쿠데타가 없었던들 모처럼 하늘이 내린 세종대왕에 의해서 세워진 창조적이고 개척적인 출발이 크게 개화했었을 것입니다마는 우리는 首陽에 대한 단절을 막지 못했습니다. 이조 말업에 우리는 자기 운명의 개척에 대한 노력을 실학(實學)에서 약간 찾아볼 수 있습니다. 그리고 근대적이고 자주적인 노력이 뚜렷이 보이는 것은 근대화와 반제(反帝)를 내건 동학혁명과 독립협회 운동이며 이조 이후는 3 · 1운동이 이에 연결됩니다.

金玉均의 갑신정변은 근대화적이지만 반제적이 아니며, 유학 중심의 의병 운동은 반제(독립)적이지만 근대화적이었다고는 할 수 없을것입니다. 결국 우리 역사를 통해 우리는 자기 운명을 자주적으로 해결하려는 정신과 협력이 너무도 부족했으며 이것이 우리의 운명을 그토록 비참하고 불행하게 만든 원인이었다고 할 것입니다. 우리는 세계사를 읽을 때 통감하는 것은 민족이나 개인이나 외부로부터 도전(挑戰)받지 않고 발전한 예가 없습니다. 그러나 아무리 도전을 받아도 응전(應戰)하지 않는 민족과 개인에게 위대한 성장이 있을 수 없습니다.

우리 민족은 소극적 자립에 뛰어난 그 특성으로해서 매우 어려운 여건 속에서도 오늘까지 자기 본질을 지켜서 세계적 대민족이라해 도 과언이 아닐 만큼 성장했습니다.(남북 5 천만이면 세계 16위며 남한 3천 5백만이면 21위) 그러나 적극적 개척에 태만했기 때문에 정치, 문화, 모든 면에서 역사의 무대에 웅비해보지 못했습니다. 하나님(運命)은 우리에게 사명을 주기를 삼국통일 그것부터 자기 운명을 자주적으로 개척하도록 요구한 것입니다. 자기 운명의 주인이 될 결의와 노력과 희생의 준비가 되고 이를 실천한 자에게만 역사는 축복의 미소를 보냅니다. 자기 운명의 지배를 스스로 거부하면 우리는 또다시 비참한 좌절과 패배를 면치 못할 것입니다. 지금 우리에게 요구되고 있는 역사적 사명은 종전에 그

예가 없이 거창하고 막중한 것입니다. 첫째는 하나님은 우리에게 근대화(자유민주주의, 자본주의경제)와 현대화(민주주의, 복지경제)의 병행 실행을 요구합니다. 이것은 모든 신생국가의 주(主) 과제이기도 합니다. 둘째는 역사는 우리에게 유일하게 국토를 공산주의와 분단하고 있는 나라에서 평화적으로 통일을 성취하여 지금 세계적으로 전개되고 있는 자유·공산 양 진영의 장래 운명 해결에 모범을 보이도록 요구하고 있습니다.

셋째, 운명은 우리에게 지리적 정치적 및 군사적으로 미, 소, 일, 중의 4대국 사이에 끼인 기구한 운명을 가진 단 하나의 나라로서 여기서 어떻게 처신하여 독립과 평화를 확보해 낼 것인지 해답을 요구하고 있습니다.

월남이 공산화되고 동, 서 독이 완전 분리해 버린 지금 우리같이 막중한 사명을 지니고 있는 민족도 없을 것입니다.

천 3백 년간의 하나님으로부터의 요구 즉 자기운명을 자주적으로 개척하라는 사명이 이제 최후이자 절정에 달한 것입니다. 우리는 이 시험에 합격하면 처음으로 세계사에 선구적. 예언자적 사명을 다할 수 있을 것이며, 그러지 못하면 비참한 운명에 떨어지는 수밖에 여지가 없는 것입니다. Yes와 No의 중간은 없습니다. 문제는 우리의 정신입니다. 내 운명을 내가 책임질 것이냐, 아니냐 하는 결단 하나입니다. 그 결단에 서면 길은 열리는 것입니다.

무엇보다도 먼저 자립적으로 민주주의를 토착시키고 복지적이고 번영된 자유경제 실현에 성공하면 둘째 셋째의 문제는 여기서 해결의 길이 열리는 것입니다.

첫째 시험에 합격한 자를 공산주의가 쓰러뜨릴 수 없으며, 지금은 19세기와 20세기 초의 식민지 시대가 아닌 이상 대국이라 해서 함부로 지배할 수 없으며, 이것은 4대국의 상호견제로써 해결될 수 있을 것입니다.

그러나 첫째 시험에 낙제하고 보면 둘째 셋째 시험은 아예 치를 자격조차 주어지지 않는다는 것을 우리는 명심해야 할 것입니다.

1977년 10월 2일

진주교도소에서 金 大 中

세계 각국의 首都考察

당신에게……(전략)

요즘 소식을 들으니 정부의 행정기관이 대폭 충청도 지방으로 이전할 것이라 합니다. 이와 관련해서 세계의 수도의 위치를 역사적으로 고찰해 보면 참으로 흥미있고 교훈적입니다.(다음은 지도를 펴 놓고 보면 더욱 실감이 날 것입니다.)

세계 각국의 首都

① 영국의 수도 런던은 템즈 강 입구에 있으며 그 나라의 동남의 일각입니다.(우리 나라의 상식으로 수도는 국가의 중앙지(中央地) 이어야 할 것 같지만 여기 많은 예가 그렇지 않습니다)

이는 9~10세기에 템즈 강 입구 부근에 자리 잡은 7왕국 중의 하나였던 웨섹스가 마침 템즈 강을 타고 노도와 같이 쳐 들어 온 노르만인을 최선봉에서 싸워서 지켜냈기 때문에 자연 영국은 통일하게 되고 투쟁과 승리의 보수로 런던은 전 영국의 수도가 되었습니다.

그후는 대륙 특히 불란서와 마주보고 적대한 관계상 런던은 역시 국가 방위의 최일선이었읍니 다.

② 프랑스의 파리도 똑같은 길을 밟았습니다. 프랑스 전체의 북단에 있는 파리는 역시 노르만 인과의 투쟁, 숙적 영국과의 싸움에 관련이 있으며 따라서 수도가 되었습니다.

③ 베를린 역시 독일의 가장 동쪽에 있습니다. 10세기 이래 서구의 가장 큰 위협인 러시아에 대해서 프러시아는 그 방위의 일선이었으며 따라서 그 수도인 베를린은 독일 통일 후에도 수도의 영광을 누렸습니다.

④ 표르트 대제가 서구와 화해를 하고 그 문물을 받아들이기 위하여 발틱 해 입구에다 새로이 페테르스부르크의 신 수도를 건설한 것은 1703년인데 그 이후는 모스크바가 일관해서 러시아의 수도가 되었습니다.

모스크바는 17세기 전에 폴란드가 쇠퇴하고 서쪽의 위협이 크게 줄어들 때까지 서방에 대한 광대한 러시아의 감시 및 방위의 전선이었습니다. 1차 대전 후 러시아가 공산화되고 소련정권이 서구와 사상 유례없는 증오와 대결 속으로 뛰어들자 재빨리 서울을 모스크바로 옮겨간 것 입니다.

⑤ 15세기부터 19세기 중엽까지 중구(中歐)의 패왕이며 신성 로마제국의 황제의 자리를 차지한 오스트리아의 합스부르크 왕가의 수도는 빈에 있었습니다. 빈의 영광은 그가 동남 유럽으로부터 쳐들어오는 오스만 터키에 대항하여 이슬람교의 서구 기독교 침범을 막아내자는 데서 얻어진 것입니다.

⑥ 델리는 인도의 최북단에 있으며 힌두쿠시 산맥과 푼잡 평원을 거쳐 인도로 쳐들어오는 중앙 아시아의 유라시아스템의 민족의 상습적인 침입로에 있었습니다. 델리는 그전의 역사도 있지만 1648년에 이슬람교와 무갈 제국의 수도가되고 이어서 인도를 차지한 영국이 세운 인도 제국의 서울로 되었습니다. 저 남쪽의 바다로부터 들어온 영국이 역시 최북단에다 수도를 둔 것도 인도에의 위험은 북쪽의 러시아(소련)이었기 때문입니다.

⑦ 중국의 역대 도읍지의 유치 역시 퍽 인상적입니다. 주(수도 호경) 진(함양) 한(장안, 낙양) 수와 당(장안) 송(개봉)은 모두 북방 황하유역에 도읍했습니다. 이것은 언제나 중국에 쳐들어온 서융 북적 등의 만족에 대비해서였습니다. 그러더니 11세기에 요나라가 쳐들어와서 지금의

북경에다 수도를 정하고 12세기에 금(金)이 그리고 13세기에 원(元)이 여기다 도읍해서 3개 민족의 수도가 되었습니다.

이리하여 중국의 수도는 황하유역에서 훨씬 북방인 산해관 입구로 옮겨 갔습니다. 그후 1368년에 명조가 한족 정권을 회복해서 남경에 도읍했으나 1421년에는 영락제(永樂帝)가 국도를 다시 북경으로 옮겨갔습니다.

그후 북경은 북방민족에 대한 전방 보루로서 청조 말까지 왔습니다. 장개석의 민국정부가 만주 쪽에서 침입해오는 일본세력을 두고도 남경으로 천도한 것은 이미 그 장래 운명을 예고한 것이며, 중공이 다시 북경으로 옮겨간 것은 태평양 건너의 미국보다 북쪽에 접경한 소련을 더 의식한 것이 아닌가 생각도 됩니다.

⑧ 일본 역사에서 경도(京都)의 문약(文弱)을 피하고 동북민족의 정면에 도읍한 겸창막부나 덕천막부는 모두 흥융했고, 경도에 주저 앉은 족리막부와 풍신가(豊臣家)는 쉽게 쇠퇴했읍니다. 명치이후 왕정복고를 해

놓고도 적의 도읍인 강호(동경)로 천도하여 경도의 퇴영을 피하고 서 양 문물을 맞이하는 태평양의 파도의 정면에 자리잡은 것은 큰 결단이었습니다.

우리 나라의 歷代 首都

이상과 같은 외국 예에 비하면 우리 나라의 그것은 너무도 대조적입니다.

① 신라는 통일했으면 마땅히 수도를 북으로 전진시켜 당시 평양에 안동도호부를 둔 당나라와 대결하고 함경도 전부와 평안도 태반을 차지한 발해에 대처했어야 하는데 그러한 뜻도 품지 아니했습니다. ② 처음 지금의 광주(경기도)에 서울을 정했다가 공주, 부여 등 남쪽으로 피해만 내려왔습니다. ③ 한반도의 북쪽과 지금 만주 땅의 태반 그리고 시베리아 일각까지 차지한 고구려는 당초의 수도가 2대 유리왕 때(A.D.2) 압록강 건너 통구에 있었던 것을 20대 장수왕 때(413-491) 평양으로 옮겼습니다. 우리는 역사를 읽을 때 고구려가 통일 못한 것을 한스럽게도 생각하지만 이미 그는 멸망하기 200년 전에 저 넓은 만주벌보다 한반도를 더 중시 하는 심리 상태였습니다.

④ 고려는 왕건이 고구려의 옛 땅 만주를 수복한다고 명분만 내세웠지 수도를 그 본거지인 송도로부터 평양까지 전진시키지 않았습니다.

⑤ 이조는 서울을 계룡산으로 갔다, 한양으로 왔다 했는데 그것은 어떤 정치 국방의 이유가 아니라 풍수설에 정신이 팔려 지관(地官)들의 혹설(惑說)을 믿고 일국의 수도를 정한 것입니다.

⑥ 전체적으로 우리 나라의 수도는 국토의 중앙에 있어 국내 행정과 집권자의 안전을 위주로 한 것이었으니 북에서 강적이 오면 남으로 도망가고 남에서 오면 북으로 달아났습니다.

우리의 教訓

① 세계의 수도는 위에서 본 바와 같이 지리적 중심지라는 이점(利點)

이나 국왕의 편의에 의한 것이 아니라 국토방위의 최전방에서 싸우고 짓밟히고 되찾고 하는 피투성이의 투쟁 속에서 일국의 수도라는 영광과 국민의 총애를 얻게 되었다는 사실입니다. ② 이에 반해 우리 나라의 수도의 역사는 아주 다른 양상을 띠었다는 것은 앞에서 지적한대로이며 여기서도 우리민족의 소극적 자립에 치중하고 적극적 자립에 등한시했다는 지난날 우리 나라의 역사관의 일면을 본 것 같아 씁쓸한 감을 금할 수가 없습니다. 그런데 불행한 분단의 결과이기는 하지만 지금의 서울 위치는 처음으로 가장 올바른 수도의 자리가 된 것입니다. 한강 북쪽 휴전선에서 불과 250리에 수도, 거기서 정부와 국가의 모든 지도적 인물들이 국가방위에 끊임없이 긴장하며 숨쉬고 있을때 그 남쪽의 국민의 믿음과 협력의 마음은 자연히 솟아 오를 것입니다.

나도 71년에 주장한 바도 있지만 지금 서울의 인구는 대폭 대전지방으로 이전시켜야 할 것입니다. 그러나 이것은 결코 천도를 의미하는 것이 아니고 절대로 그래서도 안됩니다. ③ 우리가 각국의 수도의 역사에서 배울 것은 비단 수도뿐만 아니라 민족이나 국가나 개인이나 휘몰아 쳐오는 북풍 앞에, 그 시대의 피할 수 없는 시련 앞에 감연히 머리를 들이대고 가슴을 펴고서 그 도전을 받아들여 용감하고 슬기로운 응전(應戰)을 한 자만이 발전과 승리의 신의 축복의 미소를 얻을 자격이 있다는 것입니다.

1977. 1. 29

진주교도소에서 김 대 중

後 記

대한민국 헌정사상 가장 불행한 사태였던 유신독재를 탄생시킨 1972년 10.17사태는 결국 김대중 선생을 망명길에 오르게 했고 그 후 7년만인 1979년 10.26이 터지면서 유신독재는 막을 내렸지만 김대중 선생은 전두환 신군부의 만행으로 다시 망명길에 올라야 했다.

그 후 1985년 2월 귀국, 한평생 민주화를 위해 숱한 역경과 고난을 감수했던 그는 마침내 12년만인 1997년, 대한민국 제15대 대통령에 당선이 됐다. 이 책속의 글들은 김대중 대통령께서 1970년 9월 29일, 당시 신민당 대통령후보로 지명된 후 전국을 순회하면서 유세를 통해 밝힌 유권자인 국민을 위한 그의 정치철학과 사상을 알 수 있는 주옥같은 글들이 담겨있다.

1971년 4월 27일 실시된 제7대 대통령 선거, 이날 김대중 후보는 460만표 라는 국민적 지지를 받았지만 박정희 후보의 관권, 금권을 동원한 무자비한 공작선거인 비리와 횡포로 패배를 했다. 그러나 그의 패배는 값진 패배였다.

김대중 대통령은 이후 유신독재를 맞았지만 오직 국민과 함께 뜻을 같이하면서 저항을 했고 전국 곳곳에서 국민들을 위해 열강을 했다. 그의 강의를 듣기위해 청년, 중년, 노년 등 수많은 사람들이 몰린 것은 역사적 사실이다. 특히 그의 남북통일을 위한 지론, 연구, 집념은 엄청났다.

2000년 평양을 방문한 김대중 대통령은 6.15선언을 탄생시켰고 이어 노무현 대통령의 10.4선언에 이어 민주정부 3기를 맞은 문재인 정부에서 남북 간 화해의 바람이 불고 있다. 1971년 4.27대선에서 김대중 대통령은 패배를 했지만 2018년 4.27은 남북의 화해와 협력, 그리고 통일의 물꼬를 트는 4,27판문점선언을 탄생시켰다.

김대중 대통령 서거 10주년을 맞아 발간되는이 책은 특히 장차 국민과 국가를 위해 정치를 해보겠다는 사람들은 반드시 읽어야 할 책이라고 단언한다.

2019년 6월

엮은이

국민을 살리는 마지막 선택

초판 1쇄 인쇄일 | 2019년 7월 1일
초판 1쇄 발행일 | 2019년 7월 5일

엮 은 이 | 류재복
펴 낸 이 | 박태웅, 이장백

편 집 | (주)대한인쇄씨앤씨
펴 낸 곳 | (주)한빛교육
후 원 | 일간스포츠한국

주 소 | 서울시 중구 을지로14길 12, 602호
(을지로3가, 을지재단빌딩별관)
전 화 | 02-456-0792
팩 스 | 02-2267-4608

이 메 일 | jwcy20001@korea.com
등 록 | 2013. 1. 16 제301-2013-015호

ISBN 979-11-967473-0-5 03040
정가 20,000원